Marchés, migrations et logiques familiales
dans les espaces français, canadien et suisse,
18e-20e siècles

T0326466

Luigi Lorenzetti,
Anne-Lise Head-König &
Joseph Goy (éds)

Marchés, migrations et logiques familiales dans les espaces français, canadien et suisse, 18e-20e siècles

PETER LANG
Bern · Berlin · Bruxelles · Frankfurt am Main · New York · Oxford · Wien

Information bibliographique publiée par «Die Deutsche Bibliothek»

«Die Deutsche Bibliothek» répertorie cette publication dans la «Deutsche National-bibliografie»; les données bibliographiques détaillées sont disponibles sur Internet sous ‹http://dnb.ddb.de›.

Cet ouvrage est publié grâce au soutien
du Fonds National Suisse (FNS)
de la Commission Administrative de l'Université de Genève
du Département d'Histoire Economique de l'Université de Genève

Ce volume rassemble les Actes du colloque Familles, marchés et migrations (XVIIIe-XXe siècles) organisé à Genève le 25-27 septembre 2003 et financé par le FNS et le Département d'Histoire Economique de l'Université de Genève.

Illustration de couverture: Johannes Weber: *Marktleute aus Verzasca*
(in Jakob Hardmeyer, *Locarno und seine Thäler*, Zürich, 1885).
Réalisation couverture: Thomas Jaberg, Peter Lang AG

ISBN 3-03910-497-7

© Peter Lang SA, Editions scientifiques européennes, Berne 2005
Hochfeldstrasse 32, Postfach 746, CH-3000 Berne 9
info@peterlang.com, www.peterlang.com, www.peterlang.net

Imprimé en Allemagne

Table des matières

Migrations, marchés et reproduction : bilan historiographique et nouvelles perspectives

Luigi Lorenzetti

Un champ d'étude en devenir

Au cours des années 1980-90, la reproduction familiale a constitué un vaste terrain d'études, que la collaboration scientifique de chercheurs de France, du Canada et de Suisse a passablement contribué à défricher. Les nombreuses recherches qui en sont issues ont permis de mettre en évidence la complexité d'un phénomène dépassant bien souvent la phase successorale et s'intégrant de manière organique dans l'ensemble du cycle de vie des familles et des individus. Le Programme International de Collaboration Scientifique (PICS) financé par le Centre National de la Recherche Scientifique (CNRS) portant sur la reproduction familiale et les transformations économiques a permis d'approfondir la question des relations que les familles entretenaient avec les marchés – notamment avec ceux du travail, de la terre et de l'argent – afin de saisir les « mécanismes » de la gestion et du fonctionnement de l'exploitation paysanne[1] et leur impact sur les dynamiques de la reproduction familiale. Les rencontres de Montréal (2001)[2] et de Paris (2002)[3] ont constitué les deux premières étapes de ce parcours de trois ans. Elles ont permis de mettre en évidence l'influence des marchés sur les trajectoires familiales, la capacité des ménages à calibrer le recours au marché en fonction de leurs stratégies reproductives, ainsi que la

---

1 Cf. en particulier Mayaud Jean-Luc, *La petite exploitation triomphante. France XIXe siècle*, Paris, Belin, 1999.

2 Les actes sont publiés dans Dessureault Christian, Dickinson John A., Goy Joseph (sous la dir. de), *Famille et marché XVIe-XXe siècles*, Sillery (Québec), Septentrion, 2003.

3 Cf. Béaur Gérard, Dessureault Christian, Goy Joseph (sous la dir. de), *Terre et Marchés. Stratégies familiales et logiques économiques (17e-20e siècles)*, Rennes, Presses Universitaires de Rennes, 2004.

souplesse des comportements familiaux face aux défis des conjonctures. En fait, loin de se plier et de subir les forces du marché, les ménages ont su tirer profit des opportunités que ce dernier leur offrait pour optimiser leur niveau de vie et leurs stratégies de reproduction.

La rencontre genevoise, dont cet ouvrage est le résultat, a essayé de compléter ces réflexions tout en approfondissant une série de pistes qui on l'espère stimulera la recherche au cours des prochaines années. Deux questions majeures orientent ces études. La première est celle inhérente aux relations qui se sont nouées entre la migration (dans ses multiples formes) et les marchés. En approfondissant une série de questionnements soulevés lors de la rencontre de Montréal, plusieurs contributions analysent les répercussions des marchés sur le choix migratoire en tant que stratégie reproductive ainsi que, dans une optique complémentaire, les conséquences des migrations sur les marchés et sur leur fonctionnement. La deuxième question touche par contre aux articulations entre la transmission (et plus généralement la reproduction familiale) d'une part, les marchés et la migration d'autre part. Par ces analyses ce sont donc les interrelations entre l'« environnement socio-économique » et les dynamiques de la reproduction familiale qui sont mises sous la loupe.

Migrations, marchés et régulation

Les migrations sont depuis longtemps au centre des intérêts des historiens. Abordées dans leur dimension démographique, économique, sociale ou culturelle, elles ont été analysées en tant que phénomènes révélateurs des réalités dans lesquelles elles ont pris forme et sur lesquelles elles se sont répercutées. D'une manière générale, deux approches ont monopolisé la recherche des dernières décennies : celle macroéconomique, souvent rattachée aux modèles *push* et *pull*, et celle microéconomique, inspirée par les modèles du cycle de vie et de la *New Household Economy*[4].

---

4   Sur cet aspect, cf. FONTAINE Laurence, SCHLUMBOHM Jürgen, « Household Strategies for Survival : An Introduction », in Fontaine Laurence, Schlumbohm Jürgen (eds.), *Household Strategies for Survival 1600-2000 : Fission, Faction and Cooperation*, Cambridge, CUP, 2000, pp. 1-17 (Numéro spécial de la *International Review of Social History*, supplément 8).

En mettant l'accent sur les avantages (économiques, mais aussi sociaux) différentiels entre des territoires distincts, la première approche a privilégié une lecture faisant des migrations des phénomènes induits essentiellement par des déséquilibres économiques et démographiques se façonnant à l'échelle régionale, nationale ou internationale. Pour L. P. Moch, par exemple, la transformation des formes migratoires durant le XIXᵉ siècle serait la conséquence directe des changements intervenus dans les structures productives et dans les équilibres de la demande sur le marché du travail suite au processus d'urbanisation[5], alors que pour K. Bade, elle serait le produit des tensions entre la croissance démographique et la conjoncture économique déterminant l'offre de travail sur le territoire ou, d'une manière plus générale, la conséquence des crises induites par la transition des sociétés agraires vers des sociétés industrielles[6].

En se situant comme alternative à ce type de lecture – que de nombreux auteurs ont estimé peu adapté pour rendre compte de la diversité régionale des modèles migratoires – la deuxième typologie d'approches insiste sur le rôle des acteur (les individus, les ménages, les collectivités locales) dans les processus migratoires. Les pistes suivies ont, selon les cas, mis l'accent sur l'impact du cycle familial[7] et du rapport entre producteurs et consommateurs en relation avec les choix et les stratégies migratoires adoptées au sein des ménages[8], sur le rôle des réseaux familiaux et sur les mécanismes de redistribution des revenus à l'intérieur des groupes domestiques[9], ou encore, sur les enjeux de la

---

5 Cf. Moch Leslie Page, *Moving Europeans. Migration in Western Europe since 1650*, Bloomington, Indianapolis, 1992 ; Id., « Dividing Time : An Analytical Framework for Migration History Periodization », in Lucassen Jan, Lucassen Leo (eds.), *Migration, Migration History, History. Old Paradigm and New Perspectives*, Bern, Berlin, Frankfurt a. M., New York, Paris, Wien, Peter Lang, 1997, pp. 41-56 (en particulier, p. 45).

6 Bade Klaus, *L'Europe en mouvement. La migration de la fin du XVIIIᵉ siècle à nos jours*, Paris, Seuil, 2002 (chap. 1 et 2).

7 Cf. le cas du *life-cycle servant* décrit par Hajnal John, « Two kinds of preindustrial household formation systems », in Wall Richard, Robin Jean, Laslett Peter (eds.), *Family forms in historic Europe*, Cambridge, CUP, 1983, pp. 65-104.

8 Cf. notamment Levi Giovanni, *Centro e periferia di uno Stato assoluto. Tre saggi su Piemonte e Liguria in età moderna*, Torino, Rosenberg & Sellier, 1985.

9 Cf. l'hypothèse de la « famille altruiste » analysée par Merzario Raul, *Adamocrazia. Famiglie di emigranti in una regione alpina (Svizzera italiana, XVIII secolo)*, Bologna, il Mulino, 2000.

reproduction familiale pour qui la migration s'intègre, selon les cas, dans les dynamiques d'expulsion ou de maintien sur place[10].

Il importe de relever qu'en dépit de leurs différences méthodologiques et conceptuelles, ces deux approches convergent dans l'interprétation de la migration en tant que facteur d'ajustement des déséquilibres par le biais du marché[11]. La migration est perçue comme le pont entre le monde de la famille et le monde du marché et des rapports marchands[12]. De multiples études suggèrent néanmoins que la fonction de régulation de la migration ne passait pas uniquement par les règles du marché ; bien souvent, le choix de la migration (ou de la mobilité) se situait en dehors de la rationalité économique et des logiques marchandes. Les mobilités à l'intérieur du monde rural – dont des exemples significatifs nous sont fournis par les contributions de A.-L. Head-König et de Ch. Dessureault[13] – celles des enfants, généralement destinées à réduire le nombre de bouches à nourrir au sein des ménages, ou, encore, celles basées sur la pratique de la mendicité, attestées dans plusieurs villes européennes, ne sont que quelques exemples mettant en évidence des options migratoires indépendantes des niveaux de rémunération du travail et dans maints cas construites autour des circuits de la parenté et du voisinage. Dans cette perspective, outre l'étude des modalités et des stratégies d'insertion des familles dans les marchés, il apparaît de plus en plus nécessaire de se pencher sur les choix migratoires par rapport à l'éventail d'opportunités avec lesquelles elles sont confrontées. La compréhension des processus de décisions des ménages face aux options migratoires et de l'organisation de la migration en leur sein constitue, en effet, un pas important pour mieux comprendre le fonctionnement économique des

---

10 Cf. les diverses contributions dans Bouchard Gérard, Dickinson John A., Goy Joseph (sous la dir. de), *Les exclus de la terre en France et au Québec XVIIᵉ-XXᵉ siècles. La reproduction familiale dans la différence*, Sillery (Québec), Septentrion, 1998.

11 Cf. Hoerder Dirk, « Segmented Macrosystems and Networking individuals : The Balancing Functions of Migration Processes », in Lucassen Jan, Lucassen Leo (eds.), *Migration, Migration History, History, op. cit.*, pp. 73-84 (ici, p. 73).

12 Cf. Darroch A. G., « Migrants in the Nineteenth Century : Fugitives or Families in Motion ? », in *Journal of Family History*, (1981) no. 6, pp. 257-277.

13 Cf. aussi l'exemple proposé par Dribe Martin, « Migration in rural families in 19th century southern Sweden. A longitudinal analysis of local migration patterns », in *The History of the Family. An International Quarterly*, 8 (2003) no. 2, pp. 247-265.

ménages, leur fonction redistributive[14] et leurs configurations internes par rapport à la pluriactivité et à la division sexuelle du travail. D'autre part, la combinaison de diverses échelles (individuelle, familiale, régionale-nationale) et de divers registres d'explication (comportements «dynastiques», situations économiques, aspects institutionnels, ...) permet de confronter des «gammes» d'explication de manière à saisir les processus effectivement à l'œuvre et ceux qui ne sont pas significatifs[15].

Les contributions de C. Rolley, de L. Lorenzetti et de J. Rémy reprennent, à des degrés différents, quelques-unes de ces thématiques. Au-delà de la diversité des approches et des contextes, elles mettent en évidence un facteur qui dans les dernières années a suscité un vif débat au sein de la communauté des historiens, à savoir celui des mobilités et des migrations à l'intérieur du monde rural[16]. En se penchant sur le cas du Morvan septentrional au XIXᵉ siècle et sur la restructuration économique que cette région a subie à la suite de la progressive raréfaction de l'exploitation et du commerce du bois, l'étude de C. Rolley démontre la capacité des familles à «inventer» des rapports aux marchés inédits. En mettant en place, dès le milieu du XIXᵉ siècle, de nouvelles formes migratoires, les familles de la région ont su élaborer des stratégies de reconversion économique permettant la reproduction sur place et le maintien des exploitations. Une solution qui s'avérera néanmoins «impraticable» lorsque de novelles configurations économiques et la crise agricole des années 1880 affecteront en profondeur la viabilité des exploitation, donnant ainsi le départ à l'émigration définitive.

Si dans le Morvan la modification des stratégies familiales est induite par des facteurs exogènes (le fléchissement de la demande de bois), dans d'autres cas, elle provient directement des transformations du cadre économique local. La contribution de L. Lorenzetti qui porte sur une communauté préalpine tessinoise suggère que les formes de la pluriactivité au sein des ménages peuvent

---

14 Baud Michael, «Families and migration: toward an historical analysis of family network», in *Economic and Social History in the Netherlands*, (1994) no. 6, pp. 83-107.

15 Cf. Bourdieu Jérôme, Postel-Vinay Gilles, Rosental Paul-André, Suwa-Eisenmann Akiko, «Migrations et transmission inter-générationnelle dans la France du XIXᵉ et du début du XXᵉ siècle», in *Annales H. S. S.*, (2000) no. 4, pp. 749-789.

16 Pour la France, cf. notamment Rosental Paul-André, *Les sentiers invisibles. Espaces, familles et migrations dans la France du XIXᵉ siècle*, Paris, EHESS, 1999.

varier en fonction des opportunités du marché du travail. En effet, l'installation dans les années 1870 d'une manufacture horlogère absorbe une partie
considérable de la main-d'œuvre masculine locale, en modifiant par ricochet
les comportements migratoires traditionnels. Le changement est toutefois de
courte durée; dès les années 1890, la féminisation de l'emploi horloger induit
par la transition vers une production de type «protoindustriel», favorise la
reprise de la pratique migratoire masculine, tout en donnant lieu à des formes
de polyactivité féminine dans laquelle le travail salarié pouvait s'accommoder
avec les tâches agricoles sur l'exploitation familiale.

Les interactions entre la mobilité et la gestion de la pluriactivité se trouve
aussi au cœur de l'étude J. Rémy sur l'économie agricole de la Tarentaise
contemporaine. A l'instar de nombreuses contrées alpines et préalpines, les
ménages de cette région ont assuré leur maintien sur place et la viabilité de
leurs exploitations grâce aux contacts avec les marchés extérieurs, créés au travers de remues ménages associant familles et animaux en des déplacements
communs. Cette pratique s'est prolongée jusqu'au milieu du XXᵉ siècle; depuis
les années 1980 elle s'est reconfigurée dans le cadre des politiques agricoles
communautaires et de la mise en place du marché des droits de production
laitière, interrompant ainsi la dépendance des paysans de montagne envers les
ressources foncières locales.

Les migrations urbaines, leur nature et leurs motivations sont au centre
des contributions de R. Bonnain-Dulon, de B. Derouet et de N. Vivier. En
privilégiant l'optique des facteurs d'attraction à l'origine de l'émigration bigourdane à Paris, R. Bonnain-Dulon met en évidence la diversification de ses rôles
en fonction des régions de départ; ainsi, si une partie des migrations vers la
capitale, notamment celles qui sont issues des bourgs principaux de la région,
relèvent souvent de projets d'ascension sociale, d'autres, en particulier celles qui
se développent dans les régions les plus isolées, sont plus directement rattachées
à des réseaux de sociabilité issus des espaces du vécu quotidien. En outre, si la
relation positive entre le nombre de migrants dans une localité extérieure et sa
force d'attraction témoigne du rôle des chaînes migratoires, les capacités d'insertion dans le marché du travail urbain, sont à imputer à de multiples facteurs
dont la qualification professionnelle semble être le plus important.

Les contributions de B. Derouet et de N. Vivier portent sur les facteurs
d'attraction de la ville et sur leurs répercussions sur les dynamiques d'émigration des régions rurales. S'appuyant sur l'enquête agricole de 1866, les

deux auteurs montrent que le marché du travail des campagnes françaises du dernier tiers du XIXe siècle est caractérisé avant tout par une offre de main-d'œuvre insuffisante, résultant de la concurrence du marché du travail urbain. Une concurrence qui met en jeu les multiples facteurs, relevant de ce que l'on désigne habituellement comme l'«attrait de la ville», à savoir l'ensemble des facteurs «hors-marché», voire «immatériels» (éducation, services médicaux, amusements, …) qui élèvent l'attractivité des milieux urbains. Leurs conclusions invitent à développer d'autres enquêtes sur les motivations individuelles et familiales de la migration. La notion de *family economies*[17] et l'optimisation de l'allocation des ressources pourrait en fournir la trame et permettre une relecture des causes de l'exode rural, traditionnellement vu comme le produit de la mécanisation du secteur agricole. A cet égard, en inversant cette causalité, B. Derouet et N. Vivier relèvent que celle-ci est le résultat des déséquilibres se manifestant sur le marché du travail agricole suite aux mouvements d'émigration vers les aires urbaines. Cette piste ouvre de multiples questions sur l'évolution capitaliste et marchande de l'exploitation paysanne et souligne la nécessité de voir les migrations non pas seulement comme déterminées, mais aussi comme déterminantes de l'économie[18].

Abordée essentiellement dans l'optique du marché du crédit et du marché foncier, ce problème est analysé aussi par A. Foucrier dans le cadre de l'émigration française en Californie durant la phase de la ruée vers l'or. Le financement de la migration a, en effet, d'amples implications sur ces marchés. Encore mal étudiée dans ses multiples conséquences – par exemple sur les structures foncières et sur la redistribution de la propriété paysanne durant la seconde moitié du XIXe siècle – cette question soulève aussi celle des chronologies en jeu : celle du temps «court» de la migration, celle du temps plus long touchant la gestion des coûts du départ et ses répercussions dans les années qui suivent. Par ailleurs, si la migration (et surtout la ruée vers l'or) peut être vue en termes

---

17 Par cette notion on compare la capacité des membres des ménages de dégager un revenu avec les nécessités de la reproduction et les modèles de leur consommation. Cf. HOERDER Dirk, «Segmented Macrosystems», art. cit., p. 75.

18 Des suggestions analogues avaient été émises par ORIS Michel, «Introduction», in Barjot Dominique, Faron Olivier (sous la dir. de), *Migrations, cycle de vie familial & marché du travail*, Paris, Société de démographie historique, Association française des historiens économistes, 2002, pp. 23-42 (ici, p. 24).

d'accès à un marché, celui-ci peut se faire selon des modalités multiples : de manière directe (par l'émigration), mais aussi de manière indirecte, par exemple par l'achat d'actions des compagnies d'émigration.

La pluralité d'accès et des modalités de participation aux marchés, qu'indique la contribution de A. Foucrier, va d'ailleurs de pair avec une pluralité d'objectifs chez les acteurs actifs sur le marché. Etudié à plusieurs reprises dans le cas de la ruée vers l'or du milieu du XIXᵉ siècle, ce constat revêt un sens majeur dans le cas de l'analyse de Th. Wien sur les engagés du commerce des fourrures canadiens au XVIIIᵉ siècle. Sa contribution porte sur la relation entre le choix migratoire et les conditions du marché de l'emploi pour les engagés. Il apparaît ainsi que si d'une part les engagés sont loin de pouvoir dicter les conditions de leur embauche en jouant sur leur expérience et sur la concurrence entre les marchands, leurs parcours témoignent néanmoins d'une intense circulation entre les diverses flottilles marchandes. Ceci suggère une certaine marge de manœuvre en faveur des engagés, utilisée surtout lorsque l'opacité du marché met en doute le niveau de rémunération du voyage. Dans cette optique, les réengagements constituent le moyen pour faire face aux aléas d'un marché « libre » et non lisible ; une stratégie destinée à réduire l'incertitude et à gérer les risques.

Le problème du degré d'information et d'incertitude qui entoure tout marché et que l'on retrouve en filigrane dans diverses contributions, constitue l'une des pistes qui méritent des analyses plus approfondies. Si les recherches des dernières années ont à plusieurs reprises relevé le rôle du notariat en tant qu'acteur central de l'intermédiation financière sur le marché du crédit grâce à l'information dont il disposait[19], dans le cas du marché du travail la gestion de l'information et de l'intermédiation demeure encore en bonne partie obscure. Pourtant les processus migratoires ne peuvent se comprendre entièrement qu'à travers la perception que les acteurs pouvaient avoir des marchés du travail envisagés et des anticipations qu'ils pouvaient faire sur la base des informations disponibles et des outils intellectuels qu'ils avaient pour décrypter la réalité. Dans ce con-

---

19 Cf. en particulier HOFFMAN Philip T., POSTEL-VINAY Gilles, ROSENTHAL Jean-Laurent, *Des marchés sans prix. Une économie politique du crédit à Paris, 1660-1870*, Paris, EHESS, 2001.

texte, le rôle des migrants est décisif: loin d'être une variable indépendante, l'information est souvent directement reliée à l'intensité des contacts de ces derniers avec leur lieu d'origine, ce qui explique que les différences salariales rendent mieux compte des migrations intérieures (ou régionales) que des migrations internationales de longue distance[20]. Ces aspects deviennent prioritaires au moment où la modernité et de nouveaux contextes économiques mènent à la suppression – surtout dans le monde urbain – des contraintes corporatives qui en limitaient l'accès, atténuant ainsi les segmentations traditionnelles des marchés du travail d'ancien régime. Loin de se dissoudre, celles-ci se reconfigurent sur la base de nouveaux paramètres. Or, c'est justement au croisement des segmentations des économies industrielles naissantes et des *work expectations* élaborées à l'échelle familiale et individuelle que l'on pourra mieux évaluer la nature et l'exactitude des anticipations par rapport aux résultats des options migratoires mises en œuvre.

Autre problème relatif aux facteurs d'incitation à l'émigration: les analyses économiques sur le tiers monde ont montré que davantage que les conditions de vie ou de revenu absolu, c'est la position relative par rapport au groupe de référence qui permet de rendre compte des choix migratoires contemporains[21]. Cette piste, déjà parcourue dans les cas des migrations rurales vers une ville industrielle[22], est toutefois loin d'avoir épuisé ses possibilités interprétatives. De multiples indices suggèrent que la stratification sociale et les inégalités socio-économiques sont d'importants moteurs des migrations européennes durant la phase d'industrialisation et pourraient offrir d'utiles points d'ancrage pour des études comparatives (entre régions ou pays), ainsi que pour des analyses sur les effets des désavantages relatifs par rapport aux migrations internes (régionales) ou internationales[23]. Dans quelle mesure, par exemple, la coexistence de projets

---

20 BAINES Dudley, «European Labor Markets, emigration and Internal Migration, 1850-1913», in Hatton Timothy J., Williamson Jeffrey G. (eds.), *Migration and the international Labor Market, 1850-1939*, London, New York, Routledge, 1994, pp. 35-54 (ici, pp. 35-36).

21 Cf. notamment STARK Oded, «Rural-to-urban migration in LDCs: a relative deprivation approach», in *Economic Development and Cultural Change*, 32 (1984) no. 3, pp. 475-486.

22 Cf. GRIBAUDI Maurizio, «Stratégies migratoires et mobilité relative entre village et ville», in *Population*, (1982) no. 6, pp. 1159-1182.

23 STARK Oded, TAYLOR Edward J., «Migration incentives, migration types: the role of relative deprivation», in *The Economic Journal*, 101 (1991), pp. 1163-1178.

migratoires différents, au sein d'une même commune ou région est-elle le reflet de perceptions distinctes de la stratification sociale? En d'autres termes, dans quelle mesure les représentations sociales affectent-elles ou contribuent-elles à l'élaboration des choix migratoires à l'intérieur des groupes domestiques?

D'ailleurs les inégalités ne concernent pas seulement la structure sociale. Elles traversent aussi les ménages par le biais des rôles et des statuts individuels; elles déterminent les stratégies de la reproduction familiale et façonnent les options migratoires de leurs membres. La relation entre la gestion de la migration et la transformation des rapports individuels au sein des familles et des ménages représentent à cet égard une piste qui reste en bonne partie à défricher. L'hypothèse du déclin des relations de parenté qui accompagne les processus d'industrialisation et d'émigration vers les villes a depuis quelques années laissé la place à une lecture qui, comme on l'a vu, met l'accent sur l'importance des réseaux familiaux et sur le maintien, même dans les contextes urbains, d'intenses relations familiales et de parenté[24]. Ces relations, dans le cas des immigrés urbains, peuvent s'articuler autour du réseau de provenance et du réseau d'accueil et rendent toute distinction entre les habitants d'une ville selon leur origine géographique pour le moins délicate[25]. Cette lecture ne doit toutefois pas gommer la variété de situations et de réalités façonnées à la fois par les spécificités des villes de destination[26] et des projets migratoires. La distinction habituelle entre les migrations entreprises en fonction de la recherche de travail et du minimum pour la survie *(subsistence migration)*, celles s'orientant vers la possibilité d'améliorer les conditions de vie *(betterment migration)* et celles destinées à la formation professionnelle *(career migration)* pourrait à cet égard fournir une grille d'analyse pour mieux évaluer le rapport

---

24 Cf. BAUD Michael, «Families and migration», art. cit.; KERTZER David I., «Living with Kin», in Kertzer David I., Barbagli Marzio (eds.), *The History of European Family, Vol. 2: Family Life in the Long Nineteenth Century 1789-1913*, New Haven and London, Yale University Press, 2002, pp. 40-72.

25 Cf. les réflexions de ARRU Angiolina, «Reti locali, reti globali: il credito degli immigrati (secoli XVIII-XIX)», in Arru Angiolina, Ramella Franco (a cura di), *L'Italia delle migrazioni interne. Donne, uomini, mobilità in età moderna e contemporanea*, Roma, Donzelli, 2003, pp. 77-110.

26 Cf. MOCH Leslie Page, TILLY Louise, «Joining the urban world: occupation, family and migration in three French cities», in *Comparative Studies in Society and History*, (1985) no. 2-5, pp. 33-56.

entre projet migratoire et utilisation de la parenté en tant qu'outil d'insertion dans les marchés et à mieux cerner les articulations entre la circulation des ressources monétaires d'une part, la migration et les dynamiques des rapports intra-familiaux d'autre part.

Transmission, marchés, migrations et famille : des interactions complexes

Comme on l'a dit précédemment, les études sur la transmission et la reproduction familiale ont amplement renouvelé, au cours de ces dernières années, leurs approches et leurs problématiques. Après avoir analysé les relations entre les normes et les pratiques, l'opposition entre «systèmes ouverts» et «systèmes clos», les facteurs de l'égalité et de l'inégalité successorale par rapport aux fondements socioculturels et économiques, les liens entre les pratiques successorales et les systèmes familiaux, les enquêtes les plus récentes ont privilégié une lecture plus fine, mettant l'accent sur les stratégies de l'établissement et de l'exclusion, sur les spécificités des comportements le long de la hiérarchie sociale et sur les articulations entre la gestion des biens familiaux et celle des destins individuels.

L'approche micro a été un instrument décisif qui, tout en soulevant un certain nombre de réserves quant à la portée de ses résultats[27], a permis de remettre en question diverses hypothèses, dans certains cas mal étayées par les analyses de terrain. La relation de causalité entre l'inégalité successorale et l'émigration des exclus[28], par exemple, a dû être fortement révisée face aux possibilités de pluriétablissement attestées dans diverses régions à tradition inégalitaire[29]. De même, loin de constituer des modèles de faible mobilité,

27 Cf. notamment les critiques soulevées par ALBERA Dionigi, «Oltre la norma e la strategia : per una comparazione ragionata dell'organizzazione domestica alpina», in *Histoire des Alpes – Storia delle Alpi – Geschichte der Alpen*, 6 (2001), pp. 117-132.
28 Cf. HABAKKUK John, «Family Structure and Economic Change in Nineteenth-Century Europe», in *Journal of Economic History*, 15 (1955), pp. 1-12.
29 Cf. par exemple le cas de l'établissement des cadets pyrénéens mis en évidence par A. FAUVE-CHAMOUX, «Mariages sauvages contre mariages-souches : la guerre des cadets», in Segalen Martine, Ravis-Giordani George (éd.), *Les cadets*, Paris, Ed. CNRS, 1994,

aussi les régions égalitaires pouvaient exprimer une forte intensité migratoire, souvent liée aux opportunités ou aux contraintes de l'exploitation paysanne, les fermiers se déplaçant pour occuper une exploitation plus rentable ou parce que le propriétaire avait mis fin au bail[30].

Dans le sillage de ces analyses, plusieurs études menées au cours des derniè-res années ont privilégié une lecture fonctionnaliste de la migration, souvent assimilée à un mécanisme conservateur, destiné à assurer le renouvellement des structures de la vie rurale et des systèmes familiaux. Pour D. Reher, par exemple, les migrations en Europe ont été avant tout des outils pour se pro-téger contre les changements économiques[31], alors que pour C. Brettel, si le système de vie dans le monde rural européen a survécu jusqu'au seuil du XXe siècle c'est grâce aux ressources que la mobilité et la migration offraient aux petits propriétaires fonciers[32]. C'est toutefois ne pas tenir compte des multiples effets que les migrations entraînaient sur les collectivités rurales; répercussions de type économique – les contributions de B. Derouet et de N. Vivier dans ce volume le montrent clairement – mais aussi de type socioculturel, par exemple à travers le changement des pratiques de la transmission et de la reproduction à la suite des nouvelles configurations économiques se créant dans les familles, ou affectant les hiérarchies et les relations de pouvoir en leur sein et entre ceux qui restent et ceux qui partent. C'est ce que nous montre A. Fauve-Chamoux dans sa contribution sur des communautés rurales des Pyrénées centrales. Les chan-gements économiques et des pratiques migratoires durant la seconde moitié du XIXe siècle sont à l'origine des modifications des stratégies de la reproduction, si bien que le mode de succession, traditionnellement axé sur les aînés, se porte désormais sur l'un des cadets. Ainsi, si le déclin de l'économie rurale locale et l'émigration ne semblent pas affecter le principe préciputaire, ils modifient

pp. 181-194 et par BONNAIN-DULON Rolande, «Une stratégie de survie des cadets pyré-néens», in Derouet Bernard (sous la dir. de), *Les pratiques familiales dans les sociétés de montagne (XVIe-XXe siècles)*, Paris (en cours de publication).

30 SEGALEN Martine, *Quinze générations de Bas-Bretons. Parenté et société dans le Pays Bigouden Sud 1720-1980*, Paris, PUF, 1985.

31 REHER David, *Town and Country in Pre-Industrial Spain: Cuenca 1550-1870*, Cambridge, CUP, 1990.

32 BRETTEL Caroline, «Migration», in Kertzer David I., Barbagli Marzio (eds.), *The History of European Family, op. cit.*, pp. 229-247.

néanmoins les rapports intra-familiaux. Il s'agit d'un résultat significatif, qui pourrait influencer la relecture des relations entre les formes de la reproduction familiale et les rapports individuels au sein des systèmes familiaux. Cette question n'a probablement pas encore suscité l'intérêt qu'elle mérite.

Mais d'autres aspects invitent à une lecture prudente de l'approche fonctionnaliste envers la migration et de la nécessité de tenir compte du caractère sélectif des migrations. Les normes et les pratiques de la transmission, par exemple, pouvaient affecter les choix migratoires par le biais de la stratification sociale et du rôle des sexes. L'étude de A.-L. Head-König sur les migrations lucernoises du XIXᵉ et du début du XXᵉ siècle nous en donne la démonstration. Dans cette région suisse, la rigidité de la structure de la propriété paysanne induite par la transmission intégrale et l'absence d'un véritable marché foncier – du fait que, habituellement, l'acquisition foncière portait uniquement sur des domaines entiers – a favorisé des pratiques d'exclusion qui ont alimenté de manière inégale la mobilité géographique : si dans certaines familles les exclus ont pu rester sur place grâce aux besoins de main-d'œuvre de l'exploitation familiale, dans d'autres le départ s'avérait la seule option étant donnée l'impossibilité de s'établir grâce à l'accumulation de parcelles pour en faire une exploitation viable.

L'inégalité des destins face à la migration est également approfondie dans l'étude de M.-P. Arrizabalaga sur les migrations basques du XIXᵉ siècle. L'étude montre que les destins individuels, inscrits dans le modèle de l'unicité successorale, étaient construits sur la base du sexe et de la représentation du statut social de l'individu. Ceci signifie que la variété des choix migratoires était moins le résultat des diverses manière de concevoir l'exclusion que des multiples façons d'envisager sa propre place dans la société. C'est donc essentiellement par le biais des valeurs sociétales que les destins migratoires des jeunes Basques prennent forme, un résultat qui confirme la nécessité de tenir compte des segmentations sociales et de leurs représentations en tant que facteurs explicatifs des processus migratoires.

L'inégalité sociale des destins migratoires peut enfin être déterminée par le choix du conjoint. La mobilité au mariage, analysée par J. A. Dickinson dans le cadre de diverses communautés normandes du XVIIIᵉ siècle, met en lumière le rôle de l'existence d'un capital d'exploitation qui imposait aux laboureurs l'élargissement de l'aire de recrutement de leurs épouses. Dans ce cas, c'était donc l'étroitesse du marché matrimonial induite par sa propre segmentation qui limitait les probabilités pour un laboureur de trouver une conjointe de même statut socio-économique au sein de sa communauté. La mobilité matrimoniale qui en découle n'est toutefois pas seulement le fait des filles des laboureurs; même les filles de journaliers dénotent une forte mobilité alimentant la mobilité sociale par le biais des opportunités de constitution dotale.

Entre la question des destins migratoires et celle des projets migratoires, il n'y a qu'un pas à franchir. Dans sa contribution sur les compagnies marchandes auvergnates actives en Espagne au XIXe et au début du XXe siècle, R. Duroux soulève un aspect que les historiens n'ont jusqu'ici qu'effleuré, à savoir celui de l'articulation entre l'esprit capitaliste des initiatives migratoires et la logique a-capitaliste des stratégies de retour et de fixation dans la communauté d'origine. Comme de nombreuses migrations de *maintien*, même les marchands auver-gnats quittent la terre pour mieux la garder. Or, cette option met en évidence une double identité (celle de marchand et celle de paysan-propriétaire) calquée sur le cycle de vie individuel. Le contraste identitaire – dont les conséquences sur les stratégies d'investissement et sur les comportements sociaux ont récem-ment donné lieu à diverses réflexions[33] – peut être encore plus prononcé lorsque l'on tient compte des échecs et des réussites : de façon paradoxale, c'est lorsque la migration réussit qu'elle se termine par l'«abandon» du marché, alors qu'en cas d'échec, c'est le marché qui permet d'envisager un nouveau projet migra-toire : la réémigration à Paris ou ailleurs. Bref, comme l'a récemment relevé B. Derouet[34], l'intense monétarisation des économies rurales avec une forte pra-tique migratoire de maintien pouvait aboutir à un résultat paradoxal, à savoir le renforcement des formes d'exploitation orientées vers l'utilisation exclusive de la main-d'œuvre familiale et l'autoconsommation; en d'autres termes, la «négation» du marché.

Tout en portant sur des approches différentes, les contributions de Ch. Dessureault, de M. St-Hilaire et de G. Béaur analysent le rôle de la famille et de ses configurations internes dans le processus des choix migratoires. Dans

---

33 Cf. les observations de Arru Angiolina, Ramella Franco, «Introduzione», in Arru Angio-lina, Ramella Franco (a cura di), *L'Italia delle migrazioni interne, op. cit.*, pp. IX-XXII.
34 Derouet Bernard, «Sur les rapports entre marché du travail et cycles familiaux: le con-traste entre Haute-Marche et Thimerais (XVIIIe-XIXe siècles)», in Dessureault Christian, Dickinson John A., Goy Joseph (sous la dir. de), *Famille et marché, op. cit.*, pp. 49-61.

son étude, M. St-Hilaire examine l'hypothèse selon laquelle face aux choix migratoires le rôle de la famille est directement corrélé au degré d'organisation du milieu de destination des migrants. Ainsi, si dans les villes, ces derniers peuvent avoir recours à des structures d'accueil formelles (pensions, associations de secours mutuel, etc.) sans devoir compter sur la solidarité familiale, sur le front pionnier, la famille s'avère indispensable pour assurer l'établissement des nouveaux arrivés. Les résultats obtenus, ventilés selon le type de migration (familiale ou individuelle), confirment cette hypothèse : certes, la parenté des couples migrants est plus rare sur les nouvelles terres que dans les vieilles paroisses, mais elle compte bien davantage, surtout en vue de la mise en valeur de la terre. Ce sont des résultats intéressants dans la mesure où ils apportent une vision plus articulée du phénomène des chaînes migratoires, tout en ouvrant d'importantes perspectives quant à la mise en œuvre et l'utilisation des outils favorisant le processus d'insertion et d'intégration des migrants dans leurs milieux d'accueil.

Si la contribution de M. St-Hilaire s'intéresse au milieu d'accueil, celle de Ch. Dessureault met au premier plan le contexte de départ. Cette étude montre en effet que dans la vallée du Saint Laurent des années 1860, la taille des ménages répercutait de manière assez précise les risques de départ et que c'était parmi les cultivateurs les plus pauvres que ceux-ci étaient les plus aigus ; faut-il attribuer ce résultat à la taille plus élevée de ces familles ? Le problème reste ouvert, mais tout laisse croire que la fragilité économique et la dépendance du marché et de la pluriactivité élevaient les risques d'émigration de ce groupe. Les résultats de l'enquête conduisent également à nuancer le rôle de la parenté comme facteur d'enracinement. Il n'en reste pas moins, que les formes migratoires (individuelles/familiales) reflètent d'assez près l'étendue du réseau de parenté ; un résultat qui invite à poursuivre la recherche sur les interactions entre les choix migratoires d'une part, l'appartenance sociale et le réseau de parenté d'autre part.

Tout en se penchant sur une réalité bien différente – celle des migrations dans les communautés normandes du XVIIIᵉ siècle – la contribution de G. Béaur soulève des questionnements analogues. L'étude propose une lecture inédite des actes de succession – utilisés jusqu'ici uniquement pour l'analyse de la transmission et de la reproduction familiale –. Les résultats qu'elle fournit confirment plusieurs tendances caractérisant les migrations rurales, dont l'étonnante intensité de la mobilité de courte distance (phénomène amplement souligné par P.-A. Rosental[35]), ainsi que le rôle de la taille de la fratrie et du sexe (facteurs mis aussi en cause dans la contribution de M.-P. Arrizabalaga) dans les probabilités d'émigration. D'autres résultats suggèrent par contre une lecture plus complexe. L'assise foncière, notamment, ne semble pas se répercuter de façon linéaire sur les risques d'émigration, traduisant ainsi la présence de stratégies différentielles; des stratégies qui se rejoignent toutefois dans les deux extrémités de l'échelle sociale (les micro-propriétaires et les grands propriétaires) bien qu'avec des motivations différentes.

En validant les lectures les plus récentes qui esquissent les migrations comme des projets collectifs, construits au sein de l'espace familial, ces analyses mettent en évidence le caractère «solidaire» des options qui y sont élaborées. Mais la solidarité familiale se manifeste aussi à travers d'autres formes. La contribution de J.-P. Desaive par exemple, se penche sur la démission de biens et sur ses multiples facettes à l'intérieur des mécanismes de la réciprocité mises en œuvre dans la société de la Basse-Bourgogne d'ancien régime. Attestée dans de nombreuses régions de France et d'Europe[36], bien qu'avec des formulations et des intensités différentes, cette pratique permettait aux vieillards d'obtenir une rente viagère en échange de la cession de leurs propres biens. La contribution montre que les pratiques sociales de la solidarité sont loin de se cantonner à l'intérieur de la parenté – bien souvent son absence imposant l'élargissement du cercle de la solidarité – et qu'elles se rapportent de manière immédiate à la valeur des démissions: si les plus importantes impliquent une contrepartie proportionnelle à la valeur du patrimoine du donateur, pour les plus modestes la contrepartie n'est fixée que sur la base du minimum vital. Mais ce qu'il importe de relever c'est son utilisation (et sa codification) à l'intérieur des systèmes de solidarité intergénérationnels au sein des divers systèmes familiaux: une piste complémentaire à l'analyse des stratégies d'exclusion et à leur évolution.

Celle-ci est au cœur de la contribution de E. Pélaquier pour qui l'accroissement des prix fonciers au Languedoc au cours du XVIe siècle semble être le principal responsable du passage à l'unicité successorale (et, d'une manière

---

35 ROSENTAL Paul-André, *Les sentiers invisibles, op. cit.*

36 Pour la France, cf. notamment FONTAINE Laurence, «Droit et stratégies: la reproduction des systèmes familiaux dans le Haut-Dauphiné (XVIIe-XVIIIe siècles)», in *Annales E. S. C.*, (1992) no. 6, pp. 1259-1277.

plus générale, du lignage à la lignée). Au-delà de la trajectoire malthusienne, le cas langdocien permet de jeter un nouveau regard sur les dynamiques de la mobilité sociale ; en effet, ce sont les familles qui gardent le plus longtemps le cohéritage – souvent les familles les plus fortunées – qui doivent faire face aux difficultés majeures pour maintenir leur statut social, alors que les classes aisées l'adoptant le plus rapidement s'assurent les meilleures chances de mobilité ascendante. Ce schéma confirme le lien entre la plasticité des pratiques familiales et les dynamiques de la mobilité sociale et permet d'envisager les stratégies familiales en termes de capacité d'innover les rapports intrafamiliaux et de les adapter aux contraintes extérieures. Il met d'ailleurs aussi en cause les capacités d'anticipation des familles : un aspect que l'on retrouve aussi dans l'enquête de Jean Lafleur, Gilles Paquet et Jean-Pierre Wallot sur l'évolution des prix fonciers dans une région rurale québécoise entre la fin du XVIIIᵉ et le premier tiers du XIXᵉ siècle. L'étude suggère en effet que le ralentissement de la croissance des prix fonciers dès les années 1820 doit être corrélé avec les anticipations faites par les investisseurs sur les revenus de la terre, la baisse des prix agricoles contrecarrant la pression démographique et la demande croissante de terres. Le résultat est sans doute significatif dans la mesure où il configure une demande ne reflétant que partiellement les conditions du marché et la capacité des individus à élaborer des stratégies dépassant une rationalité économique immédiate. Serait-elle une piste pour expliquer l'asynchronisme des conjonctures de divers marchés ? Les résultats sont certainement prometteurs et ne manqueront pas de susciter l'ouverture de nouveaux chantiers d'étude.

Au-delà des multiples thématiques abordées et des nombreuses problématiques considérées, un aspect semble guider les contributions de la seconde partie de cet ouvrage, à savoir celui des stratégies familiales et individuelles et de leur articulation avec les marchés, la transmission et la migration. L'ample utilisation de la notion de *stratégie* parmi les historiens n'est pas allée sans poser de multiples problèmes d'ordre méthodologique et interprétatif. Selon Th. Engelen, parmi les auteurs ayant le plus fortement mis en discussion sa pertinence, elle aurait désormais perdu toute fonction opérationnelle en raison de l'impossibilité de saisir les motivations et le degré de conscience des choix individuels, mais aussi des risques de surestimer le degré d'autonomie et d'indépendance des individus par rapport aux contraintes sociétales, de la difficulté à reconstituer l'ensemble des informations à la dispositions des acteurs, de la fragilité de la distinction entre les objectifs à long terme et ceux à court terme et, surtout, des limites du raisonnement inductif, construisant les motivations et les logiques des comportements individuels à partir de la réalité observée à la fin des processus[37].

Tout en validant une partie de ces remarques, J. Kok fournit une lecture décidément moins «pessimiste» quant à l'utilité de la notion de stratégie dans les études historiques[38]. Selon ce chercheur néerlandais, les stratégies familiales et individuelles sont loin d'être seulement des constructions logiques *a posteriori*. La dimension stratégique de certains comportements peut être détectée à travers l'analyse des réponses face au changement économique ou à des situations de crise, et par la prise en compte des contraintes, des options, des informations disponibles et des intérêts individuels au sein des ménages. A cet égard, le recours aux approches du *life-course* représente pour Kok la voie privilégiée de cette perspective; il permet en effet de retracer les interactions entre la vie individuelle et les changements sociaux et, d'une manière plus précise, les modalités à travers lesquelles les choix «tactiques» (de court terme) créent les conditions pour bloquer ou favoriser les stratégies de long terme[39].

A vrai dire, une telle perspective n'est pas entièrement nouvelle[40]; la reconstruction des pratiques familiales dans le cadre des études sur la transmission et la reproduction familiale (dimension entièrement négligée dans les réflexions de Engelen et de Kok) a permis, dans de nombreux cas, de reconstituer de manière très fine les comportements familiaux destinés à contourner les normes jugées inadéquates par rapport à ses propres objectifs, ou à gérer l'incertitude par le biais des anticipations faites à partir des informations disponibles. D'autre part,

---

37 ENGELEN Theo, «Labour Stratgies of Families: A Critical Assessment of an Appealing Concept», in *International Review of Social History*, 47 (2002), pp. 453-464. Une révision partielle de ces critiques a été récemment accomplie par le même auteur dans ENGELEN Theo, KNOTTER Ad, KOK Jan, PAPING Richard, «Labor Strategies of Families: An Introduction», in *The History of the Family. An International Quarterly*, 9 (2004) no. 2, pp. 123-135.

38 KOK Jan, «The Challenge of Strategy: A Comment», in *International Review of Social History*, 47 (2002), pp. 465-485.

39 *Ibid.*, p. 473, 481.

40 Cf. LORENZETTI Luigi, NEVEN Muriel, «Démographie, famille et reproduction familiale: un dialogue en évolution», in *Annales de démographie historique*, (2000) no. 2, pp. 83-100.

par le suivi longitudinal et intergénérationnel, ce sont les stratégies de long terme que l'on arrive parfois à retracer, les stratégies se concrétisant à travers un ensemble d'options et de choix qui loin de s'inscrire dans une logique claire et cohérente, résultent plutôt de processus tâtonnants, dont les conséquences, parfois imprévues, sollicitent d'ultérieures réponses[41]. Les stratégies familiales se dessinent ainsi comme des processus cumulatifs, aux profils propres et liés à l'identité familiale et au contexte de vie.

Dans cette perspective d'analyse, la mobilité sociale constitue un indicateur important dans la mesure où elle reflète l'impact des choix familiaux par rapport aux capacités d'anticipation et d'«utilisation» des opportunités des marchés. Dans le cas de la migration, si son rôle en tant que vecteur de la mobilité sociale a été l'objet de multiples enquêtes, la lecture du processus inverse demeure encore souvent marquée par les modèles qui identifient la prolétarisation des campagnes comme la cause principale des «émigrations de la misère» et de l'exode rural[42]. A la lumière des plus récentes analyses, cette lecture apparaît toutefois réductive et peu attentive à d'autres dynamiques sociales. Ainsi, le choix migratoire et l'insertion dans les réseaux de la migration sont parfois l'aboutissement de processus d'ascension sociale qui, en créant une nouvelle sociabilité, permettent la mise au profit de l'accès dans de nouveaux marchés. Dans d'autres cas, à l'inverse, loin d'être une garantie pour la réussite socioprofessionnelle, la mobilité peut se répercuter de manière négative sur les opportunités d'insertion dans le marché à cause de l'affaiblissement, voire de l'annulation des avantages induits par les réseaux de relation et de soutien entourant les migrants[43]. Mais comment lire de tels processus dans le cadre de la transition de la mobilité qui se dessine dans les sociétés européennes du XIXᵉ siècle? Le terrain demeure amplement ouvert, mais diverses pistes

41 Cf. ROSENTAL Paul-André, «Les liens familiaux, forme historique?», in *Annales de démographie historique*, (2000) no. 2, pp. 49-81 (ici, p. 69).

42 Cf. LEBOUTTE René, «Introduction. Les migrations dans la longue durée. Permanences et mutations», in Leboutte René (sous la dir. de), *Migrations et migrants dans une perspective historique*, Berne, Bruxelles, Peter Lang, 1997, pp. 15-54 (ici, p. 31).

43 Sur le cas spécifique du marché du travail, cf. par exemple KOK Jan, DELGER Henk, «Success or Selection? The Effect of Migration on Occupational Mobility in a Duch Province, 1840-1950», in *Histoire & Mesure*, (1998) no. 3-4, pp. 289-322.

ont déjà fourni d'importantes réponses[44] et pourraient orienter une partie des recherches des prochaines années.

La question peut être ultérieurement affinée en tenant compte des effets de la mobilité sociale sur les interactions entre les marchés et la reproduction familiale. Au cœur de nombreuses analyses sur les processus d'«aristocratisation» des classes bourgeoises de l'époque moderne[45], cet aspect invite à tenir compte des dynamiques de transfert et d'imitation des comportements culturels, dont les formes de dévolution des biens en font partie. La question nous semble importante surtout si on la place à l'intérieur du processus de dissolution des économies agricoles et de l'émergence des économies industrielles. Durant cette phase, en effet, l'on assiste – du moins dans le monde rural français – à une dynamique par certains aspects «contradictoire» dans la mesure où l'élargissement de l'accès à la propriété foncière va de pair avec la transformation de son rôle, de plus en plus défini à l'intérieur (et en fonction) des formes de la pluriactivité familiale. De quelle manière les familles gèrent-elles cette «contradiction»? Dans quelle mesure la reproduction familiale répercutent-elle des dynamiques de la mobilité sociale induites par les nouveaux rapports aux marchés?

De telles questions mettent également en jeu le problème du processus de formalisation des marchés et des répercussions sur les modes d'insertion des ménages et des individus dans ces derniers. Dans le cadre des économies informelles, cette insertion est strictement liée à la confiance entre les acteurs économiques et à la capacité d'avoir recours à un réseau d'appuis et de solidarités. La faible institutionnalisation des systèmes financiers, par exemple, place le crédit directement au cœur des relations sociales et des logiques analogues peuvent se constater aussi dans d'autres marchés: ceux du travail et de la terre en particulier. Si de tels résultats ne doivent pas faire oublier la présence d'une rationalité économique même à l'intérieur des relations de parenté[46], il n'en

---

44 En premier lieu par ROSENTAL Paul-André, *Les sentiers invisibles, op. cit.* Cf. aussi, LINTON Derek S., «Industrialization and Intergenerational Social Mobility in a Rheinish Textile Town», in *Journal of Interdisciplinary History*, (1987) no. 1, pp. 107-126

45 Cf. en particulier DELILLE Gérard, *Famille et propriété dans le royaume de Naples (XVᵉ-XIXᵉ siècle)*, Rome, Ecole française de Rome, Paris, EHESS, 1985; ID., «Réflexions sur le ‹système› européen de la parenté et de l'alliance», in *Annales H. S. S.*, (2001) no. 2, pp. 369-380.

46 Cf. les commentaire de ROSENTAL Paul-André, «Les lien familiaux», art. cit., pp. 60-64.

reste pas moins que c'est dans le cadre des institutions formelles que celle-ci atteint sa forme la plus aboutie. C'est justement la formalisation croissante des marchés au cours des derniers siècles qui interpelle directement les historiens[47]. Il ne s'agit toutefois pas de revenir sur les conséquences des transformations des rapports de production suite à l'émergence des économies industrielles. Il s'agit plutôt de relier les divers niveaux d'analyse, à savoir les divers marchés, de manière à comprendre comment la régulation du système socio-économique se fait et comment elle se répercute sur les choix familiaux et individuels. Les connexions entre les circuits du petit crédit et les grands marchés de l'argent, entre les logiques de l'exploitation paysanne et les intérêts de la production marchande, entre les options migratoires et les équilibres du marché du travail remettent au cœur du problème l'articulation entre l'échelle micro et celle macro, mais aussi le rôle de l'information et des capacités des acteurs économiques de lire la réalité.

Le défi est de taille, mais il ne manquera pas de prolonger les réflexions très fructueuses que les historiens ont su mener au cours de ces dernières années autour des logiques familiales et de leurs liens avec les marchés et les migrations.

---

47 Sur le marché du crédit, cf. notamment les diverses contributions dans Fontaine Laurence, Postel-Vinay Gilles, Rosenthal Jean-Luc, Servais Paul (sous la dir. de), *Des personnes aux institutions : réseaux et culture du crédit du XVIᵉ au XXᵉ siècle en Europe*, Louvain-la-Neuve, Academia Bruylant, 1997.

Partie I

Migrations et marchés:
articulations et interrelations

Reproduction familiale et changements économiques dans le Morvan du nord au XIXe siècle

Les familles morvandelles confrontées à la migration[1]

Francine Rolley

Contrairement à beaucoup d'autres montagnes pauvres, le Morvan du nord n'est pas une région où les migrations soient de longue tradition. Elles se sont développées au XIXe siècle seulement, ce qui ne signifie pas que cette région soit restée jusque-là confinée dans l'isolement et à l'écart des phénomènes de marché. Au contraire, ces zones très boisées et au réseau fluvial favorablement disposé étaient intégrées depuis le XVIe siècle dans l'aire d'approvisionnement de Paris en bois de chauffage, elles en étaient même devenues le principal fournisseur[2]. Le transport et la vente du bois étaient aux mains de sociétés de marchands qui utilisaient aux divers points du parcours une main-d'œuvre très locale[3]; les paysans du Morvan n'étaient donc concernés que par l'abattage et le débardage du bois dans leurs forêts, mais ces travaux d'hiver, compatibles avec le calendrier des travaux des champs, ont longtemps permis le maintien sur place d'une population relativement nombreuse.

Le très important développement des mouvements migratoires au XIXe siècle s'inscrit dans un contexte économique en profond changement: Paris fait d'autres choix de combustible, ce type d'exploitation forestière est à terme

---

1   Cette contribution constitue le prolongement chronologique d'une étude commencée à l'occasion d'un précédent colloque franco-québécois, étude publiée dans Bouchard Gérard, Dickinson John A., Goy Joseph (sous la dir. de), *Les exclus de la terre en France et au Québec XVIIe-XXe siècles. La reproduction familiale dans la différence*, Sillery (Québec), Septentrion, 1998, pp. 133-157, sous le titre «Reproduction familiale et changements économiques. L'exclusion dans le Morvan du nord XVIIe-XVIIIe siècles».

2   Cette zone correspond au bassin de l'Yonne et de ses affluents.

3   Cf. ROLLEY Francine, «Entre économie ancienne et économie de marché, le rôle des réseaux de parenté dans le commerce du bois au XVIIIe siècle», in *Annales de démographie historique*, (1995), pp. 75-96.

condamné et les Morvandiaux contraints de chercher à l'extérieur de nouvelles activités d'appoint.

Si les décisions politiques et économiques furent assez brutales, il fallut plus de temps pour que les Parisiens changent leurs habitudes et leurs fourneaux, et pour que les Morvandiaux se rendent compte de ce qui leur arrivait. Les migrations s'amplifièrent et changèrent de caractère au fil du siècle ; c'est donc à travers une approche résolument chronologique qu'il nous paraît nécessaire d'apprécier les marges d'action laissées aux stratégies familiales ou individuelles de ces nouveaux migrants, d'en voir les formes diverses et de saisir à partir de quel moment elles passèrent du maintien à la rupture.

Les prologues de la migration, 1817-1850

[Les émigrations] remontent à l'année 1817 ; la disette y fut très grande, comme ailleurs ; elle y laissa de si affligeants souvenirs qu'elle fut flétrie par le peuple du nom de *méchante année* qu'elle porte encore. Un habitant de Quarré, pressé par la misère, se décida à aller à Paris chercher de l'ouvrage et du pain. Avant de partir il se confessa et communia, comme s'il eût fait un voyage d'outre-mer.

L'Abbé Henry, auteur de ces lignes, fut nommé curé de Quarré-les-Tombes en 1823 ; c'est donc un témoignage très proche des faits qu'il nous livre, témoignage confirmé par de nombreux autres auteurs locaux[4]. Comment mieux dire le sentiment de nouveauté donné par ces migrations, et leur impréparation, sinon spirituelle ?

Les explications avancées sont également intéressantes ; 1817 est pour ces auteurs l'année où se sont conjugués les effets de deux malheurs : d'une part l'humidité exceptionnelle de l'automne 1816, responsable des mauvaises récoltes et de l'affreuse disette du printemps 1817, d'autre part l'occupation par les troupes étrangères qui suivit les défaites napoléoniennes, « tant d'étrangers qu'il

---

4 ⸱ Abbé Henry Waast-Barthélémy, *Mémoires historiques sur le canton de Quarré-les-Tombes,* 2 volumes, Avallon 1875, t. I, p. 45. Et aussi *Le Morvan, ou Essai géographique, topographique et historique sur cette contrée,* de l'Abbé Baudiau Jacques-François, curé de Dun-les-Places, 3 vol. 1854, 1865, 1867, reprint Avallon, Voillot, 1990 ; ou l'*Histoire de Saint-Germain-des-Champs,* de l'Abbé Tissier Armand, Tours, 1909.

fallait nourrir et payer»[5]. Au cours des deux décennies suivantes ils égrènent encore une longue liste d'incendies, de grands sécheresses, d'épizooties, et la putréfaction de la pomme de terre en 1845-46 bien sûr. Les crises qui nous sont décrites, et qui «jetèrent sur les routes beaucoup de vagabonds», sont très classiquement des crises de subsistance comme l'Ancien Régime en avait tant connu.

La réalité de ces crises et leur rôle dans les migrations encore sporadiques de ces années sont bien sûr indéniables. Mais on relèvera qu'aucun de ces témoins ne dit mot des problèmes que connaissait bien avant 1848 l'exploitation forestière, problèmes qui laissaient présager une crise d'une autre ampleur.

Dès 1816-1819 le prix de vente du bois connut une première chute en raison d'une succession d'hivers très doux qui firent diminuer la consommation de Paris. Bien qu'elles aient souligné la dépendance du Morvan par rapport aux débouchés parisiens, ces difficultés furent mises sur le compte d'une conjoncture exceptionnelle et ne rompirent pas le sentiment d'euphorie qui régnait dans ce secteur d'activité. Une reprise s'amorça effectivement en 1820, mais elle fut de bien courte durée. Le charbon, pratiquement inconnu à Paris avant 1815, bénéficia en effet d'une politique systématique d'encouragement. Sous la monarchie de Juillet en particulier, les taxes sur le charbon furent très allégées, alors que les droits de navigation sur le bois augmentaient de 60%, et que les droits d'octroi étaient multipliés par trois ou quatre suivant les qualités. En 1840 sur le marché parisien, à pouvoir calorifique comparable, le bois revenait à 18 francs contre 4 pour le charbon. La consommation de houille de Paris tripla entre 1820 et 1839, essentiellement par la conversion du chauffage des bâtiments publics, la consommation des particuliers se modifiant beaucoup moins vite. Les bois du Morvan furent frappés de plein fouet: les quantités de bois flotté diminuèrent d'un tiers avant 1850, et le prix du bois à la production baissa dans les mêmes proportions. Ce double mouvement allait inexorablement s'aggraver jusqu'à la disparition totale du flottage avant la fin du siècle.

La crise du bois n'apparut dans la presse nationale et aux tribunes des Assemblées qu'à partir de 1840, à travers les articles et les discours suscités par les compagnies de marchands et les grands propriétaires forestiers, très bien relayés sur le terrain politique; jusqu'au milieu du siècle on voit ces derniers

5   BAUDIAU Jacques-François, *Le Morvan, op. cit.*, t. I, p. 236.

tonner contre les lobbies des producteurs de houille, protester (en vain) contre des taxes injustes, demander (et obtenir) des aménagements techniques dont ils semblaient escompter une reprise du flottage, comme si le chauffage au bois avait encore un grand avenir[6].

La crise apparut aussi sur la place publique à l'occasion des violents mouvements sociaux qui agitèrent les flotteurs des ports d'aval et même, de manière plus brève en 1848, les paysans morvandiaux. Pour les flotteurs la crise commerciale se traduisait clairement par une réduction du temps de travail et une réduction des salaires. Les paysans émirent, eux, des revendications confuses, qui mettaient en cause les dispositions du Code forestier de 1827 et l'éternelle question des droits d'usage autant que les réductions de coupe et de salaires des bûcherons. Très mal organisés, ils se livrèrent à des agressions de gardes forestiers et à quelques attaques de châteaux facilement réprimées, et n'obtinrent rien[7].

La situation était cependant particulièrement grave pour eux, dans la mesure où le Morvan ne leur offrait aucune solution alternative aux travaux de bûcheronnage. L'exploitation du bois, conçue exclusivement en fonction des besoins de la capitale, était restée «une activité primitive» sans aucun développement artisanal ni industriel[8]. Une réglementation contraignante et répétée avait dès 1669 réservé le bois produit à l'approvisionnement de Paris, au détriment des villes et des forges les plus proches[9]; aucune construction de route importante n'avait été envisagée, puisque le flottage permettait d'écouler au meilleur prix

---

6 Cf. de SAINT LÉGER Albert, *Quelques réflexions sur l'état actuel des bois du Morvan et leur avenir probable*, Château-Chinon, 1841, également les innombrables écrits et discours des frères DUPIN dans la Nièvre, ou de RAUDOT dans l'Yonne. Le canal du Nivernais fut effectivement achevé en 1852, le barrage-réservoir des Settons en 1858, sans que cela provoque une relance du flottage.

7 WAQUET Simone, «Un épisode des troubles forestiers du Printemps des Peuples. L'affaire de Bazoches, 23-24 mars 1848», in *Bulletin de la Société d'Études d'Avallon*, (1987-1989), pp. 137-147.

8 La citation est tirée de DAMAS D'ANLEZY, *Enquête sociale. Les populations forestières du centre de la France*, Paris, La Science sociale, 1907, mais cette analyse est présente chez beaucoup d'autres auteurs.

9 L'installation de forges n'était de fait autorisée que là où le flottage pour Paris n'était pas possible, c'est-à-dire dans le Bas-Nivernais qui fait partie du bassin de la Loire, cf. l'enquête de 1788-89 sur les usines à feu (Archives nationales, F 12/680, F 14/105188 à105197).

le seul produit auquel on s'intéressât, aucune ville importante ne s'était développée ni dans le massif ni sur ses marges du nord. La migration allait donc représenter pour eux le seul moyen de se procurer le numéraire jusque-là fourni sur place par le travail du bois.

Le développement des migrations temporaires : 1850-1885

Les recensements ne permettent pas de cerner avec une parfaite précision le moment où les mouvements migratoires ont pris de l'ampleur dans le Morvan. Ces recensements montrent en effet des maxima de population exceptionnellement tardifs, souvent postérieurs à 1872 et même à 1891, mais ces chiffres sont biaisés par le grand nombre d'enfants de l'Assistance Publique placés dans ces villages. Seules les listes nominatives permettent de mesurer l'effet de ce phénomène, mais beaucoup nous manquent dans les archives, et, parmi celles que nous avons, certaines ne signalent pas spécifiquement la situation de ces enfants[10]. Il n'est pas douteux cependant que les départs ont été très nombreux à partir de 1850, ils apparaissent abondamment à travers d'autres types de documents, actes notariés, matrices cadastrales, témoignages ou archives privées.

Ces migrations sans tradition ont pris des formes très variées. Notre souci étant d'analyser ces diverses situations en termes de stratégies familiales ou individuelles, de relations avec les marchés, de maintien ou de rupture, il faut à l'évidence distinguer d'abord les galvachers de tous les autres.

10 Selon la carte établie par Vigreux Marcel, *Paysans et notables du Morvan au XIXᵉ siècle*, Château-Chinon, 1987, p. 662, les maxima de population se situent entre 1872 et 1886 pour neuf des communes de cette région et même entre 1891 et 1896 pour trois autres. Mais selon les listes nominatives de Saint Brancher par exemple, les pupilles de l'Assistance publique représentaient déjà 9,8% des habitants en 1851, 17,23% en 1872.

Les « galvachers », archétypes des stratégies familiales de maintien

« Galvacher » est le nom moqueur que les Berrichons donnaient aux charretiers venus du Morvan ; perpétuée par le folklore et fièrement revendiquée, cette appellation est devenue un titre de gloire[11]. Le galvacher quittait le Morvan chaque année avec ses bœufs et ses chariots, au printemps, « après avoir planté les pommes de terre » ; il se rendait là où on avait besoin de transporter des produits lourds sur des terrains difficiles, et rentrait dans le Morvan à la Saint Martin d'hiver. Son atout c'était le bœuf morvandiau, un animal petit et très robuste qui passait partout où le cheval ne passait pas. Ces attelages étaient très demandés par exemple dans les carrières, pour charroyer les pierres jusqu'à la voie d'eau ou jusqu'à la voie ferrée la plus proche, dans les mines, pour transporter le minerai ou les bois de charpente, dans les régions betteravières pour tirer les tombereaux jusqu'à la sucrerie, et même dans le Jura ou les Vosges pour le débardage des grumes, un comble au moment où l'exploitation forestière se mourait en Morvan[12].

La galvache était essentiellement une entreprise familiale. La migration d'abord s'effectuait en famille. Ainsi à la fin du XIXe siècle Léger Geoffroy quittait-il tous les ans Bussières, hameau d'Ouroux-en-Morvan, en compagnie de ses trois gendres, de son fils dès qu'il fut assez grand, de sa fille aînée, responsable du linge et des repas pendant toute la campagne, et des bouviers accompagnant les 20 bœufs ; hommes et bêtes allaient à pied jusqu'à Corbigny ; ils y prenaient le train pour Dormans (Marne) où ils travaillaient régulièrement tous les étés dans la même carrière ; sur place ils louaient une grange, dans laquelle ils laissaient les chariots et les appareils de levage pendant l'hiver. Les enfants trop jeunes restaient dans le Morvan avec leurs grands-parents maternels, qui s'occupaient aussi des terres aidés par deux domestiques.

---

11 Le galvacher, entrepreneur de transport propriétaire de ses bœufs et de ses chariots ne doit évidemment pas être confondu avec le bouvier, simple domestique chargé du soin et de la conduite des bœufs.

12 Déjà décrite par CHÂTELAIN Abel, *Les Migrants temporaires en France de 1800 à 1874*, Lille, Presses Universitaires de Lille III, 1976, la galvache a fait depuis l'objet de quelques études d'ethnologues. Nous avons ainsi trouvé plusieurs pistes de recherches familiales intéressantes dans les enquêtes menées par BERTE-LANGEREAU Philippe, *Les galvachers et charretiers du Morvan*, Lormes, Ed. Les nourrices du Morvan, 1996.

La galvache était de toutes les formes de migration celle qui pouvait rapporter le plus d'argent. Les descendants de Joseph Bosnin, charretier aux Granges près d'Avallon – dit «l'Empereur» parce que sa mère avait été en 1856 nourrice du Prince Impérial –, évoquent des profits de 50 000 francs pour la plus belle campagne, estimation imprécise et sans doute gonflée par l'enthousiasme, mais pas totalement impossible, car Joseph Bosnin charroyait avec 43 bœufs (21 paires et un animal de dépannage) répartis en deux équipes, avec deux chefs et onze commis. Dans beaucoup d'autres cas un peu plus modestes, les investissements réalisés au retour évoquent bien l'aisance. Car c'est entièrement dans le Morvan, base de l'entreprise, qu'étaient investis les profits réalisés, sous forme d'acquisitions foncières, de construction de bâtiments d'habitation ou d'exploitation, d'achats de matériel agricole[13].

Mais ce ne sont pas des réussites qui s'improvisent. Tentés par de si beaux résultats, certains petits exploitants, ou même des journaliers, ont essayé de suivre l'exemple des galvachers. Ils ont acheté à crédit une ou deux paires de bœufs et sont partis louer leurs services; mais au retour, dépourvus des prés qui représentaient la clé de la réussite dans cette région, ils devaient revendre à perte les bœufs amaigris; quand ils avaient déduit de leurs gains le remboursement de leur emprunt et les frais du voyage, il ne leur restait presque rien[14].

Les entreprises de charroi vraiment rentables du XIXe siècle étaient aux mains de familles riches et organisées que nous avions pour la plupart déjà rencontrées dans nos précédentes études sur les XVIIe et XVIIIe siècles. Cette période faste de l'exploitation forestière s'était en effet accompagnée de différenciations sociales et de différenciations dans la forme des ménages, les deux choses étant fort liées. Les galvachers descendent de ces gros laboureurs qui

---

13 Les Geoffroy par exemple achetèrent 20 hectares, firent construire deux étables réunies par une grange centrale où, chose inouïe, un attelage pouvait faire un tour complet; ils firent aussi construire une maison avec toit d'ardoise, fenêtres encadrées de briques et sols carrelés, le type même des «maisons de lait» dont rêvaient les nourrices rentrées de la ville.

14 *Statistique de la commune de Frétoy*, rédigée en 1883 par Jean Simon, instituteur et maire de Lavaut de Frétoy, publiée à Château-Chinon en 1886, reprint 1983. Selon Marcel VIGREUX, *Paysans et notables, op. cit.*, pp. 150-152, tout en restant la forme de migration la plus rentable, la galvache avait des formes beaucoup plus modestes et plus individuelles dans le Morvan du centre et du sud (Château-Chinon, Anost, etc.) que dans le Morvan du nord qui nous occupe, plus différencié socialement et mieux placé par rapport aux principales régions demandeuses de ces charrois.

concluaient des contrats importants avec les marchands, se chargeaient de transporter le bois jusqu'aux ruisseaux avant le flot de printemps et parfois rentabilisaient déjà leurs attelages en allant l'été faire quelques charrois dans les plaines voisines. Ce sont les mêmes familles que nous avions vu transformer profondément le fonctionnement et l'esprit des communautés familiales, à l'origine relativement égalitaires entre résidents, en mettant en place un héritier unique et en réduisant la communauté à une famille-souche[15]. Ces familles ont été en mesure de tirer profit de la situation nouvelle: si le transport du bois diminuait, l'exploitation accrue des carrières pour les constructions de la région parisienne, le développement des mines ou de la culture de la betterave leur ont offert l'occasion d'exercer ailleurs un métier qu'ils avaient déjà pratiqué sur place. Si la nouvelle législation ne leur permettait certes plus de maintenir l'unité du patrimoine par les mêmes procédés[16], ils surent utiliser des stratégies familiales très concertées, en particulier les mariages remarquables, qui réduisaient sa dispersion, et créaient un tissu serré de relations à l'intérieur du petit groupe sur lequel reposait l'entreprise. Nombre de familles n'étaient pas en état d'affronter le changement avec autant de sérénité et de construire des stratégies d'une telle ampleur et d'une telle durée.

Les migrants ordinaires

A côté des solides noyaux constitués par les gros laboureurs, les villages comptaient en effet un certain nombre de ménages nucléaires formés par des individus qui avaient profité des possibilités accrues de travail pour s'installer de manière indépendante, en associant les campagnes de bûcheronnage d'hiver à des travaux saisonniers d'été, à un tout petit artisanat local – la saboterie par exemple –, éventuellement à l'exploitation d'un lopin de terre, dans la mesure où ils pouvaient en acquérir dans un marché foncier alors atone.

Tous ceux-là, manouvriers ou petits propriétaires de moins de cinq hectares, ont été les plus touchés par la réduction des coupes et obligés pour nourrir leur

---

15 Voir ROLLEY Francine, «Reproduction familiale et changements économiques», art. cit.
16 Dans les minutes du notaire de Quarré-les-Tombes, la dernière exclusion de cadet eut lieu en 1806, et la dernière création de communauté universelle de tous biens en 1811.

famille d'aller travailler ailleurs, pour une saison ou pour plusieurs années, l'homme ou la femme, car les migrations féminines ont eu ici une importance aussi grande que celles des hommes, parfois en couple. Pour une grande majorité la migration fut une nécessité gérée en fonction des opportunités avec des perspectives à court terme.

Les migrations de ces Morvandiaux étaient caractérisées par une diversité extrême. Les plus célèbres sont celles des nourrices; un grand nombre de femmes partirent en effet une fois, deux fois ou trois fois dans leur vie «faire une nourriture», c'est-à-dire allaiter pendant 14 à 18 mois des nourrissons de familles bourgeoises, souvent à Paris. Cette forme de «nourriture sur lieu» était relativement nouvelle. «Vers 1825, c'est à peine si chaque année deux ou trois nourrices se rendaient à Paris pour y nourrir sur lieu»; en 1850 encore leur nombre n'était estimé qu'entre 150 et 400 pour l'ensemble du Morvan. Le grand essor de ces migrations marque la période 1850-70 où, suivant les villages, de 65 à 85% des jeunes accouchées partirent comme nourrices; ce succès s'explique par une forte hausse des salaires, pratiquement multipliés par trois entre 1840 et 1870, salaires auxquels il fallait ajouter l'habillement complet de la nourrice, de fréquents cadeaux, ainsi que l'agrément d'une vie plus confortable[17].

Mais il est dommage que la littérature surabondante consacrée aux nourrices ait tendance à occulter le très grand nombre de morvandiaux qui sont partis exercer des métiers divers. Certains de ces métiers étaient assez caractéristiques, comme celui de bouvier; embauchés pour l'été par les galvachers locaux, ou recrutés par des marchands qui venaient aux foires du Morvan acheter des bœufs et engageaient en même temps les conducteurs, ces bouviers pouvaient gagner en sept mois 500 francs pour une campagne dans le Morvan, 700 pour «aller en Picardie»[18]. Mais la plupart des migrants n'avaient ni spécialité ni

---

17 Le record était détenu par la commune d'Aligny-en-Morvan, cf. MONOT Charles, *De l'industrie des nourrices morvandelles et de la mortalité des petits enfants*, Paris, 1867. Ce médecin, militant très actif pour la protection infantile, exerçait à Montsauche, ce qui nous vaut de disposer pour ce canton de statistiques précises publiées par Dom Bénigne DEFARGES, «L'industrie des nourrices morvandelles», in *Pays de Bourgogne*, (1974) no. 1, p. 982.

18 Beaucoup allaient effectivement en Picardie où se développe alors la culture de la betterave, mais «Picardie» en est venu à désigner tout le plat pays, elle pouvait donc commencer aux portes du Morvan, dans l'Auxerrois ou la forêt d'Othe.

formation ; on les trouve cantonnés à des activités primaires, dans l'agriculture, dans les carrières et les mines, dans les services, dans le commerce ... Peut-être vaudrait-il mieux énumérer ce qu'ils n'étaient pratiquement jamais : ouvriers dans la grande industrie, instituteurs, employés de bureau, faute de tradition dans le premier cas, faute d'instruction dans les autres.

On les rencontre bien sûr en majorité à Paris – où les nourrices ont souvent ouvert la voie et trouvé des places pour leur mari, leurs frères et sœurs, leurs cousines... –, et dans la région parisienne, dans les banlieues horticoles, dans les carrières d'Ivry ou de Poissy, dans les ateliers de Choisy-le-Roi ou dans la chocolaterie de Noisiel. Mais la région parisienne était très loin d'exercer une attraction exclusive ; l'importance des travaux agricoles dispersait les Morvandiaux dans toute la moitié nord de la France, dans cette insaisissable Picardie qui allait du Berry aux Ardennes ; quelques-uns poussaient des pointes dans le Lyonnais et la Bresse, où ils étaient couvreurs en paille. Peut-être vaudrait-il mieux ici aussi citer les endroits où ils n'allaient jamais : le grand sud, si lointain, les bourgades de la périphérie du massif, qui offraient peu d'emplois, la Loire moyenne, si proche et à ce moment encore industrialisée, sans qu'on sache bien si cette exclusion marquait la survivance de la vieille ligne de démarcation entre approvisionnement de Paris et approvisionnement des forges, ou simplement le fait que les Morvandiaux ne travaillaient pas dans l'industrie.

Ces migrants ordinaires partaient parfois en couple, on l'a dit, mais souvent seuls, pour une durée souvent indéterminée, avec des perspectives d'embauche souvent aléatoires, en n'emportant que leur force de travail. Leurs migrations contrastent ainsi avec celles des galvachers, si organisées, si liées au groupe familial, si dépendantes de l'exploitation de départ. Il serait faux cependant de les opposer totalement, et de considérer ces départs plus isolés comme des stratégies individuelles comportant un plus haut risque de rupture avec la famille et l'espace de départ.

Leurs déplacements, qu'ils soient saisonniers ou pluriannuels, ne pouvaient avoir lieu sans l'exercice de solidarités familiales. Il y avait le problème des enfants – les enfants en très bas âge des nourrices, ou les enfants dont les parents étaient tous les deux partis – qui étaient élevés par d'autres membres de la famille, presque toujours les grands-parents ; les listes nominatives montrent bien un grand nombre de ménages composés de vieillards et de jeunes enfants, dans lesquels la génération intermédiaire était absente.

Pour les petits propriétaires, il y avait aussi le problème de leurs parcelles de terre, qu'en général ils n'avaient pas l'intention de vendre. Pendant cette période en effet, seules certaines filles qui se mariaient au loin avec un non morvandiau vendaient, parcelle par parcelle, à un membre de la famille ou à un tiers, au prix du marché (qui était élevé). Ces cas étaient peu nombreux car, même si les jeunes gens étaient partis célibataires et se mariaient à l'extérieur, c'était le plus souvent entre morvandiaux originaires de la même micro-région, et ils conservaient leurs biens ou leurs droits en prévision de leur retour. Nous avons vainement cherché dans les minutes notariales et dans l'enregistrement des sous-seings privés la manière dont se réglait l'exploitation de ces parcelles, dont eux-mêmes n'avaient pas immédiatement l'usage, et qui pouvaient par contre permettre à des parents ou à des voisins de disposer d'une exploitation viable. Il est possible que les parcelles louées n'aient pas atteint une superficie suffisante pour être soumises à la réglementation sur le fermage, ou que certaines pratiques aient rendu les contrôles aléatoires[19]. Sans doute beaucoup de frères et sœurs restaient-ils simplement en indivision. Dans beaucoup de familles en effet, dès que les premiers enfants partaient ou se mariaient, les parents procédaient à une donation-partage et constituaient des lots pour chacun de leurs héritiers ; mais ces donations-partages n'entraient pas immédiatement en application : elles étaient d'abord suspendues par l'usufruit réservé jusqu'au décès du dernier vivant des parents, et ensuite les enfants pouvaient rester en indivision sans forcément en faire la déclaration. Ceux qui restaient exploitaient de fait l'ensemble, sans nécessairement verser un loyer aux migrants ; ceux-ci se trouvaient en effet dispensés de la charge des vieux parents et sans doute de l'impôt ; ils pouvaient laisser leurs enfants et revenir entre leurs migrations ; ils percevaient des salaires qui leur permettaient éventuellement d'acheter des parcelles complémentaires.

Les migrants intervenaient en effet pendant cette période sur le marché foncier beaucoup plus comme acquéreurs que comme vendeurs, provoquant une montée des prix dénoncée par les rapports officiels et confirmée par les enquêtes

---

19 Bonnamour Jacqueline, *Le Morvan, la terre et les hommes*, Paris, P.U.F., 1996, p. 161. Elle mentionne par exemple la pratique du chalandage, selon lequel des copropriétaires exploitaient à tour de rôle telle ou telle parcelle, ou récoltaient à tour de rôle la première herbe.

agricoles; par exemple dans le canton de Quarré-les-Tombes, le prix moyen de l'hectare de terre labourable est passé de 1 286 francs en 1856 à 1 505 francs en 1862 et 1 659 francs en 1882[20]. Il s'agit donc bien, à un niveau plus modeste que chez les galvachers, d'une stratégie de maintien. Tout au moins jusqu'à la décennie 1880-90, qui est marquée par un renversement sensible.

1885-1914 : vers des migrations définitives?

Un changement d'attitude apparaît nettement à travers les actes notariés et l'enregistrement, dès 1880 dans les régions périphériques du Morvan, dix à quinze ans plus tard au centre du massif: les migrants deviennent majoritairement vendeurs. Le mouvement des prix s'inverse parallèlement: le maximum est atteint en 1881 à Saint-Germain-des-Champs, en 1882 à Bussières, en 1892 à Chastellux, etc; partout la chute des prix atteindra 30 à 40% avant 1914.

Ces ventes sont pour beaucoup le fait de jeunes adultes représentant la troisième génération de migrants. Souvent c'est toute une fratrie qui vend une succession paternelle ou maternelle qu'elle vient juste de recevoir, ce qui lui a donné l'occasion de faire le point. Qu'est-ce que ces jeunes gens, qui commençaient ailleurs leur vie professionnelle, pouvaient faire de ces petites parcelles situées dans une région qu'ils ne connaissaient plus très bien, qui ne pouvaient constituer à elles seules une véritable exploitation, et qui étaient encombrées de problèmes d'indivision avec de lointains cousins? La vente leur apparut souvent comme la solution raisonnable. Elle n'était sans doute pas souhaitée par la génération précédente, elle n'est pas le résultat d'une stratégie, elle consacre une rupture de fait.

Cet effet générationnel est incontestable, mais il s'inscrit aussi dans un contexte qui pendant ces quelques décennies a continué à évoluer, dans l'espace d'accueil bien sûr, mais aussi dans l'espace de départ. S'installer ou se réinstaller

---

20 Dès le milieu du siècle le rapport Guillaumin incitait les agriculteurs à cesser d'acheter de la terre «à tout prix». Ces achats à des prix élevés rappellent avec un décalage dans le temps les observations faites à propos de la Creuse par DEROUET Bernard, «Les paradoxes de l'ouverture: exclusion familiale et migrations dans la Creuse et le nord du Massif central (XVIIIᵉ-XIXᵉ siècles)», in Bouchard Gérard, Dickinson John A., Goy Joseph (sous la dir. de), *Les exclus de la terre, op. cit.*, pp. 307-329.

comme agriculteur dans le Morvan avait-il encore un sens? Quelles étaient encore les chances de la petite exploitation agricole dans une région aux conditions naturelles très défavorables? Il nous semble qu'il y a là des questions qu'on ne peut négliger si on s'interroge sur le passage des migrations de «maintien» aux migrations de «rupture».

Deux modèles d'agriculture s'étaient affrontés dans cette région pendant la seconde moitié du XIXᵉ siècle. Les grands propriétaires, obligés de constater le déclin irréversible de l'exploitation forestière, avaient un moment porté tout leur intérêt sur la modernisation de leurs fermes, qu'ils souhaitaient maintenant étendre par des défrichements et la suppression des jachères; ils développèrent d'abord le chaulage qui devait permettre la culture du froment jusque sur le granit, puis se rallièrent au tout élevage, avec sélection des espèces pour la boucherie et multiplication des prairies artificielles. Les Sociétés d'agriculture, où ils étaient très influents, cherchèrent par leurs Bulletins et leurs concours à populariser les bons résultats obtenus dans les fermes expérimentales.

Tout différent était évidemment l'espoir de la majorité des migrants. Si pendant une ou deux générations ils avaient gardé leurs modestes héritages et cherché à les accroître par des acquisitions parfois déraisonnables, c'est qu'ils croyaient à la possibilité de vivre sur des exploitations de 5 à 10 hectares, en faire valoir direct, en combinant la culture de la pomme de terre, l'engraissement de deux cochons, l'élevage d'une vache dont le lait serait vendu au bourg voisin et le veau à la foire, en ajoutant l'accueil d'un ou deux enfants assistés et si possible quelques journées de travail en forêt ou sur les grandes propriétés voisines. Ce modèle du «citoyen-petit propriétaire» fut un temps très soutenu par la presse républicaine, mais pratiquement peu de mesures concrètes furent prises pour en permettre la réalisation.

De fait, aucun de ces deux modèles ne l'a emporté. A partir du moment où ils ont perdu l'espoir de fonder sur leur assise terrienne notabilité et carrières politiques, et sur fond de crise agricole, beaucoup de grands propriétaires fonciers se sont désengagés de l'agriculture; ce n'est pas un phénomène propre à cette région, mais la très grande propriété était particulièrement importante dans ce Morvan du nord, et les ventes des Choiseul ou des La Rochefoucauld ont jeté sur le marché foncier des milliers d'hectares. A l'autre extrémité de l'échelle, beaucoup de migrants micro-propriétaires ont constaté qu'il leur serait impossible d'acquérir assez de terres et de supporter ensuite les frais de la modernisation; de plus, mis à part l'accueil des enfants de l'Assistance publique, les

activités locales d'appoint avaient cette fois totalement disparu : le dernier train
de bois a été formé en 1877, le flottage à bûches perdues s'est interrompu en
1893, les grandes fermes reconverties à l'élevage du charolais n'offraient plus
guère d'emplois ; les migrations saisonnières pour les moissons dans les plaines
voisines étaient elles-mêmes menacées par la mécanisation. Comme le notait
l'Abbé Baudiau : « […] Ici plus que partout ailleurs, les capitaux manquent, et
les cultivateurs, généralement pauvres, ne peuvent faire les dépenses que com-
porteraient leurs propriétés, sous le rapport des améliorations ». On conçoit que
beaucoup de jeunes migrants, parfois pressés par des créanciers, ou découragés
par la perspective d'un travail énorme à faible productivité, aient dans ces conditions renoncé au rêve de constituer des exploitations indépendantes qui avait
animé leurs parents, et préféré vendre[21].

Ces ventes témoignent bien d'une migration devenue « une migration de
rupture », dans la mesure où les vendeurs renonçaient effectivement à revenir
dans le Morvan comme exploitants agricoles actifs, et sont déterminés à réaliser
leur vie professionnelle dans leur espace d'accueil. Cependant le terme de rupture gêne. S'ils ont bien vendu les terres, beaucoup ont gardé la maison, ou leur
part de maison, le jardin attenant, voire une ou deux parcelles très proches[22]. Il
est assez évident que non seulement il n'y avait pas de rupture affective totale,
mais que ces migrants se réservaient la possibilité de revenir pour leurs vieux
jours, ou peut-être en cas de grave problème ; il s'agit d'une migration viagère
plus que définitive, dans le cadre de laquelle l'espace de départ était maintenu
comme une forme de prévoyance dans une société encore largement dépourvue
de protections sociales et de systèmes de retraite.

21 Ce double mouvement de vente – par les très grands et les très petits propriétaires – a favorisé le développement d'exploitations moyennes d'une vingtaine d'hectares, et consacré le
triomphe des prés sur les labours. Les galvachers, déjà éleveurs propriétaires d'exploitations
moyennes, figurent parmi les acquéreurs ; leur activité de transport a survécu pratiquement
jusqu'au milieu du XIXᵉ siècle, malgré le développement de moyens de transport plus
modernes, dans la mesure où ils les complétaient plus qu'ils ne les concurrençaient.
22 Ces micro-propriétés ont été classées par les enquêtes agricoles comme « micro-exploita-
tions, catégories de moins d'un hectare », ce qui a faussé un certain nombre d'interprétations
des résultats.

Ces quelques observations tendent à montrer que le passage à des migrations de rupture n'est pas seulement un effet mécanique des migrations temporaires. Ces deux formes de migration ont répondu à deux problèmes très différents rencontrés successivement par les paysans du Morvan.

Le premier, lié à la chute de l'exploitation du bois, les a privés au milieu du siècle de leurs traditionnelles activités d'appoint ; mais il n'a pas remis en cause l'exploitation agricole elle-même, et les migrations purent compenser cette perte. Les galvachers trouvèrent dans leurs déplacements saisonniers le moyen de valoriser encore davantage des exploitations confortables. Les migrants plus modestes purent à travers des migrations temporaires plus longues, souvent pluriannuelles, accumuler suffisamment pour acheter quelques parcelles et compléter leur petit héritage conservé dans le cadre de solidarités familiales maintenues ou même retrouvées ; au fond leur parcours s'est rapproché des phases de cycle de vie que connaissaient depuis longtemps les paysans des régions égalitaires.

Le second problème, dans les dernières décennies du siècle, ne touchait plus seulement des activités complémentaires, mais la viabilité même des exploitations. Le modèle d'exploitation moyenne modernisée et spécialisée qui l'emportait dans cette partie nord du Morvan n'était réalisable que dans des exploitations dépassant 10 hectares ; pour la majorité des paysans, le profit tiré des migrations temporaires ne pouvait suffire à financer à la fois l'acquisition de telles superficies et les frais de leur mise en valeur. Le passage à des migrations définitives paraît largement lié à ces nouvelles conditions.

Emplois industriels, pluriactivité, migrations

Une expérience tessinoise parmi les modèles sudalpins lombards, 1850-1914

Luigi Lorenzetti

Introduction

Les systèmes économiques des régions sudalpines lombardes d'avant la césure du milieu du XIXe siècle sont désormais assez bien connus. Les enquêtes menées jusqu'ici ont mis en évidence une trame bipolaire, dans laquelle l'émigration périodique des vallées supérieures et les activités protoindustrielles des communautés du piémont ont représenté les axes porteurs des économies régionales et de la reproduction sociale et familiale[1]. Dans ses grandes lignes, cette polarité se confirme aussi pour la seconde moitié du XIXe siècle ; les études sur les transformations des structures économiques et des pratiques migratoires ont en effet débouché sur une double image : celle des vallées alpines, subissant un processus de marginalisation économique et démographique[2], et celle d'une

---

1 Cf. par exemple MERZARIO Raul, *Il capitalismo nelle montagne. Strategie familiari nelle prime fasi di industrializzazione nel Comasco*, Bologna, il Mulino, 1989 et BEONIO-BROCCHERI Vittorio H., « Le montagne dello Stato di Milano : specializzazioni economiche e forme di integrazione spaziale (1550-1650 circa) », in *Itinera*, 24 (2002), pp. 111-137. Pour un bilan historiographique, cf. AUDENINO Patrizia, « La mobilità come fattore di integrazione nella macroregione alpina : un bilancio storiografico », in Mocarelli Luca (a cura di), *Tra identità e integrazione. La Lombardia nella macroregione alpina dello sviluppo economico europeo (secoli XVII-XX)*, Milano, F. Angeli, 2002, pp. 71-88.

2 Cf. par exemple AUDENINO Patrizia, *Un mestiere per partire. Tradizione migratoria, lavoro e comunità in una vallata alpina*, Milano, 1990 ; SCARAMELLINI Guglielmo, « Valtellina e convalli nel ‹ lungo Ottocento › : vocazioni, domande economiche, mutamenti. Riflessi di una transizione incompiuta », in Leonardi Andrea (a cura di), *Aree forti e deboli nello sviluppo della montagna alpina*, Trento, Università degli Studi di Trento, 2001, pp. 43-94 ; GOSSELLI Renzo, « Conseguenze dell'emigrazione sulle valli alpine », in Ciapponi Landi Bruno (a cura di), *Valli alpine ed emigrazione. Studi, proposte, testimonianze*, Tirano, Museo etnografico tiranese, 1997, pp. 103-121.

partie des régions préalpines connaissant une rapide essor économique favorisé par la consolidation des branches manufacturières liées au textile[3].

En analysant ce clivage, ainsi que les causes de l'essor économique d'une partie du piémont sudalpin, la plupart des études se sont focalisées soit sur les facteurs de localisation (ressources, infrastructures, institutions)[4] et leur rôle dans le cadre du modèle des rentes différentielles, soit sur le coût du travail à l'intérieur d'économies agraires précarisées et parcourues par de fortes tensions sociales[5]. Or, à l'intérieur de ce cadre explicatif, la mobilité du travail a souvent été laissée au second plan[6]. Pourtant, son importance a été décisive dans les processus d'industrialisation de diverses régions préalpines par le biais des migrations de métier intra- et interrégionales. La coexistence, dans certaines régions[7], de pratiques migratoires et de l'activité industrielle représente donc un intérêt particulier : reflet de la flexibilité des modèles de pluriactivité familiale et de la hiérarchie sociale, elle renvoie aussi au poids des facteurs affectant la

---

3 Pour le Comasco, cf. CORNER Paul R., *Contadini e industrializzazione. Società rurale e impresa in Italia dal 1840 al 1940*, Roma-Bari, Laterza, 1993 ; pour le Biellese, cf. RAMELLA Franco, *Terra e telai. Sistemi di parentela e manifattura nel Biellese dell'Ottocento*, Torino, Einaudi, 1984. Pour la Lombardie dans son ensemble, cf. CARERA Aldo, «La prospettiva smarrita : note sullo sviluppo economico regionale della Lombardia tra XVIII e XIX secolo», in Mocarelli L. (a cura di), *Lo sviluppo economico regionale in prospettiva storica. Atti dell'incontro interdisciplinare, Milano 18-19 maggio 1995*, Milano, CUESP, 1996, pp. 149-193 ; BIGATTI Giorgio, «Industria e società : il decollo ottocentesco», in Antonielli Livio, Chittolini Giorgio (a cura di), *Storia della Lombardia, 2. Dal Seicento a oggi*, Roma-Bari, Laterza, 2003, pp. 84-100.

4 Cf. par exemple DEWERPE Alain, «Genèse protoindustrielle d'une région développée : l'Italie septentrionale (1800-1880)», in *Annales E. S. C.*, (1984) no. 5, pp. 896-914 et plus récemment, MOCARELLI Luca, «Tra sviluppo e insuccesso : i diversi percorsi economici di alcune vallate manifatturiere delle Alpi italiane centro-occidentali tra età moderna e contemporanea», in Grange Didier (sous la dir. de), *L'espace alpin et la modernité. Bilans et perspectives au tournant du siècle*, Grenoble, Presses Universitaires de Grenoble, 2002, pp. 79-91.

5 Cf. notamment ROMANO Roberto, *La modernizzazione periferica. L'Alto Milanese e la formazione di una società industriale (1750-1914)*, Milano, F. Angeli, 1990.

6 Cf. l'observation de PFISTER Ulrich, «La Lombardia, la mesoregione alpina e le economie regionali», in Mocarelli Luca (a cura di), *Tra identità e integrazione, op. cit.*, pp. 13-25 (ici pp. 19-23).

7 Voyez en particulier le cas du Biellese décrit par AUDENINO Patrizia, «Manifattura, mobilità e circolazione delle informazioni nel Biellese fra Otto e Novecento», in Leonardi Andrea (a cura di), *Aree forti e deboli, op. cit.*, pp. 33-42.

capacité d'absorption de la main-d'œuvre locale de la part du secteur industriel (le niveau des salaires, les formes productives, leur compatibilité avec les autres branches de la pluriactivité, etc.).

Dans les pages qui suivent nous essayerons de proposer quelques réflexions sur les relations qui se sont nouées entre les modèles familiaux des régions sudalpines lombardes et le processus d'industrialisation qui s'y est mis en place. A travers l'analyse ponctuelle d'une communautés tessinoise, on essayera de vérifier quel a été l'impact de l'installation d'une manufacture horlogère sur les choix matrimoniaux et sur les dynamiques migratoires locales et quelles ont été les répercussions sur les stratégies d'investissement sur le marché foncier.

Industrialisation et modèles familiaux : des liens complexes et ambigus

Industrialisation et modèles familiaux dans la Lombardie sudalpine

Les historiens qui se sont penchés sur l'industrie rurale lombarde et sur les facteurs expliquant sa réussite ont à plusieurs reprises souligné le rôle des systèmes familiaux et de l'organisation domestique locale. Pour P. Corner et R. Romano, le succès de l'industrie de la soie dans le Comasco serait dû, en premier lieu, à son modèle de pluriactivité qui s'est configuré dans le cadre de la famille *paysanne-ouvrière*[8]. Dans ces ménages de fermiers, habituellement organisés dans des formes complexes, le travail agricole était une prérogative des hommes, alors que les femmes (et les enfants) s'employaient dans les manufactures textiles disséminées dans les campagnes[9]. La séparation rigide des rôles et la division sexuelle du travail a été la clé de leur survie, les salaires industriels constituant le complément indispensable au revenu agricole. Pour cette raison, le travail industriel a eu davantage un effet conservateur que destructif sur le modèle familial comasque[10] qui, par ailleurs, a été un élément décisif de succès de l'industrie locale car il mettait à la disposition des entrepreneurs une

---

8   Corner Paul R., *Contadini e industrializzazione, op. cit.*, pp. 35-71 ; Romano Roberto, *La modernizzazione periferica, op. cit.*, pp. 101-105.
9   Merzario Raul, *Il capitalismo nelle montagne, op. cit.*, pp. 107-118.
10 Corner Paul R., *Contadini e industrializzazione, op. cit.*, p. 67.

main-d'œuvre à très faible rémunération et pouvant être renvoyée sans risque d'accroître les tensions sociales.

A vrai dire, ce modèle de pluriactivité familiale n'était pas unique dans le piémont sudalpin. Dans les communautés du Biellese, par exemple, les barrières sexuelles entre le travail agricole et le travail industriel étaient moins nettes. Comme les soieries comasques, les filatures de la laine du Val di Mosso recrutaient surtout des femmes et des enfants. Le tissage, par contre, employait presque exclusivement les hommes qui alternaient l'activité protoindustrielle avec l'émigration périodique[11]. La coexistence, dans ces vallées, d'une intense pratique migratoire et d'une longue tradition protoindustrielle reflétait la capacité des travailleurs à avoir recours à des ressources alternatives (l'émigration) lorsque les conditions du secteur industriel étaient moins satisfaisantes, mais aussi l'existence d'une hiérarchie du travail dans laquelle l'emploi industriel était le premier pas et l'émigration l'instrument de la mobilité sociale ascendante[12]. Ceci explique le modeste attrait de l'industrie textile du Biellese parmi les travailleurs les plus qualifiés du bâtiment; un attrait ultérieurement réduit par la faible rémunération du travail et par l'ample recours, de la part des entrepreneurs locaux, à une main-d'œuvre immigrée d'origine bergamasque.

Le passage, dès le dernier quart du siècle, au tissage industriel modifia toutefois le rapport de la main-d'œuvre masculine avec l'emploi industriel. En effet, si le travail à domicile était compatible avec l'activité agricole et l'émigration périodique, l'emploi en fabrique rendait cette solution moins praticable, si bien que de plus en plus les travaux agricoles sur l'exploitation familiale durent être assumés par les femmes, alors que pour les hommes qui renoncèrent à l'émigration le salaire industriel devint la partie principale du revenu familial[13].

Le Tessin préalpin et Arogno : quelle spécificité ?

Ces considérations nous amènent au cas tessinois. Les régions préalpines de ce canton partagent avec le Biellese diverses caractéristiques dont la diffusion de la petite propriété foncière gérée à travers le faire valoir direct, une intense

---

11 RAMELLA Franco, *Terra e telai, op. cit.*, pp. 27-49.
12 AUDENINO Patrizia, «Manifattura, mobilità», art. cit., pp. 35-36.
13 RAMELLA Franco, *Terra e telai, op. cit.*, pp. 154-155.

pratique migratoire périodique exercée par les hommes et l'exclusivité féminine des tâches agricoles. Contrairement au Biellese, toutefois, les communautés préalpines tessinoises n'ont connu aucun développement protoindustriel significatif. Par ailleurs, les initiatives industrielles qui virent le jour dans cette région durant la seconde moitié du XIXe siècle demeurèrent de nature ponctuelle et incapables de polariser le marché du travail régional. Ainsi, vers le milieu du siècle, dans les districts de Lugano et de Mendrisio on ne comptait que deux filatures de la soie[14] alors que dans la province de Côme on en comptait 210 (525 dans l'ensemble de la Lombardie) et que vers 1890 dans le Biellese il existait 329 manufactures industrielles avec plus de 14 000 ouvriers, soit 39% de la population active[15].

Diverses études ont postulé que le blocage tessinois serait à relier aux caractéristiques de la pluriactivité locale, incompatible avec le développement industriel. Pour R. Romano, en particulier,

> [...] l'émigration masculine, surtout celle de l'été, obligeait [...] une large partie des femmes à assumer l'activité agricole à la place des hommes. Concrètement, cette inversion des rôles signifiait vider ou réduire de manière drastique les dimensions du marché du travail féminin disponible pour d'éventuelles activités manufacturières[16].

En d'autres termes, l'absence d'industrialisation dans les terres tessinoises s'expliquerait par un marché du travail insuffisant et peu élastique face aux nécessités de l'industrie. Or, l'expérience du Biellese incite à une certaine prudence face à une telle hypothèse, d'autant plus fragile si l'on considère que vers le milieu du XIXe siècle l'on comptait chaque année un millier d'ouvrières du Mendrisiotto qui se rendaient en Lombardie pour travailler dans les filatures de la soie[17]. D'autre part, les manufactures installées dans le canton ont pu compter sur la main-d'œuvre italienne qui à la veille de la Première guerre mondiale représentait plus de la moitié de la main-d'œuvre employée dans les fabriques du canton[18]. En ce sens, il serait hâtif de ramener l'absence d'une

---

14 Romano Roberto, «L'economia ticinese nella prima metà dell'Ottocento», in *Bollettino Storico della Svizzera Italiana*, (2002) no. 1, pp. 171-187 (ici, p. 175).

15 Audenino Patrizia, «Manifattura, mobilità e circolazione», art. cit., p. 34.

16 Romano Roberto, «L'economia ticinese», art. cit., p. 178 (trad. de l'auteur).

17 *Conto Reso del Consiglio di Stato del Cantone Ticino*, 1852, Dipartimento dell'Interno, p. 15.

18 Lorenzetti Luigi, «Migration et marché du travail au Tessin, 1850-1930», in *Revue Historique Neuchâteloise*, (2001) no. 1-2, pp. 93-107.

véritable industrialisation au Tessin à la rigidité du marché du travail intérieur qui dès le début du XXᵉ siècle a surtout amplement profité d'une rente
de position basée sur le contact de deux économies, celles de la Suisse et de
la Lombardie, fortement différenciées du point de vue de la rémunération du
travail[19]. De même, il faut probablement reconsidérer l'hypothèse de la « résistance » des Tessinois envers les emplois manufacturiers. Le cas de Arogno,
une communauté préalpine du district de Lugano ayant connu, dès le milieu
des années 1870, un essor industriel considérable suite à l'implantation d'une
industrie horlogère, nous offre la possibilité d'affiner cette hypothèse, de vérifier
dans quelle mesure les emplois de cette branche industrielle ont représenté une
alternative à la migration et quelles ont été les formes d'adaptation de la famille
pluriactive « traditionnelle ».

L'histoire de l'industrie horlogère de Arogno commence en 1873, lorsque Romeo
Manzoni, suite à un séjour dans le canton de Neuchâtel, décide de fonder une
manufacture horlogère dans sa commune d'origine[20]. Associé à deux horlogers
romands, il fonde la fabrique d'ébauches Challet-Frottez-Manzoni. Le choix
du village luganais est à première vue surprenant : éloigné de la plaine et des
voies de communications, il ne dispose ni de tradition manufacturière[21], ni
de la main-d'œuvre nécessaire. Seuls un cours d'eau fournissant l'énergie à la
fabrique et la proximité avec la frontière italienne[22] semblent justifier le choix de

19 Cf. Ratti Remigio, *Regioni di frontiera: teoria dello Sviluppo e saggi-politico-economici*,
    Lugano, Banca di Credito Commerciale e Mobiliare, 1992.
20 Un aperçu de l'histoire de l'industrie horlogère de Arogno est fourni par Delucchi Mario,
    Le Fabbriche. L'industria degli orologi per oltre un secolo, Lugano, Fontana edizioni, 2003.
21 De ce fait, Arogno s'éloigne des expériences horlogères lancées par des entrepreneurs suis-
    ses dans diverses localités de l'Italie du Nord et basées sur l'utilisation des compétences
    traditionnelles dans le travail du quartz. Cf. Carera Aldo, « Note sull'integrazione eco-
    nomica nell'area alpina tra età moderna e contemporanea: affluenze epigenetiche nel caso
    lombardo », in Mocarelli Luca (a cura di), *Tra identità e integrazione, op. cit.*, pp. 49-52.
22 Cet aspect est d'ailleurs à l'origine de la création de diverses manufactures dans la région,
    dont diverses filatures de soie employant plusieurs centaines d'ouvrières, ainsi que quelques
    manufactures de tabac et de papier et quelques briqueteries et tuileries employant surtout
    des ouvriers et des ouvrières comasques. Cf. Simoni Renato, « Uomini, terra, lavoro nel
    Mendrisiotto dell'Ottocento », in *Mendrisiotto sguardi e pensieri*, Caneggio, Associazione
    cultura popolare, 1986, pp. 211-234 (ici, pp. 224-227).

l'entrepreneur. Après les premières années d'activité durant lesquels la fabrique base son démarrage sur un transfert de compétences impliquant plusieurs dizaines d'ouvriers romands[23], dès la fin des années 1870 elle confie entièrement la production à la main-d'œuvre locale ou transfrontalière. La conjoncture économique de ces années alterne des phases de croissance et des phases de difficulté ; à la fin des années 1880 la fabrique est proche de la faillite. Les tensions internes provoquent une scission qui se solde par la création d'une coopérative horlogère dirigée par des ouvriers organisant une partie de la production dans des ateliers familiaux[24]. A la fin du siècle, l'industrie horlogère de Arogno est en plein essor : grâce à la diminution des coûts de production et à l'accroissement de la demande, les deux sociétés augmentent le nombre de leurs ouvriers qui, durant la guerre, sont plus de 300[25] ; un tel pic ne sera plus atteint dans les décennies suivantes, l'industrie locale ne survivant que jusqu'à la fin des années 1970.

23 Pour une description de l'arrivée des ouvriers romands à Arogno, cf. FÉVRIER Charles, « Note sur l'histoire de la Fabrique d'Ebauches du Voyebœuf à Porrentruy ; Notice historique sur les origines de la Fabrique d'horlogerie Manzoni & Fils à Arogno (Journal de M. Lesquereux) », in *Actes de la Société jurassienne d'émulation*, (1977), pp. 153-176.

24 En ce sens, l'expérience de Arogno s'éloigne d'autres expériences d'industrialisation horlogère ayant démarré par le travail à domicile pour ensuite adopter la production en fabrique. Cf. par exemple le cas de Cluse, dans le Faucigny, analysé par JUDET Pierre, « Pluriactivité, métier, reconversion. Les horlogers du Faucigny du milieu du XIXᵉ siècle à la crise des années trente », in *Cahiers d'histoire*, (1999) no. 2, pp. 299-346.

25 Ce chiffre est d'autant plus significatif si l'on considère qu'à la veille de la Guerre Arogno comptait à peu près un millier d'habitants. Ceci permet de supposer qu'environ la moitié de la population active (> 15 ans) était employée dans le secteur horloger.

Aire matrimoniale, industrie et migration

Une communauté qui s'ouvre

L'arrivée de l'industrie horlogère a passablement modifié la vie communautaire du village luganais. L'immigration ouvrière (romande d'abord, puis italienne et tessinoise) et la création d'un marché du travail local ont peu à peu « miné » le mode de vie local, en transformant la structure démographique du village, ainsi que les pratiques matrimoniales et celles de l'émigration[26].

Du point de vue démographique, l'effet le plus immédiat de l'arrivée de l'industrie horlogère est celui d'une rapide hausse de la présence étrangère qui durant les premières années d'activité de l'industrie horlogère passe d'environ 10% de la population résidente vers 1880 (soit) à plus de 20% en 1900 et à environ 12-15% à la veille du premier conflit mondial[27]. Cette proportion, compte tenu des caractéristiques du village, ne peut s'expliquer que par la proximité de la frontière et par les opportunités d'emploi pour de nombreuses ouvrières italiennes, attirées par les salaires et, éventuellement, par la possibilité de s'établir en Suisse.

L'évolution de la structure de l'aire matrimoniale de Arogno confirme de manière assez fidèle ces tendances (Tableau 1). La diminution progressive des natifs du village parmi les époux s'explique par l'augmentation progressive de la part des conjoints d'origine italienne, en particulier comasques.

Ces tendances doivent naturellement être lues à la lumière de la coutume matrimoniale selon laquelle le mariage avait habituellement lieu dans la commune de résidence de l'épouse. Cette pratique est à l'origine des plus fortes proportions de natives de Arogno par rapport à celles des natifs du même village. De même, elle suggère une augmentation de l'immigration « stable » de femmes italiennes ; en effet, la mobilité frontalière basée sur le maintien du domicile en Italie, n'aurait pas donné lieu à des mariages à Arogno.

---

26 Cf. LORENZETTI Luigi, VALSANGIACOMO Nelly, « Mercato del lavoro e integrazione in area transfrontaliera : Arogno e il Comasco tra Otto e Novecento », in Lorenzetti Luigi, Valsangiacomo Nelly (a cura di), *Lo spazio insubrico : un'identità storica tra percorsi politici e realtà socio-economiche, 1500-1950*, Lugano, Casagrande, 2004.
27 Cf. les Recensements fédéraux de la population.

Tableau 1. Distribution des lieux de naissance des époux
et des épouses marié(e)s à Arogno entre 1856 et 1914 (en %)

	Epoux				Epouses			
	1856-1875	1876-1899	1900-1914	Total	1856-1875	1876-1899	1900-1914	Total
Arogno	76,9	63,4	47,8	62,4	86,8	71,5	68,7	74,8
Tessin	14,0	16,7	13,4	15,0	6,6	9,1	7,5	7,9
Suisse	1,7	2,7	2,2	2,3	1,7	1,1	2,2	1,6
Italie	7,4	15,6	33,6	18,8	5,0	16,1	20,1	14,3
Autre	0,0	1,6	3,0	1,6	0,0	2,2	1,5	1,4
Total	100,0	100,0	100,0	100,0	100,0	100,0	100,0	100,0
Nb. obs.	121	186	134	441	121	186	134	441

Source: Archives de la commune de Arogno, Etat civil, registres des mariages, 1856-1914.

En revanche, si la forte augmentation de la proportion d'époux italiens dans les années 1900-1914 est probablement le signal d'un accroissement de l'exogamie matrimoniale des épouses de Arogno lié à l'intensification des flux immigratoires de ces années, il reste à vérifier dans quelle mesure ces mariages se sont traduits par l'installation définitive au village de ces couples ou bien s'ils ne reflètent que la coutume matrimoniale, ces dernières optant ensuite pour la virilocalité.

Modèles productifs et modèles familiaux

De manière similaire au Biellese où la mécanisation du tissage a modifié en profondeur le modèle pluriactif à l'intérieur des familles, la transformation partielle des formes productives à Arogno a également affecté les configurations de la pluriactivité au sein des couples[28]. Durant les années du démarrage

28 Contrairement au Biellese, toutefois, le processus est inverse étant donné que la fabrique a précédé le travail à domicile.

(1876-1899), un tiers (33,1%) des époux nés à Arogno sont employés dans l'horlogerie, alors que chez les épouses nées au village la proportion atteint 40,6%. Durant ces années, le modèle familial villageois « traditionnel » subit une nette diversification : d'une part celui des artisans et des ouvriers du secondaire qui continuent à privilégier les mariages avec des femmes paysannes ($I_P = 1,35$)[29], de l'autre celui des horlogers qui par leur forte homogamie professionnelle ($I_P = 1,84$) configurent un modèle familial détaché de la pluriactivité traditionnelle et de plus en plus éloigné du monde agricole.

On peut d'ailleurs relever que parmi ces unions (horlogers-horlogères), les mariages préférentiels sont exogames, unissant des horlogers nés à Arogno avec des horlogères nées en Italie ($I_P = 1,37$) ou des horlogères nées à Arogno avec des horlogers nés dans d'autres communes tessinoises ($I_P = 1,32$). Il s'agit donc, vraisemblablement, de couples qui, par leur moindre degré d'enracinement dans la réalité socioéconomique locale, ont pu (ou dû) adopter une stratégie économique éliminant la segmentation sexuelle du travail et les formes traditionnelles de la pluriactivité. En ce sens, ce sont des choix de rupture dans lesquels le salaire industriel était prépondérant au sein de l'économie domestique. Les unions endogames entre des individus nés à Arogno, bien que majoritaires, (21 sur 41), représentaient par contre une option « de repli » ($I_P = 0,93$) reflétant le refus d'un modèle familial de moins en moins en mesure de garantir des revenus satisfaisants et obligeant à de longues périodes de séparation entre les couples.

Dans les 15 années qui suivent (1900-1914), la décentralisation d'une partie de la production dans les ateliers familiaux provoque une nette féminisation du secteur horloger. Parmi les époux natifs de Arogno, la proportion des horlogers diminue à 26,6%, alors qu'elle est de 58,7% chez les épouses. Bien que les horlogers maintiennent une forte homogamie professionnelle ($I_P = 1,44$), la perte d'emplois masculins dans le secteur réduit fortement la présence des ménages à « vocation industrielle »[30]. En revanche, les époux des autres branches du secondaire – qui dans les années précédentes avaient montré une nette

---

29 Indice de proximité de Prost. Cet indice représente le rapport entre la valeur observée et la valeur théorique relevée en cas d'indépendance entre les deux variables (dans ce cas la classe professionnelle des conjoints).
30 Dans ces années on ne compte que 18 mariages dans lesquels les deux conjoints sont horlogers.

aversion envers les mariages avec des horlogères ($I_P = 0,61$) en raison de son incompatibilité avec les travaux agricoles – optent de plus en plus pour ce type d'union ($I_P = 1,17$) car ils permettent désormais de combiner les diverses tâches féminines – dont celles agricoles – avec celles du travail protoindustriel. Contrairement à la période précédente, ces unions se distribuent d'ailleurs de manière homogène au sein des groupes de naissance des conjoints, sans que l'on puisse détecter des choix préférentiels. Bref, durant ces années, les nouvelles opportunités offertes par le travail à domicile modifient le choix du conjoint et le modèle familial qui, par ses caractéristiques, s'avoisine au modèle du Biellese précédant la mécanisation du tissage, le revenu familial provenant dans les deux cas de trois source: la terre, l'emploi masculin (souvent l'émigration) et celui féminin (l'horlogerie).

Emplois industriels, pluriactivité et émigration définitive

Dans quelle mesure les transformations des choix matrimoniaux et des formes de la pluriactivité ont-elles affecté les options migratoires des individus? L'absence d'informations spécifiques sur l'intensité de l'émigration durant ces années empêche toute réponse. Le suivi longitudinal du lieu de décès des époux nés à Arogno permet néanmoins d'esquisser quelques tendances assez significatives.

Contrairement aux communautés alpines pour qui la seconde moitié du XIXᵉ siècle s'est soldée par l'abandon de l'émigration périodique, progressivement remplacée par l'émigration définitive, dans les communautés préalpines, les deux formes migratoires ont continué à coexister. La qualification de la main-d'œuvre et la demande de travail dans les villes suisses ont garanti le renouvellement de la mobilité périodique, attestée par le maintien d'une forte saisonnalité des naissances. L'émigration définitive n'est toutefois pas entièrement absente: au total, un tiers (31,2%) des époux natifs de Arogno mariés entre 1856 et 1875 décèdent hors de leur lieu de naissance (Tableau 2)[31].

---

31 Nous n'avons naturellement aucun renseignement sur le moment du départ qui pouvait avoir lieu peu après le mariage mais aussi vingt, voire trente ans après, plus tard. Ceci impose par conséquent beaucoup de prudence quant à l'interprétation de la migration définitive.

Tableau 2. Distribution des époux nés à Arogno
selon leur secteur professionnel et leur lieu de décès (en %)

Epoque mariage	Lieu du décès	Artisans/ ouvriers du secondaire	Horlogers	Autres branches	Total
	Décès = Arogno	71,8	-	59,1	68,8
1856-75	Décès ≠ Arogno	28,2	-	40,9	31,2
	Nb. obs.	71	-	22	93
	Décès = Arogno	66,2	79,5	78,6*	72,0
1876-99	Décès ≠ Arogno	33,8	20,5	21,4	28,0
	Nb. obs.	65	39	14	118
	Décès = Arogno	38,7	88,2	31,3	50,0
1900-14	Décès ≠ Arogno	61,3	11,8	68,7	50,0
	Nb. obs.	31	17	16	64

Source: cf. Tab. 1.
* uniquement paysans.

L'intensité de la migration définitive demeure à peu près stable même dans la cohorte de mariages suivante (1876-99); 28% des natifs qui se sont mariés dans cette période ont quitté le village au cours de leur cycle de vie. Cette proportion se répartit toutefois de manière inégale entre les deux principales catégories professionnelles: en effet, la proportion n'est que d'un cinquième (20,5%) chez les horlogers alors qu'elle atteint un tiers (33,8%) des artisans et des ouvriers d'autres branches du secondaire (y compris les travailleurs du bâtiment). En d'autres termes, si les emplois traditionnels (en particulier ceux du bâtiment) ont de moins en moins garanti le renouvellement de la migration de *maintien* typique de la région, le secteur horloger semble avoir atténué les départs définitifs et stabilisé la main-d'œuvre qui y a trouvé un emploi. La tendance se renforce dans la cohorte suivante (1900-14): parmi les époux employés dans l'horlogerie, seul un dixième quitte de manière définitive le village, alors que la proportion dépasse 60% parmi les artisans et les autres ouvriers du secondaire.

Des résultats différents s'observent si l'on tient compte de la composition professionnelle des couples au moment de leur mariage. C'est en effet parmi les couples d'horlogers que les probabilité d'émigration des époux sont les plus élevées, alors que parmi les artisans-ouvriers mariés avec des paysannes ou avec des horlogères les risques d'émigration définitive semblent être moins aigues. La pluriactivité – plus que le choix professionnel de l'époux – et la diversification des revenus au sein des couples semble donc avoir atténué les risques d'émigration. Ce résultat est certainement à corréler à la présence massive, chez les couples formés après 1900, de ressortissants italiens ayant dû quitter le canton après la guerre. Il faut toutefois aussi considérer la féminisation du secteur horloger et sa réorientation vers le travail à domicile qui, en créant de nouvelles opportunités de travail salarié pour les femmes et en leur permettant de concilier le travail protoindustriel avec les activités agricoles, a vraisemblablement freiné les départs définitifs tout en favorisant la perpétuation de la migration périodique de leurs époux. En ce sens, comme dans d'autres régions d'industrialisation rurale, la terre et la pluriactivité ont probablement permis l'enracinement de l'activité horlogère dans le tissu économique villageois, en modifiant, selon les conjonctures, les centres de gravité des économies domestiques[32].

Le marché foncier entre émigration et essor manufacturier

Dans ce cadre où la pluriactivité semble confirmer son rôle stabilisateur de la main-d'œuvre, il reste à comprendre dans quelle mesure ses transformations ont affecté le marché de la terre.

Si dans les communautés industrielles comasques le travail agricole est resté un élément fondamental dans les stratégies économiques des familles paysannes-ouvrières, dans le Biellese du dernier tiers du XIXe siècle, les ménages ouvriers ont progressivement abandonné la terre, désormais insuffisante pour les nécessités familiales et chargée de dettes[33]. La complémentarité des rôles au sein des ménages se maintint donc dans le Comasco mais non pas à Biella où l'avènement du tissage mécanique détermina l'abandon progressif de l'activité agricole et l'enrayage du marché foncier.

---

32 A ce propos, cf. les considérations de Judet Pierre, «Pluriactivité, métiers», art. cit., p. 345.

33 Corner Paul R., *Contadini e industrializzazione, op. cit.*, pp. 87-105.

A Arogno, c'est une situation médiane qui semble se dessiner : dans le système familial pluriactif « traditionnel ». Le marché foncier local était strictement enchâssé dans les stratégies de la reproduction familiale et de l'établissement sur place, l'épargne accumulée grâce à l'émigration étant habituellement destinée à l'achat de terres et immeubles de manière à garantir la reproduction sur place[34]. Le déclin de l'économie agricole a toutefois marqué la raréfaction progressive des échanges fonciers qui n'étaient désormais plus soutenus par les nécessités de la pluriactivité. A l'intérieur de ce processus général, l'on peut néanmoins entrevoir des dynamiques plus subtiles qui mettent en évidence l'évolution du rôle de la pluriactivité (dans ses diverses formes) dans les stratégies d'investissement foncier[35]. Ainsi, durant les années 1880-94, à savoir lorsque l'emploi horloger reste concentré dans la manufacture Manzoni, le marché foncier local est encore en large mesure contrôlé par les artisans et les ouvriers des secteurs traditionnels. Ils sont responsables de plus des deux tiers des mutations foncières de ces années (Tableau 3), et reproduisent le modèle de la famille pluriactive des *émigrants-paysans*. La présence des horlogers est à première vue marginale, mais il faut tenir compte du fait que le cycle des investissements et des désinvestissements fonciers se concentre habituellement dans les 10-20 années qui suivent le mariage ; ceci signifie que les transactions des années 1880-94 sont en majorité le fait de couples formés dans les années précédant l'arrivée de la manufacture. Les multiples ventes auxquelles les horlogers participent en ces années démontrent en tout cas leur déconnexion de l'économie rurale « traditionnelle » et le faible intérêt envers la terre, peu d'horlogers combinant leur activité avec le travail agricole de leurs épouses.

---

34 Lorenzetti Luigi, « Economic opening and society endogamy : Migratory and reproduction logics in the Insubric mountains (18th and 19th centuries) », in *The History of the Family. An International Quarterly*, 2 (2003), pp. 297-316.

35 L'échantillon notarial que nous avons constitué rassemble les mutations foncières effectuées à Arogno dans les années 1880-94 (230 actes) et 1900-1914 (106 actes), Les individus figurant dans les contrats ont été successivement couplés avec les actes de mariage. Il est évident que cette opération ne permet pas de tenir compte d'éventuels changements d'emploi, mais la faible mobilité interprofessionnelle entre les deux secteurs (l'horlogerie et les autres métiers du secondaire) devrait garantir une certaine pertinence aux résultats.

Tableau 3. Distribution des transactions foncières selon la profession du mari au moment du mariage en 1880-94 et en 1900-14 (en %)

	1880-94		1900-14	
	Achats	Ventes	Achats	Ventes
Artisans-ouvriers	69,8	60,0	54,1	83,3
Horlogers	8,7	20,0	28,4	7,4
Paysans	12,9	16,2	8,1	3,7
Autres	8,6	3,8	9,4	5,6
Total	100,0	100,0	100,0	100,0
Nb. cas	126	105	74	54

Source: cf. Tab. 1; Archives d'Etat du Canton du Tessin, Notaires, District de Lugano, Bagutti Francesco, scat. 77 et 79; Bernasconi Giosia, scat. 3253-3262; Contestabile Giuseppe, scat. 269-270; Cometta Costantino, scat. 263, 265-267; Spinedi Domenico, scat. 675-679; Castelli Carlo, scat. 205-206.

L'effet du cycle des investissements contribue d'ailleurs à expliquer la baisse de la présence des artisans-ouvriers et l'augmentation des horlogers parmi les investisseurs de la période successive (1900-14). Leur plus forte propension à l'accumulation foncière pourrait toutefois relever aussi de leur réorientation vers la pluriactivité et sa composante agricole. Le déplacement dans les ateliers familiaux de certaines phases productives a en effet favorisé les mariages d'horlogers avec des paysannes et ceux d'ouvriers-artisans avec des horlogères qui ajoutaient à leur activité protoindustrielle le travail agricole. Comme pour les ménages des *paysans-ouvriers* du Comasco ou du Biellese, dans certains cas l'investissement foncier a probablement représenté une sorte de sécurité supplémentaire face aux risques des fluctuations conjoncturelles du secteur horloger. Pour les artisans et les autres ouvriers du secondaire, par contre, l'accroissement de la part de leurs ventes est probablement à corréler avec leur tendance accrue à l'émigration définitive; nombreuses sont en effet celles souscrites par des émigrants établis en Amérique et cédant leurs propriétés à des membres apparentés ou à des tierces personnes.

Conclusion

Au terme de ce rapide parcours, trois aspects nous semblent devoir être soulignés. Comme dans d'autres vallées préalpines lombardes, l'essor industriel à Arogno n'a pas entièrement supprimé les pratiques migratoires traditionnelles. Il n'a d'ailleurs représenté une véritable alternative à celles-ci que jusqu'au moment où le système de fabrique a assuré des postes de travail relativement stables.

L'articulation de la migration avec la pluriactivité s'est modifiée parallèlement à la transformation des formes productives de l'industrie horlogère. En ce sens, l'insertion de la main-d'œuvre masculine dans le marché du travail industriel semble avoir répondu en premier lieu aux formes productives, le passage de la manufacture au travail à domicile réduisant la présence masculine dans le secteur horloger local. Ce processus n'a toutefois pas provoqué un renforcement généralisé de l'émigration définitive : pour les époux, ce destin a dépendu probablement de la capacité de recourir à une pluriactivité « viable », s'appuyant sur le travail protoindustriel et agricole de leurs épouses. Enfin, malgré l'indiscutable raréfaction des échanges fonciers, la terre a maintenu un rôle considérable au sein des ménages. Comme dans d'autres contextes, la sauvegarde du lien avec la terre a représenté une constante pour les familles s'insérant dans l'économie industrielle. Dans le cas de Arogno, cet aspect est certifié par les investissements agricoles opérés par les couples d'horlogers au moment où le virement vers le système protoindustriel a permis aux épouses de concilier l'horlogerie avec le travail agricole.

Une vie de remues ménages

Mobilités agropastorales en Tarentaise

JACQUES RÉMY

Aux Plaines, c'était une remue comme on appelle ça, la population d'ici descendait tous les printemps, au mois de mars, pour travailler les vignes, un mois un mois et demi, alors on descendait tout! Bêtes et gens, y compris l'instituteur […]; il descendait pour nous faire l'école aux Plaines […] c'était folklorique, hein! On descendait tout, les cochons, les poules, les lapins, le chat, le chien, tout, tout, tout! Et puis alors on remontait le dimanche, parce que le dimanche, à ce moment-là, le curé, il faisait la messe ici, le dimanche, et puis on remontait chercher le ravitaillement[1].

On faisait le foin, dans le mois de juin, début juillet, on engrangeait le foin aux Plaines et puis dans l'hiver on descendait manger avec les bêtes, on descendait un mois et demi, deux mois aux Plaines […], on faisait la vigne. Alors donc c'était des petits logements, c'était une pièce, deux pièces, juste vraiment pour dépanner quand on descendait tous aux Plaines […] bon, ben il fallait charrier la terre dans les vignes, il fallait piocher les vignes, les tailler[2].

Au printemps, on les montait là-haut dessus, on montait toutes nos bêtes, les particuliers qui avaient des chalets d'alpage, on faisait le fromage, on faisait les tommes, et le beurre, on montait un cochon et puis les vaches et tout ça, quoi, et puis l'été elles allaient vraiment au fruit commun et l'automne ils redescendaient, ils redescendaient aux montagnettes pour commencer, remanger le regain et tout, et puis après en descendant, quoi[3].

On disait des *mandes* en patois, c'est des montagnettes, quoi, chaque gens avait ses petites montagnettes, ils mettaient à partir du mois de mai et après ils les mettaient à l'alpage, et puis après ils redescendaient et ils recommençaient à les laisser dans les montagnettes, alors moi, j'allais les garder avec d'autres gosses comme moi[4].

1   Entretien avec l'ancien maire de Notre-Dame-du-Pré, agriculteur retraité.
2   Entretien avec une ancienne exploitante agricole de cette même commune.
3   *Idem.*
4   Entretien avec un agriculteur retraité. Ces entretiens ont été réalisés en 2002, en compagnie d'Isabelle Mauz, chercheur au CEMAGREF, dans le cadre d'une enquête sur la Moyenne Tarentaise, en coopération avec d'autres équipes de diverses disciplines et à la demande du GIS Alpes-du-Nordet de l'INRA-DADP-Rhône-Alpes. Je tiens à remercier Isabelle Mauz, particulièrement pour sa lecture attentive de ce texte, ses informations et ses conseils avisés.

A flanc de montagne : les mobilités de très faible ampleur des ménages

Ces souvenirs d'enfance et de jeunesse, qui se situent dans l'entre-deux-guerres recoupent parfaitement les recherches conduites dans les premières années du siècle mais publiées plus tardivement dans leur forme définitive, dans les années vingt à quarante, par des géographes tels que Raoul Blanchard ou Philippe Arbos, solidement fondées sur de très nombreuses enquêtes personnelles et enrichies d'apports antérieurs de voyageurs (Saussure étant le plus célèbre), de travaux d'archivistes (Gabriel Pérouse, Max Bruchet), de comptes-rendus de mission de terrain de forestiers (Félix Briot) et des contributions des érudits locaux aussi bien que des historiens professionnels.

Raoul Blanchard, dans son monumental ouvrage portant sur les *Alpes occidentales*, sous le titre « une vie de remues »[5] décrit ces « remues du val de Moûtiers », en s'appuyant sur ses propres observations et sur celles de Philippe Arbos[6] :

> Notre Dame du Pré, dont les lourdes maisons garnissent à l'aise un replat à 1 265 m. d'altitude, avec l'église en sentinelle au-dessus du fossé profond où se tortille l'Isère, possède en bas, proche la rivière, une sorte de faubourg, le village-remue des Plaines, en fait accroché à une pente raide entre 580 et 650 mètres ; tous les foyers du Pré avaient aux Plaines leur maison, où l'on se rendait en mars-avril, avec les animaux, pour les premiers travaux de la vigne et afin de consommer le foin engrangé, huit jours encore en fin mai, huit autres en fin juin (fauchaison et vignes), puis pour les sulfatages, enfin en octobre pour la vendange. […] Tout de même, aujourd'hui, les remues sont devenues pour moitié des villages

---

5   Ce titre en inspirera d'autres, cf. POITRINEAU Abel, *Remues d'hommes. Essai sur les migrations montagnardes en France aux 17ᵉ et 18ᵉ siècles*, Paris, Aubier-Montaigne, 1982 ; RADEFF Anne, « Montagnes, plat pays et *remues d'hommes* », in *Histoire des Alpes (Mobilité spatiale et frontières)* (1998) no. 3, pp. 247-266.

6   Celui-ci, s'il a publié dès 1912 un article portant sur « la vie pastorale en Tarentaise » dans les *Annales de géographie*, évoque les enquêtes de terrain conduites en compagnie de ses maîtres dans la préface à sa grande thèse (ARBOS Philippe, *La vie pastorale dans les Alpes françaises. Etude de géographie humaine*, Grenoble – Paris, Joseph Allier – Armand Colin, dont la publication, retardée par la guerre, intervint finalement en 1922) : « MM. Lucien Gallois et Raoul Blanchard, qui veulent bien nous honorer de leur amitié, ont souvent participé aux courses où s'est élaborée notre documentation », *op. cit.*, p. 3.

permanents [...] ; il y a une vingtaine de ménages de Notre Dame du Pré établis à demeure aux Plaines, ne possédant guère de vaches, soignant des jardinets, leurs vignes et quelques prairies de fauche[7].

C'est Philippe Arbos qui a établi avec beaucoup de minutie le modèle, ou plutôt les modèles de ces remues qui nous intéressent ici en tant qu'elles sont des remues ménages[8], associant animaux et familles en de communs déplacements. S'il décrit successivement toutes les formes de *la vie pastorale dans les Alpes françaises*, il distingue clairement de la transhumance et des migrations simples vers les alpages de haute montagne (où les animaux sont – dans le cadre des fruits communs[9] ou des entreprises conduites par des «montagnards»[10] – confiés à une main-d'œuvre familiale et non familiale avec division du travail), ce qu'il nomme *les migrations complexes*, particulièrement bien représentées en Tarentaise. Partant d'une analyse de la localisation et du calendrier des travaux, il établit ainsi une série de cas de figure des déplacements des familles agropastorales, tout spécialement en moyenne Tarentaise (cantons de Moûtiers et de Bozel). On se gardera d'entrer dans les détails de cette typologie dont les variations subtiles ne doivent pas nous faire oublier ce qui nous paraît être le principal : cette mobilité réglée du groupe domestique dans l'œkoumène communal. Si les ménages agricoles construisent des stratégies individuelles, celles-ci demeurent largement dépendantes, dans le domaine de l'activité

---

7 Blanchard Raoul, *Les Alpes occidentales*. Tome III **, Les grandes Alpes françaises du Nord (massifs centraux, zone intra-alpine), Grenoble, Arthaud, 1943, p. 470 et 475.

8 On reprend ici l'heureuse et exacte formulation d'Antoine Froment, avocat au Parlement de Grenoble, (Froment Antoine, *Essais*, Grenoble, P. Verdier, 1639) qui évoque «les remues-ménages des plus hauts aux plus bas villages» (cité in Arbos Philippe, *La vie pastorale, op. cit.* p. 398) ; nous adoptons la graphie d'Antoine Froment, passant outre la leçon du *Robert* qui rend l'expression invariable.

9 Cf. à propos des évolutions et tribulations du fruit commun de Notre-Dame-du-Pré, notre contribution intitulée «Les bichets d'herbe du Fruit commun», in Béaur Gérard, Dessureault Christian, Goy Joseph (sous la dir. de), *Familles, Terre, Marchés. Logiques économiques et stratégies dans les milieux ruraux (XVIIᵉ-XXᵉ siècles)*, Rennes, PUR, 2004, pp. 47-59. Cet ouvrage relève du même cadre de coopération scientifique entre le Canada, la France et la Suisse que le présent volume.

10 Sur ces industrieux entrepreneurs, voir Viallet Hélène, *Les alpages et la vie d'une communauté montagnarde : Beaufort du Moyen Age au XVIIIᵉ siècle*, Annecy, Académie Salésienne, 1993.

agricole elle-même, des comportements collectifs: ces descentes (ou montées, dans d'autres cas de figure) aux remues où se situent certaines cultures se font de toute évidence selon des rythmes imposés par le groupe en fonction de l'avancement de la saison, selon le modèle des baux de culture (dont on trouve également les traces). Quant aux montagnettes, elles semblent relever d'une plus large autonomie, et on sait que tous ne disposaient pas, à Notre-Dame-du-Pré, de ces habitations situées ici soit entre la remue inférieure et le chef-lieu, soit entre le chef-lieu et l'alpage. Avec la saison d'alpage, c'est la logique collective qui s'impose à nouveau pour la conduite du troupeau, tandis que les familles, libérées sans déplaisir de l'emprise de la traite, vaquent aux travaux de fenaison.

Certains verront peut-être dans ce jeu incessant avec les courbes de niveau et les stades végétatifs, le ressort de mobilités à plus grandes échelles et même l'incitation à la migration saisonnière puis à l'émigration vers d'autres cieux, par une sorte d'accoutumance. On aimerait saisir plus finement comment ces allées et venues ont contribué à la socialisation de jeunes qui du jour au lendemain passent d'une école à l'autre, avec six cent mètres de dénivelée entre les deux, d'un espace ouvert à une vallée encaissée, et de l'isolement à la proximité immédiate d'industries et au voisinage d'une ville. Elles entraînent aussi une sociabilité élargie des adultes eux-mêmes[11]. Il faudrait aussi pouvoir apprécier plus précisément les répartitions des espaces et des tâches entre les différents membres du ménage. Les déplacements au sein de l'espace agropastoral (comme la pluriactivité des chefs de ménage) supposent une forte implication des femmes (et des enfants) et leur laissent souvent l'entière responsabilité de la conduite du ménage et du troupeau pendant de longues semaines, voire plusieurs mois. Il en

---

11 Isabelle Mauz, prenant l'exemple de sa commune d'origine, note: «les migrations d'un village à l'autre multipliaient par ailleurs singulièrement le nombre de voisins, en particulier dans les communes comme Montvalezan où l'on ne déménageait pas deux fois l'an mais quatre ou cinq fois. Chacun avait donc, au fil des saisons, des voisins immédiats successifs, avec qui s'entendre, s'arranger – ou se disputer. Pour les femmes mariées, le nombre de voisins est à multiplier par deux: ceux côtoyés du temps de la vie chez les parents et ceux côtoyés après leur mariage. Aussi trouve-t-on de vieilles dames ayant habité une dizaine de maisons, et qui ont très bien connu une bonne partie des habitants de la commune». (Communication personnelle.)

va ainsi lorsque les hommes s'affairent aux foins à l'étage des remues[12] tandis que les femmes (mères et filles) s'activent au niveau des montagnettes et chalets à faire paître et surveiller les vaches laitières et confectionnent les tommes et les mottes de beurre, le tout entourées de gamins et d'enfants au berceau.

Hors quelques notations très rapides, nos auteurs délaissent cet aspect. Mais là où la géographie humaine est muette, la sociologie leplaysienne s'affirme, et l'étude sur «le type savoyard» de messieurs Borlet et Poncier, publiée en 1907, met en évidence la répartition des rôles par sexe, par statut et par âge selon l'altitude et la saison et en propose interprétations:

> Nous avons vu que l'organisation de travail dans la Tarentaise exige l'établissement de plusieurs domiciles. A telle époque de l'année, une même famille peut se trouver dispersée en trois endroits différents. Dans cette superposition de domiciles, chaque membre de la famille a à l'avance sa place marquée: la vieille fille occupe l'étage supérieur – le chalet – en compagnie d'un ou deux enfants; la femme mariée est à l'étage intermédiaire, l'habitation principale; enfin le mari est à l'étage inférieur dans le village-annexe. Grâce à cette multiplicité de domiciles, les femmes sont toujours à la direction d'un foyer, et elles commandent partout où elles sont. Quant les hommes sont à leurs champs, à leurs vignes, à leurs prairies, elles sont ou à leurs pâturages, ou à leur chalet du printemps, ou dans leurs habitations d'hiver. Ce partage d'attributions qui se fait entre l'homme qui fait la culture, et la femme qui dirige l'élevage, donne à celle-ci une grande indépendance, et cela de très bonne heure. Il n'est pas rare de voir des jeunes filles de seize à dix-huit ans imposer leurs volontés à leurs pères et frères aînés, surtout en ce qui touche à l'élevage, à la vente du bétail et à l'organisation intérieure de la maison. Les femmes constituent presque toujours, par la vente de certains produits de la ferme, un petit pécule personnel[13].

---

12 Suivant la définition d'Arbos, on considèrera que «le village donne naissance, par scissiparité, à *la remue*, quand la zone des cultures se divise en deux paliers d'exploitation. Tandis que la montagnette est toujours au-dessous de la montagne, les rapports d'altitude du village et de la remue sont variables; […]. La remue est fréquentée à la fois par les hommes et par les animaux, et la famille entière s'y rend avec son bétail». «Les montagnettes, par leur situation et par leur rôle économique, tiennent en général le milieu entre le village et l'alpe. L'habitat y a donc comme une nature indécise qui le rapproche de la maison permanente ou du chalet de montagne, suivant qu'est plus accentué le caractère agricole ou pastoral de l'exploitation et que se prolonge plus ou moins longtemps le séjour des hommes» (Arbos Philippe, *La vie pastorale, op. cit.* pp. 386-387, 631).

13 Borlet C., Poncier J., *Enquête sociale. Le type savoyard*, Paris, Bureau de la Science sociale, 1907. Selon les auteurs de cet ouvrage, le Savoyard se rattache au type du *Pasteur montagnard*, à une forme de *Famille quasi patriarcale* et à une *forte organisation communale*.

On peut discuter de la réalité de la suprématie féminine en Tarentaise, mais ce travail a le mérite d'éclairer le rôle considérable du travail féminin dans ces exploitations, qui ne se borne pas à de simples tâches d'exécution, mais qui comporte nécessairement une forte part d'initiative et de responsabilité. Les récits et discours professionnels contemporains, et même les travaux de recherche, tendent à oublier ou négliger cette contribution essentielle à l'élevage, et à son maintien, d'autant plus nécessaire lorsque les hommes sont allés se faire embaucher dans les usines de la vallée. Une question se pose alors : l'apprentissage féminin de l'autonomie, tant dans le ménage que dans la conduite de l'élevage, auquel donne lieu cette dispersion saisonnière à flanc de montagne ne prépare-t-elle pas les jeunes filles et les épouses à l'éloignement des hommes lors de ces migrations lointaines que pratiquent, comme bien d'autres, les Savoyards ? Il reste aux historiens comme aux sociologues et anthropologues à mieux pénétrer les mécanismes et les pratiques de ces formes de mobilité saisonnière familiale et agropastorale et à les resituer dans un plus large contexte.

Pour les sociologues, le temps est compté : en effet, il ne reste plus guère que des traces de ces pérégrinations des ménages (il n'en va pas de même de celles des individus). Raoul Blanchard lors de son dernier passage en 1940, notait que la commune maintenait mieux que d'autres son ancien système :

> Seule Notre Dame du Pré a conservé des traditions agricoles vigoureuses ; elle est d'ailleurs la commune à dépêcher le contingent le plus restreint à l'usine (22 sur une centaine de foyers). [...] Bref, si Notre Dame a poussé aux Plaines une vingtaine de ménages, c'étaient les sans-terre ou ceux qui n'avaient guère de goût pour la vie rurale ; mais elle a gardé en haut les bons propriétaires, qui restent d'excellents agriculteurs. Il s'agit exactement d'une phase d'émigration, mais à petit rayon ; au lieu d'aller s'installer à Marseille, les partants se sont arrêtés aux Plaines, où ils ne sont pas déracinés[14].

Si l'observation chiffrée est pertinente, on sent dans le commentaire une simplification excessive, qui touche à la caricature, dans l'air du temps. Si les « bons agriculteurs » demeurent toujours en effet au chef-lieu, en nombre très restreint aujourd'hui (hormis deux exploitants conservant une ou deux vaches, il ne reste plus que quatre véritables troupeaux sur la commune), l'ancienne remue

---

14 BLANCHARD Raoul, *Les Alpes occidentales, op. cit.*, p. 476. Les habitants de Notre Dame du Pré pratiquaient l'émigration d'hiver vers Paris mais aussi vers Marseille, en particulier comme laitiers, certains même (selon Arbos) y entraînant leurs vaches tarines.

est devenu un bourg important du fait de la proximité de l'usine de Pomblière-res, située sur la commune voisine de Saint-Marcel, même si sa croissance est aujourd'hui entravée en raison même de cette étroite proximité[15]. Quant à l'ancien système de complémentarité entre les habitats et les niveaux, on est en droit de craindre qu'il n'ait disparu que pour faire place à un système d'opposition entre deux populations qui diffèrent de plus en plus par l'âge, la profession et les origines familiales. La rivalité est ancienne («les filles des Plaines, elles ne se sont jamais bien mariées avec Notre Dame du Pré»; elles sortaient au cinéma, au dancing à Moûtiers alors que celles de Notre Dame du Pré y restaient, et « *ils étaient tous ouvriers d'usine, qui travaillaient autrement [...] ils étaient plus déjà élevés pareils* »[16]). Elle n'a pu que se consolider, dès lors que les habitants des Plaines ont totalement renoncé à l'élevage et perdu l'accès au creuset identitaire du Fruit commun. Cette méconnaissance croissante entre les deux niveaux communaux semble s'exprimer dans le fonctionnement du Conseil municipal qui apparaît comme constitué de deux blocs à peu près égaux, représentant des sensibilités et des intérêts différents, et parfois opposés quant à l'utilisation du budget commun.

Cependant, si l'interpénétration et la complémentarité des espaces n'est plus la même (on nous assure que les gens des Plaines, qui disposent d'une mairie annexe, ne montent plus qu'exceptionnellement au chef-lieu, lors d'excursions estivales), il demeure que, symboliquement (et, pour partie, économiquement), la commune, en tout cas l'ancienne communauté agropastorale, s'est construite sur l'alliance et la complémentarité des fruits de l'élevage et de ceux de la culture, notamment celle de la vigne. Le vin et le fromage localement produits sont délibérément associés lors des fêtes rituelles qui accompagnent les grandes étapes des pratiques agropastorales, qu'il s'agisse de la montée à l'alpe du troupeau ou de la cérémonie économique de la pesée du lait. Si la messe à l'alpage n'est plus de mise, on a conservé la tradition du repas en commun au cours duquel on boit et partage son vin, produit des vignes situées en bas du bourg des Plaines, et on mange la tomme comme le gruyère de beaufort, qui n'est plus aujourd'hui fabriqué sur l'alpage ni à la fruitière du village mais est supposé

---

15 La réglementation «Seveso» limite l'extension de l'habitat du fait du risque d'accident industriel majeur.

16 Entretien avec un agriculteur retraité, déjà cité *ante*.

implicitement provenir du lait du troupeau qu'on a sous les yeux, broutant avec entrain la riche flore alpine tandis que s'affrontent les vaches dominantes issues des diverses écuries pour assurer leur prééminence sur le troupeau. Et les éleveurs d'en haut s'efforcent d'entretenir leurs vignes d'en bas et manifestent le vif regret qu'ils éprouvent de ne plus y consacrer le temps nécessaire pour accomplir au mieux ces tâches.

Ces remues sur lesquelles nous avons souhaité attirer l'attention, ne se pratiquent certes plus dans la forme décrite par les géographes et nos interlocuteurs âgés, mais les vignes demeurent, certaines assez mal en point, d'autres non et les prés exigus des Plaines sont toujours fauchés, désormais par les seuls éleveurs d'en haut, même si les anciennes bornes sont parfois arrachées par le passage de la faucheuse et du tracteur, au grand dam des propriétaires ; quant aux vaches, au printemps elles descendent d'abord assez loin à la rencontre des premières pousses d'herbe et remontent peu à peu vers le chef-lieu, qu'elles dépassent bientôt pour atteindre le niveau des montagnettes, en attendant le saut, au-delà de l'étage boisé, vers les alpages. A chacune de ces étapes, on installe et déplace au fur et à mesure du progrès de la végétation et du déplacement des vaches, les machines à traire mobiles et les éleveurs rejoignent matin et soir le troupeau pour assurer la traite. Les pratiques sont certes simplifiées, elles ne mobilisent plus de la même façon des familles entières, mais l'occupation de l'espace communal demeure sensiblement identique sur l'année, assurant un relatif sentiment de continuité dans les usages pastoraux et dans la vie agricole locale. Cependant, il n'en va pas de même sur le territoire de toutes les communes de Tarentaise, et s'il reste encore nombre de «bons agriculteurs» dans la région, au sens où l'entendait Raoul Blanchard, qui s'inscrivent dans la continuité d'un modèle agropastoral éprouvé tout en lui faisant connaître évolutions et adaptations techniques, certains se projettent désormais dans d'autres perspectives, d'autres temporalités et d'autres rapports à l'espace professionnel et familial.

Entre montagne et plaine : de nouvelles formes
de transhumance familiale ?

Philippe Arbos note que « *la transhumance inverse* conduit hiverner dans les plaines extérieures aux Alpes ou dans des régions peu élevées de leur rebord des animaux qui appartiennent à des habitants de la montagne et parmi lesquels on compte une grande majorité de bêtes ovines et depuis peu quelques bovins »[17]. Il précise plus loin que les chemins de fer ont permis le développement de cette pratique nouvelle : « depuis le début du XXe siècle, quelques milliers de bovins quittent en hiver la Savoie pour la Camargue où les propriétaires louent des pâturages à leur intention »[18]. Cette pratique, qui perdure aujourd'hui, notamment dans le Var, doit être bien distinguée de la très ancienne pratique de la mise *à l'hiverne* des vaches, qui se fait généralement à courte distance et qui permettait aux petits paysans de prendre en pension une ou plusieurs vaches que leur confiaient les montagnards (entendez les entrepreneurs d'alpage) durant l'hiver, en leur abandonnant le fruit (lait, veau) contre l'entretien de leurs bêtes qu'ils ne reprenaient que pour les mener à l'alpage. Cette division du travail, pour intéressante qu'elle soit, n'est pas au cœur de notre présent propos, pas plus que la transhumance traditionnelle ou même que les diverses formes de transhumance inverse[19]. Ce sont bien *les remues-ménages agropastorales* que nous souhaitons continuer à évoquer, ces remues se déroulant cette fois avec une amplitude spatiale toute autre.

Précisons d'entrée que nous disposons de peu d'observations, mais il s'agit moins ici d'établir un fait statistique que d'examiner des comportements individuels, encore hors normes, mais qui incitent à s'interroger sur les évolutions de

---

17 Arbos Philippe, *La vie pastorale, op. cit.*, p. 563.

18 *Ibid.*, p. 582, note 1.

19 Il ne s'agit pas non plus de cette forme de remue qu'évoque trop brièvement Abel Poitrineau à propos de mouvements saisonniers de montagnards savoyards vers les pays de Gex et de Vaud, le canton de Genève ou le Val d'Aoste pour aider aux travaux du sol et aux moissons, vendanges… « Ces mouvements de courte durée et de faible rayon, constituent une sorte de ‹ transhumance inverse › d'autant plus spectaculaire qu'elle met en mouvement tous les éléments de la population montagnarde concernée, hommes, femmes, voire enfants et vieux. Des familles entières se déplacent, cherchant à faire masse de leurs gains : aussi bien en ces périodes de ‹ presse ›, chacun peut espérer trouver un travail quelconque et un salaire à l'avenant ». Cf. Poitrineau Abel, *Remues d'hommes, op. cit.*, p. 39.

l'agriculture et les stratégies des acteurs confrontés à la complexité des marchés et des réglementations dans le cadre de la politique agricole commune. Tout d'abord, les tensions sur le marché foncier, à proximité des grandes stations de ski, ne facilitent pas la tâche des jeunes agriculteurs qui souhaitent s'installer en s'agrandissant et constituent pour certains nouveaux-venus un obstacle qui semble difficilement surmontable à ceux qui ne sont pas des héritiers. Les comportements que nous allons évoquer semblent déterminés pour partie par un autre « marché » que celui du foncier, celui des droits à produire. Sous cette dénomination, on désigne généralement les limitations réglementaires de la production, et plus particulièrement les quotas laitiers. Instaurés en 1984 pour faire face à de graves crises de surproduction, ces quotas assurent à ceux qui les détiennent et à eux seuls le droit de mettre en marché une quantité donnée de lait et imposent aux laiteries, privées ou coopératives, le contrôle effectif du respect de ces quotas par les producteurs laitiers sous peine de fortes pénalités. Contrairement à la pratique qui a cours, par exemple au Québec où les quotas s'échangent selon des procédures particulières conçues pour assurer l'anonymat, l'instantanéité et l'absolue transparence, en France les quotas demeurent à ce jour attachés à l'exploitation, ceci afin d'éviter leur concentration excessive entre quelques mains, et afin aussi de conserver un lien au territoire tout en protégeant les exploitations individuelles, que l'on ne dit plus guère *familiales* mais *à taille* ou *à dimension humaine*. Une exploitation dénuée de quotas perd le plus clair de sa valeur dans les régions d'élevage et il est très difficile aux jeunes agriculteurs d'obtenir des commissions *ad hoc* l'attribution de quotas convenables lorsqu'ils s'installent sur des exploitations qui en sont démunies.

Certains éleveurs savoyards, donc, s'estimant limités dans la croissance de leurs exploitations par la faiblesse relative de leur quota laitier, choisissent d'assurer leur développement en zone de plaine, en achetant ou louant des exploitations, situées bien loin (Franche-Comté, Bourgogne…) de leur implantation d'origine. Bien entendu, ces acquisitions portent sur des exploitations dotées de quotas laitiers conséquents qui autorisent la constitution de troupeaux de grande dimension (autour de 150 à 160 vaches laitières pour les deux éleveurs que nous avons rencontrés[20]). S'il s'agissait d'un pur et simple abandon des hautes terres pour la plaine, on pourrait retrouver là un exemple de plus d'émigration

---

20 Enquête de terrain menée conjointement par Isabelle Mauz et Jacques Rémy en juillet 2003 en Tarentaise.

savoyarde définitive; mais il n'en est rien et si l'exploitation de plaine a pour double fonction de nourrir et d'abriter[21] les vaches durant l'hiver et de permettre de commercialiser sur place leur lait durant cette période, il n'est pas question pour nos entreprenants éleveurs de renoncer à leurs chères montagnes : le lait de plaine est payé moins de deux francs du litre, alors que celui de Tarentaise l'est à près de quatre francs, ce qui justifie les coûts de transport … On a en effet affaire ici à un autre « marché » de droits à produire, même si on ne le désigne pas ainsi habituellement, celui du « droit à produire » un fromage très réputé, le beaufort. Cette production s'inscrit dans un territoire strictement délimité (Beaufortain, Tarentaise, Maurienne …) et fait l'objet d'un cahier des charges très précis quant aux conditions de production et d'alimentation, cahier qui restreint également aux deux races bovines locales, la Tarine et l'Abondance le privilège de procurer la matière première de ce gruyère d'appellation d'origine contrôlée (AOC).

Les deux familles d'éleveurs que nous avons rencontrées pratiquent cette forme de remues-ménages en faisant transhumer bêtes et gens d'une exploitation à l'autre sur 250 kilomètres, la montée en Savoie s'effectuant à la date du 15 mai, au moyen de quatre camions semi-remorque (« elles sont très contentes » nous indique l'épouse d'un éleveur), et la descente dans l'Ain et en Saône-et-Loire (l'un de ces deux éleveurs dispose de surcroît d'une troisième ferme dans le Jura, dont il assure vouloir se séparer) se fait au 20 octobre pour chacun de ces deux troupeaux, dont les exploitations d'origine comme les alpages se situent dans la vallée des Belleville, en moyenne Tarentaise. Dans un des deux cas, c'est toute la famille conjugale qui suit les pérégrinations du troupeau et descend avec lui passer l'hiver en Bresse, laissant en Savoie, sous la responsabilité de la mère de l'exploitant, qui assume également celle de la sélection, une soixantaine de génisses. Les enfants sont ainsi scolarisés en plaine et ne rejoignent la montagne avec leur mère qu'à la fin de l'année scolaire. Dans l'autre cas, les enfants sont étudiants, et la mère, salariée à Moûtiers, demeure en Savoie tout au long de l'année, mais le troupeau tout entier hiverne en plaine, génisses comprises. Ces deux familles éprouvent d'importantes difficultés à assumer la charge de travail induite par la dimension considérable du troupeau, d'autant qu'elles ont grand peine à embaucher et à conserver auprès d'elles la main-d'œuvre salariée nécessaire à la conduite séparée de l'élevage et des cultures.

---

21 Ce point n'est pas de détail : l'un des éleveurs estime à 3,2 millions de francs ce qu'aurait coûté la construction d'une étable en montagne pour son troupeau laitier.

Si l'un de ces deux éleveurs s'inscrit dans la profession organisée où il assume des responsabilités, ces pratiques de remues-ménages entre montagne et plaine suscitent le doute chez leurs pairs, voire une certaine réprobation. Certains estiment que le cahier des charges de la production laitière destinée à la fabrication du beaufort est détourné, puisque les bêtes passent une partie de leur temps hors de la zone, rompant ainsi le lien avec le territoire qui constitue le principe même de l'AOC ; de plus, elles ont une alimentation d'hiver à base de maïs ensilé, aliment formellement exclu dans le cahier des charges de la ration alimentaire des vaches produisant du lait pour la fabrication du beaufort. En outre, ce départ est vécu par certains comme un abandon de poste, et on critique un entretien plus laxiste des parcelles, ce que démentent vigoureusement les intéressés. Ces critiques renvoient peut-être à une crainte plus profonde, celle de voir d'autres agriculteurs adopter ces pratiques, au risque d'un dépeuplement accru de la montagne en hiver et aussi de voir se glisser parmi eux des agriculteurs de plaine qui feraient la démarche inverse d'acquisition d'exploitations ou simplement d'alpages en montagne, afin de partager le bénéfice de la rente différentielle qu'apporte le beaufort, sans en subir toutes les contraintes. Il est vrai que c'est aussi le modèle professionnel de la présence à plein temps sur l'exploitation qui, une fois de plus, se voit remis en question, modèle qui suscite de toutes façons un certain malaise auprès d'éleveurs dont la plupart consacrent l'essentiel de leur hiver à d'autres tâches plus lucratives que l'agriculture, dans le cadre des métiers du ski et du tourisme, tout en continuant de subir la contrainte de devoir traire et soigner leurs animaux, avant et après une journée passée sur les pistes. Ce conflit de légitimité oppose ainsi des montagnards à plein temps qui sont aussi des pluriactifs à des agriculteurs à temps complet qui ne sont plus montagnards qu'à mi-temps…

Les craintes des responsables professionnels sont avivées par les intentions que l'on prête à certaines communes, celles où se situent les stations de sport d'hiver, de moins se préoccuper de l'agriculture à proprement parler que de l'entretien de leur domaine skiable. Elles pourraient, pense-t-on, trouver intérêt à négocier des contrats de préférence avec des éleveurs prêts à faire paître leurs troupeaux sur les pistes de ski l'été et à disparaître l'hiver, réduisant ainsi considérablement les problèmes de pollution par les effluents d'élevage et de cohabitation des écuries avec les divers commerces au service du tourisme…

Ce qui est certain, c'est que le nombre des exploitations de cette grande vallée décroît et l'un de nos éleveurs mobiles nous indique que « le foncier n'est plus le facteur limitant». Il dispose d'environ une centaine d'hectares déclarés (à la mutualité sociale agricole) et, en fait, de 400 ou 500 hectares. Il bénéficie de surcroît des primes à l'hectare fauché offerte par une commune qui craint avant tout un repli de l'élevage et un enfrichement d'un espace qu'elle veut conserver ouvert. De même, l'autre exploitant interviewé dispose lui aussi de tout l'espace qu'il désire (500 hectares d'alpage) et se voit confier par une station la tonte de l'herbe par son troupeau et, ailleurs, 50 hectares de pacage sur les communaux. On doit comprendre qu'il s'agit là encore d'un autre marché spécifique, et d'une fonction de l'agriculture différente de sa fonction de production[22] et de sa « mission » nourricière initiale. L'entretien et la protection de l'environnement constituent pour l'agriculture une tâche aujourd'hui reconnue. Existent désormais des procédures contractuelles, les mesures agri-environnementales, passées entre l'agriculteur et la puissance publique, qu'il s'agisse de l'Etat (appuyé sur des fonds européens), des départements ou même des communes. Par ces contrats, l'agriculteur s'engage à accomplir certaines pratiques, comme l'entretien des parcelles embroussaillées, à réduire ses intrants chimiques et à contrôler ses effluents d'élevage, en échange d'une contrepartie financière calculée à l'hectare, à la tête de bétail ou au mètre linéaire (de haie plantée et entretenue par exemple).

Les politiques agricoles contemporaines pèsent lourdement sur les stratégies des acteurs. Les aides spécifiques offertes aux agriculteurs de montagne (indemnité spéciale montagne, dotation aux jeunes agriculteurs plus élevée qu'en plaine, aides aux groupements pastoraux…) témoignent d'une volonté politique de maintien de cette agriculture et constituent autant d'opportunités d'entrer dans le métier (même si elles ne contrebalancent pas entièrement les handicaps structurels). Viennent s'y ajouter, dans les régions alpines qui peuvent valoriser les produits de leur élevage (beaufort, reblochon, vacherin, tommes diverses…) à des niveaux de rémunération parfois très intéressants,

---

22 On parle depuis quelques années de *multifonctionnalité* de l'agriculture et la loi d'orientation agricole du 9 juillet 1999 énumère dans son article premier la fonction sociale et la fonction environnementale de l'agriculture au même titre que la fonction de production. La politique agricole commune, dans son «deuxième pilier» relatif au développement rural, intègre désormais, encore modestement, ces fonctions anciennes mais nouvellement reconnues de l'activité agricole, rémunérées en France par les mesures agri environnementales (MAE) proposées aux agriculteurs, puis au travers du contrat territorial d'exploitation (CTE) né de la loi de 1999, et de son avatar récent (2003), le contrat d'agriculture durable (CAD).

de nouvelles rentes de situation. Celles-ci peuvent rendre à nouveau désirable le statut d'éleveur de montagne aux yeux non seulement des natifs qui ont persévéré sur place mais aussi de candidats venus d'autre régions et souvent même d'origine non agricole. Certains y verront une revanche, d'autres une ironie de l'histoire. «Les femmes ne remontent pas les pentes» écrivait Abel Poitrineau[23]. Les dynamiques bergères venues d'ailleurs – et parfois de très loin – qui assurent la traite voire la fabrication sur tel ou tel alpage et qui rêvent de s'installer – certaines y parviennent – démentent les idées reçues sur l'effacement inéluctable de l'agriculture de montagne… comme sur les inclinations féminines. Si la production laitière française se voit, comme il semble possible, confrontée directement au marché mondial, les niches et créneaux de qualité tel le beaufort devraient parvenir à tirer leur épingle du jeu, là où bien des exploitations de plaine devront fermer la porte de leur étable. Mais il n'y a pas de «revanche» à proprement parler: les alpages ont toujours contribué à la création de richesse depuis les temps reculés de leur mise en exploitation, le problème étant celui des droits d'accès et celui de la répartition des fruits de cette richesse. Il n'y a pas non plus «ironie de l'histoire», car cette prospérité relative n'est pas un effet de la chance, mais d'un dur labeur et des efforts conduits d'abord par les fromagers d'alpage et les fruitières pour valoriser ce produit, puis par des responsables professionnels inventifs, ceux qui ont édifié les coopératives héritières des anciennes fruitières et réussi à imposer la reconnaissance et les contours de l'AOC aux uns, et aux autres l'abandon des races bovines laitières les plus productives comme de l'ensilage de maïs ou d'herbe et le respect de normes contraignantes.

Le «découplage» – c'est-à-dire la rupture du lien entre les aides versées aux agriculteurs et la production agricole – préconisé par les plus récentes réformes de la politique agricole commune va entraîner la cessibilité de ces droits acquis. N'étant plus liés au sol d'une exploitation donnée, ces droits pourront être échangés sur le marché. Les éleveurs que nous avons rencontrés ne seraient-ils alors que les précurseurs de bouleversements aux effets imprévisibles, et n'annonceraient-ils pas une mobilité croissante des productions comme des producteurs, d'une région à l'autre, suivant de complexes stratégies de marché?

---

23 POITRINEAU Abel, *Remues d'hommes, op. cit.*, p. 223.

Les Bigourdans à Paris en 1900

Migrations individuelles ou trajectoires familiales

Rolande Bonnain-Dulon

Au cours du 19e siècle, d'innombrables migrants ont quitté leur commune d'origine. De multiples études leur ont été consacrées mais manquait pour les Pyrénées centrales, région connue par l'importance de ses flux migratoires, un aperçu sur l'installation de ses habitants à Paris, milieu urbain original par sa taille et son genre de vie. Ce travail nous a donné la possibilité de coupler les données «macro» fournies par la Statistique Générale de la Population et les données «micro» apportées par les archives départementales et les archives communales. Cette combinaison nous paraît indispensable pour étudier la mobilité sociale et géographique et plus particulièrement, pour voir dans quelle mesure l'apprentissage d'une profession et l'intériorisation des valeurs et des pratiques relationnelles de la société d'origine ont été mobilisés pour la survie à Paris.

La date de 1900 a été imposée par la source archivistique disponible[1], elle marque aussi une accélération des départs des habitants du Sud-Ouest vers la capitale. En 1861, Paris compte 1,9 million d'habitants dont 1,1 million ne sont pas nés sur place, en 1901, 2,4 millions d'habitants. Certaines émigrations, importantes et visibles car occupant des segments particuliers du marché du travail, ont été bien étudiées[2] à la différence de celles en provenance des départements au sud de la Garonne[3]. Il est vrai que le Sud-Ouest dans son

---

1 Cf. *infra*.
2 Lemonnier Pierre, «Un groupe de Savoyards à Paris. Les commissionnaires de l'Hôtel Drouot», in *Ethnologie française*, X (1980) no. 2, pp. 181-185. Raison-Jourde Françoise, *La colonie auvergnate à Paris,* Paris, Commission des Travaux historiques, 1976.
3 Alors que l'on commence à bien saisir, après l'importance et la nature des flux migratoires des habitants des Pyrénées vers l'Amérique du Sud puis du Nord, leurs causes, leurs conditions de départ et d'arrivée, l'émigration vers l'Algérie et vers la capitale n'ont pas été étudiées. Pour des travaux sur le Pays basque et l'Amérique du Nord, cf. Marie-Pierre Arrizabalaga. En revanche, la reproduction familiale et ses exigences a été bien mise en

ensemble n'était pas vraiment attiré vers le tournant du siècle par Paris[4] à l'inverse de l'émigration bretonne. Ce constat concerne aussi le département des Hautes-Pyrénées. Peut-être parce que les départs y sont réduits et tardifs (Tableau 1)[5].

Tableau 1. Originaires du Sud-Ouest dans Paris intra-muros

	Hautes-Pyrénées	Basses-Pyrénées	Gers
1833*	400	1 300	1 000
1891	4 110	8 609	3 113
1896	4 769	8 051	3 168
1911	6 168	12 273	4 259

* Les chiffres sont ceux de l'estimation de Bertillon ; ils ont été très contestés car ils ont été calculés sans tenir compte des migrations temporaires.

évidence ces dernières années. Voire entre autres BONNAIN Rolande, « Houses, Heirs and non-Heirs in the Adour Valley : Social and Geographic Mobility in the Nineteenth-Century France », in *The History of the Family,* 1 (1996) no. 3, pp. 273-296 ; ID., « Des affaires de famille ? Les comportements migratoires pyrénéens au 19e siècle », in Dessureault Christian, Dickinson John A., Goy Joseph (sous la dir. de), *Famille et marché XVIe-XXe* siècles, Sillery (Québec), Septentrion, 2003, pp. 199-215. Voir aussi le numéro d'*Annales de Démographie historique* (2000) no. 1 consacré aux Français d'Amérique et la bibliographie publiée à l'occasion du colloque *les Français aux Amériques*, EHESS, 2002.

4   LE BRAS Hervé, TODD Emmanuel, *L'invention de la France. Atlas anthropologique et politique,* Paris, Le Livre de Poche, 1981.

5   En 1896, 50 000 Bigourdans sont fixés ailleurs en France et Paris est le second pôle attractif derrière Bordeaux.

La liste électorale de Paris au tournant du siècle

A Paris où il n'existe pas de listes détaillées de la population recensée par unité d'habitation, une seule source permet une approche globale, la liste électorale, conservée aux Archives de Paris sous la cote D1 M2. Il manque un certain nombre d'arrondissements pour l'année de référence, la plus complète jusqu'à cette date. Nous avons fait appel à la liste électorale de 1902, de 1906 et à celle de 1907 (la première disponible pour cet arrondissement) pour le 16e afin de compléter nos données. Cette hétérogénéité quant aux dates d'inscription s'est avérée utile, puisqu'elle a permis de suivre les installations successives de quelques personnes et de saisir les raisons de leurs déplacements dans une population qui s'avère très mobile.

S'est posée la question de la représentativité de la liste en ce qui concerne la population étudiée. Mille et sept hommes de plus de 21 ans natifs des Hautes-Pyrénées résident à Paris au début du siècle. En 1901, la capitale compte 660 000 hommes nés dans un autre département. Sachant qu'en 1896, 4 769 Bigourdans vivent à Paris intra-muros et que la population entre 0 et 22 ans représente 17% des Parisiens non nés sur place (ce pourcentage est légèrement plus faible pour les femmes), et en considérant ceux qui ne sont pas encore inscrits, on peut dire que la liste électorale répond à une bonne représentativité de la communauté bigourdane parisienne en quantité et en substance[6].

Partir

Question prioritaire, l'âge des électeurs qui, compte tenu du moment où la migration est décidée, nous éclaire sur l'influence de la situation locale et la réception des événements locaux et nationaux (Figure 1).

---

6   Nos études sur les migrations pyrénéennes ont montré que quelle que soit la position par rapport à l'héritage, les jeunes Pyrénéens quittaient la maison familiale avant leur vingtième année. Pour la même période de la vie, la pyramide des âges dressée en 1901 pour les Parisiens non originaires de Paris montre bien les répercussions de la conscription : pour la classe d'âge 20-24, on compte 65 197 hommes pour 80 513 femmes alors que les chiffres des classes supérieures et inférieures sont de même valeur.

Figure 1. Pyramide des âges des Bigourdans à Paris
en 1900 (selon la liste électorale)

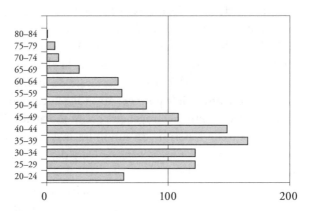

On constate le faible nombre d'arrivées à Paris pour la classe d'âge 60-65 ans. On y lirait l'influence de la concurrence de l'émigration vers l'Amérique du Sud si une comparaison avec les données concernant les classes d'âge de la population des Parisiens non natifs en 1901, toutes origines confondues, ne donnait les mêmes amplitudes. En revanche, pour les cohortes 55-59 ans et 60-64 ans nées sous la Monarchie de juillet, les Bigourdans sont plus nombreux comparativement. On y voit le souvenir de la crise nationale de 1847 et l'influence du chemin de fer qui a facilité la migration[7]. Ces départs seraient-ils les premières vraies installations, celles qui faciliteront l'arrivée des classes d'âge suivantes? Les catégories 35-39 et 40-44 sont les plus importantes numériquement et elles le restent si on les compare à l'ensemble des migrants parisiens masculins (respectivement 11,7% et 12,1%). Les parents ont connu la dernière crise de subsistances du département (1854). La crise de l'oïdium qui touchera les vignobles des coteaux et de la plaine pèsera sur les décisions de migrer sous la Troisième République. Ensuite, les crises agricoles qui se succèderont entre 1880 et 1900 pousseront les jeunes gens vers les villes.

---

7   La ligne de chemin de fer Bordeaux-Tarbes a été inaugurée en 1859. Elle est prolongée jusqu'à Bagnères en 1862. En 1867, Montréjeau est relié à Pau.

Cette même explication du stock démographique est valable pour la classe d'âge suivante, celle des 30-34 : il y a moins de monde dans les campagnes, partant moins de migrants potentiels. En outre, l'Algérie, pacifiée, est devenue une destination attirante. Autre facteur *pull*, l'urbanisation. Paris qui a accru sa population de 65% sous la Troisième République recherche de la main-d'œuvre pour ses activités industrielles, tertiaires et ses fonctions d'encadrement. En tant que capitale, elle a besoin de personnel pour la Fonction publique[8]. Les P.T.T. (+ 17%) et l'enseignement public (+ 27%) vont offrir un grand nombre d'emplois. Les Bigourdans sauront en profiter.

Ce que nous savons des migrations et de leur direction pendant la seconde moitié du siècle devrait pouvoir se retrouver dans les données fournies par la liste électorale. La ventilation par sous-région orographique conforte ces assertions (Tableau 2).

Tableau 2. Répartition des migrants
des Hautes-Pyrénées à Paris vers 1900

	Nb. migrants	%
Plaine	380	37,8
Coteaux et piémont	403	40,0
Montagne	222	22,1

La plaine migre relativement davantage, par effet secondaire aux crises qui touchent les autres sous-régions. Est-ce aussi parce qu'elle comporte deux agglomérations importantes pour le pays[9], deux autres petites villes et que leurs populations sont déjà préparées à la migration pour une métropole, car on y fournit un apprentissage à des métiers urbains ou «modernes» et parce que la plaine a une tradition récente de migration? Ou bien les départs obéiraient-ils à des raisons différentes? On a donc procédé à la ventilation de la population bigourdane à Paris suivant les communes d'origine (Tableau 3).

8   L'Etat comptait 146 000 fonctionnaires en 1866. Ils seront 510 000 en 1901.
9   En 1901, Tarbes a 25 000 habitants, Bagnères-de-Bigorre, 6 000 résidents.

Tableau 3. Ventilation des migrants par commune d'origine

Nb. migrants	Nb. communes
aucun	215
1-3	213
4-9	32
10-19	11
20 et plus	4

Tarbes, la préfecture et la plus grosse commune du département, possédant lycée et séminaire se taille la part du lion avec 109 migrants, suivie par Bagnères, 83 migrants, Lourdes, 32 migrants et Maubourguet, gros chef-lieu de canton, 22. Toutefois dans la catégorie immédiatement inférieure, outre quelques chefs-lieux administratifs, on trouve une toute petite commune des Baronnies, Bulan (304 habitants) qui, avec ses 17 migrants, nous inciterait à penser qu'il y a d'autres facteurs à la migration que le projet d'ascension sociale ou la volonté d'échapper à la misère ou à la persécution.

A l'exception des chefs-lieux administratifs cités plus haut, de quelques villages de la plaine entre Tarbes et Bagnères et de quelques communes du Lavedan, presque toutes les agglomérations de la catégorie 10-19 migrants proviennent de la partie orientale du département, coteaux, vallée d'Aure, Barousse. Ce qui ne nous étonne pas, puisque nous savons que les villages de la plaine entre Maubourguet au nord, Bagnères au sud, Ossun à l'ouest ont fourni le gros de l'émigration vers l'Amérique. On apprend aussi que la position dans l'espace géographique importe moins que la participation à une communauté de vie où les informations circulent, journaux et rumeurs, lettres et circulaires administratives et surtout où l'on se connaît. Les chefs-lieux de canton jouent ce rôle avec leur marché. Mais il existe d'autres communautés de vie, celles héritières de l'Ancien Régime. C'est le cas de la Barousse, ancienne «vallée» aux importants biens intercommunaux, qui comprend 23 villages autour de son chef-lieu Mauléon. Cette dernière agglomération (561 habitants en 1901) envoie 13 migrants à Paris en 1900 sur les 53 natifs de la vallée présents dans la capitale et dix-sept villages envoient au moins un migrant. La taille du village n'est pas déterminante, il existe cependant un effet d'entraînement vers un lieu bien précis, assorti pour la Barousse à une vieille tradition de migration saisonnière, organisée autour du colportage des livres et des estampes avant que l'abolition des brevets de librairie ne sonne le glas de cette activité[10]. La migration n'est pas une affaire individuelle. Selon les époques, il existe des courants dont l'importance est fonction des facteurs *pull* et *push*, la direction donnée par les moyens de communication (ou les agences d'émigration) et l'influx fourni par le groupe environnant.

En 1900, un quart des communes envoie seulement un migrant à Paris. Nous sommes dans une région où les villages sont petits et proches les uns des autres. Le cercle de sociabilité des jeunes gens ne se réduit pas à leur commune de naissance. Il a d'abord comme espace social l'aire matrimoniale puis l'espace vécu dont fait partie la ville-marché. Plus la région est isolée, plus ces liens sont forts. C'est le cas des Baronnies qui envoient 64 migrants à Paris. Sur cet ensemble, 44 proviennent des cinq communes qui composaient l'ancienne baronnie de Lomné, gestionnaires communs de la montagne de la Baronnie[11].

Plus il y a de migrants – connus – dans une localité extérieure, plus son attraction est forte parce que l'on sait pouvoir être reçu et aidé. Les petites communes (de 200 à 500 habitants) sont celles qui peuvent le mieux jouer ce rôle. Plus la commune est importante, moins les liens dépendant de la sphère de la sociabilité peuvent être réactivés, une fois le contexte d'origine éloigné (quand il n'existe pas d'autres réseaux). Exception faite à cette époque de Tarbes et de Bagnères, étapes intermédiaires dans la migration et dont on part avec une préparation à la grande ville.

La décision de partir prise (ou imposée), deux problèmes majeurs sont à régler pour nos migrants, la résidence et l'activité.

---

10 On sait par ailleurs le rôle de la famille dans cette activité saisonnière (capitaux et histoire).

11 Petite région qui, comme la Barousse, a envoyé sous le Second Empire de nombreux colporteurs dans l'est et le centre de la France, sous la direction d'un marchand de Lomné.

Où s'installer?

Comme les Basques, les Béarnais et les Gascons, les Bigourdans s'installent peu en banlieue. Les conclusions d'Alain Faure sur la relation entre le peuplement préférentiel des émigrés provinciaux et la taille de la commune d'origine s'appliquent ici: « L'émigration vers la capitale s'accroît avec la taille des communes d'origine et, au sein de l'émigration vers l'ensemble de la Seine, la préférence donnée à la ville-centre croit également selon le même critère »[12]. La forte proportion d'habitants d'agglomérations de plus de 2000 habitants confirme cette analyse (Tableau 4). Mais il ne s'agit pas seulement d'un facteur socio-démographique et de l'aptitude à investir un nouveau milieu. La qualification professionnelle rend aussi compte de ces préférences[13].

Tableau 4. Nombre de migrants parisiens en 1900 selon la taille
de la commune d'origine

Taille de l'agglomération	Nbre. migrants
1 000-1 999	133
2 000-4 999	61
5 000-9 999	115
10 000 et plus	109

Les recensements de 1891 et 1911 nous donnent le nombre de Parisiens classés par départements d'origine selon les quartiers d'arrondissements. On a écrit que les provinciaux ne choisissaient pas leur point de chute au hasard et qu'ils se regroupaient[14]. Cette assertion sur la stratégie de conquête des gens au sud de

---

12   Faure Alain (sous la dir. de), *Les premiers banlieusards. Aux origines des banlieues de Paris (1860-1940)*, Paris, Créaphis, 1991, p. 53.
13   Farcy Jean-Claude, Faure Alain, *La mobilité d'une génération de Français: recherche sur les migrations et les déménagements vers et dans Paris à la fin du XIXe siècle*, Paris, INED, 2003, p. 240.
14   Le Bras Hervé, Todd Emmanuel, *L'invention de la France, op. cit.*, p. 243.

Figure 2. Distribution des Bigourdans à Paris
selon les arrondissements de 1891

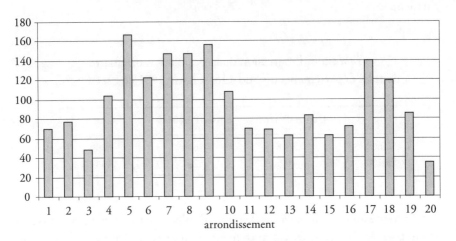

la Loire s'installant au centre de Paris puis se dirigeant vers l'extérieur s'avère
exacte globalement (Figure 2).

En 1891, on trouve des Bigourdans dans tous les quartiers de Paris. Toutefois, ils sont plus nombreux dans le 5ᵉ, en particulier dans le quartier du
Jardin des Plantes proche de la gare d'Austerlitz, puis et par ordre d'importance
décroissante, dans les circonscriptions du centre mais également dans le 17ᵉ et
le 18ᵉ arrondissement. Dans ce dernier cas, il s'agit de réinstallations, car la
moyenne d'âge des habitants est légèrement plus élevée, à la différence du 5ᵉ
où sont logés les fraîchement arrivés. Leur choix de résidence ne correspond
pas à celle des Basco-Béarnais qui préfèrent nettement le 8ᵉ et le 9ᵉ ainsi que le
17ᵉ, ni à celle des Gersois arrivés plus récemment qui s'installent en plus grand
nombre près de la gare d'Austerlitz et dans le 7ᵉ. Il existe bien des colonisations
différentes selon l'origine. Toutefois si les Bigourdans apparaissent moins gré-
gaires globalement, c'est peut-être parce que justement, ils proviennent d'un
des plus petits départements et que la taille de celui-ci induit des modes de
regroupement à une échelle autre.

Vingt ans plus tard, la population originaire de ces trois départements
a investi le département de la Seine avec des intensités variables et l'on voit
que les Basco-Béarnais sont partis plus nombreux et ont été plus nombreux à

s'installer en banlieue (Tableau 5) profitant, peut-être, de meilleures conditions de logement, mais surtout de leur nombre et de l'ancienneté de leur installation parisienne.

Tableau 5. Progression de la population originaire
de trois départements du Sud-Ouest entre 1891 et 1911 (en %)

	Hautes-Pyrénées	Basses-Pyrénées	Gers
Seine	33,8	56,5	47,8
Paris	40,5	52,4	43,0

Cette progression de plus de 40% des effectifs bigourdans est-elle égale selon les arrondissements et les quartiers, autrement dit, intégration ou repli communautaire? La très forte inégalité dans la progression selon les arrondissements (de + 191,3% dans le 15e à + 83,6% dans le 18e) cache une tendance à l'homogénéisation et une considérable atténuation de l'effet «village». Moins nombreux dans le 2e, peut-être en raison de l'investissement de nouveaux secteurs d'activité, on constate un glissement de la population des arrondissements du centre vers les arrondissements périphériques du 15e et du 16e (ce qui signalerait une élévation du niveau de vie), mais aussi vers le 17e qui affiche désormais la plus forte concentration de Bigourdans et en particulier le quartier des Ternes, ce qui confirme l'hypothèse précédente. Nos migrants pyrénéens investissent, au gré des possibilités et des disponibilités, les arrondissements où ils n'étaient pas présents auparavant. Ils ne recherchent pas particulièrement le regroupement départemental.

Cependant, le calcul de l'implantation par quartier montre de fortes disparités. Relativement peu nombreux dans le 19e, ils sont 126 en 1896 dans le quartier de la Villette. Vingt ans plus tard, ils sont 160 dans un quartier qui a doublé ses effectifs et où ils apparaissent relativement moins visibles. Il n'y a pas de «petite Bigorre» alors qu'il existe une «petite Bretagne» près de la gare Montparnasse. On ne constate aucun phénomène de «ghetto» ou de tendance au renfermement: la répartition socioprofessionnelle est là pour le confirmer.

Pour affiner notre analyse, nous avons repris le classement des quartiers par degré d'aisance et selon le critère de la domesticité féminine proposé en 1886 dans le volume de la Statistique générale de la France. Nous avons calculé le pourcentage des Bigourdans y résidant pour 1891 et 1911 (cf. Tableau 6).

Tableau 6. Bigourdans selon les quartiers de Paris (en %)

Années	Quartiers pauvres et très pauvres	Quartiers aisés et très aisés	Quartiers riches et de luxe
1891	37,85	29,42	32,72
1911	44,81	26,02	29,1

En 1891, l'émigration bigourdane n'est pas une émigration du secteur secondaire mais plutôt celle du tertiaire avec des professions moyennes et une importante participation dans la domesticité et les services du secteur de l'hôtellerie, de la restauration et des débits de boisson. Ce n'est pas non plus une émigration de la misère.

Vingt ans plus tard, avec une augmentation de plus de 40% sur les chiffres de 1891, le tableau a changé. Les nouveaux migrants se sont dirigés vers les quartiers pauvres et très pauvres. Il ne s'agit pas d'une paupérisation des migrants, puisque les catégories moyenne et supérieure se maintiennent mais plutôt d'une professionnalisation plus poussée (dont bénéficiera en particulier le secteur secondaire) au détriment de la domesticité et des personnels de service.

La vie dans une grande ville est toujours difficile. La famille, quand elle est présente, est le premier réseau sollicité ou créé. En reprenant la liste électorale qui donne les noms et les dates de naissance, on peut comptabiliser 66 regroupements familiaux[15] soit 6,5% de l'effectif total. Sous ce vocable, on regroupera 28 résidences communes du père et du fils (47 fils). Vingt et un fils ont moins

---

15 La source ne permet que de comptabiliser les liens patrilinéaires et entre ressortissants d'une même commune. Nous échappent toutes les relations entre oncle et neveu utérin, particulièrement quand elles sont doublées d'une parenté spirituelle, et bien sûr toutes les relations où les femmes sont impliquées (tante et sœur).

de 25 ans, âge où l'on quitte le domicile des parents, service militaire effectué, formation professionnelle achevée et l'on peut supposer que ces 21 sont là à titre provisoire. Quant aux 26 fils qui restent avec leur père, en dépit parfois d'un âge avancé, ils appartiennent pour un tiers à des ménages dont le père se déclare rentier, le fils exerçant une profession libérale ou d'encadrement et pour trois cas à des familles où le fils pratique la même profession que son père : négociant en tissus, boulanger, maréchal-ferrant. La faible occurrence de ces cohabitations montre bien qu'elles sont le fait d'un choix délibéré qui ne peut se déclarer que lorsque les circonstances de l'emploi et la grandeur des logements le permettent. En dépit de la jeunesse de l'émigration bigourdane, on peut dire que le modèle pyrénéen de la famille, où celle-ci prend en charge l'exploitation ou la petite entreprise artisanale, ne peut plus se réaliser dans la grande ville, car il n'a plus sa raison d'être : assurer la survie des enfants jusqu'au moment où ils peuvent s'assumer seuls tout en conservant l'entité patrimoniale.

Il y a d'autres regroupements qui ne prennent pas en compte le futur, mais le présent et la survie quotidienne, ceux qui associent un oncle accueillant son ou ses neveux, soit 12 cas. Enfin la cohabitation ou le voisinage très rapproché entre frères se produit 26 fois et concerne un frère aîné de plus de 30 ans veillant sur son cadet jusqu'à que celui-ci prenne son indépendance. Ces cohabitations se répartissent à peu près également dans l'ensemble parisien, sauf dans le quartier de la Villette où ils sont plus nombreux et rappellent le milieu d'origine.

La rencontre de plusieurs Bigourdans dans la même rue, alors que l'arrondissement en compte plusieurs dizaines, ne peut être un hasard surtout quand ils sont si peu nombreux à Paris. On relève 113 occurrences de ce type regroupant plus de 10% des effectifs de la liste électorale. Mais ces rencontres sont-elles dues à des stratégies spécifiques ou à des rencontres entre possibilités et disponibilités signalées par des compatriotes ? Les choses paraissent claires dans le cas de la rue Cujas dans le 5e et de la rue Zacharie, car il s'agit de garnis, nombreux dans le 5e. D'autres regroupements sont fondés sur la même origine, la même profession. C'est le cas des deux marbriers, l'un de Gerde, l'autre de Bagnères qui habitent près du cimetière du Père-Lachaise, dans la rue des Amandiers. Les beaux quartiers voient aussi ces rapprochements. Un seul exemple plaide en faveur de l'importance des réseaux construits sur la localité et la classe d'âge, celui des Baronnies, région isolée et en dépression économique, dont les natifs vivent dans les quartiers de l'hôpital Saint-Louis et de la Villette. Dans ce dernier quartier, on note la présence de 7 habitants de Bulan, noyau autour duquel viennent graviter, comme «au pays», huit natifs de Batsère, Banios et Laborde : les liens de proximité aident à résoudre des problèmes de résidence et d'emploi[16].

Travailler, voilà la raison pour laquelle les Bigourdans ont quitté leur petite patrie[17]. Est-ce pour des raisons de survie ou d'amélioration de carrière ? Ont-ils une stratégie d'investissement de certains segments du marché du travail ? Surtout, ont-ils préparé leur départ en s'orientant vers des activités qui pouvaient être valorisées dans leur nouveau milieu ? Autrement dit, la migration a-t-elle été préparée, pensée ou subie ? La liste électorale permet d'éclairer les motivations de l'exil et les satisfactions tirées du travail sur les bords de la Seine.

Travailler

Tous les électeurs ne sont pas des actifs et cette situation ne dépend pas de leur âge puisque sur les 101 personnes nées avant 1841, 30 seulement ne déclarent pas une profession[18]. Les rentiers habitent davantage dans des quartiers aisés ou riches, vivent davantage avec un fils ou un neveu que les retraités, mais on ne peut pas dire qu'ils ont réussi plus à Paris qu'ils ne l'auraient fait en Amérique du Sud. Ils proviennent tous de petits villages à l'exception de trois Tarbais disposant d'un capital économique et social certain. Des trois militaires, un seul déclare fièrement son grade (chef de bataillon) à une époque où une fortune personnelle était nécessaire aux gradés pour tenir leur rang. Soixante et onze personnes de plus de 60 ans travaillent toujours : 22 occupent des emplois sans apprentissage particulier de la catégorie A, soit les professions sans apprentissage particulier[19], 38 font partie de la catégorie intermédiaire B, soit les métiers et

16 On vérifie ici l'hypothèse que pour les contingents à faible effectif, on se regroupe d'autant plus facilement que l'on est moins nombreux. FARCY Jean-Claude, FAURE Alain, *La mobilité, op. cit.,* p. 449.

17 Farcy et Faure optent pour une migration de promotion pour les deux dernières décennies du 19e siècle. *Ibid.,* p. 272.

18 Dans le recensement de 1881, on compte 4,2% de rentiers et pensionnés, soit une proportion double de celle des Bigourdans mais calculée vingt ans plus tôt, ce qui empêche une comparaison terme à terme.

19 Mentionnons à titre de curiosité les deux agriculteurs et les deux mineurs de la liste électorale.

professions à apprentissage qui n'excède pas une durée de trois ans (parfois pris en charge par l'Etat), et 11 se rapportent à la catégorie supérieure C, à savoir les professions qui exigent une formation supérieure ou engagent des responsabilités. En comparant les effectifs des actifs de plus de 60 ans avec ceux portant sur l'ensemble des actifs ventilés par catégorie, on voit qu'ils sont plus nombreux dans la catégorie A, 31% contre 17,1% et dans la catégorie C, 16,8% contre 12,7% et moins nombreux relativement dans la catégorie B, 52% contre 70,2%.

On retrouve là l'opposition entre obligation et motivation. Pour les Bigourdans de plus de 60 ans relevant de la catégorie A, Paris était et est seulement l'endroit où ils ont pu monnayer leur force de travail. Pour ceux de la catégorie C qui comprend deux prêtres de paroisses huppées, un artiste peintre, un avocat, deux industriels, trois négociants et deux fonctionnaires supérieurs, Paris offrait des possibilités d'avancement ou de réussite introuvables dans le département d'origine. Ils avaient choisi la migration et ils s'y étaient préparés, plus précisément leur famille les y avaient préparés en leur payant des études coûteuses. Quant à la catégorie intermédiaire, on peut avancer l'hypothèse d'une préparation à l'émigration puisqu'elle comprend huit tailleurs et un bottier, tous patrons et habitant des quartiers à clientèle aisée donc exigeante. Ce n'est toutefois pas suffisant pour décider dans un sens ou dans un autre d'autant plus qu'à l'époque du départ, la fonction publique moyenne ne paraissait pas encore accessible.

Parmi les 906 personnes de moins de 60 ans, 54 sont sans profession déclarée ou effectuent leur service militaire. Dans la catégorie A, on relève 164 personnes soit 17,8% de la population active. C'est peu, néanmoins, on voit que les migrants se concentrent dans des occupations bien ciblées. Cinquante-cinq pratiquent des métiers qui exigent un savoir-faire avec les chevaux : cochers, palefreniers, charretiers. D'autres emplois demandent de la présence, de l'honnêteté, de la vigueur : 27 sont domestiques et concierges. Autres emplois pour lesquels il faut une recommandation et de l'endurance, le secteur de la restauration et de l'hôtellerie et celui des hôpitaux : on en compte 25. Autant se retrouvent dans les emplois « techniques » offerts par les collectivités locale où ils sont cantonniers et égoutiers. Viennent enfin les 25 journaliers, manouvriers, hommes de peine, frotteurs, emplois qu'on réserverait aujourd'hui aux émigrés de la première génération.

Changement de milieu, celui des Bigourdans de la catégorie C. Ils sont 122 soit 13,5% de la population active, œuvrant dans les secteurs de la santé, de la justice, du clergé séculier, de l'éducation, des arts et des lettres. Il est clair que pour eux, Paris est la possibilité d'entreprendre une carrière aux meilleures perspectives que celles offertes sur place et/ou faire des études poussées dans des professions rares ou de prestige, permettant de réaliser leur projet ou celui de leur famille. Quant aux artistes, la capitale est une étape indispensable dans leur formation et pour leur réputation. Pour les autres qui ont réussi dans le négoce (21) et dans l'industrie et les travaux publics (7), la migration a été simplement l'occasion de rencontrer une autre clientèle et de réussir dans leur entreprise.

En croisant appartenance à la catégorie C et taille de la localité d'origine, on voit sans surprise que ceux qui appartiennent aux professions de la justice, et de la santé proviennent de gros chefs-lieux de canton, sous-préfectures et préfecture. Les professeurs, en particulier, ont dû poursuivre leurs études secondaires au lycée de Tarbes, au collège religieux de Saint-Pé. Tous ont été préparés à la vie d'une grande ville et y ont envisagé une carrière.

La catégorie B regroupe 620 personnes soit 68,4% de la population active. Les métiers de l'artisanat et des services liés à la personne et à l'habitation ont été déclarés par 117 personnes. Leur formation a eu lieu sur place ou dans des villes proches. On n'y trouve pas ces métiers du bois et du textile, appris dans le cadre de la famille et difficilement monnayables ailleurs. En revanche, les métiers du bâtiment qui ont un statut relativement élevé puisqu'ils ont nécessité un approfondissement des connaissances (charpentier, maçon, forgeron, maréchal-ferrant, charron) utiles dans une grande ville sont bien représentés. Il en est de même de la profession de tailleur déclarée par 35 Bigourdans mais avec un statut d'ouvrier dans 8 cas sur 10. Dans la boulangerie, spécialité des Bigourdans à Caracas, ils ne sont que 9, ce secteur étant déjà occupé. Autre métier appris sur place et pouvant se monnayer dans une grande ville, le travail de la pierre et du marbre. Ils sont 8 à manier le ciseau et le maillet. Dans ce cas, l'adaptation n'a pas été importante.

En ce qui concerne la petite industrie et les transports, le nombre de Bigourdans est nettement moins important. Sans doute parce qu'il a fallu là une formation nouvelle. L'adhésion à la modernité n'est pas significative ici, mais elle existe (Tableau 7). Les Bigourdans ont surtout investi le secteur du commerce qui offre des emplois à faible qualification, permettant de grimper rapidement dans la hiérarchie ou de s'installer pourvu qu'on en ait les aptitudes: bonne résistance physique, alphabétisation et goût des rapports concrets sont des qualités que les migrants feront valoir. Toutefois le manque de capitaux est patent puisque nous n'avons relevé que 21 négociants. Le tertiaire supérieur (banques et assurances) qui demande davantage de compétences reconnues et de relations occupe 23 Bigourdans. Cependant, rien de comparable avec les emplois de la Fonction publique qui représentent 22,6% de cette catégorie et 12,7% de la population active. On connaissait le renforcement des effectifs entre 1880 et 1882. Les conditions de recrutement étaient simples et il n'était pas besoin de concours pour l'auxiliariat. Trente-quatre Bigourdans émargent dans les différents ministères (Marine, Beaux-Arts, Finances) ou les collectivités territoriales comme l'octroi : 9 Bigourdans y travaillent ou y ont travaillé. Comme 3 sont de la vallée d'Aure et 3 de la Barousse (plus un retraité natif de Sainte-Marie), on peut légitimement se demander si la vacance du poste n'a pas été signalée à la parenté et au voisinage. Ils sont moins nombreux aux Douanes (3), dans les services des préfectures (6) emplois certainement plus disputés. En revanche, les Bigourdans sont beaucoup plus présents dans la police en uniforme : 37 sont gardiens de la paix. Mais c'est surtout dans les P.T.T. qu'ils sont nombreux, 62 exactement, plus du tiers de ceux qui exercent dans la Fonction publique, généralement ils y sont commis et plutôt facteurs, fonction pour laquelle il faut une bonne résistance et une aptitude aux contacts dans laquelle excellent ces Méridionaux. Mal rémunérés, ces emplois nouveaux offerts par la Fonction publique assurent néanmoins primes diverses, retraite, sécurité et considération et permettent de monnayer facilement l'instruction primaire reçue sur place. Et leur accès est moins difficile que celui de l'enseignement. La multiplication des postes offerts par l'Etat se lit d'ailleurs dans notre échantillon : à partir des classes d'âge nées entre 1855 et 1859, la proportion de postiers est multipliée par six. En moyenne et selon la liste, deux Bigourdans travaillant aux P.T.T. s'installent chaque année dans la capitale[20]. Les emplois offerts par l'Etat vont concurrencer désormais ceux procurés par le commerce alimentaire et textile, recours traditionnels.

Cette nouvelle orientation ne cessera de se renforcer au cours des années à venir. La mauvaise situation économique du département justifie l'appel à l'Etat employeur et renforce la conviction que le mérite, toutes choses égales par ailleurs, vaut moins qu'une bonne recommandation. Le tableau comparatif

---

20 D'après le recensement de 1911, on compte 325 postiers des Hautes-Pyrénées dans Paris intra-muros sur un total de 13 736 fonctionnaires.

des pourcentages de Bigourdans (toutes classes d'âge confondues) et de ceux des conscrits parisiens selon leur activité, conforte nos résultats quant aux spécificités du travail à Paris des natifs des Hautes-Pyrénées (Tableau 7).

Tableau 7. Répartition des Parisiens selon les secteurs en 1900 à Paris (en %)

Secteur d'activité	Natifs des Hautes-Pyrénées	Parisiens à 20 ans
Administration	7,5	1,4
Agriculture	–	1,2
Armée	0,01	3,9
Commerces et Services	41,8	22,3
Industrie	19,1	59,6
Marine	–	0,3
Professions libérales	9,0	6,6
Transports	8,6	4,3
Domesticité	2,7	0,3
Divers	11,3	–

Source : liste électorale de 1900 et FARCY Jean-Claude, FAURE Alain, *La mobilité, op. cit.* p. 552.

La migration n'est pas une affaire individuelle, l'étude des facteurs *pull and push* l'avait montré. Outre les liens interpersonnels de la famille, de la classe d'âge et du voisinage activés lors des départs et des arrivées, l'étude de la migration bigourdane à Paris au tournant du siècle montre qu'il existe d'autres solidarités sollicitées lorsqu'il s'agit du choix du travail et de la résidence, en particulier, celles articulées sur les espaces de vie comme l'aire d'attraction du marché hebdomadaire et les anciennes structures administratives. On sait aussi que la nature de la source joue un rôle primordial dans les conclusions que l'on peut tirer des informations. Et l'on peut légitimement se demander quelles auraient été nos conclusions à partir de la même question si l'on avait interrogé l'état civil.

Migrations, famille et marché du travail au miroir de l'Enquête de 1866

Bernard Derouet

Pour l'étude des migrations en France, le XIXe siècle constitue une période particulièrement intéressante mais délicate à analyser, car il s'agit d'un moment-charnière : celui où se mêlent des formes anciennes et toujours présentes de mobilité, et des phénomènes nouveaux liés au développement sans précédent de l'urbanisation et de l'industrialisation, voire à certains aspects d'une « révolution agricole » apparaissant déjà dans certains départements.

Cette imbrication apparaît très clairement à travers la grande enquête agricole de 1866. Les modalités d'élaboration de cette enquête ayant été déjà largement décrites dans un premier volet de ce travail – à propos de l'articulation entre famille, transmission et marchés[1] –, on présentera ici ce document de manière succincte, en insistant davantage sur son approche particulière des départs.

L'intérêt de l'enquête pour les migrations

L'avantage de cette source tient au fait qu'elle couvre l'ensemble du territoire national, tout en fournissant des descriptions et analyses à un niveau départemental, et parfois même dans le cadre de l'arrondissement ou du canton. Son intérêt vient aussi du caractère très « qualitatif » de l'enquête, qui contrairement à d'autres ne se contente pas de données statistiques administratives, mais a recueilli un nombre considérable de témoignages d'institutions locales et de

---

[1] Derouet Bernard, « Marchés et transmission : les apports de l'Enquête de 1866 », in Béaur Gérard, Dessureault Christian, Goy Joseph (sous la dir. de), *Familles, Terre, Marchés. Logiques économiques et stratégies dans les milieux ruraux (XVIIe-XXe siècles)*, Rennes, PUR, 2004, pp. 77-90.

particuliers, en procédant par commissions d'enquête ou en suscitant des dépositions volontaires, écrites ou orales.

Cependant, aussi précieuse soit-elle par la masse de renseignements qu'elle fournit, cette source comporte deux inconvénients. Les données de base (comptes-rendus des témoignages oraux, rapports individuels, réponses écrites au questionnaire) sont très inégalement reproduites dans les volumes qui ont été finalement publiés, en fonction des régions. D'autre part, cette source comporte un biais important dont il faut impérativement tenir compte : comme ce sont principalement des membres de l'élite rurale qui ont répondu à l'enquête (grands propriétaires, juristes, ingénieurs et techniciens des pratiques agricoles), la sociologie des intervenants n'est donc pas neutre. En réalité nous avons ici principalement la vision des notables.

L'enquête traite abondamment du problème des migrations. Il n'y a pas moins de 19 questions consacrées de près ou de loin à ce sujet parmi les 160 que proposait le questionnaire. Et loin d'être esquivés, ces problèmes ont fait l'objet de réponses assez développées. Certes, un tel intérêt n'était pas anodin, un des buts essentiels de l'enquête étant de décrire et de comprendre les difficultés du moment dans l'agriculture. Or, précisément, un des problèmes majeurs concernait la question de la main-d'œuvre dans le monde rural. De la plupart des régions émanent des témoignages mettant en lumière l'insuffisance de la main-d'œuvre agricole (journaliers et domestiques), cette rareté entraînant en parallèle un renchérissement considérable des salaires. Comme la majorité des déposants étaient des propriétaires, et parfois de grands propriétaires terriens, on comprend leur sensibilité à ce problème et leur tendance à en exagérer la portée, même si la réalité du phénomène est à cette époque indéniable.

Il faut donc rester conscient que si l'enquête traite abondamment des migrations et d'autres formes de mobilité, c'est avant tout en fonction du marché du travail dans l'agriculture. Les départs vers la ville, ceux vers les zones industrielles, et même ceux à destination des Amériques, sont ainsi largement évoqués. Il y est aussi question des migrations temporaires et saisonnières avec retour dans la région d'origine. En revanche, l'enquête passe sous silence les nombreuses mobilités à caractère définitif qui prennent place à l'intérieur même du monde rural, d'une région à une autre, ou à plus courte distance d'un canton à un autre au sein d'un même ensemble de campagnes : c'est-à-dire toutes celles qui ont été décrites par exemple pour les régions à système d'héritage égalitaire de l'Ouest (voire du Bassin parisien), ainsi que celles mises en évidence plus récemment et dans un cadre territorial plus large par Paul-André Rosental[2].

Cette source n'offre donc qu'une vision partielle du phénomène de la migration. Avant tout, elle met en évidence «l'exode rural», et surtout elle permet de mieux le comprendre. C'est une limitation importante. Cependant, même si les études récentes ont très bien montré que la mobilité des campagnes ne se réduisait pas à ce seul aspect, elles n'ont pas pour autant nié la réalité de ce déplacement des campagnes vers les villes pour ce qui concerne le XIXe siècle. Il s'agit même d'un des phénomènes majeurs de cette période. On peut d'ailleurs penser que les années 1850-1866, que couvre en gros l'Enquête, constituent à cet égard un véritable tournant, un authentique moment-charnière.

Migrations et marchés

Comme l'approche que nous privilégions ici pour la migration concerne son articulation avec l'évolution d'ensemble de la société (rurale et non rurale), nous accorderons une place importante à deux aspects sur lesquels l'enquête permet d'apporter quelque lumière: les rapports entre migration et comportements familiaux (au sens large), qui feront l'objet de la seconde partie de cet essai; mais aussi, pour commencer, l'articulation entre migration et «marchés».

Les migrations considérables, et sans précédent dans les époques antérieures, que connaît cette période du milieu du XIXe siècle, sont-elles interprétables à l'intérieur même du cadre conceptuel que nous offre la notion de «marché»? On va voir que cette question pose problème.

La «raréfaction de la main-d'œuvre agricole», pour reprendre les termes mêmes de l'enquête, présente en réalité une double origine. Tout ne s'explique pas par des départs. Un aspect important, évoqué dans la plupart des régions, est la montée significative de la propriété paysanne, et donc du faire-valoir direct. De plus en plus d'anciennes familles de journaliers accèdent à la possession même de la terre, et n'ont donc plus besoin de vendre leur force de travail aux grands propriétaires. Nous avons évoqué, ailleurs, cette réappropriation

2   Rosental Paul-André, *Les sentiers invisibles. Espaces, familles et migrations dans la France du XIXe siècle*, Paris, EHESS, 1999.

paysanne de la terre que décrit parfaitement bien l'enquête, et ses conséquences de tous ordres[3]. Mais à côté de ce phénomène, il existe bien aussi de nombreux départs pour la ville ou pour les zones d'emploi industriel. Les deux aspects coexistent. Au fond, on peut présenter la progressive disparition des ouvriers agricoles au milieu du XIXe siècle sous la forme d'une alternative : ou bien ceux-ci ont réussi à accéder à la propriété et sont parvenus à devenir petits/moyens exploitants travaillant pour leur propre compte ; ou bien, en cas d'échec, ils ont dû se résoudre à partir chercher ailleurs une autre existence, et ont fourni les gros bataillons de la migration. De toute façon, pour la plupart d'entre eux le changement fut alors radical, dans un sens ou dans l'autre. On remarquera au passage que ceux des anciens journaliers qui ont accédé au rang de cultivateurs, ont réussi cette ascension sociale en cumulant deux manières de rassembler de la terre pour créer une exploitation moyenne : ils ont profité d'un côté des difficultés et du démembrement partiel de la grande propriété, et par ailleurs ils n'ont pas manqué de récupérer les micro-parcelles qui appartenaient aux journaliers ayant opté pour un départ définitif.

Ces nombreux départs sont-ils interprétables comme une régulation classique au sein du marché du travail, où joueraient principalement des paramètres internes à ce marché, tels que les possibilités d'embauche et le niveau des rémunérations ? C'est en partie le cas. On assiste pendant cette période à une très forte demande de main-d'œuvre provenant de secteurs extérieurs à l'agriculture. Les sollicitations viennent d'abord de la ville (les grandes villes, mais aussi celles de taille moyenne ou modeste), avec notamment une forte demande de domestiques, et d'ouvriers pour les métiers de la construction. Hors de la ville, l'offre d'emploi est aussi considérable dans les chantiers de chemins de fer, l'ensemble des travaux publics (routes, notamment), et les zones industrielles nouvelles, qui peuvent être d'ailleurs urbaines ou semi-rurales[4].

Cette concurrence pour la main-d'œuvre a d'autant plus d'effet qu'elle s'accompagne d'une offre de rémunérations plus avantageuses. Dans ces nouveaux

---

3   DEROUET Bernard, « Marchés et transmission », art. cit.
4   Il existe aussi, localement, des déplacements de population en direction de zones rurales ayant développé une spécialisation agricole particulière : ainsi en Languedoc le travail de la vigne, et les salaires qui y sont pratiqués, ont attiré beaucoup d'ouvriers des régions voisines (sud du Massif central notamment), et pas seulement de manière saisonnière pour les vendanges.

métiers, les salaires sont plus élevés que ceux des ouvriers de la campagne. Certains affirment même qu'ici on gagne plus, tout en travaillant moins. En réalité les choses sont un peu plus complexes, comme le montrent différents témoignages. Certains d'entre eux insistent sur le fait qu'en ville les journées de travail sont plus courtes, que leur horaire est plus strictement respecté, et aussi sur le fait que ce travail est finalement moins pénible que dans l'agriculture. Mais inversement – ce n'est d'ailleurs pas contradictoire –, en ville il y a une meilleure possibilité de travailler, car ce travail est mieux réparti sur l'ensemble de l'année, il est moins intermittent. Un déposant déclare par exemple qu'à la campagne l'ouvrier n'est jamais sûr de compter avec certitude sur plus de 150 journées de travail par an, et se trouve donc en difficulté s'il n'a pas d'activité complémentaire.

Doit-on en conclure que cette migration, qui aux yeux de certains prend une ampleur alarmante, répond simplement à un jeu d'offre et de demande, de régulation du marché du travail, dans un cadre purement économique ? La réalité est plus complexe. D'abord, la ville attire les jeunes ruraux par nombre d'aspects qui ne sont pas strictement économiques. Par exemple, plusieurs déposants insistent sur le rôle des institutions d'assistance et de secours, qui n'existent au contraire que très peu dans les campagnes. D'autres témoignages reviennent souvent sur des aspects plus immatériels : l'attrait des plaisirs et d'un certain confort, des habitudes de consommation nouvelles, une vie plus facile, et l'ensemble de ce que résume la formule des «lumières de la ville». Cependant, d'autres participants à l'enquête recherchent davantage les causes de ces départs à l'intérieur même du monde rural : nombre d'entre eux font allusion au rôle déterminant que joue ici l'instruction primaire, qui dans les campagnes ne serait pas orientée pour donner aux enfants le goût des travaux des champs, mais tout au contraire aboutirait à susciter l'envie des carrières libérales ou administratives. A travers tous ces témoignages, on perçoit assez bien que c'est à cette époque que se met en place, au sein même de la France rurale profonde (et donc de manière intériorisée), une «valorisation» très poussée du mode de vie et des valeurs urbaines, voire un mépris de l'activité agricole, et des désirs d'ascension sociale qui passent par l'école et dont l'école suscite justement l'apparition[5].

5   Par exemple en Charente, on ajoute aux autres facteurs attirant vers la ville «… un froissement d'amour-propre. Le campagnard se croit moins bien posé dans l'opinion publique que l'ouvrier des villes. Il pense trouver à la ville un classement social plus avantageux».

A ce stade, deux remarques s'imposent déjà. On sait que traditionnellement, dans l'analyse des phénomènes migratoires, domine l'une ou l'autre de deux grandes formes d'interprétation caractérisables en termes de *pull* et de *push*: on met l'accent soit sur les facteurs d'attirance du pôle d'arrivée, soit sur les raisons négatives qui dans le lieu de départ poussent à la migration. La situation décrite par l'enquête de 1866 incite incontestablement à une analyse en termes de *pull*. L'exode rural, et son accélération au milieu du XIXᵉ siècle, ne correspondent absolument pas à une émigration de la misère et à des conditions de vie devenues plus difficiles, même s'il est vrai que les années 1840-1850 marquent un maximum des densités rurales dans une majorité de régions françaises. Il semble même qu'en ce milieu du Second Empire, les conditions de vie se soient améliorées chez les plus humbles des ruraux – une conclusion dont on pourrait certes douter parce que l'enquête est surtout fondée sur des témoignages de notables, mais dont on a malgré tout suffisamment de preuves soit par la variété des consommations soit par les progrès du salaire réel. Comme on l'a vu, il n'y a pas non plus alors dans les campagnes de manque de travail et de surplus de main-d'œuvre, d'autant d'ailleurs que la restriction des naissances s'y est développée depuis quelques décennies. Sur ce dernier point on ajoutera que ce n'est pas dans les régions où la fécondité reste élevée qu'on part le plus vers la ville, bien au contraire. Il suffit à cet égard d'évoquer les régions de métayage, ou encore la Bretagne qui gardera longtemps des taux de natalité élevés, tout en attendant l'extrême fin du XIXᵉ siècle pour fournir des contingents importants à l'émigration.

Le questionnaire de l'enquête cherchait aussi à savoir si le départ des journaliers et domestiques de ferme n'était pas lié aux progrès du machinisme agricole, qui aurait diminué l'offre de travail. La réponse est sans ambiguïté: la diffusion des machines est encore peu développée, à l'exception de la batteuse (à vapeur) qui a pris une certaine importance. A propos de celle-ci, plusieurs déposants signalent d'ailleurs qu'il faut inverser le raisonnement traditionnel concernant ces nouveautés techniques: ce ne sont pas elles qui diminuent l'offre de travail, mais au contraire leur développement s'explique comme une réponse à la diminution de la main-d'œuvre disponible.

Une seconde remarque s'impose, à partir des résultats de l'enquête déjà exposés, concernant le type de migration auquel nous avons ici à faire. Au-delà des aspects qui lient ces déplacements de main-d'œuvre à des phénomènes de «marché» (du travail), et au-delà d'une régulation de type strictement économique, il y a dans ce que nous observons ici des aspects d'*irréversibilité* que les témoignages de cette période perçoivent déjà très bien.

Le meilleur exemple qu'on puisse en donner concerne la rémunération du travail. Il va de soi que devant la concurrence des salaires de la ville, des chantiers et de l'industrie, les salaires proposés dans l'agriculture se sont progressivement adaptés à la hausse. Au cours des 20 ou 30 années qui précèdent l'enquête de 1866, ces salaires ont augmenté de 50% à 100%, selon les régions (dans le même temps le prix de la terre a augmenté en moyenne d'un quart). Les employeurs ont donc essayé de se mettre à niveau. Or, malgré cet ajustement contraint, ils n'ont pas réellement réussi à retenir dans les campagnes les travailleurs dont ils avaient besoin. C'est bien en cela qu'il y a un aspect de non-réversibilité dans les migrations alors observées; plus que d'une adaptation aux paramètres de l'emploi, elles relèvent sur le fond d'un «fait de civilisation», d'un tournant majeur dans les comportements, les goûts et les aspirations. A cet égard nous avons déjà évoqué le rôle qu'a joué le développement de l'instruction primaire; mais on pourrait tout aussi bien s'attarder sur le rôle qu'ont tenu les premiers migrants, lors de leurs retours au pays, dans la formation d'un véritable mythe de la ville auprès de leur parenté ou de leurs réseaux de sociabilité[6].

Enfin on doit évoquer, comme le font presque tous les déposants, l'influence considérable qu'a eu sur ce point en France le service militaire – à la fois par la ponction importante qu'il exerçait sur les jeunes gens de la campagne, et par la modification sensible des valeurs et des comportements qu'il entraînait chez ceux qui y étaient soumis. Il ne faut pas négliger, à cet égard, le fait que malgré le tirage au sort et les possibilités de remplacement (pour les plus aisés), ce service était alors d'une durée de sept ans, que passaient en garnison ceux qui n'avaient pas la chance d'être désignés comme réservistes. Or, tous les témoignages insistent sur le fait que beaucoup de jeunes gens, après le service militaire, ne reviennent pas. Ils se mettent en quête d'emplois urbains ou assimilés, dans la domesticité, les douanes, la gendarmerie, les chemins de fer, quand ils ne choisissent pas de se réengager dans l'armée pour une nouvelle

---

6 En Haute-Vienne, «lorsque les émigrants reviennent, en passant, au village, ils y vantent les plaisirs de la ville; ils disent tous les avantages qu'on y trouve, et leur exemple entraîne de nombreux imitateurs».

période. Même ceux qui décident de revenir ensuite au pays sont de toute façon, dit-on, perdus pour le travail agricole.

Par un autre biais, la conscription est aussi un facteur d'émigration, mais cette fois-ci à destination lointaine, vers les Amériques. Cette manière d'échapper par la fuite à la longueur du service est particulièrement documentée pour les Basses-Pyrénées et les Hautes-Pyrénées.

Aspects sociaux et régionaux de la migration

L'enquête de 1866, qui cherche à comprendre les raisons profondes de l'augmentation des migrations, ne se borne pas à mettre en valeur la séduction des régions d'accueil. Elle donne des indications sur le profil préférentiel du migrant, d'un point de vue sociologique, régional, et aussi d'un point de vue familial.

Quelques témoignages déclarent qu'on émigre dans toutes les couches de la société. En fait, la plupart des déposants montrent surtout la part prédominante des ouvriers agricoles et des tout petits paysans. Le fait semble incontestable, mais jusqu'à quel point doit-on se fier à une source préoccupée essentiellement par la question du marché du travail? En réalité, il semble plus exact de remarquer qu'on migre surtout aux *deux extrémités* de l'échelle sociale : outre les plus pauvres, ce sont aussi les plus riches (et les plus cultivés) des ruraux qui partent pour la ville. Cette part significative que prennent les notables et les grands propriétaires à la migration semble particulièrement de mise dans la moitié sud de la France, où il devient manifeste qu'on ne vit plus de la grande propriété (présentée même comme un «luxe») sauf si l'on dispose à côté d'autres sources de revenus, comme des placements en valeurs mobilières, ou une profession libérale. Même si on reste ici attaché à la grande propriété, c'est davantage en raison de son caractère symbolique, de la position sociale et du prestige qui y sont encore attachés, beaucoup plus qu'en raison des profits qu'elle procure. Cela n'empêche pas d'ailleurs certains notables de franchir le pas, de vendre leurs biens ruraux et de quitter définitivement les campagnes, ou de n'y garder qu'une résidence secondaire.

L'enquête permet aussi de percevoir des nuances régionales importantes dans les comportements de migration. C'est le cas à propos des régions qui avaient une ancienne tradition de migration saisonnière ou temporaire : celle-ci s'est perpétuée jusqu'au milieu du XIXᵉ siècle, mais la nouveauté réside ici en ce que de plus en plus souvent, les migrants ne rentrent plus au pays et se fixent dans les pays d'accueil. Des témoignages probants émanent sur ce point par exemple de l'Aveyron, mais aussi de la Creuse, et même de l'ensemble du Massif central[7].

Par ailleurs, l'exode rural est-il plus ou moins important selon les systèmes familiaux et successoraux ? Et y a-t-il par exemple un contraste à cet égard entre plaines et montagnes ? De nombreux déposants soulignent, dans la moitié sud de la France, que ce sont essentiellement les cadets et les cadettes qui finale-ment s'expatrient[8]. Cela paraît logique, il est dans la nature même des systèmes d'exclusion à successeur unique d'expulser les non-héritiers, l'alternative à ce départ étant constituée par le célibat. En l'occurrence, c'est le *push* plutôt que le *pull* qui est ici à l'origine de la migration.

Mais parallèlement, on s'aperçoit que la fuite hors des campagnes touche aussi bien des départements de plaine, et des sociétés à héritage égalitaire. Ce qui semble important pour ces régions, c'est que les départs y sont favorisés par de très vieilles traditions de *domestic service*, lié au cycle familial. Nous sommes là dans des sociétés où depuis longtemps on a l'habitude de voir les jeunes partir sans attendre le mariage, quitter leur famille à un âge assez précoce pour aller se placer « en service » chez les autres. Or, les nouvelles formes de migra-tion – celles à caractère définitif hors de la région d'origine – vont bénéficier de ces habitudes bien intégrées de mobilité, et parfaitement se mouler et s'insérer dans ce cadre qui leur était d'emblée favorable.

En conséquence on n'observe pas, entre plaines et montagnes, les contrastes qu'on aurait pu *a priori* attendre. Cela paraît d'autant plus compréhensible que

---

7   Dans l'Aveyron, on note qu'il y a toujours eu ici des émigrations saisonnières (scieurs de long vers l'Espagne, ou encore porteurs d'eau, cochers de voitures publiques, portefaix) ; « mais le pécule amassé, ils revenaient ; les émigrants d'aujourd'hui ne reviennent plus ! ». En Haute-Vienne, un responsable remarque que « l'émigration sur Paris a fait de grands progrès depuis l'établissement du chemin de fer. Je délivre chaque année de 300 à 400 livrets. Autrefois les émigrants revenaient en hiver ; maintenant la plupart restent à Paris et y attirent même leur famille ».

8   Dans le Lot, on signale que le domaine laissé à un seul des enfants est cause de dépopula-tion. « Ceux qui n'ont que de l'argent sont tout naturellement portés à aller vers les villes ». Témoignages identiques dans les Hautes-Pyrénées.

certains départs, dans les régions à système égalitaire, semblent liés fréquemment à la désorganisation des formes de pluri-activité jusqu'alors pratiquées. Dans nombre de régions céréalières, le Thimerais par exemple, beaucoup de journaliers étaient en fait en même temps des tisserands (à domicile). Dès que dans certaines de ces campagnes, au XIXᵉ siècle, les traditions d'industrie rurale cessent d'être praticables, tout un équilibre est remis en question pour une partie des populations salariées ou micro-propriétaires. La contre-épreuve est fournie par ceux des départements où, pour des raisons locales et circonstancielles, l'industrie rurale et la pluri-activité résistent et se pérennisent, avec pour conséquence un départ beaucoup plus faible des populations : un exemple typique à cet égard est la Seine-Inférieure (Pays de Caux notamment), qui conserve des densités rurales très importantes. Et si certains témoignages se plaignent là aussi du manque de main-d'œuvre, c'est essentiellement en raison de la concurrence exercée par ces activités annexes au détriment de l'emploi agricole[9]. Un exemple symétriquement inverse serait fourni par les pays de la Garonne, où la dépopulation provient non seulement d'une sévère restriction de la fécondité, mais des départs engendrés par la disparition des nombreux petits métiers qui jusqu'alors accompagnaient la micro-propriété et le salariat, et les rendaient viables[10].

Individu, familles, migration

L'enquête de 1866 permet aussi de mieux saisir le profil personnel et familial du migrant. Part-on individuellement ou en famille ? Les migrants sont-ils plutôt des garçons ou des filles ? Et de quel âge ? Une réponse majoritaire se dessine nettement : ce sont surtout des jeunes qui partent, et assez peu des ménages, bien que la proportion de ceux-ci soit en augmentation dans les quelques années

---

9   Le manque de bras « vient ici de ce que le tiers ou la moitié des ouvriers des campagnes, tout en restant à la campagne, font du tissage et ne travaillent plus à la terre comme ils le faisaient autrefois pendant la moisson ». Effets similaires en Eure-et-Loir, à cause des « petits métiers industriels, tels que la confection de gants, résilles, bottines, etc., qui, dans certaines localités, occupent les femmes et les filles ».

10   DEFFONTAINES Pierre, *Les hommes et leurs travaux dans les pays de la Moyenne Garonne (Agenais, Bas-Quercy)*, Lille, SILIC, 1932.

qui précèdent l'enquête. Naturellement la source est incomplète, car elle ne considère que les départs eux-mêmes et non pas l'ensemble du processus : ainsi, les constats présentés ici ne préjugent pas de l'existence de réseaux d'accueil et de solidarité sur lesquels le migrant peut compter pour son intégration dans un univers lointain. Ils se bornent à observer que c'est rarement une famille entière qui décide d'aller s'installer en ville.

Parmi ces jeunes qui constituent le gros bataillon de la migration, on trouve davantage de garçons que de filles. Mais en réalité, ce rapport garçons/filles est assez variable selon les régions. La proportion dépend d'abord de la plus ou moins grande proximité des villes, car une majorité de filles se placent dans la domesticité. Elle dépend aussi de la présence ou de l'absence de traditions antérieures de migration temporaire : ainsi, dans nombre de régions de montagne, ce sont essentiellement des jeunes hommes qui partent, les femmes et les filles étant dans ces sociétés les personnes les plus liées au travail agricole, à la maison, et ainsi au comportement de sédentarité.

Mais l'inverse peut s'observer ailleurs, certaines campagnes connaissant un départ massif de filles jeunes[11]. On remarquera surtout que de façon plus générale, en ce milieu du XIXe siècle, les témoignages démontrent l'existence d'un tournant radical dans le rapport entre travail féminin et agriculture. On mentionne souvent que les femmes ne veulent plus travailler la terre – non seulement dans le cadre du salariat, mais même au sein des familles de petits et moyens propriétaires[12]. Les femmes sont de plus en plus attirées par les travaux d'aiguille et l'ensemble de leurs dérivés ; elles exercent parfois cette activité à l'intérieur même des campagnes, mais cela induit souvent des migrations vers la ville, soit tout de suite soit à terme.

Le développement des migrations s'accompagne, par ailleurs, de changements dans les rapports familiaux (sans qu'on puisse d'ailleurs toujours déterminer quelle est la cause et la conséquence). Plusieurs témoignages mentionnent

---

11 C'est le cas par exemple dans la Somme, où les témoignages sont nombreux à souligner la prépondérance des filles dans la migration, en raison des nombreuses places de domestiques qu'offrent les villes de la région.

12 De tels témoignages émanent de nombre de régions, aussi bien par exemple des Basses-Pyrénées où « le travail des femmes [aux champs] tend à disparaître complètement », que de la Normandie (Calvados), « où on ne veut plus être fille de basse-cour » : les filles « se tournent vers l'état de blanchisseuse, couturière, dentellière, cuisinière », et dès leur première communion accomplie « se sauvent en apprentissage ».

que les familles sont «aujourd'hui moins unies». Cela peut être favorisé par le développement du travail temporaire dans les chantiers de travaux publics, qui contribue à distendre les liens familiaux, à introduire de nouvelles habitudes, et constitue ainsi souvent une première étape vers le départ définitif hors de la région[13].

Une modification des comportements familiaux, avec des conséquences démographiques, est aussi liée au service militaire. A la différence des conscrits qui doivent rester sept ans en garnison, ceux des jeunes gens appelés comme «réservistes» reviennent généralement au pays et au travail des champs, après une courte période d'instruction. Toutefois, pendant la même durée que les soldats d'active, il leur est interdit de contracter mariage. D'un point de vue démographique, il en résulte non seulement un retard de l'âge au mariage, mais un développement important des naissances illégitimes[14].

Le constat du «relâchement» des liens familiaux signifie surtout, dans beaucoup de témoignages, qu'on ne peut plus retenir les enfants auprès des parents jusqu'à un âge avancé, leur autonomisation étant devenue plus précoce. Une exception concerne cependant encore certaines des régions de métayage, système dont on sait qu'il repose sur de grosses équipes de travail composées essentiellement de main-d'œuvre familiale. La natalité reste élevée, dans ce milieu. En dépit de cela l'émigration demeure limitée, et on fait remarquer que la symbiose familiale et l'autorité paternelle y assurent plus d'union et de stabilité. Ce n'est d'ailleurs pas un hasard si beaucoup de grands propriétaires du Sud-Ouest abandonnent à cette époque la gestion directe de leurs terres (avec embauche de salariés), pour les transformer en métairies.

Pourtant, même dans les régions «classiques» du métayage, certains témoignages discordants montrent que là aussi des évolutions se font jour. Des allusions à une famille moins solidaire peuvent se trouver dans l'Allier, dans les

---

13 En Haute-Loire (Brioude), on remarque que cette embauche des jeunes gens, précédant souvent l'âge de 21 ans, a «pour effet de leur faire perdre l'habitude de la vie des champs, d'annihiler chez eux le sentiment de la famille et de les démoraliser». Ils sont alors souvent perdus pour l'agriculture. «Retenus dans leur famille, ils seraient à même de se marier plus jeunes: ce serait un frein apporté à l'émigration».

14 «Chaque année on est amené à déplorer l'impossibilité où se trouvent des jeunes gens de réparer leur faute, et d'arracher à la honte ou au désespoir celles qui en ont été les complices» (Basses-Pyrénées).

Landes, en Dordogne. Même en Vendée, il arrive qu'on parle de familles qui « se divisent plus facilement », ce qui remet en cause la cohabitation traditionnelle : « Tandis qu'on rencontrait autrefois, sur beaucoup d'exploitations, des communautés de cultivateurs, dans lesquelles les enfants restaient même après leur mariage, aujourd'hui les familles sont moins unies et les enfants se séparent, d'ordinaire, à l'époque de leur établissement ». Il y est cependant moins question de migrations lointaines, que de départs plus précoces hors de la famille pour une partie des jeunes, notamment pour se placer en domesticité au bourg ou dans les campagnes proches.

Ces changements dans les rapports entre famille et migration, de même que les évolutions constatées dans la forme même des mobilités, leurs nuances régionales et sociales, leur rapport au marché du travail, posent finalement la question de la nature exacte des réalités sur lesquelles l'enquête de 1866 peut porter témoignage. Mais cette question vaut aussi bien pour toute autre analyse des migrations portant en France sur le XIXᵉ siècle. Doit-on voir dans les phénomènes alors observés le modèle de mobilités qui nous paraissent déjà si anciennes qu'elles pourraient en devenir révélatrices sur la société rurale dite « traditionnelle », ses facteurs d'enracinement ou de dynamique ? Ou doit-on souligner au contraire la rupture que représente cette période, et le caractère résolument nouveau des types de migration qui se mettent alors en place ? De toute façon, l'univers sur lequel l'enquête de 1866 porte témoignage nous paraît être de l'ordre de la transition, de la mutation. Comme tout autre, ce document se situe à un point précis de l'histoire. C'est précisément ce qui en fait l'intérêt.

Migrations, familles et marchés dans la France des années 1848-1914

Quelques éléments de réflexion

NADINE VIVIER

Le sujet des migrations au sein de la population française du XIXe siècle a fait l'objet d'une abondante production depuis un quart de siècle, il est même devenu récemment un enjeu de débats passionnés[1]. Alors pourquoi reprendre ce thème, pouvons-nous faire œuvre novatrice si nous ne dépouillons pas un nouveau et abondant corpus?

Notre but est seulement de répondre au programme du colloque en reprenant les études que nous avons mises en chantier durant les deux années précédentes, sur les modes de transmission et le marché foncier, en les retravaillant pour y ajouter les interrogations sur deux nouveaux facteurs, les migrations et le marché de la main-d'œuvre. Il s'agit donc, à la lueur de quelques cas régionaux, d'apporter quelques éléments de réflexion à ce débat. Nous essaierons, à partir de nos études de cas – en particulier la Bretagne – de voir ce qui peut motiver la migration ou, au contraire, en dissuader, en nous penchant successivement sur les modes de transmission et sur le marché du travail. Pour cela, nous nous appuierons sur des sources qui jalonnent la seconde moitié du siècle, à côté des nombreux ouvrages produits par les contemporains tout au long de la période : l'enquête parlementaire sur le travail agricole et industriel décrétée par

---

1 Principales publications : depuis l'*Histoire de la France rurale*, t. 3, Paris, Seuil, 1976 ; HUB-SCHER Ronald dans Lequin Yves (sous la dir. de), *Histoire des Français, XIXe- XXe siècles*, t. 2, Paris, A. Colin, 1983 ; POUSSOU Jean-Pierre, COURGEAU Daniel, DUPÂQUIER Jacques, dans *Histoire de la population française*, t. 3, Paris, PUF, 1988 ; ROSENTAL Paul-André, *Les sentiers invisibles. Espaces, familles et migrations dans la France du XIXe siècle*, Paris, EHESS, 1999 ; POUSSOU Jean-Pierre, « L'enracinement est le caractère dominant de la société rurale française d'autrefois », in *Histoire, économie et sociétés*, 1 (2002), pp. 97-108 ; DUPÂQUIER Jacques, « Sédentarité et mobilité dans l'ancienne société rurale », in *Histoire et sociétés rurales*, 18, (2002) 2, pp. 121-136.

l'Assemblée constituante le 25 mai 1848 et réalisée cette même année ; l'enquête agricole lancée par le gouvernement en 1866 ; enfin, pour la période allant des années 1880 au début du XXe siècle, la grande étude menée par J.-C. Farcy et A. Faure sur les archives militaires[2]. Les listes de tirage au sort des conscrits de 20 ans donnent le lieu de naissance, l'adresse des parents et celle du conscrit, son degré d'instruction, sa taille ainsi que son métier. Ensuite, les registres matricules suivent tous les hommes déclarés aptes au service jusqu'à l'âge de leur démobilisation, à 45 ans : ils inscrivent toutes les adresses successives. A partir de ces archives, Jean-Claude Farcy et Alain Faure ont voulu connaître la mobilité des populations vers la capitale : ils ont choisi un échantillon de la classe 1880, suivi jusqu'à la démobilisation en 1906. L'échantillon retenu prend en compte exhaustivement les conscrits de dix départements, les plus gros pourvoyeurs d'émigrants vers Paris, de façon à avoir une proportion représentative, soit le quart des provinciaux de naissance présents à Paris. Leur étude de mobilité porte au total sur 36 429 provinciaux et 8 311 Parisiens.

Migrations et modes de transmission

La pratique successorale peut-elle être un facteur incitatif au départ, ou au contraire dissuasif ? Voici le bilan de quelques données obtenues par les études régionales.

Dans le cas des sociétés pyrénéennes qui font un héritier pour assurer la continuité des maisons-souches, étudiées de façon approfondie par A. Fauve-Chamoux, R. Bonnain et M.-P. Arrizabalaga, il semble bien que ce système soit indissociable de la migration, les cadets n'ayant guère de perspective s'ils restent sur place. Cette stratégie familiale ancienne inquiète les autorités qui voudraient que plus de terres soient mises en valeur. Le préfet Troplong essaie de convaincre : « Pourquoi donc chercher bien loin cette richesse enfouie que nous avons sous la main et qui ne demande qu'à surgir du sol. L'émigration

2 FARCY Jean-Claude, FAURE Alain, *La mobilité d'une génération de Français. Recherche sur les migrations et les déménagements vers et dans Paris à la fin du XIXe siècle*, Paris, INED, 2003.

3 Discours du préfet des Basses-Pyrénées au concours tenu à Vac par le comice de Tarbes, 14 septembre 1862, cité dans le *Journal d'agriculture pratique*, t. 2, 1862, p. 391.

de nos travailleurs dans les pays étrangers ou vers les centres industriels est un mal dont il faut se préoccuper »[3].

Autre région où la pratique successorale favorise un seul héritier, le Limousin connaît aussi une très forte migration. Phénomène considéré comme un exutoire indispensable, en 1848 par le canton de Meymac[4] :

> Tant que l'état actuel ne sera pas modifié, tant que le pays ne produira que pour sa propre consommation, l'émigration des ouvriers sera un bien pour le canton puisqu'ils n'émigrent que pendant la saison d'hiver et qu'à leur retour, ils apportent dans le pays les économies qu'ils ont faites au dehors.

Ces mouvements bien connus mènent les Limousins vers Lyon et Paris, et encore en 1880, le plateau de Millevaches atteint des taux de départs record, 81% des recrues ont quitté leur département[5]. Mais si on considère la mobilité locale des seuls exploitants agricoles, celle-ci est bien plus faible que la moyenne (moins de 8%). La mobilité prend ici d'emblée la forme de l'émigration.

Des traits similaires se retrouvent dans les vallées du Briançonnais et du Queyras bien qu'ici la transmission des biens soit égalitaire ; il y existait la même tradition de migrations lointaines à travers l'Europe ou vers l'Amérique latine[6].

Si nous nous tournons maintenant vers d'autres régions de partage égalitaire strict, l'émigration frappe tout autant les esprits. Dans la Sarthe en 1866, ce sont « les célibataires des deux sexes, c'est-à-dire la jeunesse et la force même des populations qui émigrent, les hommes pour 6/10e et les filles pour 3/10e »[7]. Dans la Somme les cantons déplorent une perte de 5 à 20% des hommes et de 2 à 10% des femmes[8]. L'étude des conscrits de la classe 1880 donne des précisions sur leur comportement. L'Orne et l'Eure-et-Loir, départements de partage très égalitaire, combinent une forte émigration (environ 40%) avec une mobilité locale assez élevée aussi (près de 30%). Mais les exploitants agricoles qui restent au pays ont une mobilité locale plus réduite que celle des salariés agricoles (en

---

4   Archives Nationales (A. N.), C 949.
5   Voir en particulier CORBIN Alain, *Archaïsme et modernité en Limousin au XIXe siècle*, Paris, M. Rivière, 1975, ch. III, et FARCY Jean-Claude, FAURE Alain, *La mobilité, op. cit.*, pp. 60-65 et chap. IV.
6   VIVIER Nadine, *Le Briançonnais rural aux XVIIIe et XIXe siècles*, Paris, L'Harmattan, 1992.
7   *Enquête agricole* de 1866, 2e circonscription, rapport de M. Migneret, p. 170.
8   *Ibid.*, 4e circ., pp. 30-31.

Eure-et-Loir environ 60% pour ces derniers alors qu'elle est de 34% pour les exploitants, et cela fait partie de l'apprentissage). Le taux de départs grimpe jusqu'à 40% dans le Perche.

Le cas de la Bretagne peut-il nous apporter d'autres éléments de réflexion? Nous avons mis à jour, à partir des dépositions de l'enquête de 1866, une séparation entre deux attitudes en Bretagne[9]. Partout le partage de la succession est égalitaire, mais selon deux modalités. Tandis qu'en Ille-et-Vilaine, dans les Côtes du Nord et le nord du Finistère, on partage également toutes les terres, on préfère laisser ce patrimoine foncier dans les mains d'un seul qui doit dédommager ses frères et sœurs en leur payant une soulte dans le sud du Finistère et une partie du Morbihan. On pourrait penser que donner à certains l'héritage en argent pourrait les inciter à partir, contrairement à l'autre modalité. Toutefois, nous ne savons ni quand ni à quel rythme cet argent est versé.

L'enquête de 1866, particulièrement méticuleuse pour les départements bretons ne nous apporte aucune confirmation de ces hypothèses. La plupart des cantons se désolent du manque de main-d'œuvre et jugent que l'émigration a pris «des proportions énormes» ou «effrayantes», «étonnantes». Le nombre de propriétaires est stable, les familles sont toujours aussi nombreuses, mais la culture exige plus de main-d'œuvre et les jeunes partent vers la ville. Dès 1848, la réponse argumentée du canton de Brest montre combien la ville attire les jeunes des campagnes[10]. En 1869, un rapport montre la rareté des bras aux environs des villes de Vannes, Lorient, Ploërmel[11]. Toutefois, les réponses à l'enquête de 1866 apportent des nuances; quelques cantons se plaignent moins que d'autres, estiment même que leur main-d'œuvre est suffisante: le canton de Pont l'Abbé qui partage également tout le patrimoine foncier, et celui de Quimperlé qui le laisse entre les mains d'un seul. De même dans le Morbihan, deux cantons qui pratiquent la transmission du foncier à un seul ont des réponses opposées:

---

9   Cf. la carte publiée dans Vivier Nadine, «La transmission des biens ruraux en Bretagne au XIXᵉ siècle», in Béaur Gérard, Dessureault Christian, Goy Joseph (sous la dir. de), *Familles, Terre, Marchés. Logiques économiques et stratégies dans les milieux ruraux (XVIIᵉ-XXᵉ siècles)*, Rennes, PUR, 2004, pp. 63-75.

10 A. N., C 952.

11 Rapport du concours agricole dans le Morbihan en 1869, *La terre récompensée, les primes d'honneur, prix et médailles agricoles en France de 1857 à 1895*, Educagri, CD-Rom, 2002.

Locminé a une main-d'œuvre suffisante alors que Guéméné en manque. Une carte retranscrivant ces appréciations sur la disponibilité de la main-d'œuvre ne montre aucune corrélation avec la carte des modes de transmission. Aucun des déposants dans l'enquête de 1866 n'établit de lien entre mode de transmission et départs. A la question 32 sur l'influence du statut de propriétaire, beaucoup ne répondent pas, les autres sont catégoriques : «l'insuffisance des ouvriers agricoles ne provient pas du fait que certains sont devenus propriétaires car le nombre des petits propriétaires n'a pas sensiblement augmenté»[12].

Dernier exemple à considérer en Bretagne, celui du sud des Côtes-du-Nord. A la fin du siècle, Alexandre de Brandt donnait beaucoup d'importance à la pratique du canton de Mûr, pour une transmission intégrale ou une «continuation de la communauté entre les héritiers». Les cartes établies par Jean-Claude Farcy à partir des registres de conscription permettent de voir si ce canton se distingue des autres. L'originalité de ce canton, toujours fortement peuplé en 1880, à l'activité rurale, c'est plutôt sa pauvreté, plus marquée que sur la zone littorale, les recrues sont de petite taille et souvent analphabètes. La mobilité locale est plus réduite que la moyenne départementale : 55 à 60% des recrues n'ayant pas quitté le département restent enracinées dans leur canton d'origine[13], mais les émigrants sont nombreux : 55% de la classe d'âge est partie, et compte tenu des retours, ce sont 30% des recrues qui sont parties définitivement, même taux que dans les cantons voisins.

A quelles conclusions nous mènent tous ces exemples : les modes de transmission influent-ils sur les migrations? L'exemple de la Bretagne semble confirmer les conclusions de deux études récentes obtenues par des méthodes différentes[14]. Les pratiques successorales, tout comme les modes de faire valoir, la taille des propriétés et celle des exploitations (mais comment faire la part de chacun?) influent sur la mobilité locale des jeunes. Lorsqu'ils ont une terre à exploiter, les jeunes font leur apprentissage dans une autre exploitation comme domestiques, ce qui explique leur forte mobilité locale (dans le canton et ceux

---

12 *Enquête agricole*, t. II, 3, p. 30.
13 Farcy Jean-Claude, Faure Alain, *La mobilité, op. cit.*, carte 132.
14 Celles de Farcy Jean-Claude, Faure Alain, *La mobilité, op. cit.*, et de Bourdieu Jérôme, Postel-Vinay Gilles, Rosental Paul-André, Suwa-Eisenmann Akiko, «Migrations, transmissions inter-générationnelles dans la France du XIXe siècle et du début du XXe siècle», in *Annales H. S. S.*, (2000) no. 4, pp. 749-789.

alentour) jusqu'à 30-35 ans, après quoi ils se stabilisent sur leur terre[15]. Mais au-delà, il semble bien que le mode de transmission, quel qu'il soit, ne dissuade pas de partir. Pour J. Bourdieu, G. Postel-Vinay, P.-A. Rosental et A. Suwa-Eisenmann qui « étudient la transmission patrimoniale comme condition per-missive ou non de la migration », « la richesse n'est pas discriminante. Pauvres et riches vont vers Paris. Le rôle de la richesse n'est discriminant que pour les migrations entre 30 et 60 km, plus fréquentes chez les riches »[16].

Migrations et marché du travail

L'enquête agricole de 1866 s'interroge sur les causes du manque de main-d'œuvre et les déposants identifient souvent les mêmes. La société impériale et centrale d'agriculture de France incrimine la construction des chemins de fer, le développement des travaux de bâtiments dans les villes, l'accroissement des contingents militaires, la concurrence de l'industrie, l'achat d'un lopin de terre[17]. Le rapport de M. de Lavenay qui reprend les idées des déposants du Morbihan aboutit à des conclusions presque identiques. Parmi les causes du manque de main-d'œuvre il y a :

1. les travaux des villes
2. les exigences du contingent militaire
3. la rétribution moins élevée du travail dans les campagnes et surtout son manque d'uniformité en toutes saisons
4. absence d'établissement d'assistance publique dans les campagnes
5. besoins de bien-être et de luxe pour quelques-uns.

Reprenons ces causes en étudiant d'abord le marché du travail rural puis celui des villes.

---

15 Voir FARCY Jean-Claude, *La Mobilité, op. cit.,* p. 184.
16 BOURDIEU Jérôme, POSTEL-VINAY Gilles, ROSENTAL Paul-André, SUWA-EISENMANN Akiko, « Migrations, transmissions inter-générationnelles », art. cit., p. 773.
17 *Enquête agricole,* t. 1, pp. 89-105.

Marché du travail rural

Selon les synthèses classiques, les mouvements migratoires sont faibles au début du XIXᵉ siècle. Les campagnes connaissent une forte croissance démographique et elles trouvent leurs ressources dans l'activité agricole autant qu'industrielle. Bien qu'il faille introduire des nuances régionales, ces études montrent que globalement au cours des années 1850-60, un grand nombre de ruraux partent vers la ville, chassés par la ruine des activités artisanales, du textile en particulier, et par l'introduction des machines, au moment où les grandes villes cherchent des bras. Ensuite, à partir des années 1880, la baisse des prix agricoles durant la grande dépression, l'introduction de nouvelles machines agricoles justifieraient une nouvelle vague de migrations. Ces schémas classiques ont tendance à minimiser les besoins en main-d'œuvre des campagnes, alors que c'était la préoccupation dominante des années 1860-80.

En fait, pour apprécier le marché du travail rural, il est indispensable de prendre en compte l'évolution à la fois dans le temps et dans l'espace. Dans les années 1840, la charge démographique s'est accrue : certains y voient la conséquence de l'importante activité des industries rurales, de l'allégement des charges paysannes après la Révolution et du maintien des usages collectifs. Emettons toutefois des réserves sur ce dernier point : si la vaine pâture se maintient, comme élément constitutif du système agraire et bénéficie à tous, riches et pauvres, l'apport du pâturage sur les communaux est très maigre, excepté sur les alpages, et il ne faut pas oublier que les principaux droits d'usage s'exerçaient en forêt ; or depuis 1827, le code forestier les a restreints de façon draconienne. Tout au plus ont-ils pu faire préférer pendant quelques temps cette vie pénible à l'aventure de l'émigration. Il est certain que la population est trop importante pour le travail à fournir dans les régions d'agriculture pauvre. C'est le leitmotiv des régions de montagne. « Il n'existe aucun moyen d'arrêter l'émigration vers les villes ni d'appliquer aux travaux des champs les bras inoccupés, le terrain étant trop étroit. L'augmentation de la population n'est point proportionnée à l'étendue du sol » écrit le canton de Briançon[18]. Ou encore à Villefort : « Dans la Lozère, comme dans beaucoup d'autres pays, les travailleurs vont chercher dans les villes la vie que leur donne avec peine le travail ingrat des campagnes ; le manque de travail et les besoins qui se font sentir pour soutenir une nom-

18 A.N., C 944.

breuse famille les forcent à quitter le pays »[19]. En 1848, les réponses à l'enquête parlementaire sont divergentes : si presque tous constatent les départs vers la ville, d'autant plus que viennent de s'écouler deux années de mauvaises récoltes puis de crise industrielle, les régions de montagne s'en félicitent alors que celles qui ont une agriculture plus intensive le déplorent. Ces bras leur font défaut, et elles l'expliquent par les temps mort de l'hiver. La commission du canton de Sarreguemines remarque que

> le travailleur rural, le journalier ne trouve pas d'occupation pendant tout le cours de l'an-
> née ; pendant six mois environ, les travaux agricoles emploient tous les bras, souvent même
> ils en manquent, pendant les six autres mois, au contraire les travailleurs ne trouvant plus
> d'occupation, c'est alors qu'ils se dirigent vers les grandes villes où souvent ils restent quand
> ils ont trouvé un salaire plus grand pour un travail moins rude[20].

Cette idée est communément admise. Lorsque Dufournel l'exprime devant l'assemblée législative en 1849, nul ne la discute[21].

La situation change au cours des années 1850, dès le retour de la prospérité. Dans les régions de montagne, les handicaps s'amplifient irrémédiablement : décote des céréales secondaires, impossibilité de produire du blé, restrictions au pâturage en forêt, difficulté des transports alors que le réseau ferré se développe en plaine. Tout concourt à une reconversion de l'économie des montagnes qui ne peuvent plus supporter une importante charge démographique. A l'inverse, les régions fertiles connaissent de nets progrès agricoles : les surfaces mises en culture augmentent, les méthodes culturales s'intensifient. Les besoins en main-d'œuvre croissent, en particulier pour le binage et le sarclage. Or au même moment, les travaux des routes, des chemins de fer, des villes appellent les bras. La décennie 1860-70 est celle d'une pénurie de main-d'œuvre dans les campagnes, sur laquelle se lamentent à l'envi les déposants de l'enquête de 1866. Pénurie qui provoque une importante hausse des salaires agricoles. Dans la Sarthe, le nombre de journaliers et ouvriers agricoles tombe de moitié, de 95 311 en 1856 à 58 326 en 1866 tandis que les salaires doublent[22]. Conscients

---

19 A. N., C 957.
20 A. N., C 960. Voir aussi CHARON-BORDAS Jeannine, *Ouvriers et paysans au milieu du XIXe siècle. L'enquête de 1848 sur le travail*, Paris, Publisud, 1994, en particulier pp. 118-123.
21 DUFOURNEL Adolphe-Adéodat, *Proposition sur la mise en culture d'une partie des terrains communaux*, présentée le 16 juillet 1849, Paris, Impr. Nationale, 1849, p. 3.
22 *Enquête agricole* de 1866, t. II, 2, p. 170.

de cette nouvelle donne sur le marché du travail, les salariés agricoles sont plus exigeants, moins dociles. L'importante demande des fermes en main-d'œuvre pendant l'été reste insatisfaite, et doit être complétée par le recours aux machines, machine à battre d'abord (le tarare). Les avis sont unanimes, les machines n'ont pas retiré de travail, c'est exactement l'inverse. Par exemple, en Alsace où domine la petite propriété, « la prospérité agricole s'est développée en même temps que la propriété se divisait ». Les salaires ont augmenté de 35 à 40% depuis trente ans, et « malgré l'arrivée de bandes de faucheurs et moissonneurs lorrains, malgré la surabondance de la population rurale, les fermiers souffrent de la rareté des travailleurs », aussi le rapporteur « appelle au développement de la mécanisation, comme l'a fait l'industrie »[23]. En Seine-et-Oise, « l'emploi des machines, est encore peu répandu. Les machines à battre elles-mêmes, les seules qui se soient vulgarisées, n'ont été adoptées que par suite de la disparition de plus en plus marquée des hommes qui consentaient à faire le dur métier de batteur en grange. Elles sont l'effet et non la cause »[24]. Les renseignements pris à l'étranger viennent étayer ces jugements catégoriques, en particulier le cas de l'Ecosse, pionnière dans l'introduction des machines :

L'introduction des machines en Ecosse a eu pour effet d'augmenter le nombre des personnes employées à la culture du sol, plutôt que de le diminuer; elle n'a pas été non plus sans aider à l'amélioration des salaires, en abaissant les prix de revient et laissant ainsi une plus grande somme de bénéfices à répartir entre les fermiers et les ouvriers. Les machines ont donc été bien accueillies par les ouvriers[25].

Il faudrait certes s'interroger sur le cas de l'Ecosse, mais ce qui est important ici est ce consensus sur le recours aux machines comme palliatif.

Cette pénurie de main-d'œuvre se poursuit jusqu'à la fin du siècle et donne lieu à de nombreuses publications qui se penchent sur « la désertion des campagnes »[26]. Il est vrai qu'elle est flagrante et justifie que le ministère de l'Agriculture fasse procéder à une « enquête générale sur la situation des salariés agricoles » en 1912.

---

23 *Ibid.*, t. II, 13, rapport d'Eugène Tisserand, p. 64, 73 et 79.
24 *Ibid.*, t. II, 6, p. 17. On pourrait encore citer le rapport tout aussi net du vicomte du Miral, t. II, 10, p. 7.
25 *Ibid.*, t. IV, 1, p. 113.
26 SOUCHON Auguste, *La crise de la main-d'œuvre agricole en France*, Paris, A. Rousseau, 1914.

Tableau 1. Résultats de l'enquête agricole décennale

	1862	1882	1892
Journaliers propriétaires	1 134 490	727 374	588 950
Journaliers non propriétaires	879 254	753 313	621 131

Source: SOUCHON Auguste, *La crise, op. cit.* A partir des tableaux de l'enquête agricole décennale de 1892, pp. 248-249.

Les départs des migrants se justifient donc pas moins par le manque de travail que par son irrégularité et sa faible attractivité. Bien que les salaires aient augmenté du tiers à la moitié en vingt ans, ils sont plus faibles qu'en ville et surtout, irréguliers pour un travail plus dur.

L'attrait de la ville

Dès les années 1840, les grands travaux des chemins de fer et des villes exigent une abondante main-d'œuvre. Après la crise du milieu du siècle, ils reprennent avec une intensité accrue. Les salaires s'envolent alors. S'ils peuvent atteindre 1 franc 50 pour un journalier agricole durant les travaux d'été, ils dépassent souvent deux francs sur les chantiers urbains. Ce qui apparaît encore plus attractif, c'est la facilité de vie, qu'elle soit présentée objectivement ou bien avec un jugement de valeur dépréciatif à l'encontre de ces gens qui se laissent aller à la facilité. Assez révélateur d'une vision parfois simpliste est la diatribe du rapporteur sur le département de la Meurthe en 1866: «Ainsi tout le monde demande que, loin de chercher à attirer la population à Paris, par d'immenses travaux, par des fêtes somptueuses et même par des trains de plaisir, multipliés à tout propos, le gouvernement s'attache à modérer cette émigration de la population rurale vers nos villes»[27].

Plus objectif est le fait maintes fois souligné de secours aux pauvres organisés dans les villes, mais quasiment pas à la campagne où l'infériorité de l'assistance est notoire. Seul un quart des communes possèdent un bureau de bienfaisance

---

27 *Enquête agricole,* t. II, 12, p. 46.

en 1847, et elles sont presque toutes urbaines[28]. Bien que la politique sociale du Second Empire ait porté ses efforts sur la création de bureaux de bienfaisance et sur l'assistance médicale, ceci se met très lentement en place dans les campagnes où l'essentiel reste du ressort de la charité privée.

Qu'en est-il du rôle joué par le service militaire, si souvent incriminé comme faisant découvrir au jeune homme la vie urbaine? En fait, on peut penser plutôt qu'il y a coïncidence entre le temps de la migration et celui du service. Jean-Claude Farcy ayant comparé les résidences des appelés (5 ans de service), celle des exemptés et de ceux qui ne font qu'un an de service, en conclut: «il y a un point commun évident aux trois positions militaires observées: service ou pas, et quelle que soit la durée de ce dernier, l'émigration se fait toujours à un âge jeune, les départs se raréfiant après la trentaine pour devenir insignifiants après quarante ans»[29]. L'accusation portée par les contemporains révèle surtout les réticences quasi unanimes à l'encontre du service militaire.

Les accusations contre l'école qui détournerait elle aussi des travaux des champs sont plus discrètes et mitigées. Pour la génération des conscrits de 1880,

> plus le niveau d'instruction est élevé, plus les jeunes partent précocement pour la ville, et cela est d'autant plus vrai que le brevet ou le baccalauréat rendaient nécessaire un déplacement pour aller au collège ou au lycée … Pour ceux qui ne savent ni lire ni écrire, l'âge moyen pour quitter la région se situe à 27,6 ans et seulement 13,8% des émigrés analphabètes sont déjà partis à 20 ans[30].

Ce qui est certain, c'est que se dessine nettement une évolution, dont la chronologie précise varie selon la région. Dans les premiers temps des fortes migrations, dans les années 1840-50, ce fut surtout une émigration de la misère: les plus pauvres, journaliers sans terre ou mendiants sont partis vers la ville. Puis, progressivement ont prévalu les départs d'une population plus aisée, à la recherche d'une promotion sociale. C'est le cas dans les années 1880 où beaucoup recherchent les postes stables d'employés ou de fonctionnaires[31].

---

28 Baron de WATTEVILLE, *Rapport à S. E. le ministre de l'Intérieur sur l'administration des bureaux de bienfaisance*, 1854, p. 5.

29 FARCY Jean-Claude, FAURE Alain, *La mobilité, op. cit.*, pp. 286-287.

30 *Ibid.*, p. 289.

31 Cf. DÉSERT Gabriel, «Aperçu de l'exode rural en Basse-Normandie à la fin du XIXᵉ siècle», in *Revue historique*, (1973), pp. 107-118.

Les craintes devant « la désertion des campagnes »

Durant la seconde moitié du XIXe siècle où le mouvement migratoire prend des proportions inconnues jusqu'ici, les craintes se développent. La désertion est dénoncée de façon nuancée en 1848 où certains en montrent les aspects positifs (exutoire indispensable pour fournir un travail, parfois départ de mauvais éléments). Mais l'inquiétude pointe déjà et ne fera que s'amplifier au cours des décennies suivantes. « L'émigration de la campagne vers la ville, l'un des plus grands maux de la position agricole en France »[32] lui fait perdre ses forces vives. Plus grave encore, les notables craignent cet afflux dans les villes de déracinés qu'ils estiment dangereux, ils voient dans la migration l'école du crime[33]. Ils rêvent souvent d'un temps où les positions sociales changeaient moins vite, où la leur était prééminente. C'est pourquoi bon nombre d'écrits conservateurs de la fin du siècle donnent une vision de ruraux ignorants et arc-boutés dans leur tradition face à des notables seuls acteurs du progrès : c'est leur façon de magnifier le rôle des notables dont l'influence sociale s'est effritée.

Les plus lucides se démarquent des discours passéistes et se rendent à l'évidence : les migrations sont motivées par l'attrait de la ville. Eclairante à cet égard est l'introduction de l'ouvrage écrit par un professeur départemental d'agriculture en 1907[34] :

> Michelet disait : « Chez nous, l'homme et la Terre se tiennent et ils ne se quitteront pas ; il y a entre eux un légitime mariage, à la vie, à la mort. » Hélas le divorce s'est produit, et pour que l'amour du sol si profondément ancré dans le cœur de nos paysans n'ait pas pu les retenir au village, il a fallu de bien puissants motifs à tous ces déracinés. [...] Marx l'attribuait à la surpopulation relative des campagnes à certaines époques de l'année : nous verrons que, pour notre région, le chômage agricole est inconnu et n'a pu le déterminer. Le poète belge Verhaeren est le plus près de la vérité, lorsqu'il nous montre les villes tentaculaires attirant, par leurs séductions et leurs mirages, les hommes de nos campagnes hallucinés. Son compatriote Vandervelde en accuse la décadence de la petite propriété, la suppression des biens communaux, le développement de la petite industrie coïncidant avec la crise agricole. Ces diverses raisons ont pour conséquences de créer une inégalité de situation du

---

32 A.N., C 948, Charente, canton de Cognac.

33 Sur ce sujet voir les développements de FARCY Jean-Claude, FAURE Alain, *La mobilité, op. cit.,* ch. 14, qui infirment.

34 LEROUX Th[éotime], GAUD Auguste, *Nos ouvriers agricoles. Rapports présentés à la Société des Agriculteurs et au syndicat de Défense agricole de l'Oise,* Beauvais, 1907, 99 p.

travailleur des champs et de celui des villes, et c'est bien là que réside en effet, la véritable cause de la dépopulation des campagnes. [...] ses fils continueront leur exode jusqu'au jour où nos campagnes se feront plus accueillantes, où plus de sécurité, de bien être et de gaîté s'installeront au foyer du travailleur.

Cette force de séduction de la ville relègue loin en arrière les autres facteurs de migrations, et elle nous conduit à poser encore deux questions sur le sujet qui nous retenait ici, les liens entre migrations, marché du travail, et mode de transmission. Le marché du travail urbain justifie de nombreuses migrations car il offre des emplois mieux rétribués et plus stables. Mais le plus important réside-t-il dans ces termes économiques objectifs? L'image subjective du statut social, du prestige du «monsieur» ou de la «dame» de la ville, mieux habillé, aux mains plus blanches, n'est-elle pas encore plus motivante?

On peut enfin se demander s'il s'agit d'une stratégie familiale ou bien individuelle. P.-A. Rosental[35] a privilégié l'analyse de la famille, celle de la lignée. Mais ne faut-il pas introduire des nuances géographiques (les sociétés pyrénéennes donnent certainement une plus grande importance à la stratégie familiale que celles de la Sarthe qui privilégient l'individualisme) et des nuances chronologiques (le poids d'un choix familial peut-il rester aussi fort lorsque la moitié d'une classe d'âge décide de quitter le village)? La part du choix individuel s'accroît sans doute au cours de la seconde moitié du XIXe siècle: choix d'entrer dans la fonction publique, besoin de liberté, d'un moindre contrôle social en ville. Comment connaître le cheminement du projet d'avenir lors de la formation des jeunes?

---

35 ROSENTAL Paul-André, *Les sentiers invisibles, op. cit.*

Origines familiales, migrations et financements

Les Français et la ruée vers l'or de Californie (1849-1860)

ANNICK FOUCRIER

Les migrations sont généralement analysées comme des flux allant de marchés stagnants vers des marchés en expansion, de sociétés à niveau de vie bas vers des sociétés à niveau de vie élevé, de régions en crise vers des régions plus développées[1]. Si la dimension économique est bien établie dans les migrations internationales, on se préoccupe cependant bien peu de savoir comment le départ est financé, et ce qu'il advient des relations familiales une fois que le migrant a quitté la maison familiale. Apparemment perdus pour leur nation d'origine, les migrants internationaux sont encore souvent perçus comme des individus dont il s'agit de raconter l'itinéraire personnel pour autant qu'il explique leur assimilation, leur réussite ou leurs échecs. La famille (nucléaire) est mentionnée, mais dans un rôle secondaire : les femmes nourrissent la famille et suivent leur mari qui a tracé la voie. Dans les pays d'accueil, les chercheurs s'intéressent surtout aux manifestations d'identité et à l'assimilation des immigrants. Les bons immigrants dans cette perspective sont ceux qui s'acculturent rapidement, qui apprennent la langue et acquièrent la citoyenneté. Aussi l'existence d'enfants nés aux Etats-Unis, donc américains, est-elle utilisée pour expliquer pourquoi, malgré la nostalgie, les immigrants ne retournent pas dans leur pays d'origine une fois leur situation bien établie[2].

On se souvient qu'aux Etats-Unis la connaissance insuffisante du fonctionnement interne des familles asiatiques a conduit à sous-évaluer les effets des modifications apportées par la loi d'immigration de 1952 (qui supprimait

---

1   Voir les références bibliographiques dans ORIS Michel, «The history of migration as a chapter in the history of the European rural family: An overview», in *The History of the Family*, 8 (2003) no. 2, pp. 187-215.

2   Voir par exemple PORTES Alejandro, RUMBAUT Rubén G., *Immigrant America: A Portrait*, Berkeley, University of California Press, 2nd ed., 1996.

les distinctions raciales en vigueur depuis les lois des quotas des années 1920)
et par son amendement de 1965, sur les entrées d'immigrants asiatiques. Les
époux, ascendants et descendants mineurs des citoyens américains restaient
hors quotas, mais 75% des priorités dans l'attribution des visas allaient aux
autres membres de la famille des citoyens et résidents, ce qui lui a valu le surnom
de « loi des frères et sœurs » *(brothers and sisters act)*. Cette loi libérale, dont l'intention n'était pas de relancer l'immigration, mais de favoriser le regroupement
des familles américaines, a eu des conséquences que les législateurs n'avaient
pas prévues: elle a favorisé la mise en place de chaînes de migration appuyées
sur les relations familiales, largement utilisées par les immigrants asiatiques qui
n'étaient plus exclus par des limitations particulières[3]. Ainsi la prise en compte
d'un seul pôle de la migration, le pays d'accueil, limite-t-elle la compréhension
du phénomène.

N'y a-t-il donc pour les familles que le choix de financer le voyage, puis
d'attendre avant peut-être de rejoindre le migrant? Comment réinterpréter le
phénomène migratoire en plaçant la famille plus vers le centre de la réflexion?
Et de quelle famille parle-t-on ici? On quittera le cadre étroit de la famille
nucléaire (couple et enfants) pour englober trois générations, ascendants et
collatéraux. Selon les situations au départ, il peut s'agir des parents, enfants,
petits-enfants, ou des grands-parents, parents, enfants. L'objectif de la famille
est d'établir la génération suivante et de lui transmettre biens immobiliers,
biens mobiliers, argent, savoir-faire, relations, ce qui offre à celle-ci un éventail
de possibilités dont elle doit tirer profit pour établir une situation autant que
possible équivalente à celle des parents.

Au milieu du XIXe siècle, la promesse des richesses de la Californie semble
le moyen de réaliser cet idéal, malgré les difficultés, l'éloignement, le manque de
connaissances sur ce pays et le manque de moyens pour s'y rendre. Pourtant, la
ruée vers l'or continue à être racontée à partir de sources littéraires (témoignages
de voyageurs) comme un mouvement d'aventuriers poursuivant le mirage de
la richesse. Les personnages français emblématiques en seraient les révolution-
naires de 1848, les nobles déclassés par la révolution ou par leurs vices, et les
prostituées du pavé parisien[4], soit en réalité un très faible pourcentage de cette

---

3   FOUCRIER Annick, « La législation en matière d'immigration et l'image de l'immigrant aux
    Etats-Unis », in *Hérodote*, 85 (1997) no. 2, pp. 133-142.

population. Or, si les familles étaient encore minoritaires dans les premières années de la migration, elles n'en étaient cependant pas absentes, et leur rôle dans les départs et dans l'organisation d'une nouvelle société en Californie mérite d'être reconsidéré.

Quatre types de migration

Les chercheurs distinguent entre les migrations à courte distance et à longue distance, les migrations temporaires et les migrations définitives (bien que l'on ne puisse ainsi les définir qu'au décès du migrant), les migrations individuelles et les migrations collectives, les migrations causées par le *push* et celles provoquées par le *pull*.

La ruée vers l'or rassemble en quelques années des phénomènes qui se déroulent habituellement sur plusieurs décennies, ce qui permet d'en tirer une autre typologie. Le consul français à San Francisco, Patrice Dillon, le constate lorsqu'il écrit que les années 1850-1851 voient l'arrivée des compagnies, en 1852-53 ce sont les « lingots », en 1854 les femmes et les enfants. Cette année-là, ajoute-t-il, « le reflux se fait sentir et les départs dépassent le nombre d'arrivées »[5].

Les premiers départs sont des migrations de type traditionnel, à initiative individuelle : des individus, parfois des couples, partent, seuls ou avec des frères ou des amis. S'ils financent eux-mêmes leur voyage, c'est souvent avec l'aide de leur famille. On trouve parmi eux des marchands, des petits commerçants, des artisans, des membres des classes moyennes éduquées, qui attendent un retour conséquent d'un investissement élevé. Ils viennent en majorité des régions qui ont déjà une tradition établie de migration vers le continent américain (nord et sud). Ce type de migration individuelle continue pour les Français aux XIXe et XXe siècles[6].

---

4   Voir en particulier l'étude classique sur le sujet, généralement copiée par les publications plus récentes : LEMONNIER Léon, *La ruée vers l'or en Californie*, Paris, Gallimard, 1944.

5   *Archives des Affaires étrangères, Correspondance Consulaire et Commerciale San Francisco*, vol. 3, f. 174 (correspondance du Consul Patrice Dillon).

6   FOUCRIER Annick, *Le rêve californien. Migrants français sur la côte Pacifique, XVIIIe-XXe siècles*, Paris, Belin, 1999.

Dans les listes de passagers, ils voisinent avec les migrants partis avec des sociétés d'émigration, les «compagnies» dont parle le consul, que l'on peut repérer par l'énumération alphabétique de leurs membres. Cette émigration, collective, est organisée par des entreprises privées, des sociétés par actions. Le financement est le fait de très petits porteurs, ce qui élargit l'accès à ce type d'investissement. Les sociétés avancent le prix du voyage, qui doit être remboursé par deux ou trois ans de travail. Ce sont essentiellement des hommes qui partent en groupes pour travailler dans les mines, en quelque sorte des «engagés». Ce sont des hommes seuls, mais pas forcément célibataires, issus de familles de petits propriétaires, encore très proches du monde rural. La somme est garantie par une hypothèque sur des biens familiaux, en général à la suite de négociations avec la famille. Ce phénomène a touché de nombreuses régions de France, et a entraîné de nombreux départs qui n'auraient pas pu avoir lieu sans ces sociétés.

L'une d'elles, la *Société des Lingots d'or*, a été tout particulièrement étudiée[7]. Elle a été financée non par des investisseurs, mais par le produit d'une loterie autorisée et contrôlée par le gouvernement, dont le premier prix était un lingot d'or, sorte d'impôt sur le rêve. Le voyage est gratuit et offert à des individus et à des familles inscrits sur des listes de candidatures. On est là en présence d'une deuxième vague de départs. Beaucoup sont nés à Paris, ou bien en province et sont venus s'installer à Paris. Les partants sont plus jeunes et plus pauvres que les pionniers, ce que le consul de France à San Francisco remarque dès leur arrivée. Il parle d'une «avalanche d'émigrants débraillés». Dans ce phénomène conjoncturel on retrouve l'intervention directe de l'Etat, comme à d'autres périodes dans les mesures de regroupement de familles. Les femmes et les jeunes filles déclarent des occupations très modestes, souvent des métiers d'aiguille. Leur rôle est cependant important dans cette migration, car en Californie elles contribuent à créer et à stabiliser la communauté française.

Enfin on voit apparaître l'amorce des chaînes de migrations, où le voyage est financé par ceux qui ont réussi à amasser assez d'argent, et qui ayant de petites entreprises ou de la terre font venir des membres de leur famille ou des

---

7   BOURSET Madeleine, «Une émigration insolite au XIXe siècle: les soldats des barricades en Californie, 1848-1853», in FOUCHÉ Nicole (dir.), *L'émigration française. Etude de cas, Algérie, Canada, Etats-Unis*, Paris, Publ. de la Sorbonne, 1985, pp. 129-188.

amis. Les « entreprises familiales » – blanchisserie, restauration, petits commerces – offrent un moyen d'aider d'autres membres de la famille à améliorer leur condition en venant travailler avec ou pour des proches. Comme avec les sociétés d'émigration, le voyage est offert en échange d'une promesse de travail pendant une certaine durée, un an en général. Ainsi se constituent les filières familiales et régionales qui restent très actives tout au cours du XIXe siècle dans des régions rurales où il existe une demande d'émigration (Pyrénées-occidentales, Hautes-Alpes, Aveyron, Vallée du Lot).

Il a été reproché au gouvernement français d'avoir utilisé les départs de la *Société des Lingots d'or* pour se débarrasser d'individus subversifs et de délinquants, perspective qui a beaucoup inquiété les autorités américaines. En fait, les autorités françaises s'emploient activement à contrôler les déplacements de leurs nationaux, sans pour autant s'opposer au départ de ceux qui sont en règle avec le service militaire et leurs dettes. Cela se fait à l'occasion de l'attribution des passeports. Les préfets doivent envoyer au ministère de l'Intérieur la liste des passeports accordés aux habitants de leur département. Ainsi l'administration du préfet de l'Ariège note à propos de neuf passeports : « Ces individus se rendent dans la Californie en qualité d'associés de la Compagnie Française et Américaine de San Francisco établie à Paris pour l'exploitation des mines d'or ». Celui de la Meuse observe : « Cet individu s'étant engagé dans l'association californienne a demandé un passeport pour se rendre en Californie. Il doit le faire viser à Paris par le consul américain ». En Lozère, les deux candidats au départ ont obtenu leur passeport « sur la production d'un certificat de bonne vie et mœurs ». Dans le Lot-et-Garonne, le nom d'un conseiller à la cour d'appel d'Agen est souligné, accompagné d'une observation en rouge : « J'ai signalé à Monsieur le Premier Président la délivrance de ce passeport. Le sieur [D.] est connu pour ses opinions démagogiques ».[8]

---

8   Archives Nationales (A. N.), Passeports pour l'étranger 1850, F7 12207 et F7 12354.

La participation des familles au financement du voyage

La décision de partir est d'abord celle de l'individu, mais la famille a son mot à dire, a son rôle à jouer. C'est juridiquement obligatoire pour les mineurs. Ainsi le préfet de la Haute-Loire répond à une question du ministère de l'Intérieur que le passeport accordé à un étudiant de 19 ans l'a bien été avec le consentement de sa famille, sa mère veuve étant présente et ayant signé le talon du passeport. Elle « a déclaré en outre que ce jeune homme est placé sous la tutelle de l'un de ses oncles demeurant déjà en Californie ».[9]

Avant le départ, on observe souvent une première migration vers Paris, voire une tradition de migrations saisonnières. Paris est un centre de convergence, et les migrations entraînent un brassage des origines régionales, dès avant le départ vers la Californie. Les listes de passagers partis sur des navires du Havre[10] montrent que sur 1811 passagers français (1849-1851), 47% avaient ainsi effectué une première migration, en quittant leurs villages pour aller habiter à Paris qu'ils déclarent comme résidence avant de s'embarquer pour la Californie. Cette première rupture avec leur région d'origine rend plus facile un déplacement lointain, parce qu'ils ont déjà élargi leur horizon mental hors du décor étroit de leur village d'origine, et parce qu'ils peuvent y trouver plus aisément des informations. Ce qui pouvait apparaître comme une migration en droite ligne est en fait souvent l'aboutissement d'un itinéraire beaucoup plus complexe, d'une plurimigration. A l'échelle de l'individu, le départ est le résultat d'un projet. La ruée vers l'or fournit une direction pour ceux qui étaient décidés à partir, une occasion pour ceux qui pouvaient encore hésiter. Les Français accueillent la nouvelle d'autant mieux qu'elle semble leur offrir une solution à leurs problèmes. Moins que l'avidité, c'est le désir de promotion sociale qui nourrit le rêve[11].

Mais il leur faut de quoi payer le voyage, soit 800 à 1 000 francs. Ceux qui veulent partir et qui ne peuvent réunir seuls les fonds nécessaires se tournent vers leurs parents. Certains jeunes gens partis à Paris reviennent dans leur

---

9   *Ibid.*, F7 12354.
10 Foucrier Annick, *Le rêve californien, op. cit*, p. 114.
11 Foucrier Annick, « La prémigration par Paris au XIXᵉ siècle : les pionniers français dans la ruée vers l'or de Californie (1849-1851) », in Barjot Dominique, Faron Olivier (sous la dir. de), *Migrations, Cycle de vie familial & marché du travail*, Paris, Société de démographie historique, Association française des historiens économistes, 2002, pp. 159-174.

village à cette occasion, ce qui montre que les liens ne sont pas rompus par l'éloignement et un départ hors du département. Faute d'avoir suffisamment d'économies, ce qui est très rare, ils dépendent du bon vouloir de leur famille. Au vu du nombre des départs, celle-ci refuse rarement. L'abandon du projet est plus souvent dû aux alarmes d'une mère. La famille peut fournir le montant d'un héritage, voire une avance sur héritage, ou une caution pour un prêt. Pour certains, c'est l'occasion de réclamer un héritage que le père avait retenu. Pour d'autres, qu'ils décident d'emprunter ou de partir avec l'une de ces compagnies qui demandent une participation financière, il leur faut trouver quelqu'un qui puisse servir de caution si l'engagé fait défaut et garantir le remboursement des sommes sur une propriété d'une valeur suffisante. La famille contribue ainsi à financer le voyage.

Dans certains départements, où les départs vers Paris avaient été peu nombreux, comme le Puy-de-Dôme (31%), le Jura (32%), le Doubs (50%), les Hautes Alpes (42%), il est possible de saisir les relations familiales à travers les moyens mis en œuvre pour trouver la somme demandée. Dans le Puy-de-Dôme, ceux qui partent avec la compagnie *L'Aurifère* signent un engagement pour deux ans et fournissent une garantie hypothécaire sur des biens d'une valeur d'au moins mille francs. La somme nécessaire au voyage et à l'installation (1 000 francs) est avancée par un entrepreneur et garantie par une hypothèque sur des biens familiaux très éparpillés. Les plus jeunes (30 ans ou moins) doivent obtenir la caution d'un parent ; à partir de 31 ans, ils hypothèquent leurs biens ou de futurs héritages[12]. Dans le Jura et le Doubs, de tels contrats n'ont pas été retrouvés. Les partants, petits propriétaires, empruntent à leur famille ou à un étranger pour une durée de trois ou cinq ans, à 5% l'an. Ils peuvent aussi vendre au père ou à un parent[13].

---

12 FOUCRIER Annick, «Familles et financement des départs lors de la ruée vers l'or en Californie: l'exemple du Puy-de-Dôme», in Dessureault Christian, Dickinson John A., Goy Joseph (sous la dir. de), *Famille et marché (XVIe-XXe siècles)*, Sillery (Québec), Septentrion, 2003, pp. 261-273.

13 FOUCRIER Annick, «Comment trouver mille francs? Familles et émigration vers la Californie en Franche-Comté au début de la ruée vers l'or (1849-1851)», in Béaur Gérard, Dessureault Christian, Goy Joseph (sous la dir. de), *Familles, Terre, Marchés. Logiques économiques et stratégies dans les milieux ruraux (XVIIe-XXe siècles)*, Rennes, PUR, 2004, pp. 235-249.

Dans le Briançonnais (Hautes-Alpes), seulement 6 sur 19 aspirants chercheurs d'or (31%) étaient installés à Paris et dans sa banlieue avant leur départ
pour la Californie, mais deux autres étaient partis vers Toulon ou Gênes. Les
registres du notaire de Briançon, Mc Guillaume-Balthazar Rey, montrent les
efforts tentés pour partir et les difficultés rencontrées. En septembre 1850, 5
actes d'affectation hypothécaire sont passés entre une société d'émigration, la
Compagnie franco-californienne des mines d'or constituée le 27 avril 1850, ayant
pour titre *Le Mineur* et son siège social à Paris, et des candidats au départ[14].
Ceux-ci n'ayant pas les 800 francs demandés par la compagnie pour faire partie
des équipes de travailleurs, ils se présentent avec des parents ou des amis qui
acceptent de leur servir de caution. Pour Jean Laurent Barneoud-Rousset, 28
ans, de Saint-Blaize, c'est son père Jean Laurent Barneoud-Rousset fils de feu
Jean qui accepte d'affecter des terres d'une valeur de 1 200 francs. André Barneoud-Arnoulet, de Puy-Saint-André, aussi 28 ans, fait appel à son frère Romain
Barneoud-Arnoulet, prêtre à La Grave. Ils offrent leurs parts de l'héritage de
leur mère Rose Barneoud-Rousset (2/7e de 5 000 francs). Jean-Baptiste Pons-de-
Serres, de St Martin de Queyrières, présente son fils Joseph qui offre une terre
de 350 francs et Jean Laurent Barneoud-Rousset, un ami, qui accepte d'affecter
une terre d'une valeur de 500 francs. Pierre Laurent Fine, de Villar St Pancrace, a
convaincu sa sœur Marie Victoire, et chacun propose les terres qui lui reviennent
de la succession de leur mère, soit une valeur de plus de 600 francs pour chacun.
Jean Antoine Silvestre a un parent Antoine Silvestre comme garant pour des
terres d'une valeur de 1 000 francs. Le même jour, il lui vend un moulin et des
terres pour 2 100 francs. Ces actes donnent lieu à 6 inscriptions d'hypothèques[15].
Dans ce canton de montagne où l'héritage est égalitaire, les biens offerts comme
garantie sont des micro-propriétés éclatées en parcelles, et il faut l'accord de plusieurs personnes pour atteindre la somme demandée. L'insuffisance de biens est
un moteur puissant pour désirer partir, mais elle est un handicap pour réaliser
cette aspiration. On comprend pourquoi les Hautes-Alpes (surtout le canton
voisin du Champsaur) deviennent une des principales sources des migrations en
chaîne vers la Californie à partir des années 1860[16].

---

14 A. D. Hautes-Alpes, Mc Rey, 1 E 9513 no. 179, 182, 186, 187, 189.
15 A. D. Hautes-Alpes, 4 Q 253 no. 43, 44, 50, 51, 52, 53.
16 BARÈS Florence, BARÈS Marcel, *Le Western Champsaurin*, Ophrys, 1976-1986.

Le départ des familles

Pour ceux qui sont mariés et qui ont des enfants, s'ajoute la question du devenir de leur famille pendant leur absence. Pendant l'année 1850, 11 passeports sur 554 accordés (hors Paris) soit 2%, mentionnent la présence de dépendants – femmes, enfants, et parfois neveu ou nièce. Ceux qu'il n'est pas possible d'emmener sont laissés aux bons soins de la famille, quitte à les faire venir ultérieurement en fonction des perspectives et des possibilités. La *Société des Lingots d'or* est une de ces occasions pour ceux qui sont déjà partis de faire venir leur famille ou de permettre le départ de familles entières. Plusieurs navires sont réservés aux femmes seules, peu nombreuses, aux familles, et aux femmes et enfants de migrants déjà installés en Californie. Certaines familles attestent d'une forte mobilité géographique, et la recherche inlassable de meilleures conditions d'existence se lit dans les lieux de naissance des enfants. La famille Amy qui part en novembre 1851 en est un exemple : le père Claude Benoit est né à Lyon (Rhône), la mère Victoire Julienne Deboissy à Beaumont sur Oise (Seine-et-Oise) et les enfants Amanda 16 ans à Paris, Madeleine Jenny 13 ans à St Mandé, Mathilde 11 ans à Francfort-sur-le-Main, Emile 9 ans à Mayence, et Léon 5 ans à Francfort. Ils voyagent sur *Le Courrier de l'Inde*, ainsi que Joséphine Deboissy, sœur de Madame Amy. L'aîné, Victor, est parti plus tôt ; il s'occupe de trouver une propriété agricole à acheter.

Dans certains cas, comme la famille de St Denis, trois générations sont du voyage sur le même navire. Sur *Le Courrier de l'Inde*, parti du Havre le 13 novembre 1851 et arrivé à San Francisco le 2 juin 1852, se trouvent Ambroise Anasthase de St Denis (50 ans) et sa femme Marie Geneviève Hébert (43 ans), leur fils Jules Laurent Edouard (18 ans) et leur fille Victoire Sophie (23 ans), elle-même mariée à Pierre François Darche (24 ans), avec leur fils Victor âgé de deux mois.

D'autres familles sont dispersées, comme les familles Hutin et Sauffrignon dont les membres sont partis sur trois navires. Jules Sauffrignon embarque avec d'autres membres des Gardes mobiles sur *La Capricieuse* en mai 1850 et atteint San Francisco en novembre 1850. Très vite il demande à sa femme de venir le rejoindre. Joséphine Sauffrignon, 29 ans, arrive avec sa sœur Rose Elisabeth Hutin, 22 ans, sur *Le Courrier de l'Inde*, tandis que le frère aîné Jean Nicolas François, 36 ans, sa femme et sa fille, ainsi qu'une autre sœur Henriette, 24 ans, partent sur *Le Damblat*, en octobre 1852.

Le voyage dure de 6 à 8 mois. Des couples se forment. On a beaucoup glosé sur les cas de liaisons scandaleuses, mais il y eut nombre d'unions stables. Peu après son arrivée à San Francisco en juin 1852, Rose Elisabeth Hutin épouse Gustave Bretonnel, 22 ans, parti avec ses parents et qui a aussi voyagé sur le *Courrier de l'Inde*.

Les amitiés nouées ou renforcées lors du long voyage sont mobilisées pour constituer des partenariats dans des mines, des ranchs ou des commerces. On en retrouve aussi la trace en 1856, dans les recommandations signées aux candidats à l'adhésion au comité de vigilance de San Francisco, fondé pour lutter contre la criminalité qui se développe sur fond de corruption politique[17]. Insérés dans des familles et des réseaux d'alliances et de partenaires, les «Lingots» sont d'autant plus visibles qu'ils manifestent une cohésion et une solidarité indispensables à des populations d'origine modeste.

La formation de familles en Californie

En Californie, les familles se constituent, se recomposent. Des mariages sont célébrés, mais les femmes disponibles sont encore peu nombreuses, et la concurrence est sévère. Les jeunes filles se marient rapidement, peu après leur arrivée. Dans sa dépêche du 14 septembre 1853, le consul Dillon en cite un exemple:

> Madame Hyvet, passagère du *Sansonnet*, a débarqué à San Francisco le 3 février dernier avec ses deux filles. Trois semaines après, l'aînée était mariée avec un Français propriétaire d'un des principaux restaurants de la ville et qui passe généralement pour avoir gagné beaucoup d'argent. Un officier américain, M. le Major Leonard de l'armée des Etats-Unis a épousé, il y a peu de jours, la seconde, en lui constituant en dot un terrain d'une valeur de 80 à 100 000 francs.[18]

Peu de femmes restent célibataires ou veuves. Pour les hommes, deux stratégies sont possibles: se marier rapidement et bénéficier ainsi d'une main-d'œuvre

---

17 FOUCRIER Annick, «The Meanings of Citizenship for French Immigrants in California», Communication au Congrès annuel de l'*Organization of American Historians*, San Francisco, Californie, 18 avril 1997.

18 Le *Sansonnet* est un des navires de la *Société des Lingots d'or*. Archives du Ministère des Affaires Etrangères, Correspondance Consulaire et Commerciale San Francisco, vol. 2, f. 331, 14 septembre 1853.

supplémentaire (ceux qui étaient mariés font venir leur femme) ou attendre d'avoir fait fortune pour convoler, avec le risque de rester célibataire. La religion est un facteur qui intervient dans le choix du conjoint. Les Françaises étant peu nombreuses, des mariages ont lieu pour les catholiques avec des Mexicaines, des Chiliennes, des Irlandaises, mais aussi pour les protestants avec des Ecossaises et des Américaines.

Les recensements californiens de 1852 et de 1860 fournissent quelques indications sur les familles françaises. En 1852, le nombre moyen d'enfants par couple parmi les Français de San Francisco n'est que de 0,7, bien moins que la moyenne de 2,5 qui est celle de la population de la ville. Seulement 5,5% de la population française recensée a moins de 16 ans. Moins d'un tiers (31%) des femmes de plus de 15 ans sont recensées avec des enfants, et les deux tiers des femmes avec enfants n'en ont qu'un. Deux modèles de familles apparaissent : le premier, le plus fréquent, est composé d'un couple avec peu ou pas d'enfants, ceux-ci étant éventuellement restés avec la famille en France. Ce choix est souvent observé dans les cas de migrations envisagées comme temporaires et courtes, car les enfants sont encombrants à l'âge d'activité économique maximale. Le deuxième modèle est celui de quelques familles nombreuses dont les enfants sont nés en Amérique (principalement à New York ou en Louisiane) ou en France (ce qui est le cas de familles de jardiniers). Le coût élevé du voyage incite les plus pauvres et ceux qui pensent revenir assez vite à laisser femme et enfants au pays. La migration collective laisse supposer un projet de départ définitif. En 1860, la structure familiale s'est modifiée. Elle s'est rapprochée de celle de la France, ou des Etats-Unis. Plus de femmes ont des enfants, et en plus grand nombre : 47,5% des femmes recensées âgées de plus de 15 ans ont des enfants ; 43% (et non plus les deux tiers des femmes vivant avec au moins un enfant) n'en ont qu'un seul. Presque 12% en ont de 4 à 7. On est passé d'une population récemment immigrée à une population installée[19].

Les registres de mariages et de baptêmes de l'église française de San Francisco complètent cette approche[20]. Le mariage est l'acte d'alliance par excellence. Il recrée de nouveaux liens, en fonction des besoins, entre individus mais aussi

19　Foucrier Annick, *Le rêve californien, op. cit.*, pp. 155-156.
20　Je remercie le père E. Siffert, curé de l'église Notre-Dame des Victoires et historien de la communauté française de m'avoir autorisée à consulter les registres paroissiaux de l'église.

entre familles. Le baptême est un projet pour la nouvelle génération. Le temps et l'éloignement distendent les liens avec la famille d'origine. Certains migrants écrivent rarement ou pas du tout, et lorsqu'ils se marient, ils ne disent rien sur leurs parents. Mais dans la plupart des cas, la nouvelle famille maintient les liens avec les parents, ce que l'on peut voir lors des mariages et des baptêmes, à travers le choix des témoins, des prénoms et des parrains, qui sont désignés avec soin. Les rites familiaux sont ainsi renouvelés.

De mars 1855 à avril 1869, 250 mariages célébrés concernent au moins un conjoint français. L'âge moyen des époux (calculé par tranches de 50 mariages) est de 34,5 ans et de 26 ans pour les épouses, et il a tendance à diminuer, sauf pendant la période 1860-1861. On observe pendant ces années un nombre plus élevé de remariages de veuves (1 en 1857, 2 en 1859, 3 en 1860, 3 en 1861, 1 en 1862, 1 en 1868), et surtout de « mariages renouvelés », c'est-à-dire de célébrations à l'église de mariages civils antérieurs (5 en 1859, 4 en 1861, 1 en 1863, 2 en 1864, 2 en 1865). La conjonction des deux phénomènes peut être interprétée comme un signe d'installation. Il s'agit d'une période de mouvement, de dynamisme, de changements pour la population, ce qui souligne les limites du recensement de 1860 qui la fige en plein mouvement. Précisons que l'énorme majorité des époux, épouses et témoins signent, ce qui confirme l'image de migrants issus des couches moyennes et éduquées de la population française que l'on peut avoir à travers l'étude des origines familiales.

Grâce aux travaux de Mary G. Paquette, il est possible de savoir ce que sont devenues les familles françaises qui se sont installées dans le comté de Tuolumne, Californie[21]. Après avoir tenté leur chance dans les mines, elles investissent dans l'acquisition de terres. La famille Amy arrive en 1853 à Sonora, où le fils aîné, Victor, leur a trouvé un ranch à acheter. Signe de la dissymétrie du marché matrimonial, aucun des trois fils ne se marie, au contraire des trois filles. L'aînée, Amanda, convole en 1856 (à 21 ans) avec François Hippolyte Parent, un fabricant de billards ; Jules Sauffrignon est leur témoin. Après la naissance de leur fille Julie, Amanda et son mari repartent pour Paris, par crainte du choléra qui sévit en Californie. Mais l'enfant succombe tout de même à la maladie et sa mère en meurt de chagrin peu après. La plus jeune fille,

21 Paquette Mary Grace, *Then Came the French. The History of the French in Tuolumne County, California*, Sonora (Calif.), The Tuolumne County Historical Society, 1996.

Céleste Mathilde, épouse un Belge en janvier 1864 (à 23 ans), et la cadette, Madeleine Jenny, un Allemand en décembre 1864 (à 26 ans).

Dans la famille Cholez, la fille aînée, Ernestine, jeune veuve de 20 ans lorsqu'elle arrive en 1849 avec ses parents, fait l'école aux enfants, achète et vend des terrains. Elle épouse en 1858 le docteur Prosper Rocher. Son mari, par un contrat de mariage rédigé sur le modèle français, lui garantit la pleine disposition de ses propriétés personnelles, une mesure peut-être dictée par les menaces de banqueroute qui pèsent sur ses propres affaires. En 1876, ayant acquis une belle fortune, Prosper Cholez et son épouse quittent la Californie pour aller vivre à Paris. Des trois frères d'Ernestine Cholez, un est tué par des Indiens, un autre se marie avec une Chilienne de 17 ans en 1884 (il a 50 ans). Il est le seul de la famille à avoir des enfants. Le dernier frère épouse en 1896 la fille d'un voisin, née en Angleterre, avec laquelle il vit depuis de nombreuses années. Il a 59 ans et elle 49. Dans cette famille aussi la dissymétrie matrimoniale est forte[22].

Peu de femmes acceptent d'aller s'établir dans les villages isolés de l'intérieur de la Californie. Pour les Français qui ne souhaitent pas rester célibataires, il reste la possibilité de faire venir une épouse de France. Ils s'en remettent pour ce faire aux traditionnels réseaux de voisinage et d'amitié. Mary Paquette en donne deux exemples. En 1858, Charles Meyssan obtient à distance le consentement de la fille d'une famille d'amis de Villenave d'Ornon, en Gironde. Elevée dans un couvent, elle n'avait pas vu celui qui allait devenir son époux depuis qu'elle était une petite fille. Six mois avant la date prévue du mariage, elle se rend chez le notaire avec sa mère pour que celle-ci puisse certifier son consentement. Le lendemain du mariage, célébré à Columbia, comté de Tuolumne, Meyssan harnache sa mule en plaçant sa femme d'un côté et un baril de vin de l'autre, et se dirige vers le village de mineurs dans les montagnes où il a son magasin.

En 1889, après 17 ans passés en Californie et alors âgé de 44 ans, Théophile Hippolyte André, originaire des Basses-Alpes, pense à se marier. Il retourne avec deux amis de San Francisco en France pour se trouver une épouse. Son choix se porte sur la fille des voisins de ses parents, de 20 ans sa cadette. Le

---

22 PAQUETTE Mary Grace, « The Cholez Family in Tuolumne County », in *Chispa*, 35 (1995) no. 1, pp. 1189-1193.

mariage est célébré à San Francisco, et là encore les nouveaux mariés partent aussitôt vers un ranch situé dans un petit village de la montagne. L'épouse y est employée à la tâche importante de faire la cuisine pour les ouvriers[23].

Les retours

En France, la famille attend avec impatience les lettres déposées aux escales ou à l'arrivée. Mais ces lettres tardent, car arrivés en Californie les migrants sont entraînés dans une agitation continuelle, alors qu'ils cherchent les occasions de gagner leur vie et de faire fortune, dans la région des mines, mais aussi en montant des commerces et en achetant des terres. Il leur incombe d'envoyer de l'argent pour rembourser les dettes et aider la famille à élever les plus jeunes enfants. Au bout de quelques années, lorsque les parents âgés estiment que leurs forces ne leur permettent plus de suffire aux besoins de l'exploitation, ils font pression pour le retour du fils parti[24]. La plupart de ceux qui rentrent au pays rapportent de quoi vivre en rentiers ou d'investir dans des terres, voire comme Adolphe Joly dans des ruches, et de bien se marier. Exemple parmi bien d'autres, Casimir Vorbe, fils de Jean Louis, originaire de Sombacour (Doubs), rentre en France définitivement dans les années 1860, fortune faite, et se marie en 1868. Dans son contrat de mariage en date du 16 septembre 1868, il déclare 56 000 francs en créances, beaucoup plus que sa jeune épouse, qui dispose pourtant de 6 500 francs, une somme bien supérieure à celle de la sœur de Casimir[25]. Celle-ci, Marie Hortense a 400 francs de dot en 1854, la valeur de son trousseau, plus la promesse de son père d'un partage égal de sa succession avec ses deux frères, et son futur n'a rien. A sa mort en 1869, par contre, ses biens sont estimés à 9 100.55 francs plus un mobilier de 655.29 francs, un accroissement de fortune qui ne peut s'expliquer que par le retour de son frère Casimir, parrain de son fils. Plus généralement, les fils qui peuvent envoyer

---

23 Paquette Mary Grace, *Then Came the French, op. cit.*, pp. 40-42.

24 Cochereau Jean-Claude, «Adolphe Joly, un Briard en Californie au temps de la ruée vers l'or (1853-1861)», in Dumur Marie-Françoise (éd.), *Les lettres échangées entre Adolphe Joly parti en Californie et ses parents restés en Brie, 1853-1861*, Association Saint-Siméon, notre village, 6 (2001), pp. 14-31.

25 A. D. Doubs, Mᶜ Loiseau, 3E 52/228.

de l'argent à leurs parents contribuent ainsi à l'amélioration de la situation de leurs frères et sœurs. Ceux qui veulent cacher leur échec à leur famille prennent tous les prétextes pour éluder les demandes pressantes de retour, comme le fait Hyacinthe Adnet[26].

Conclusion

Cette émigration n'apparaît pas fondamentalement différente des migrations internes qui prennent place en France à la même époque. La Californie au moment de la ruée vers l'or constitue un marché sur lequel s'échangent des marchandises, des services, du travail, des moyens de production (mines, terres, bâtiments commerciaux et industriels). L'accession à ce marché peut se faire soit directement par un déplacement personnel, soit par l'achat d'actions proposées par les compagnies qui se chargent de faire partir des travailleurs. Ceux qui partent envisagent une absence de deux ou trois ans. C'est donc un investissement prévu pour une durée limitée. La ruée vers l'or proprement dite dure de 1849 à 1854, mais les phénomènes sociaux ont un rythme beaucoup plus lent, un cycle plus long, et l'étude des prolongements, des conséquences requiert une périodisation différente. Le projet de migration porte sur deux à trois ans, le phénomène dure environ cinq ans, les suites en sont observables jusqu'à la fin du siècle. L'événement lui-même est dépassé par la création d'une société nouvelle.

Le succès de la ruée vers l'or est dû à la capacité des agents économiques à aplanir les difficultés d'accès au marché en fournissant des informations (même inexactes) et des moyens de transport et même un encadrement pour le travail. Ceux qui veulent tenter l'aventure en tirent profit selon leur expérience et leurs capacités. Ceux qui ont une tradition familiale de grands voyages (ils sont souvent originaires de l'ouest de la France déjà ouvert sur l'Atlantique) sont les premiers sur place, arrivés depuis l'Amérique espagnole ou les îles. Ceux qui ont déjà fait un premier déplacement vers Paris sont bien placés pour participer aux premiers départs de France : ils ont souvent des économies, ils ont noué de

---

26 FOUCRIER Annick, *Le rêve californien, op. cit.*, p. 384.

nouveaux contacts dans la grande ville, et ils ont franchi la première barrière de la peur de l'inconnu. Ceux qui avaient jusque-là hésité à quitter leur village trouvent un support et un réconfort dans le système des compagnies (ils partent parfois avec un frère). Il leur faut cependant réunir 800 ou 1 000 francs, le prix demandé pour le voyage et l'installation. Ceux qui n'ont pas assez d'argent pour financer leur départ espèrent bénéficier d'un voyage gratuit payé sur les gains d'une loterie autorisée par l'Etat, une occasion unique qui permet aux familles de partir avec le père (ou un autre membre de la famille) ou de le rejoindre.

On connaît le cas de figure où la femme rejoint son mari avec ses enfants. Plus généralement, les mouvements induits par le premier départ s'intègrent dans une structure familiale. L'objectif de la famille, disions-nous, est d'établir ses enfants. Ou tout au moins de leur en fournir les moyens. Pour ce faire, un des enfants part à la recherche de bonnes conditions. Il est parfois accompagné d'un frère ou d'un cousin. S'il réussit, il peut faire venir, s'ils le veulent, ses frères, ses cousins, parfois ses sœurs, et même ses parents.

Dans la conception traditionnelle, l'argent du voyage vient du pays d'accueil (la plupart du temps plus riche). Ceci est exact pour les migrations induites, c'est-à-dire dans une deuxième phase de la migration. Mais le premier voyage est payé par les familles des migrants. C'est pourquoi ceux qui partent alors ne sont pas les plus pauvres. Ayant investi dans le départ de l'un des siens, la famille est aussi fondée à en attendre un retour.

Carrières d'engagés du commerce des fourrures canadien au XVIIIe siècle[1]

Thomas Wien

Entre 1731 et 1754, Laurent Dagenets, habitant de la côte Saint-Michel près de Montréal au Canada, s'engagea à plusieurs reprises à des marchands de la ville. Neuf contrats notariés permettent de suivre certaines étapes de sa carrière d'engagé, chargé avec des centaines d'autres de monter en canot les marchandises de traite vers les postes et les autochtones des Grands Lacs pour en ramener les pelleteries[2]. Comme beaucoup d'autres ruraux canadiens, il intercalait le plus souvent ses voyages entre les semences (pour l'essentiel printanières dans cette colonie nordique) et la récolte[3]. Depuis le début du siècle, des hommes comme

1   Je tiens à remercier Aline Charles qui a lu et commenté ce travail et Jocelyne Perrier qui a transformé en fichier quelques centaines de contrats d'engagement. Les contrats ont été localisés à l'aide de la banque de données notariales *Parchemin*, élaborée sous la direction de Normand Robert et Hélène Lafortune (société Archiv-Histo). Une subvention de la Faculté des Etudes Supérieures de l'Université de Montréal a permis de mener à bien cette recherche.

2   Dechêne Louise, *Habitants et marchands de Montréal au XVIIe siècle*, Paris, Plon, 1974, pp. 217-229; Allaire Gratien, *Les engagés de la fourrure 1701-1745. Une étude de leur motivation*, Thèse 3e cycle, Université Concordia, 1981; Id., «Les engagements pour la traite des fourrures – évaluation de la documentation», in *Revue d'histoire de l'Amérique française*, 34 (1980) no. 1, pp. 3-26.

3   Sur ces calendriers saisonniers, voir Wien Thomas, «Les temps de l'engagement: la main-d'œuvre du commerce canadien des fourrures entre les calendriers agricole et commercial au XVIIIe siècle», in Béaur Gérard, Dessureault Christian, Goy Joseph (sous la dir. de), *Familles, Terre, Marchés. Logiques économiques et stratégies dans les milieux ruraux (XVIIe-XXe siècles)*, Rennes, PUR, 2004, pp. 261-273; Id., «‹Les travaux pressants›. Calendrier agricole et régime d'assolement au Canada au XVIIIe siècle», in *Revue d'histoire de l'Amérique française*, 43 (1990) no. 4, pp. 535-558. Sur ce problème, souvent proto-industriel, de l'harmonisation des rythmes saisonniers, voir notamment Schlumbohm Jürgen, «Seasonal fluctuations and social division of labour: rural linen producers in Osnabrück and Bielefeld regions and the urban woollen industry in the Niederlausitz, c. 1770-c. 1850», in Berg Maxine, Hudson Pat, Sonenscher Michael (eds.), *Manufacture in town and country*

lui avaient fait du Canada un autre de ces lieux, de plus en plus répandus à l'époque moderne, où une paysannerie tirait une partie de ses revenus d'un secteur extra-agricole[4]. Parmi ceux qui engagèrent successivement Dagenets, il y a: Antoine Pothier, Toussaint Pothier (le frère d'Antoine), Jean-Marie Phily et Cie représentés par T. Pothier, T. Pothier faisant encore une fois pour J.-M. Phily, et enfin, T. Pothier agissant à nouveau pour son propre compte. Bien qu'il se soit aussi engagé à quatre autres marchands, Dagenets semble entretenir des liens étroits avec T. Pothier et les marchands voyageurs que ce dernier équipe en marchandises. La chose peut étonner pour deux raisons. Tout d'abord, l'engagé avait l'embarras du choix en matière d'employeurs. Au début des années 1750, lorsque les contrats le montrent particulièrement actif, quelques dizaines de marchands voyageurs ou de sociétés liés à une douzaine d'équipeurs différents auraient pu l'embaucher[5]. Ensuite, à se fier à l'évolution de sa rémunération, il avait tout intérêt à regarder ailleurs. Pothier et consorts le payaient assez chichement et à deux reprises, un voyage effectué pour d'autres fut bien mieux rémunéré[6].

---

before the factory, Cambridge, CUP, 1983, pp. 61-91; GRANTHAM George, «Divisions of labour: agricultural productivity and occupational specialization in pre-industrial France», in *Economic History Review*, 46 (1993) no. 3, pp. 478-502.

4   Le nombre annuel des engagements atteindrait le millier avant 1750. Les coureurs de bois, ces commerçants la plupart du temps illégaux qui depuis les années 1660 avaient précédé les engagés sur les routes fluviales du continent, étaient à la fois moins nombreux et moins souvent issus des campagnes. Voir WIEN Thomas, «Vie et transfiguration du coureur de bois», in Joutard Philippe, Wien Thomas (sous la dir. de), *Mémoires de Nouvelle-France*, Rennes et Québec, Presses de l'Université de Rennes et Editions du Septentrion, sous presse.

5   GAGNON François, *Marchands voyageurs et équipeurs de Montréal 1715-1755*, mémoire de maîtrise, Université de Montréal, 1995, p. 52, 56; ALLAIRE Gratien, «Officiers et marchands: les sociétés de commerce des fourrures, 1715-1760», in *Revue d'Histoire de l'Amérique Française*, 40 (1987) no. 3, pp. 409-428; IGARTUA José E., «The Merchants of Montreal at the Conquest: Socio-Economic Profile», in *Histoire sociale/Social History*, 8 (1975) no. 16, pp. 275-293.

6   Au début des années 1750, Dagenets atteint la quarantaine et, en principe du moins, le sommet de sa carrière en tant qu'engagé habile et expérimenté; on lui confie la responsabilité de diriger le canot à partir d'une de ses extrémités. A force de s'engager à T. Pothier et à ceux que celui-ci approvisionnait en marchandises, il finit par obtenir le salaire modal (250 livres) des engagés habiles pour l'aller-retour Montréal-Michilimakinac. A titre de comparaison, ses deux engagements pour ce même trajet mais à des marchands en dehors de l'orbite de Pothier (1747, 1754) lui valent des primes salariales d'environ 20% et 50% respectivement. Voir WIEN Thomas, «Le temps des engagements», art. cit., Tableau 1.

Suivons maintenant un autre travailleur des rivières, Michel Petit dit Lalumière, qui semble justement sauter sur les occasions de changer de maître. Au cours des années 1744-1757, pas moins de treize contrats documentent les engagements de cet homme de Varennes, paroisse située sur la rive sud du Saint-Laurent en aval de Montréal. Les noms de dix employeurs différents y figurent[7]. Le 21 mai 1754, il va même jusqu'à faire résilier un contrat d'engagement passé deux mois plus tôt et n'ira donc pas à Michilimakinac, le grand entrepôt des postes du Nord situé à 900 kilomètres de Montréal, dans un des canots d'Augé et Cie. Nous ne savons pas avec certitude pourquoi Petit préféra se faire embaucher le même jour et pour le même trajet par Thomas Dufy Desauniers. Il est toutefois permis de penser que le salaire nettement plus élevé qu'offrait Dufy – 210 livres au lieu de 180 – n'était pas étranger à la décision de Petit de faire faux bond à Augé. Autrement dit, Dufy réussit à débaucher l'engagé qu'un autre marchand s'était « réservé » par contrat. Ce saut d'un maître à l'autre laisse supposer que Petit cherchait à maximiser ses gains. Pourtant, sur le long terme, il ne parvint pas à obtenir de meilleure rémunération que celle de Laurent Dagenets.

Même si la fidélité de l'un et l'opportunisme de l'autre ont leurs limites, le contraste entre ces deux engagés est frappant. Il l'est d'autant plus que leurs comportements semblent refléter deux lectures distinctes du marché. La fidélité réciproque de Dagenets et de Pothier et consorts semble après tout procéder d'une vie dense en relations de toutes sortes, d'une primauté du social qui enserrerait de ses puissantes tentacules l'économie[8]. De tels rapports entre employeur et employé renvoient l'image d'un marché du travail pré-industriel régi par des pratiques coutumières, voire des salaires nominatifs, rigides. Michel Petit, lui, semble habiter un marché nettement plus autonome et, partant, plus nerveux. On le situerait plutôt dans la foule anonyme de vendeurs de main-d'œuvre dont l'action collective, selon le modèle dit classique, fait tendre vers l'équilibre un marché du travail fonctionnant sans entraves.

---

7   J'écarte trois autres contrats qui documentent vraisemblablement des engagements du père homonyme.
8   Cf. notamment POLANYI Karl, *The Great Transformation*, New York, Farrar, Rinehart, 1944.

Or, les deux engagés évoluent à l'évidence au sein du *même* marché. Chacun à sa façon, ils essaient de tirer leur épingle du même jeu. Quel marché peut-il s'accommoder de stratégies relevant à première vue de logiques si différentes? Riche en portraits collectifs insistant tantôt sur les origines, tantôt sur l'expérience du voyage des engagés, l'historiographie du Canada pré-industriel n'a pas étudié le moment de l'engagement en tant que face-à-face stratégique[9]. C'est pourtant ici que les règles fondamentales de ce marché particulier se révèlent. Les expériences de nos deux engagés suggèrent que les excès – d'opportunisme comme de fidélité – y sont pénalisés et incitent à vérifier comment les voyageurs se débrouillent dans ce marché tout en identifiant les facteurs qui influencent leurs comportements. Voilà les buts de cette brève exploration des contrats notariés montréalais qui lient marchands et engagés.

Soixante-cinq carrières d'engagés

Trois types de documents renseignent sur l'engagement pour le commerce des fourrures: les livres de comptes des marchands, les «congés» ou permis de traite, ainsi que les contrats d'engagement passés par devant notaire. Pour les fins de cette enquête préliminaire, nous nous avons préféré exploiter cette dernière source qui décrit les conditions de plusieurs milliers d'engagements au XVIIIe siècle. Les rares livres de comptes qui nous restent n'offrent en fait qu'un aperçu fragmentaire de la main-d'œuvre embauchée par certains marchands et les congés ne fournissent que des listes de noms, fort lacunaires au demeurant. En attendant une étude plus systématique, les contrats notariés s'avèrent la source la plus éloquente, à condition toutefois de composer avec leurs nombreux silences. Des comparaisons avec les mentions d'engagés dans les congés et avec le volume des fourrures transportées le démontrent: les notaires montréalais ne virent défiler devant eux qu'une partie des engagés, proportion

---

9   Sur l'historiographie, voir WIEN Thomas, «Familles paysannes et marché de l'engagement pour le commerce des fourrures au Canada sous le Régime français», in Dessureault Christian, Dickinson John A., Goy Joseph (sous la dir. de), *Famille et marché XVIe-XXe siècles*, Sillery (Québec), Septentrion, 2003, pp. 167-180 (ici pp. 167-172).

variable selon les années, mais ne dépassant vraisemblablement pas les 75% dans le meilleur des cas[10].

Le groupe de travailleurs retenu n'en présente pas moins une certaine cohérence. Il s'agit de 80 hommes embauchés par devant notaire en 1752 par six marchands montréalais. Si quinze individus n'ayant passé qu'un seul contrat de ce genre ont été écartés pour cause de dilettantisme, les 65 autres reflètent bien la diversité des situations décrite par Louise Dechêne et Gratien Allaire[11]. Prennent ainsi place dans les canots des engagés qui en sont à leur premier comme à leur dixième voyage documenté, des hommes mariés et des «garçons voyageurs», des hommes originaires surtout des campagnes du sud-ouest de la colonie, mais aussi de la ville de Montréal ou de la région de Trois-Rivières. Il y a des participants réguliers, véritables professionnels du voyage, mais également des hommes qui s'engagent de façon épisodique. Presque tous auront hiverné au moins une fois – rite d'initiation – au pays amérindien, mais ceux qui multiplient les voyages préfèrent généralement l'aller-retour estival. Ils s'engagent presque toujours pour un voyage à la fois. Près de 95% des quelque 340 voyages documentés tombent entre 1730 et 1760. Environ 120 personnes ou sociétés différentes auront embauché ces hommes.

Leurs trajectoires d'engagés ressemblent-elles plutôt à celle de Dagenets ou à celle de Petit? D'après les sources notariales, la carrière du voyageur typique comprend un peu plus de cinq engagements en moyenne, s'étalant sur une douzaine d'années à partir du seuil de la vingtaine. Quant aux marchands qui embauchent cet engagé-type, ils se suivent, mais ne se ressemblent pas: les 5,3 contrats affichent les noms de 4,6 marchands ou sociétés différents. La propension d'un marchand à réembaucher un homme qui a déjà été à son service, et d'un engagé à se réengager au même employeur au moins une fois dans sa carrière, semble donc faible. Si on limite l'enquête aux cas où les contrats permettent de suivre les engagements d'un même travailleur pendant deux années consécutives, ce qui arrive à 100 reprises, l'engagé change de maître 79 fois

---

10 Sur le rapport changeant entre le nombre de contrats et le nombre d'engagés, voir Allaire Gratien, «Les engagements», art. cit.; Murphy Brian D., *The Size of the Labour Force in the Montreal Fur Trade*, mémoire de maîtrise, Université d'Ottawa, 1986; Wien Thomas, «Les temps», art. cit.

11 Références *supra*, note 2.

et se réengage au même employeur seulement 21 fois[12]. A première vue, c'est Michel Petit qui aura servi de modèle à ses contemporains.

Mais ne concluons pas trop hâtivement. Il s'agit là, soulignons-le, d'engagements notariés et non d'engagements tout court. Se pose alors la question de la nature et de la fréquence des engagements sans contrat. Compte tenu de ce que nous savons sur le rapport entre le nombre annuel d'engagés et de contrats, l'engagé typique a dû partir pour la région des Grands Lacs sans passer voir le notaire à au moins quatre reprises au cours de sa carrière. Or, tout indique que des réengagements, surtout, expliquent ces départs discrets. En toute logique, les marchands se passaient probablement plus facilement d'un contrat dans le cas d'un homme ayant déjà été à leur service et les engagés hésitaient moins à entreprendre un voyage éreintant, payé à leur retour seulement, pour un employeur qu'ils connaissaient[13].

Autrement dit, la logique du recours au contrat indiquerait que ce sont surtout des réengagements qui échappent aux notaires et à l'historien. L'échantillon regrouperait donc de façon préférentielle les engagements de personnes qui changeaient souvent d'employeur. Le rythme des contrats suggère que certains engagés et marchands se contentaient de passer une seule entente notariée pour un premier voyage avant de poursuivre sans notaire pendant deux autres années. Cette association de trois ans correspondrait à la durée de vie habituelle des sociétés du commerce des fourrures et de bien des baux de postes, soit trois ans. Prenons l'exemple de François Lanthier, engagé de Pointe-Claire près de Montréal. Il s'engage une première fois au marchand Trottier Desrivières en 1746. Son contrat suivant, il le passe en 1749, avec le même Trottier Desrivières, désormais associé à La Vérendrye Boumois. Trois ans plus tard, il s'engage à Charles Héry par devant notaire à hiverner au poste de Témiscamingue (et à deux voyages aller-retour, en 1752 et en 1753). Cette expérience accomplie, il reprend la cadence triennale en s'engageant à Dufy Desauniers en 1754 et en

---

12 Une société qui engage peut être représentée à tour de rôle par deux ou trois personnes différentes, mais le document précise le plus souvent ce genre de lien, minimisant le risque d'exagérer le nombre d'employeurs.

13 Par contre, le contrat était vraisemblablement incontournable lorsque le marchand versait une avance à l'engagé, pratique assez rare (15% des engagements notariés). Pour ce dernier, le contrat pouvait servir de preuve de compétence lors de négociations avec un nouvel employeur.

1757. Rien ne prouve que Lanthier fit plusieurs voyages annuels d'affilée pour le compte de Trottier et plus tard, pour celui de Dufy, mais la chose est plausible compte tenu de la logique du recours au notaire. Si on remplit de réengagements sans contrat les lacunes de la chronique notariale, Lanthier change de statut : l'engagé qui effectue cinq périples en onze ans pour trois employeurs différents selon les notaires ferait désormais figure de loyal serviteur, passant jusqu'à six ans dans l'emploi de Trottier et au moins quatre dans celui de Dufy.

Mais, eût-elle existé, cette belle constance n'est pas la règle. D'une part, il est clair que même les engagés les plus assidus se permettait de casser le rythme des engagements annuels en s'abstenant de voyager de temps en temps. D'autre part, ils étaient nombreux à ne pas conserver le même employeur pendant trois ans, changeant plutôt de maître après un voyage seulement. Nous l'avons vu, près de 80% des contrats passés pendant deux années consécutives par un même engagé documentent un changement d'employeur. Rien n'indique que cette rupture mettait fin à une série de deux ou trois voyages pour le même marchand[14]. Bref, bien des engagés se limitaient à un voyage seulement avant de trouver un nouvel employeur – ou vice-versa. Il y a donc une circulation constante entre les différentes flottilles marchandes, sans rapport avec le rythme triennal du renouvellement des sociétés. Tout bien pesé, les engagés ont tendance à faire preuve d'un opportunisme modéré qui se situe entre les comportements-limite d'un Dagenets et d'un Petit.

L'analyse des carrières les mieux documentées le confirme. Certains poussent assez loin le principe de la constance, comme le fait par exemple Adrien Monet dit Boismenu, qui s'engage à Louis Saint-Ange Charly à six reprises entre 1746 et 1753. Ces années représentent néanmoins une parenthèse dans une carrière de « généraliste » : les contrats font état de 8 autres marchands qui, à divers moments, ont engagé cet habitant du Sault-au-Récollet. François Legault dit Deslauriers, de Pointe-Claire, passe quant à lui à 14 contrats

---

14 C'est du moins ce que suggère la quasi-absence de contrats antérieurs confirmant que c'était depuis quelque temps que l'engagé était à l'emploi du marchand que nous le voyons quitter par la suite. Un dernier engagement notarié n'aurait pas normalement suivi une série de voyages sans contrat, étant acquis que des parties qui se font suffisamment confiance pour se passer de contrat lors du premier d'une série de voyages seraient peu susceptibles de faire le détour par le notaire les années subséquentes.

d'engagement entre 1738 et 1765 avec 11 marchands ou officiers différents. De ces employeurs, au moins deux ont toutefois comme fournisseur le marchand équipeur Ignace Gamelin qui lui-même engage Legault quatre fois. L'engagé fréquente donc les membres du réseau Gamelin, mais aussi plusieurs autres embaucheurs. Beaucoup d'autres hommes travaillent de temps en temps pour la même personne, sans pourtant lui vouer une fidélité à toute épreuve. Par contre, bien peu d'engagés imitent Michel Petit en passant la majorité de leurs contrats avec un même groupe de marchands.

Les salaires : hausses et hésitations

Ce va-et-vient entre employeurs aurait été propice aux négociations salariales. C'est du moins l'impression qui se dégage de l'évolution de la rémunération des engagés. On peut penser que pour les trajets les plus fréquentés, engagés et marchands partagent une notion de ce qui constitue un salaire équitable pour l'engagé débutant ou expérimenté[15]. Pourtant, s'il existe peut-être dans les esprits, ce salaire coutumier pour un trajet et un degré de compétence donné est passablement occulté par les variations sans fin qui se rencontrent dans les contrats notariés. De toute évidence, les salaires sont négociés sur une base rigoureusement individuelle.

Quel est le résultat de ce marchandage ? Les signes d'une tendance à la hausse qui récompenserait l'expérience sont assez nombreux. Dans les 92 cas où les documents permettent de suivre des engagés mettant le cap sur la même destination au pays amérindien deux années de suite (en changeant de maître ou non), ces travailleurs voient leur salaire augmenter 67 fois. Parmi les seuls hommes qui voyagent pour le même marchand pendant deux années consécutives, une proportion un peu moins élevée, soit 11 sur 17, améliore son sort à ce chapitre. En tenant compte uniquement des hausses, le changement moyen atteint 12 % ; l'ajout des quelques cas de salaire inchangé ou à la baisse ramène

---

15 Ce qui ne fait pas de ce secteur un de ceux où les salaires nominaux se signalent par une grande rigidité, car il y a ajustement à l'inflation de la fin du Régime français et sans doute hausse à long terme. WIEN Thomas, « Familles paysannes », art. cit., pp. 176-177 ; cf. DE VRIES Jan, « How did pre-industrial labour markets function ? », in Grantham George, MacKinnon Mary (eds.), *Labour market evolution*, London, Routledge, 1994, pp. 39-63.

la hausse générale à 7%. Le résultat est à peu près le même pour ceux qui s'engagent deux fois à la même personne et pour ceux qui changent de maître. Tout se passe comme si la seule *éventualité* de pouvoir quitter leur employeur accorde également aux engagés plus fidèles un certain pouvoir de négociation.

Avant de conclure à l'existence d'une prime d'ancienneté quasi-automatique, rappelons qu'il s'agit d'exemples choisis ici et là au hasard de la documentation notariale. Encore faut-il vérifier si cette tendance se maintient, tout au long d'une carrière donnée. Un premier indice à ce sujet est fourni par les salaires d'engagés bien documentés qui voyageaient fréquemment entre Montréal et l'un ou l'autre des deux grands entrepôts du commerce, le Détroit ou Michilimakinac. Dans 9 cas, il est possible de suivre ce va-et-vient sur une période de dix ans ou plus (nous évitons les années d'inflation de la fin du Régime français) et d'isoler les sommes minima (début de carrière) et maxima (fin de carrière). Le calcul de la progression linéaire entre ces deux points révèle des taux de croissance annuelle très variables qui se situent entre 0% et 11% par année sur un intervalle de 15 ans en moyenne. Seulement 3 de ces 9 hommes voient leur salaire s'accroître annuellement de plus de 3%. Le petit nombre de cas incitant à la prudence, il est permis de constater que l'expérience se voyait parfois généreusement récompensée à la longue, mais pas toujours. Peuvent jouer, outre la fréquence des engagements qui rythme l'apprentissage du métier, l'accès aux postes, rares et particulièrement bien rémunérés, de «guide» chargé de surveiller l'équipage de plusieurs canots.

L'impression d'imprévisibilité qui se dégage de ces observations s'accentue lorsqu'on examine de plus près les aléas des engagements successifs d'un même voyageur. Telle la ligne d'une côte aux yeux du parachutiste, plus on observe de près l'expérience concrète des engagés, plus la tendance à la hausse des salaires perd son tracé régulier. Les changements de destination occasionnent déjà nombre de variations salariales puisque chaque voyage est rémunéré selon sa durée et son degré de difficulté. Or, le voyageur-type risque de changer de destination deux fois dans une carrière qui comprend cinq voyages notariés. En outre, les hivernements qui s'insèrent ici et là dans les carrières et qui permettent de gagner des sommes plus importantes au prix d'une absence prolongée de la colonie ajoutent quelques fluctuations supplémentaires. Enfin, à ces deux facteurs s'ajoute un autre qui s'observe le mieux chez les engagés qui mettent le cap sur la même destination pendant quelques années d'affilée. Nous avons déjà vu que les hausses de salaire sont souvent au rendez-vous lorsqu'un homme fait le même trajet pendant deux années successives. Il reste que le salaire demeure inchangé dans 10% des cas et même diminue dans 17% des cas (parfois de plus de 10%). Le risque d'essuyer une baisse de rémunération est donc réel. De telles réductions peuvent même freiner l'ascension salariale des engagés les plus habiles, ceux dont la carrière sera couronnée par l'accession au poste de guide. Pour quelles raisons l'évolution du salaire des hommes même les plus qualifiés connaît-il de telles hésitations?

Le notaire Danré de Blanzy fournit un début de réponse à cette question dans un contrat rédigé en 1749. Le marchand Louis Saint-Ange Charly y promet de payer à l'engagé Adrien Monet dit Boismenu la somme de 220 livres au terme d'un voyage aller-retour à Michilimakinac. Sachant diriger l'embarcation, Monet travaillera en tant que «devant» ou «derrière» – mais seulement, selon la formule du notaire, «si besoin». L'année précédente, pour le même trajet, Charly lui avait garanti une place à l'une des extrémités du canot et lui avait payé un salaire de 10 livres plus élevé. Certes minime, la différence en dit long pourtant sur l'incertitude de ce marché. Car il ne s'agit pas ici d'un marchand décidé à imposer une réduction de salaire à un homme dont il croit avoir mal apprécié les compétences l'année précédente. Charly connaît assez bien la valeur de Monet pour l'avoir engagé trois fois avant 1748, pour son propre compte ou celui d'un client. Force est de conclure qu'en 1749, Charly a bon espoir de combler les places aux extrémités du canot avec d'autres hommes et garde Monet en réserve, s'entendant avec lui sur une légère baisse de salaire. Visiblement, même les engagés habiles ne peuvent pas toujours compter sur les «postes» qu'ils convoitent. En même temps, que Charly soit prêt à garder Monet en réserve à un salaire tout de même élevé suggère qu'il n'est pas absolument certain de pouvoir compter sur les autres engagés habiles.

Rien ne permet de penser, en effet, que la main-d'œuvre expérimentée, susceptible de s'acquitter des tâches délicates du «devant», du «derrière» ou du «gouvernail» de canot, était à ce point abondante que les marchands avaient l'embarras du choix. Les salaires élevés des engagés qualifiés – sans commune mesure avec les gages estivaux d'un valet agricole – indique d'ailleurs le contraire[16]. Le

---

16 BERRARDELLI Claude, *Les rapports entre le commerce des fourrures et l'agriculture*, mémoire de maîtrise, Université du Québec à Montréal, 1996, p. 81.

cas de Monet, voyageur « rétrogradé » mais si peu, pose plutôt la question plus large du caractère aléatoire de ce marché du travail si particulier.

Conjurer le risque

Tout indique que la rareté ou l'abondance de demandeurs d'emploi jouent pour ainsi dire à micro-échelle, au jour le jour des quelques semaines, entre la mi-avril et la mi-juin, où l'on s'affaire à former les équipages. Rappelons les conditions dans lesquelles se déroule l'embauche afin de comprendre combien ce temps peut être marqué d'incertitude. D'abord, il y a le nombre important de joueurs. Quelques dizaines de personnes engagent. Si les douze ou quinze marchands équipeurs, très présents parmi les embaucheurs, semblent concentrer les informations concernant les engagés, nombreux sont les marchands voyageurs ou les officiers militaires (ayant le privilège d'exploiter un poste du pays amérindien) qui sont actifs eux aussi. Quant aux travailleurs, ils sont à la fois nombreux – plusieurs centaines et bientôt un millier par année – et de provenance géographique variée. Ayant tôt fait d'épuiser le bassin de main-d'œuvre montréalais, le commerce écume les paroisses rurales, attirant les hommes prêts à affronter les rigueurs du voyage et que veulent bien libérer les familles paysannes. Si la plupart des paroisses concernées se concentrent dans un rayon de quelques dizaines de kilomètres autour de la ville, certaines se trouvent toutefois à plus de 150 km. Ajoutons maintenant l'influence du facteur temps. La nécessité d'approvisionner les postes pendant la brève saison estivale et de profiter de la courte période de disponibilité de la main-d'œuvre surtout rurale impose un rythme rapide de départs de canots, le plus souvent au mois de mai.

Dans ces circonstances, le risque de subir les inconvénients d'une information incomplète est donc élevé, pour les engagés comme pour les marchands. S'y font face des parties qui, bien souvent, ne se connaissent pas et qui ne disposent que d'une connaissance fort partielle de l'état momentané de l'« offre » et de la « demande » : les marchands ignorent à quel rythme les travailleurs arriveront des campagnes, alors que les engagés ont une vision imprécise du nombre de départs à venir pour une destination donnée. De surcroît, ni les uns, ni les autres ne disposent de beaucoup de temps pour se renseigner auprès d'autrui, les premiers étant pressés de faire partir leurs canots, et les seconds désirant souvent limiter les frais qu'impose l'attente loin de chez eux. En d'autres termes, les employeurs se trouvent devant une offre fluctuante de travailleurs dont le degré précis de qualification reste difficile à saisir, tandis que les engagés ne sont pas certains de se faire embaucher aux conditions qu'ils jugent avantageuses. Le risque est donc double. L'engagé peut subir des accidents de parcours, changements de trajet non souhaités ou de travailler à rabais dans une affectation qui ne correspond pas à son degré de qualification. Le marchand, quant à lui, peut surévaluer, aux sens qualitatif et pécuniaire du terme, les capacités des hommes qu'il embauche.

Un tel contexte d'information partielle a dû plaire à ceux qui guettaient l'aubaine sous la forme d'un homme engagé en-dessous de sa valeur ou d'une prime salariale obtenue d'un marchand mal avisé. Il semble néanmoins que les deux parties tentent de circonscrire l'imprévisible. Ceci expliquerait par exemple la présence de quelques contrats d'engagement (près de 5% du total) prévoyant au moins deux voyages aller-retour, souvent assortis d'au moins un hivernement. Ceci expliquerait aussi la fréquence des contrats stipulant un seul voyage mais passés durant l'arrière-saison, en janvier, février ou mars, voire en décembre, comme des rendez-vous pris à l'avance (un peu moins du quart du total).

Les arrangements pris à l'avance sont toutefois bien plus fréquents que ne le laissent supposer les contrats passés devant notaire. Après tout, les nombreux réengagements sans contrat reposaient tous sur une promesse : celle entre deux parties qui s'entendent à l'heureuse conclusion d'un voyage pour se retrouver le printemps suivant. Procéder ainsi permet au marchand comme à l'engagé d'espérer éviter les aléas du marché «libre». Et même si les hommes qui se réengagent n'eurent pas toujours droit à tous les égards – songeons à Monet «rétrogradé» ou à Dagenets sous-payé – beaucoup d'entre eux doivent s'estimer bien traités. Et pour cause : toujours présente, la possibilité de trouver un autre employeur semble suffire à assortir bon nombre de ces ententes d'une promesse – qu'on devine souvent implicite[17] – d'augmentations régulières de salaire.

17 AKERLOF George A., «Labor Contracts as Partial Gift Exchange», in *Quarterly Journal of Economics*, 97 (1982) no. 4, pp. 543-569.

Une tendance partagée à vouloir « échapper au marché » imprévisible, une réaction similaire devant l'incertitude expliquerait alors le mélange de fidélité et d'opportunisme que nous observons dans l'interaction de bon nombre d'engagés et de marchands[18]. Ce système est celui des dernières décennies du Régime français. Il sera appelé à évoluer par la suite, sous la pression conjuguée de la concurrence accrue au sein d'un groupe d'embaucheurs de plus en plus restreint et d'une économie rurale qui, en se diversifiant, devient plus avare de main-d'œuvre[19]. C'est semble-t-il vers la fin du XVIIIe siècle que la hausse des salaires et de la propension des engagés à faire faux bond à leurs employeurs incitera ces derniers à prendre les devants en allant recruter les travailleurs à la source, dans les paroisses rurales[20]. En attendant ces conditions nouvelles, engagés et marchands se retrouvent à Montréal, à tenter de conjurer les aléas d'un marché à lisibilité réduite.

18 Voir HUBERMAN Michael, *Escape from the market. Negotiating work in Lancashire*, Cambridge, CUP, 1996.

19 CARLOS Ann M., *The North American Fur Trade, 1804-1821 : A Study in the Life-Cycle of a Duopoly*, New York, Garland, 1986 ; PODRUCHNY Carolyn, « Unfair Masters and Rascally Servants? Labour Relations [...] in the Montréal Fur Trade, 1780-1821 », in *Labour/Le travail*, 43 (1999), pp. 43-70 ; BURLEY Edith, *Servants of the Honourable Company: Work, Discipline, and Conflict in the Hudson's Bay Company, 1770-1879*, Toronto, OUP, 1997, pp. 96-105. Sur la diversification de l'économie rurale et l'utilisation de la main-d'œuvre, voir notamment DESSUREAULT Christian, « Crise ou modernisation? La société rurale maskoutaine durant le premier tiers du XIXe siècle », in *Revue d'Histoire de l'Amérique française*, 42 (1989) no. 3, pp. 359-387. Le phénomène s'observe également en Pennsylvanie et au Massachusetts : CLEMENS Paul G. E., SIMLER Lucy, « Rural Labor and the Farm Household in Chester County, Pennsylvania, 1750-1820 », in Innes Stephen (sous la dir. de), *Work and Labor in Early America*, Chapel Hill NC, University of North Carolina Press, 1988, pp. 106-143 ; VICKERS Daniel, *Farmers and Fishermen: Two Centuries of Work in Essex County, Massachusetts, 1630-1850*, Chapel Hill NC, University of North Carolina Press, 1994.

20 GREER Allan, *Peasant, Lord, and Merchant*, Toronto, University of Toronto Press, 1985, p. 181 ; RICHARD Sacha, *Merchants and Voyageurs: The Experience of Vaudreuil in the Fur Trade*, mémoire de maîtrise, Université d'Ottawa, 2000. Ces pratiques préfigurent celles du XIXe siècle visant à alimenter en ouvriers les grands chantiers de l'industrialisation : ROSENBLOOM Joshua L., *Looking for Work, Searching for Workers: American Labor Markets during Industrialization*, New York, CUP, 2002, pp. 26-31.

Partie II

La transmission à travers les marchés et la migration

Stratégies individuelles et politiques de reproduction familiale

Le perpétuel ajustement intergénérationnel des destins migratoires à Esparros (XVIIe-XXe siècles)

Antoinette Fauve-Chamoux

On montrera, dans cette contribution, à travers l'exemple de quelques maisons d'Esparros, dans les Pyrénées centrales, comment les options migratoires s'insèrent dans les stratégies de reproduction familiale. A chaque génération, les alliances entre familles provoquent tout d'abord une circulation de certains individus dans le quartier, le village ou la région (conjoints, parents, domestiques), cette mobilité entre maisons anciennes ou nouvelles étant temporaire ou définitive. On assiste par la suite à un perpétuel ajustement des parcours individuels en fonction des circonstances et des accidents démographiques[1]. La reconstitution des destins individuels laisse supposer parfois de fortes tensions au sein des familles, mais la famille-souche s'accommode, au total, avec souplesse et inventivité, des choix de vie et des goûts de chacun. Donnons tout d'abord quelque aperçu des relations du village d'Esparros avec les communautés voisines, en termes d'échanges de population.

Esparros, un village non immobile, ouvert sur le marché

Esparros et sa montagne (3 300 ha) ont toujours constitué un attrait en raison du potentiel d'expansion que sa montagne représente. Le terroir de ce village est situé au pied nord de la montagne commune dite des Baronnies, administrée en commun par les quatre communautés d'Esparros, Labastide, Laborde

---

1 Pour une vue d'ensemble, cf. Chiva Isac, Goy Joseph (sous la dir. de), *Les Baronnies des Pyrénées*, vol. 1 : « Maisons, mode de vie, société », vol. 2 : « Maisons, espace, famille », Paris, EHESS, 1981-1986.

et Arrodets. La majorité des quartiers sont exposés au soleil, sur la partie nord du terroir communal, comme le «Col de Sirez», trois quartiers seulement sont situés directement au pied de la montage, là où la vie est plus rude, surtout l'hiver, lorsque le soleil s'y fait rare, comme à Bioussa.

Nous verrons comment des conditions de vie différentes peuvent influencer les rapports entre familles, plus exactement entre «maisons» et jouer plus ou moins en faveur des alliances matrimoniales, bien que toutes les maisons, quelle que soit leur taille, jouissent des mêmes privilèges sur le terroir de la commune, qu'il s'agisse de l'usage de la forêt, des prés communaux, des alpages de montagne et de l'ensemble des richesses naturelles.

A la suite de procès et de négociations avec leur seigneur, les habitants d'Esparros ont obtenu et gardé des droits d'usage anciens très importants sur la montagne communale, fût-elle basse ou haute (les alpages de Tiremouréou), pour eux-mêmes et leurs successeurs: un acte notarié de 1664[2] précise les conditions d'exploitation des bois, prés et mines diverses et les tolérances en matière de commercialisation des produits qui en sont issus.

Les conséquences de la Révolution française ouvrent un accès inespéré à de nouvelles terres légales, en toute propriété – biens seigneuriaux (14,27 ha), biens d'église (9,78 ha) –. Certaines cultures nouvelles, comme le maïs («milhoc») – dont la culture est souvent associée à celle du haricot en plein champ – concourent à une meilleure qualité de vie. Mais on produisait déjà traditionnellement un lin de qualité; on cultivait aussi de la vigne «en hautin», «pour faire de ces sortes de vignes, et auprès de chacun, un arbre sauvageon à hauteur d'homme et en échiquier». Dans le cadastre de 1773 on comptait 45 vignes basses pour 200 hautins. La Révolution voit augmenter la surface des terres communales, grâce au rachat de terres vacantes appartenant au seigneur. L'ensemble de ces richesses naturelles et la variété des produits artisanaux expliquent qu'Esparros soit un village ouvert sur le marché.

2   Minute de Maître Bazergue, notaire à Labarthe de Neste, du 18 mars 1664.

Les échanges commerciaux

Dès le 16ᵉ siècle, les activités artisanales sont variées et vivaces. Le travail du bois, spécialité masculine, vient en premier : buis, hêtre, sapin, comme l'atteste le contrat cité de 1664. Sabots, peignes, pelles, écuelles et cuillères en bois, transportés dans des «charettes de fuste ouvrée» sont livrés et vendus aux marchés de Lannemezan et de Toulouse. L'élevage du bétail est aussi lucratif. On vend la laine des moutons ainsi que du fil de laine produit par les femmes à la quenouille et mis en écheveau sur le dévidoir, œuvre lui-même d'un tourneur de bois local. Les rouets, instruments plus sophistiqués, se multiplieront au 19ᵉ siècle. Les femmes et les hommes tissent la laine et le lin.

Les hommes partent régulièrement travailler en Espagne, comme l'attestent à l'occasion les registres paroissiaux : transcription à Laborde de l'acte de décès de Jean Larrey, dit Margot, brassier décédé en Espagne en 1771 ; Dominique Larrey, enterré dans l'Eglise des religieux de la Consolation à Alcala en 1772. D'autres personnes sont mentionnées en Aragon et en Navarre. Ces migrants sont brassiers, artisans, maçons, cherchant à rapporter du numéraire pour payer des dots ou acheter des terres. Jean Colomes Choy, d'Arrodets achète en 1730 à Pey Duplan une pièce de terre d'un journal payée en pistoles[3].

L'exogamie des cadets

On observe à Esparros une flambée des mariages de cadets et cadettes entre 1800 et 1840. Jusqu'alors contraints à une installation précaire sur des communaux, à l'émigration ou au célibat à la maison, les cadets et cadettes en surnombre préfèrent maintenant s'établir modestement sur un lopin acquis ou concédé par leur maison natale, et exercer quelque petit métier complémentaire, permanent ou saisonnier[4]. Filles et garçons vont travailler en vallée d'Aure, se font un petit pécule, avant de s'établir. Si la famille refuse de coopérer, on

3   PAILHÉ Pierrette, *La vie dans les communautés de Sadournin et de la Baronnie d'Esparros à travers les compoix terriers illustrés de 1772-1773*, Mémoire de DES, Université de Toulouse, 1963, p. 11.

4   FAUVE-CHAMOUX Antoinette, «La reproduction familiale en milieu paysan : le destin des exclus», in Bouchard Gérard, Dickinson John A., Goy Joseph (sous la dir. de), *Les exclus de la terre en France et au Québec, XVIIᵉ-XXᵉ siècles*, Sillery (Québec), Septentrion, 1998, pp. 73-94.

«squatte» un terrain de montagne pour y bâtir une chaumière, faire du charbon de bois, travailler le buis, faire des sabots pour vendre ces produits sur les
marchés. Souvent les femmes de ces ménages nouveaux ne sont d'ailleurs pas
natives du village, elles ont été rencontrées au gré des expéditions saisonnières.
Entre 1792 et 1839, les conjoints de l'extérieur venus se marier à Esparros
sont le plus souvent des femmes. Sur les 34 jeunes femmes de l'extérieur dont
l'union est célébrée à Esparros au cours de cette période, quatre seulement ne
s'installent pas sur place et repartent avec leur conjoint dans une autre localité.
C'est dire qu'il y a immigration de jeunes femmes adultes au début du 19e
siècle. Quant aux mariés nés ailleurs et venus à Esparros épouser leur promise,
la moitié d'entre eux entrent en gendre dans la maison de leur épouse, les autres
repartent avec leur femme. Parmi les femmes «immigrées» dans cette première
moitié du 19e siècle, 30% sont originaires de la vallée de la Neste d'Aure, 5%
de la vallée de l'Adour. Les gendres viennent beaucoup moins des vallées; les
époux «étrangers» sont plutôt choisis dans les villages voisins (Tableau 1).

Tableau 1. Origine des conjoints mariés à Esparros
et non natifs du village (Mariages 1791-1839)

	Hommes	Femmes
Villages des Baronnies	87%	66%
Vallée de la Neste	9%	29%
Vallée de l'Adour	4%	5%

C'est plus tard, au milieu du 19e siècle, qu'un exode rural commence à se
manifester[5]. La taille des ménages diminue progressivement – de 5 à 3 personnes – et le départ des jeunes adultes devient bientôt le lot commun de chaque
maison. C'est surtout dans les quartiers de la montagne que le nombre de
personnes au foyer chute, entre 1846 et 1871, la seconde génération choisissant

5   FAUVE-CHAMOUX Antoinette, «Patterns of leaving home in a 19th century society», in van
    Poppel Frans, Oris Michel, Lee James (eds.), *The Road to Independance. Leaving Home in
    Western and Eastern Societies, 16th-20th Centuries*, Bern, Peter Lang, 2004, pp. 199-220.

massivement l'exil vers les vallées, les villes ou l'Amérique latine. La natalité baisse fortement à partir de 1855. Ces jeunes hommes qui quittent Esparros en très grand nombre provoquent un accroissement du nombre de femmes qui restent célibataires. Les pyramides des âges de l'ensemble de la population, établies à partir des recensements quinquennaux montrent que la vague de départ frappe ensuite les générations nées entre 1861 et 1880. Alors les jeunes femmes, désormais plus instruites, décident elles aussi de quitter leur maison natale[6]. Cette tendance à une émigration est bien illustrée par les exemples des maisons dont l'histoire est relatée ci-dessous.

Le temps du prestige : transmettre une maison-souche

La maison Bernatou

La maison « Bernatou », située à Esparros, au quartier « col de Sirez », au Nord du village, appartenait en 1663 à Estève Puyau Bernatou, qui y « tient et possède une maison, parc et jardin et pré » avec, au même parsan (quartier), « une piè(ce) de terre labourable de trois journaux et demi-quart, une autre piè(ce) labourable de deux journaux un quart au nord, une terre bouigue d'un quart et demi-quart de journal au parsan Guarrabout, une autre pièce d'un quart de journal, une autre pièce labourable au parsan de la Pradette, touchant aux terres de Lomné d'un journal et demi-quart ».

La maison possède aussi une piè(ce) de brocassa au parsan lou Sarrat d'un journal et quelques autres pièces de terres labourables et prés de 7 journaux ¾ qui seront, selon la mention marginale « à partager également » (folios 38 et 39). Il s'agit de terres éloignées du quartier, situées au sud du terroir, donc à l'autre bout, sur le chemin de la montagne, au cap Sarrat et à l'Artigau, des

6 FAUVE-CHAMOUX Antoinette, « Female mobility and urban population in preindustrial France (1500-1900) », in Eiras Roel Antonio, Rey Castelao Ofelia (eds.), *Internal Migrations and medium distance Migrations in Historical Europe,* Santiago de Compostela, CIDH, 1996, pp. 43-71 ; ID., « Femme et mobilité de la population : un exemple français », in Eiras Roel Antonio, Gonzales Lopo Domingo L. (eds.), *Movilidad y migraciones internas en la Europa latina/Mobilité et migrations internes de l'Europe latine, Catedra UNESCO 226,* Santiago di Compostela, Universidade de Santiago de Compostela publicacions, 2002, pp. 87-100.

terres qui permettent aux cadets d'Esparros de s'installer indépendamment dès cette période, tout en restant sur le terroir du village. A la fin du 17e siècle, la surface est donc de 16 journaux environ (avant le partage prévu lors d'une succession postérieure), soit moins de 4 hectares, ce qui situe déjà la maison dans une honorable moyenne.

Un siècle plus tard, dans le cadastre de 1772, la maison, aux mains de Bernard Puyau « Bernatou », jouit de 23 journaux (6 hectares et demi) de pièces relativement proches les unes des autres, marquant une stratégie d'expansion. Les successions intervenues en une centaine d'années n'ont pas affecté le patrimoine foncier, bien au contraire.

En 1826, la maison Bernatou est devenue une des plus importantes d'Esparros et compte, dans le nouveau cadastre, 13 hectares, soit une surface deux fois plus importante qu'avant la Révolution. La famille a en particulier acquis trois prés de qualité dans le bas du village et exploite un petit bois, objet d'un litige avec la commune. On a l'impression non seulement d'une politique systématique de conservation du patrimoine foncier mais aussi d'une volonté d'expansion dans les quartiers les plus voisins de la maison, quelle que soit la valeur des terres. Il semble en particulier que la maison ait récupéré un certain nombre de parcelles appartenant à des femmes de la famille, décédées sans héritier. En 1663, plusieurs terres voisines de la maison appartenaient en effet à « Jeanne et Bernarde Puyau » et à « Madelaine Puyau ». Les lacunes des registres paroissiaux de cette époque rendent difficile l'établissement d'une généalogie précise. En tout cas, et cela jusqu'au milieu du 18e siècle, la famille semble avoir suivi un schéma de transmission en primogéniture masculine et avoir respecté les usages de transmission de la famille-souche, tels que nous les avons décrits ailleurs[7].

---

7   FAUVE-CHAMOUX Antoinette, « The Stem family, demography and inheritance », in Rudolph Richard L. (ed.), *The European Peasant Family and Society*, Liverpool, Liverpool University Press, 1995, pp. 86-113 ; ID., « Les structures familiales au royaume des familles-souches : Esparros », in *Annales E.S.C.*, 39 (1984), no. 3, pp. 513-528 ; ID., « Aging in a never empty nest : the elasticity of the stem family », *Aging and generational relations over the life course*, Tamara Hareven (ed.), Berlin, Walter de Gruyter, 1996, pp. 75-99 ; ID., Emiko Ochiai (eds.), *House and the stem-family in EurAsian perspective/Maison et famille-souche : perspectives eurasiennes*, Nichibunken/EHESS, 1998 ; ID., « Les modèles de transmission familiale ‹ à l'identique › face à la croissance : perspectives eurasiennes de la famille-souche paysanne », in *Mélanges de l'Ecole française de Rome*, t. 110 (1998), pp. 163-167 ;

Fils de Bernard I et de Marie Duthu, Laurent, un premier cadet, né en 1700, sera héritier de la maison, en raison de la disparition du premier-né. Ce Laurent Puyau « Bernatou », brassier, épouse, vers 1727, Domenge Lapène, sa parente au 4ᵉ degré, mariage qui semble nettement relever le niveau social de la maison. Leur fils aîné, Bernard II Puyau « Bernatou », dit fils de « laboureur » (et non plus de « brassier »), épouse, à 26 ans, le 21 juillet 1754 une cadette de Laurent Duthu « Haillé », Bertrane, âgée de 23 ans. Son unique frère cadet, Pierre Puyau, épousera à 43 ans, en gendre, l'héritière « Marçau » (elle-même déja âgée de 29 ans), au quartier tout proche du Castet. Il s'agit en fait, pour cette dernière, d'une fort petite maison, où les hommes sont cultivateurs en même temps que sabotiers. On comprend qu'aucun partage de terre n'ait eu lieu à cette génération, l'unique sœur « Bernatou » étant décédée à 9 jours. Le patrimoine foncier « Bernatou » reste intact et les deux fils sont établis sans difficulté, restant proches l'un de l'autre, l'un à la maison, l'autre en gendre dans le voisinage.

La première Thérèse « Bernatou », héritière

La génération suivante sera plus prolifique (Figure 1). Huit enfants naîtront, dans la maison « Bernatou », de l'union de Bernard II et Bertrane, avant que cette dernière ne meure à 48 ans, en 1779. Curieusement, le fils aîné, Laurent – qui porte le prénom de son grand-père paternel – restera célibataire à la maison, où il atteindra l'âge de 82 ans ; on ne sait rien de lui, sinon qu'il a quelque instruction et sait signer. Il se déclare « cultivateur ». Il n'est donc apparemment pas sérieusement handicapé et on ne sait absolument pas pourquoi il ne prend pas la direction de la maison « Bernatou ».

Id., « Strategies of Household Continuity in a Stem-Family Society : from Heirship to Headship », in Derosas Renzo, Oris Michel (eds.), *When Dad Died, Individuals and Families Coping with Distress in past Societies,* Bern, Peter Lang, 2002, pp. 121-140. Id., « Démographie et stratégies de continuité familiales au sein de la famille-souche des Pyrénées françaises : l'exemple d'Esparros », in *Balance de la historiografía modernista, 1973-2001, Homenaje al Prof. Antonio Eiras Roel,* Xunta de Galicia, Santiago de Compostela, 2003, pp. 147-164.

Figure 1. Généalogie de la famille « Bernatou », Esparros

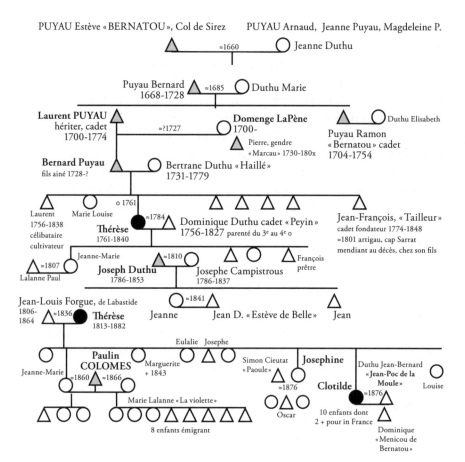

La première fille, Marie-Louise, épousera à 18 ans un héritier « Majesté », et ira s'établir dans la maison de celui-ci ; la seconde fille, Thérèse, née en 1761, sera donc héritière et assurera la descendance de la maison Bernatou, en épousant un cadet de la maison « Peyin », Dominique Duthu, désormais appelé « Bernatou », avec qui elle a un lien de parenté proche (du 3e au 4e degré)[8].

8   Sur la question des héritières et des mariages en gendre, cf. Fauve-Chamoux Antoinette, « Le rôle des femmes dans la transmission des biens en France (XVIIIe-XIXe siècles) »,

Le devenir des autres frères et sœurs de Thérèse «Bernatou», l'héritière de cette génération de la fin de l'Ancien régime, se résume comme suit :

- Alexandre, 4e enfant, meurt à 17 ans en 1782,
- Pierre, 5e enfant, meurt à 7 ans en 1775,
- Jean-Baptiste, le 6e, est de destin inconnu (sans doute a-t-il émigré ou son décès n'a-t-il pas été enregistré),
- le 7e enfant meurt à la naissance, «ondoyé à la maison par Jeanne Delhom, maîtresse sage-femme d'Esparros», «à cause du péril de mort»,
- le 8e enfant, un garçon prénommé Jean-François, fondera une maison au village et sera tailleur d'habits (maison «Tailleur») et ses fils seront cabaretiers. Il meurt dans la misère en 1848, bien que logé par un de ses fils. Il ne semble pas avoir bénéficié du moindre patrimoine foncier en héritage.

Revenons au couple formé par l'héritière (Marie) Thérèse I Puyau «Bernatou», mariée à 23 ans, et Dominique Duthu, gendre, marié à 28 ans, en février 1784. Ils résident avec le père de la jeune femme, veuf, avec le frère aîné de l'héritière, célibataire endurci, et avec le benjamin, Jean-François, alors âgé d'une dizaine d'années. La maison «Bernatou» n'est en rien affectée par le fait que le gendre porte le patronyme Duthu. La période de la Révolution sera favorable à l'exploitation : ils doubleront la taille de leur patrimoine foncier.

Ils limiteront tout d'abord le nombre de leurs enfants : 5 naissances, trois survivants, une fille aînée et deux garçons.

La fille aînée, Jeanne-Marie sera mariée à 22 ans, en 1807, à Jean-Paul Lalanne, riche héritier de la maison «la Violette», à Esparros. Leur premier fils, Joseph, né en 1786 sera l'héritier et son cadet se fera prêtre et disparaîtra à 30 ans, mourant à la maison.

in Dessureault Christian, Dickinson John A., Goy Joseph (sous la dir. de), *Famille et marché, XVIe- XXe siècles,* Sillery (Québec), Septentrion, 2003, pp. 245-260 ; Id., «Female Transmission in comparative Perspective», in Ochiai Emiko (ed.), *The Logic of female succession : rethinking patriarchy and patrilinearity in global and historical perspective,* Kyoto, International Research Center for Japanese studies, 2003, pp. 11-29.

Sieur Joseph « Bernatou »

Le devenir de la maison « Bernatou » nous est désormais bien connu. En l'absence de données notariales, la manière dont Joseph, laboureur et cultivateur, améliore sa fortune n'est cependant pas claire. A partir de son mariage en 1810, il est qualifié de « Sieur ». Il avait épousé Josephe Campistrous, une jeune fille non native d'Esparros, dont la localité d'origine n'est pas mentionnée, mais qui apporta assurément une bonne dot. Le couple aura trois enfants, aux naissances espacées, deux filles et un garçon. L'aînée des filles sera héritière – comme sa grand-mère Thérèse I –, le cadet, Jean, sera plus ou moins à la maison jusqu'à l'âge de 25 ans, âge où l'on perd sa trace après 1851 (on peut supposer qu'il émigra et tenta fortune ailleurs).

La fille cadette, Jeanne, épouse à 20 ans, en 1841, Duthu Jean « Estève de Belle », ce qui est une piètre alliance pour les Bernatou : Jeanne est dite « journalière ».

L'héritière, (Marie) Thérèse II, épouse à 23 ans, en 1836, Jean-Louis Forgue, un cadet de Labastide, maison « Pourret », de 10 ans plus âgé qu'elle. Comme tous les gendres entrant dans une maison, il perd alors son nom d'origine. Sa belle-mère, Josephe Campistrous, n'est pas présente à la cérémonie, elle est déclarée malade au moment des noces, et meurt l'année suivante, en 1837. Joseph « Bernatou », pater familias, restera veuf. L'ensemble de la maison va maintenant connaître le déclin.

La seconde héritière, Thérèse « Bernatou », et sa flopée de filles

En 1846, Joseph, veuf depuis presque dix ans, est dans sa soixantaine, chef de maison, vivant avec sa fille aînée, héritière, son gendre et ses petites-filles, tandis que son fils Jean est souvent absent pour ses affaires. Curieusement c'est chez son autre gendre qu'il va mourir en 1853, dans la maison « Estève de Belle », ce qui laisse entrevoir quelque conflit familial, soit avec son gendre Jean-Louis, devenu chef de ménage entre-temps, soit avec sa fille héritière. Ce mari de l'héritière décède d'ailleurs en 1864. L'héritière Thérèse II, veuve, prend alors pour une longue période la direction de l'exploitation, de 1864 à 1876. A cette date, Clotilde se marie et va assurer comme nouvelle héritière la continuité de la maison. Pendant longtemps, il n'y a pas d'hommes dans cette maison, ce qui semble assez dramatique. Que s'est-il passé ?

Le drame serait-il la naissance de huit filles et d'un seul garçon, Paul, mort à 5 ans en 1849 ? La maison a déjà connu une héritière, on l'a vu, avec succès. En 1876, c'est l'avant-dernière des filles, Clotilde, née en 1852, qui finalement assurera la succession. Nous reconstituons le devenir de cette génération très en détail à partir de 1846, grâce aux recensements nominatifs et à la reconstitution de la famille.

La première fille, Marie, qui aurait pu être héritière, meurt en 1851 à 15 ans. La seconde fille, Jeanne-Marie – dite Mariette –, se marie en 1860 hors de la maison, avec Paulin Colomes, âgé de 27 ans, un garçon d'Arrodets, fils d'un modeste fabricant de cuillères en bois, Jean Colomes, veuf depuis bien longtemps, qui partira bientôt gagner sa vie définitivement en Espagne. Ce mariage fait l'objet d'un contrat notarié, ce qui laisse penser que Jeanne-Marie apporte quelque dot et est en même temps exclue de la future succession. Thérèse, la mère de famille, espère sans doute, pour une de ses autres filles plus jeunes, faire entrer à la maison un gendre de meilleur niveau que ce Colomes.

Mariette et Paulin Colomes, qui ne sont pas jugés dignes d'assurer la succession, s'installent dans une nouvelle maison à la montagne, « à l'Artigau », où Jeanne-Marie meurt d'ailleurs six ans plus tard, en avril 1866, laissant 3 enfants en bas âge. La succession de la maison « Bernatou » n'est pas encore arrangée, ce qui devient grave puisque le chef de famille, Jean-Louis Forgue est décédé en avril 1864 : il n'y a plus d'homme à la maison, et sans doute pas de quoi doter proprement une des deux filles en âge de se marier, Eulalie, 22 ans, Josèphe, 18 ans. Joséphine n'a que 15 ans.

En 1866, Eulalie a définitivement émigré, Josèphe fera de même avant 1871. Joséphine, Clotilde, née en 1852, et Louise, la petite dernière, née en 1857, sont à la maison. La veuve mère de famille est en grande difficulté : il lui manque un bon gendre à son goût. Regrette-t-elle d'avoir méprisé Paulin Colomes ?

On voit alors Paulin Colomes, le gendre devenu veuf en 1866, à qui le devenir de la maison Bernatou n'avait pas été confié en 1860 quand tout allait bien, se remarier au plus vite, et revenir vivre en voisin, au Col de Sirez, où il restera jusqu'en 1881 avec les enfants de ses deux mariages. C'est maintenant le seul homme de la proche parenté et il va, tout en servant les intérêts « Bernatou », se faire respecter par son ex-belle-mère, Thérèse. Cette héritière, dans sa cinquantaine, désormais veuve, ne devait pas être facile, mais elle n'a pas de quoi entretenir un domestique salarié. Elle pourrait se remarier, probablement, mais cela ne se produit pas. Colomes a le sens du devoir, tout en protégeant sa vie conjugale, qu'il maintient indépendante, avec sa nouvelle épouse – dont il aura 8 enfants –, il fait tourner assurément la ferme voisine « Bernatou » et fait vivre cette maison de femmes, où l'on n'avait pas voulu de lui.

Le voisin-gendre : Paulin Colomes, un « crypto-Bernatou »

La nouvelle épouse de Colomes, Marie Lalanne est une cadette du riche Jean « Laviolette », maison avec laquelle on avait déjà lié alliance en 1807, la grand-mère paternelle de Marie Lalanne étant une « Bernatou », et son père l'héritier Laviolette. C'est pourquoi Colomes, quittant les hauts d'Esparros, l'Artigau des cadets, peut s'installer indépendamment dans le quartier même de sa première épouse, sur un lopin acheté ou transmis probablement à sa seconde épouse et appartenant autrefois aux « Bernatou ». Au moment d'épouser Marie le 31 décembre 1866, Colomes, dont la mère est morte depuis plus de 25 ans, n'a pas réussi à retrouver la trace de son père. Le père de Paulin Colomes est parti en effet s'établir en Espagne après 1860, mais son domicile y est inconnu, il a fallu faire un acte de notoriété, établi et signé par le juge de paix du canton de Labarthe six jours avant le remariage, formalité plus nécessaire probablement à la succession à Arrodets, à la validité du contrat de mariage qu'au mariage lui-même, le marié étant largement majeur (34 ans). Il apparaît alors comme « cultivateur et propriétaire », ce dernier terme marquant une amélioration évidente de sa condition.

Paulin aura, au Col de Sirez, 8 enfants de ce second lit, tout en élevant, avec Marie Lalanne, les 3 enfants de son premier lit. Ni Paulin, ni ses enfants ne porteront jamais le nom de maison « Bernatou », bien que vivant maintenant à quelques mètres de leur grand-mère héritière, Thérèse. La famille « Colomes » va d'ailleurs quitter le village massivement dans les années 1880, après la naissance du dernier bébé. Nous avons la chance de pouvoir suivre un certain nombre de ses membres et reconstituer le destin migratoire des Colomes, sans en connaître toutefois les raisons profondes.

Le temps du mépris : rester au village devient une corvée

Les choix migratoires observés au sein de la famille Colomes sont assez représentatifs de l'esprit nouveau qui souffle dans les campagnes et les maisons-souches des Baronnies des Pyrénées : rester à Esparros, prendre en charge la succession d'une maison, d'une exploitation, et assurer la survie de tous les membres de la famille qui en dépendent est désormais perçu non plus comme un honneur mais comme une corvée. Individus et familles entières vont quitter le village pour la vallée, la ville ou l'Amérique latine. C'est pourquoi, dans les maisons qui parviennent à se maintenir, c'est souvent le plus jeune qui devient héritier et non plus l'aîné.

Chez Paulin Colomes, les trois enfants du premier lit, élevés par leur père et une « marâtre », quittent Esparros dans leur adolescence, ce que l'on peut comprendre, leur père étant chargé d'autres enfants. On ne connaît pas leur destin. Nous suivons bien, par contre celui des enfants du second lit : aucun ne fera sa vie à Esparros.

- l'aîné, Jean-Marie, né en 1867, se marie à Paris en 1899, à la mairie du 10e arrondissement, il reviendra cependant finir ses jours à Esparros, où il meurt en 1952,
- Marie Thérèse se marie aussi à Paris, dans le 4e arrondissement et revient pour sa part finir ses jours à Hèches, dans la vallée d'Aure, en 1958,
- le destin de Léopold, le troisième né, est inconnu après 1881,
- Louise, née en 1873, meurt célibataire à Vic de Bigorre en 1952,
- de Jean-Paul et Jean-François nous ne savons rien après 1881,
- par contre la fille suivante, Marie-Thérèse, née en 1879, est décédée à Esparros à 2 ans, avant que la famille n'émigre,
- le dernier enfant connu du couple Colomes, Anna, mourra à Hèches en 1946.

Anne Ozun, la mère de Marie Lalanne était de Hèches, ce qui explique ces retours des Colomes dans la vallée d'Aure au milieu du 20e siècle. Il ne s'agit donc pas ici d'une émigration lointaine, mis à part les deux aînés du second lit qui vivent une vie professionnelle à Paris.

Privé au départ de son rôle de gendre, Paulin Colomes aura pourtant contribué à faire survivre la maison « Bernatou » dans la seconde moitié du 19ᵉ
siècle, avant de choisir un autre destin, après 1881. Son remariage en 1866
dans la « bonne » parenté de sa première femme lui a permis d'assurer de façon
originale, en tant que voisin, la continuité de la maison[9]. Son installation dans
le quartier « Col de Sirez » permet à Paulin d'assurer la marche de la ferme « Bernatou ». Colomes jouera donc plus ou moins un rôle de gendre jusqu'en 1881,
tant qu'une cadette Bernatou ne sera pas mariée avec un gendre convenable et
n'aura pas eu quelques enfants pour assurer la succession. Colomes ne quittera
le pays que lorsque le couple Clotilde/Duthu Jean-Bernard « Jean-Poc » fera
souche chez « Bernatou », après avoir commencé sa vie conjugale ailleurs (chez
Jean-Poc de la Moule, comme on le verra plus bas).

Revenons au destin individuel des filles nées de notre seconde Thérèse
« Bernatou ».

La troisième fille, Marguerite, meurt à 3 ans, en 1843. La quatrième, Eulalie, quitte Esparros à 19 ans, comme la cinquième, Josèphe. La sixième fille,
Joséphine, donne naissance en 1875 à un enfant naturel ; l'enfant meurt à 12
jours (octobre 1875). Clotilde, enfant de rang 8 se marie alors en février 1876,
et s'installe chez « Jean-Poc », son mari. Clotilde ne veut-elle donc pas être
héritière ? Joséphine va-t-elle succéder ?

Qui n'a pas épousé Joséphine ?

Joséphine tombe enceinte à nouveau, mais aucun mariage ne se produit et
l'enfant, né en octobre 1876, n'est pas reconnu, de sorte que le père ne nous est
pas connu. Cet enfant, Oscar, meurt à 9 mois et les chances de succession de
Joséphine semblent s'envoler avec ses espoirs de mariage. Nous y reviendrons.
Quelqu'un n'a pas voulu devenir gendre « Bernatou ». La maison est-elle donc
tombée si bas qu'aucun gendre ne veuille y entrer ? La veuve Thérèse serait-elle
particulièrement insupportable ? Quel rôle vengeur joue donc Paulin Colomes

---

9 Paulin a sans doute construit son propre logis au Col de Sires (seule la maison « Bernatou »
   figure au cadastre de 1839), son emplacement exact n'a pas pu être identifié sur le terrain,
   le quartier étant désormais presque entièrement en ruines.

dans cette affaire, le Tonton-voisin? Louise, la dernière des filles, n'a pas attendu que se règle la succession pour quitter le foyer: elle émigre adolescente.

C'est à Clotilde que revient maintenant la responsabilité ultime d'assurer la continuité de la maison-souche. Il n'y a plus d'autre solution. Clotilde, cadette, se doit alors de quitter sa belle-famille « Jean-Poc de la Moule » et de faire venir son mari, Duthu Jean-Bernard comme gendre au col de Sirez. Mais Jean-Bernard refuse. Il reste chez « Jean-Poc », au quartier « La Taillade ». Et Colomes poursuit son rôle de crypto-gendre, en voisin de Thérèse « Bernatou ». Le mari de Clotilde n'acceptera finalement d'emménager chez « Bernatou » que lorsque sa belle-mère, l'héritière Thérèse « Bernatou » sera morte, à savoir après le 25 avril 1882, c'est-à-dire quand il pourra prendre véritablement la direction de la maison avec Clotilde. Alors seulement Paulin Colomes quittera le pays et laissera la responsabilité de la ferme à sa nièce et à son mari.

Clotilde « Bernatou », l'héritière-cadette forcée

En fait, dès 1881, Clotilde est recensée dans la maison « Bernatou » avec son fils François, âgé de 2 ans, mais sans son mari, ce dernier étant toujours enregistré dans sa maison d'origine, « Jean-Poc de la Moule ». Mais François, cet enfant sur lequel repose le destin de la famille « Bernatou », troisième né de Clotilde, seul survivant encore de ces trois enfants, décède lui aussi à l'âge de 2 ans en juin 1882. Le mari de Clotilde rejoint sa femme, à la mort de sa belle-mère, en avril 1882. Clotilde accouche heureusement d'un autre garçon, Célestin, né en mai 1882, puis suivront encore 6 grossesses (deux de ces garçons puinés mourront pour la France en 1916 et 1917). Jean-Bernard Duthu assurera son rôle de successeur « Bernatou » jusqu'à sa mort en 1906. Jean-Bernard Duthu est un « Jean-Poc », mais né à Laborde, avant le mariage de sa mère avec un cadet « Jean-Poc », Antoine, cultivateur au quartier Pé de Cantet. Il a de nombreux frères, boulangers (fait peu surprenant dans cette famille de meuniers), dont l'un émigrera à Paris. Le dernier né assurera finalement la succession, ce sera le menuisier, Bernard qui ne se marie qu'en 1901. Clotilde est enregistrée avec son mari dans la maison « Jean-Poc » en 1876, mais, en 1881, elle est déjà, avec le petit François, retournée chez sa mère pour ne pas la laisser seule – Joséphine est partie et Colomes, toujours voisin, n'a jamais envisagé la moindre cohabitation avec son ex-belle mère –. Le mari de Clotilde, lui, demeure encore chez ses parents, au grand moulin (qui abrite plusieurs ménages), le recenseur reconnaissant donc une séparation d'habitation réelle du couple – petit éloignement qui n'empêche pas leur relation conjugale, comme le prouvent les couches de la jeune femme –.

Que se passe-il par la suite ? L'aîné des garçons survivants, Célestin fera sa vie à Arcachon, où il se marie en 1909 et meurt en 1955 ; l'héritier final sera le sixième-né, Dominique, marié à Esparros en 1921, décédé à Bagnères en 1966 ; Marie, la dernière des filles fera sa vie à Paris où elle se marie dans le 8e arrondissement, meurt dans le Jura, à Lons-le-Saunier en 1969. Le plus jeune des garçons est tué au champ d'honneur, le 24 décembre 1916, comme plus tard Jean-Marie, qui tombe le 5 mai 1917 dans l'Aisne. Pour résumer le destin de cette famille paysanne, de leurs 10 enfants, cinq meurent en bas âge, trois se marient et deux meurent pour la France pendant la première guerre mondiale. Clotilde « Bernatou », héritière malgré elle – à la place de Joséphine, sa sœur – veuve en 1906, assure jusqu'à sa mort la direction de l'exploitation, avec son fils Dominique.

Une étude fine de notre fichier nous a miraculeusement permis de comprendre dans une certaine mesure pourquoi Clotilde s'était trouvée contrainte à assurer la succession de sa maison natale « Bernatou » en remplaçant Joséphine. Cette dernière voulait en fait épouser un « Paoule ».

La maison « Paoule »

En 1773, la maison « Paoule », à Bioussa est de 13 journaux, environ 3,70 hectares, soit un patrimoine deux fois plus petit que celui des « Bernatou » à la même époque. « Paoule » est une maison très modeste, qui va connaître par la suite un partage en quatre parts. En 1826, la maison mère ne compte plus que 1,66 hectare. Bioussa est assurément un des quartiers les plus rudes à vivre d'Esparros, situé au sud, sur le flan nord de la montagne, donc souvent à l'ombre et relié au village par un sentier périlleux en hiver. Il y a cependant de bons prés, les maisons y sont solides et leurs habitants sont connus pour avoir « la tête près du bonnet » : ils sont fiers. On est pauvre, mais on ne s'allie pas sans poser ses conditions.

Quelle piste nous mène-t-elle à la famille « Paoule » ? Un certain Baptiste Cieutat, « Paoule », cultivateur âgé de 65 ans, se trouve déclarer à la mairie d'Esparros la naissance du premier bâtard de Joséphine « Bernatou », le 4 octobre 1875. Voila qui me parut surprenant, car le bâtard suivant, 12 mois plus tard est déclaré par la sage-femme du village. Il apparaît bientôt que Baptiste ne peut être que le père du géniteur. S'il était venu faire cette déclaration à la mairie, il devait y avoir eu promesse de mariage d'un de ses fils avec Joséphine « Bernatou ». Effectivement, le passage au peigne fin du fichier nous fait découvrir qu'un contrat de mariage avait été signé quelques jours auparavant, à Laborde chez le notaire, le 28 septembre 1875 entre Joséphine et Simon Cieutat, le 2e cadet « Paoule ». Mais ce mariage n'a pas eu lieu ! Bientôt, Josephine est enceinte une seconde fois, accouche du petit Oscar, et le mariage n'a toujours pas lieu. On a vu les difficultés de succession rencontrées par les « Bernatou », depuis la mort du père Jean-Louis Forgue en 1864, le dévouement de Paulin Colomes… Simon Cieutat est menuisier, il vit chez ses parents, c'est son frère plus jeune, Jean-Louis, qui finalement assurera la succession de la petite exploitation familiale, agricole bien sûr, mais où le travail du bois apporte des compléments non négligeables à la vie quotidienne. Nous ignorons si c'est Simon qui refuse d'être gendre « Bernatou », ou si c'est son père Baptiste qui finalement est conduit à refuser cette alliance, parce qu'il veut que Joséphine monte s'installer à Bioussa. C'est sans doute Thérèse qui ne veut pas que sa fille aille en belle-fille chez les « Paoule » et la laisse seule, alors que Josephe et Eulalie sont déjà parties définitivement et que Clotilde envisage d'aller bientôt chez les « Jean-Poc ». Le drame familial nous paraît tenir au caractère de Thérèse, qui exige sans doute que Joséphine reste à la maison. Mieux vaut des bâtards « Bernatou » que donner des petits-fils aux « Paoule » ! D'ailleurs le premier bébé de Joséphine est une fille, elle est baptisée bien symboliquement Marie-Thérèse. L'enfant ne vivra pas, mais elle est née « Bernatou ». Alors les Paoule se fâchent, et Simon, amoureux, descendra régulièrement pendant cinq ans visiter sa fiancée. Le bâtard suivant sera prénommé Oscar, rompant avec toute tradition familiale d'un côté comme de l'autre.

Le choix du cœur et la solution migratoire

Simon, marié à Joséphine, aurait dû hériter de la maison « Paoule ». Il choisira de céder la place à son plus jeune frère et d'émigrer avec l'élue de son cœur, Joséphine, qui le suivra une fois que Clotilde aura cédé, autrement dit aura quitté « la Moule » et son mari pour assurer son destin d'héritière à la maison natale, et surtout après que Jean-Bernard Duthu aura accepté son destin de gendre « Bernatou », libérant enfin Paulin Colomes de son devoir de voisin-Tonton.

L'amour triomphera, car, dans cette histoire rocambolesque mais vraie, la présence de l'amour entre Simon et Joséphine ne fait aucun doute: les amants auront trois enfants connus, et Simon finira par épouser sa maîtresse, le 30 janvier 1879, alors que son père Baptiste est mort depuis plus de trois ans. Pourquoi n'épouse-t-il pas sa promise plus tôt, là est le mystère. Ce n'est pas son père qui l'en empêche maintenant. Ni la mère de Joséphine, Thérèse, qui a choisi Clotilde comme héritière. Et Joséphine se trouve enceinte pour la troisième fois, elle va accoucher à Esparros, enfin mariée, d'une petite fille légitime, Marie-Louise, dite « Paoule » et non plus « Bernatou », en mai 1879, après quoi le couple quitte le village, définitivement, avec l'enfant, pour changer de vie.

Le plus étonnant est que le contrat de mariage entre les deux familles ne semble pas avoir été modifié entre 1875 et 1879. Sans doute fallait-il préparer le projet migratoire, vers la vallée d'Aure, rompre avec le passé, amasser des économies, obtenir une part d'héritage, avant de faire officiellement vie commune. Nous ne savons rien d'autre de Joséphine et de Simon, sinon que ce dernier ne fut jamais gendre « Bernatou », laissant le terrain libre au mari de Clotilde. Marie-Louise « Paoule », leur troisième enfant, se marie en 1906 à Hèches et finit ses jours à Bordeaux en 1960.

Les conflits entre maisons, parfois violents, sont perceptibles à travers la reconstitution simple des événements familiaux. La liberté de choix du conjoint comme la liberté de choix migratoire ne sont possibles, en principe, que lorsque le destin de la maison-souche est assuré. Ce que nous observons, au cours de la seconde moitié du 19e siècle, à travers l'histoire en chaîne de ces couples d'Esparros, c'est à quel point les choix individuels sont liés au devenir de la maison-souche. Les enfants cependant ne sont pas passifs: ils expriment leurs préférences et la stratégie familiale doit finalement tenir compte de leurs sentiments. Nombreux sont ceux qui refusent le destin qui leur était réservé et choisissent librement une autre vie, au village ou ailleurs.

Saturation de l'espace foncier et logiques migratoires dans la campagne lucernoise, 1850-1914[1]

Anne-Lise Head-König

La question de la mobilité et des migrations au sein même du monde rural helvétique au 19e siècle a peu intéressé les historiens. Les études sur les migrations suisses ont le plus souvent privilégié la migration à longue distance, notamment vers la Russie[2], les Amériques et l'Australie[3], ou la migration vers les villes[4], encore qu'il faille différencier selon la confession. Pour des raisons culturelles et confessionnelles, les populations catholiques ont moins privilégié la mobilité vers les grandes villes, celles-ci étant encore majoritairement protestantes jusque dans l'entre-deux-guerres. L'étude de l'exode rural prend une place importante dans les premières décennies du 20e siècle, mais l'intérêt porté à la dépopulation rurale a alors une forte connotation politique[5]. Certes, le phénomène

1 Recherche financée par le FNS (subside 1114-058899.99).
2 Cf. les diverses études publiées entre 1985 et 2001 dans la Collection *Beiträge zur Geschichte der Russlandschweizer.*
3 Parmi les nombreuses contributions à ce thème, on relèvera quelques études devenues classiques : ARLETTAZ Gérald, *Emigration et colonisation suisses en Amérique, 1815-1918,* Berne, Archives fédérales, 1979 ; CHEDA Giorgio. *L'emigrazione ticinese in Australia,* 2 vol., Locarno, A. Dadò, 1976 ; CHEDA Giorgio, *L'emigrazione ticinese in California,* 2 vol., Locarno, A. Dadò, 1981 ; RITZMANN-BLICKENSTORFER Heiner, *Alternative Neue Welt : die Ursachen der schweizerischen Überseeauswanderung im 19. und frühen 20. Jahrhundert,* Zürich, Chronos, 1997 ; WESSENDORF Berthold, *Die überseeische Auswanderung aus dem Kanton Aargau im 19. Jahrhundert,* Aarau, Sauerländer, 1973 ; ZIEGLER Béatrice, *Schweizer statt Sklaven : schweizerische Auswanderer in den Kaffee-Plantagen von São Paulo (1852-1866),* Stuttgart-Wiesbaden, Steiner, 1985.
4 Quelques contributions récentes : WALTER François, *La Suisse urbaine : 1750-1950,* Carouge-Genève, Zoé, 1994 ; HEAD-KÖNIG Anne-Lise, RADEFF Anne, GILOMEN Hans-Jörg (éd.), *Migrations vers les villes. Exclusion-assimilation-intégration-multiculturalité,* Zurich, Chronos, 2000 ; LORENCEAU René, *Bâle de 1860 à 1920 : croissance et mobilités urbaines,* Thèse Univ. de Tours, [dactyl.], [s.n.], 2001, 3 vols.
5 Cf. outre les diverses contribution de Hans Bernhard et de son Association suisse pour la colonisation intérieure, publiées dans le premier tiers du 20e siècle, voir aussi KOLLER

de la mobilité intra-rurale n'est pas ignoré totalement. Depuis la fin du 19e siècle, l'Office fédéral de la statistique fournit, lors de chaque recensement, une statistique agrégée des migrations pour chaque canton en indiquant les effectifs de personnes nées dans un canton et qui se sont établies ailleurs, mais il n'en demeure pas moins que les sources contemporaines produites par les administrations communales rurales n'atteignent jamais la qualité des sources urbaines pour mesurer les mobilités au sein du monde rural. Par ailleurs, la plupart des travaux consacrés à l'émigration insistent sur les causes macro-économiques – appauvrissement généralisé, marché du travail déséquilibré, etc. – et conjoncturelles pour expliquer la cause des départs. Mais à quelques exceptions près, la migration dans son contexte familial et socio-professionnel reste peu étudiée[6].

Le champ d'étude

Un certain nombre de spécificités propres à Willisau-Land, dans le canton de Lucerne, explique le choix de cette commune catholique comme terrain d'observation: le relief, puisqu'il s'agit d'une région de collines et de piémont dont l'altitude varie entre 536 et 1 050 m, avec un habitat dispersé où l'influence de l'Eglise perdure durant la période étudiée[7]. Le rôle de l'Eglise se fait sentir encore à double titre dans la seconde moitié du 19e siècle, à savoir dans les comportements démographiques et le rapport des élites à l'industrialisation de la région. L'affranchissement très lent de l'autorité religieuse et de ses impératifs moraux explique les mutations tardives dans les comportements démographiques, notamment en matière de limitation des naissances. Mais on constate aussi, dans les années 1870, une opposition très virulente de l'Eglise à l'implantation d'industries dans cette région du fait du mode de vie nouveau que ces dernières impliquent au yeux du clergé (non-respect des fêtes

---

Albert, *Geographische Grundlagen der Entvölkerung in den Alpen*, Bern, Verbandsdruckerei, 1929.

6 Notamment LORENZETTI Luigi, *Economie et migrations au XIXe siècle: les stratégies de la reproduction familiale au Tessin*, Bern, Peter Lang, 1999.

7 L'influence religieuse y est perceptible aussi dans la survivance de plusieurs petits pèlerinages locaux encore au début du 20e siècle.

religieuses notamment, abandon des mœurs frugales traditionnelles, etc.) et aussi par le fait que le développement industriel dans la partie du canton proche de Willisau-Land est le fait d'industriels protestants, notamment argoviens[8]. La spécificité démographique de cet espace géographique reste en évidence non seulement en matière de fécondité, mais aussi en termes de célibat. Les recensements fédéraux du 19e siècle témoignent de l'appartenance de cette contrée aux zones du pays connaissant les plus forts taux de célibat définitifs, soit encore 27,8% d'hommes célibataires et 23,7% de femmes célibataires à 45-49 ans en 1900.

Il s'agit donc d'explorer comment se fait l'ajustement, autre que par le célibat, à la pression démographique. Ce questionnement est d'autant plus intéressant que l'on se trouve, dans cette région où les activités agricoles restent largement dominantes, dans la situation paradoxale d'une stabilité étonnante quant au nombre et à la taille des exploitations, alors que le droit successoral y est égalitaire. Sauf accident économique majeur (faillite) ou démographique imprévisible (absence de fils capable de reprendre l'exploitation, ou mort prématurée du propriétaire-exploitant), une exploitation appartient à la même famille durant plusieurs décennies, mais surtout elle n'est quasiment jamais partagée. Puisque tous les enfants ont une part égale dans l'héritage foncier de leurs parents, le maintien de ce dernier dans son intégralité exige le recours à des pratiques familiales qui mènent à l'éviction des héritiers surplutaires, qu'ils soient hommes ou femmes. A la stabilité des exploitations correspond donc une très forte mobilité qu'accroît encore le fait que l'on se trouve en pays de forte fécondité avec un nombre élevé d'enfants parvenant à l'âge adulte.

---

8 Jäger Reto, *Fabrikindustrialisierung im Kt. Luzern im 19. Jahrhundert. Wirtschaftliche, soziale und politische Probleme der Industrieentwicklung in einem Agrargebiet*, [dactyl.], Bern 1979, pp. 121ss.

La constitution du corpus

L'étude des trajectoires familiales et individuelles a été faite à partir d'une ficher en cours de constitution, créé à partir de couples qui se sont formés ou qui ont eu des enfants dans la commune de Willisau-Land entre 1876 et 1880, soit au total 314 familles (premiers et seconds mariages) avec plus d'un millier et demi d'enfants dont je reconstitue la descendance (deuxième et troisième générations) aussi bien masculine que féminine et les parcours. Le choix de cette période de constitution de ces familles n'est pas anodin. Il correspond au moment où l'Etat fédéral a obligé les cantons qui pratiquaient une politique dissuasive du mariage à lever la plupart des interdits le concernant. Il s'agit donc aussi de comprendre comment une société qui pratiquait abondamment l'interdit de mariage a réagi à cette nouvelle donne.

En l'absence de recensements fédéraux – puisque dans cette région, à l'instar de beaucoup d'autres, les relevés de population n'ont pas été conservés – le corpus de sources permettant de saisir les destins est composé de cinq éléments : Les registres d'état civil, les registres de familles, les bans de mariage, le cadastre, et les registres de mutations foncières. Outre le lieu-dit de résidence, les registres d'état civil précisent, jusqu'au début du 20e siècle, la profession et, notamment, le statut dans le secteur primaire, à savoir celui de paysans(-propriétaires) ou d'ouvriers/journaliers. Les registres de famille, bien que souvent incomplets pour la période étudiée, complètent heureusement les données de l'état civil, de même que les listes de bans de mariage, une source passionnante, puisqu'elle permet tout à la fois de retrouver des émigrants dont la trace avait été perdue et de connaître la profession et le domicile des nupturiants avant la célébration du mariage. Pour le canton de Lucerne, il s'agit d'une source assez remarquable, mais qui implique un fort investissement de travail et de dépouillement, pour retrouver les générations issues de mon échantillon, puisque les bans de mariage ne sont pas classés par ordre alphabétique. Quant aux registres de mutations foncières, ils permettent non seulement de déterminer des modes de transferts de propriété qui pourraient être la cause d'éventuelles migrations, mais également de compléter les données démographiques de la première génération qui sont assez lacunaires, contrairement à ce que l'on pourrait imaginer à la suite de la législation fédérale sur l'état civil de 1874. Les actes de vente fournissent parfois aussi des informations sur la mobilité de ceux qui se sont dessaisis de leur exploitation.

Evolution de la population, marché du travail et propension à l'émigration

L'appartenance de Willisau-Land à une zone où les variables démographiques reflètent des normes traditionnelles de comportement est indiscutable. L'adoption d'un nouveau régime reproductif, malthusien, est limité – encore à la fin du 19e siècle – à un segment minoritaire de la population. Or, les changements institutionnels en matière de nuptialité, de même que la baisse de la mortalité, surtout infantile et des jeunes enfants, se répercutent fortement sur l'évolution de la population.

Le premier facteur, celui de la modification de la législation sur le mariage, a toutefois un impact fort différent sur l'évolution démographique et le marché du travail selon l'âge auquel se fait le rattrapage du mariage : enfants nombreux lorsque l'épouse est encore jeune, nombre d'enfants réduits ou absence d'enfants lorsque l'épouse est déjà âgée. Le second facteur est que les familles dans cette société ne réagissent guère à la baisse de la mortalité infantile et des jeunes enfants, et par conséquent nombre de familles conservent une forte fécondité. Ainsi les familles complètes et achevées (tous âges au mariage des épouses confondus) dont le mariage a duré plus de cinq ans ont encore 6,9 enfants en moyenne et les familles complètes où l'épouse avait 20-24 ans au moment du mariage : 8,1 enfants. Le nombre important d'enfants atteignant l'âge adulte se traduit jusqu'à la Première Guerre mondiale par un nombre croissant de jeunes adultes qui se font concurrence dans la recherche d'un travail salarié, lorsqu'ils ne peuvent être employés durablement par l'exploitation familiale. La difficulté pour les jeunes adultes à s'établir se traduit par une forte propension à l'émigration. Le phénomène n'est pas limité à ces seules cohortes, car un décalage similaire entre taille des cohortes et offres d'emploi existe pour la troisième génération observée avec, d'une part, une mortalité infantile qui diminue encore fortement, un âge au mariage des femmes qui diminue également et d'autre part, une fécondité qui reste forte et qui semble refléter encore, dans bien des cas, des comportements dont tout malthusianisme est absent. Avec pour conséquence, une présence dans la troisième génération d'une fraction encore importante de familles comprenant souvent plus de 10 enfants.

Il est indiscutable que la très grande mobilité aussi bien individuelle que familiale au sein du monde rural résulte d'une insuffisance des ressources face à l'évolution démographique dans un monde où l'agriculture occupe encore la grande majorité des actifs.

La région de Willisau-Land est caractérisée par un marché du travail déséquilibré : l'offre de travail dans le monde rural est insuffisante et la main-d'œuvre utilisée par les moyennes et grandes exploitations est surtout familiale, ce qui explique, par ailleurs, l'existence d'un certain nombre de fratries, qui, bien que tronquées, vivent en indivision pendant quelques années après la mort du chef de famille. Nombre d'hommes adultes soit ne peuvent acquérir d'exploitation soit accèdent à une exploitation de taille insuffisante pour nourrir une famille, et doivent par conséquent trouver une activité accessoire pour compléter leurs ressources. Mais les difficultés d'insertion dans le marché du travail pour les pères de famille et les adultes célibataires (hommes et femmes) qui n'ont pas accès à la terre sont énormes, et même avec une activité rémunérée, le niveau des salaires reste insuffisant pour pourvoir aux besoins d'une famille. Il est assez significatif que le district de Willisau compte un grand nombre de familles et d'individus adultes que les sources désignent du terme d'ouvriers ou de journaliers agricoles. Ils totalisent 35,8% des actifs agricoles masculins en 1888, mais il faut leur ajouter encore 22,1% d'actifs travaillant pour le compte d'un membre de leur famille, Les plaintes dans le canton de Lucerne sont nombreuses dès la seconde moitié du 19e et au début du 20e siècle sur la pénurie de personnel agricole. Mais, en fait cette pénurie traduit la détérioration des rapports économiques et sociaux entre les exploitants agricoles et leurs salariés. Si les premiers se plaignent du manque de valets de ferme et de journaliers agricoles durant les périodes de grands travaux et du coût croissant de la main d'œuvre, les seconds constatent que du fait de la mécanisation leur emploi n'est plus qu'hebdomadaire ou journalier[9]. Ils sont donc à la recherche d'un emploi quel qu'il soit pour combler les temps morts, et ceci qu'il s'agisse de célibataires des deux sexes ou de pères de famille.

---

9 TUOR Alois, *Die Landarbeiterfrage in der Schweiz unter Berücksichtigung des Kantons Luzern*, Zürich, 1945. Il y eut même, encore en 1864, une tentative de réintroduction au plan cantonal d'une législation spécifique aux domestiques (hommes et femmes) qui n'a échoué qu'en raison de l'opposition farouche de 9743 opposants qui réussirent à faire capoter le projet. Cf. LEMMENMEIER Max, *Luzerns Landwirtschaft im Umbruch. Wirtschaftlicher, sozialer, politischer Wandel in der Agrargesellschaft des 19. Jahrhunderts*, Luzern-Stuttgart, Rex-Verlag, 1983, pp. 256ss.

La reconstitution des familles permet d'appréhender cette très forte mobilité, encore qu'elle conduise à la sous-estimer, puisque les lieux de naissance des enfants, accessoirement leur décès avant l'âge adulte, et la date de décès des parents sont les indicateur principaux de mobilité et que la migration de la famille postérieure à la fin de sa constitution est souvent mal connue. On observe donc non seulement un nombre réduit de familles où les couples finissent leur vie à Willisau-Land, mais également un nombre élevé de familles mobiles, puisque plus de 40% des familles observées quittent la commune de Willisau-Land après y avoir eu des enfants. La forte mobilité se constate aussi dans le nombre de familles qui comptent des enfants nés dans différentes communes et que l'on peut retrouver et identifier souvent au moment de la publication des bans, lorsque ces enfants se marient. En l'état actuel de la recherche, ce sont plus de 20% pour le moins des familles qui ont eu des enfants aussi bien à Willisau-Land que dans d'autres communes du canton. Toutefois, en dépit d'une forte émigration, la ponction migratoire sur les effectifs de la commune reste limitée. Il faut y voir l'indice de courants migratoires typiques à cette région : les migrations tournantes et aussi le fait qu'aux migrants qui partent se substituent en partie des immigrés qui arrivent. Ainsi, la commune qui comptait 3 024 habitants et 502 ménages en 1870 perd 7,5% de ses habitants entre 1870 et 1888 et encore 6,1% entre 1888 et 1910, et respectivement 4,5% et 15,4% de ses ménages durant ces deux périodes.

La mesure des mobilités

L'analyse que nous avons faite confirme les données des divers recensement fédéraux et montre l'importance toute relative des migrations lointaines, bien que les historiens se soient focalisés sur cette question. La région proche et celles situées à moyenne distance sont les destinations principales des migrants, avec en outre une micro-mobilité considérable sur laquelle je reviendrai. Ainsi au recensement de 1910, parmi les personnes nées dans le district de Willisau et qui résident en Suisse, 41,7% vivent dans leur commune de naissance, 20,5% résident dans d'autres communes du district, 22,4% dans d'autres communes du canton et 15,5% seulement dans d'autres cantons suisses. L'importance de la réalité migratoire à l'échelle des familles est en évidence aussi si on la considère

Tableau 1. La mobilité de la première et de la deuxième génération
(en pour 100)

Enfants	Père né à Willisau		Total
	Immobile (= qui y décède)	Mobile (= qui décède ailleurs)	
Immobile	25	4	29
Mobile	45	26	71
Ensemble	70	30	100

Nombre de cas observés: 438.

Tableau 2. La mobilité des fils et des filles adultes (définie par leur lieu
de décès) par rapport à leur père né et décédé à Willisau-Land (en p. 100)

	Fils	Filles
Immobile	45	24
Mobile	55	76
Ensemble	100	100

Nombre de cas observés: 308.

sur deux générations, en ne tenant compte que des enfants qui atteignent l'âge adulte, à savoir ceux qui décèdent après 15 ans[10] (Tableau 1).

Par ailleurs, l'analyse des trajectoires individuelles au sein des familles permet d'observer une plus grande intensité de la migration féminine. Les opportunités de travail différentes et plus nombreuses pour les femmes expliquent un sex-ratio défavorable aux hommes, car les jeunes femmes sont bien plus nombreuses à quitter la campagne (Tableau 2).

---

10 Cf. une mobilité similaire est mise en évidence pour la France, cf. ROSENTAL Paul-André, *Les sentiers invisibles. Espaces, familles et migrations dans la France du XIXe siècle*, Paris, EHESS, 1999. Pour la méthode, cf. BOURDIEU Jérôme, POSTEL-VINAY Gilles, ROSENTAL Paul-André, SUWA-EISENMANN Akiko, «Migrations et transmissions intergénérationnelles dans la France du XIXe et du début du XXe siècles», in *Annales H.S.S.*, 55 (2000) no. 4, pp. 749-789 (ici p. 758).

Même sans qualifications, si ce n'est celles de ménagères, les femmes peuvent s'insérer plus facilement dans le marché du travail aussi bien rural qu'urbain, proche ou plus lointain, ainsi qu'il ressort des renseignements fournis par la publication des bans au moment de leur mariage. Et bien que nos connaissances soient encore limitées quant aux disparités salariales entre le monde urbain et le monde rural dans le secteur de la domesticité féminine, l'attractivité urbaine dans ce secteur est indéniable.

Typologie des migrations et configuration familiale

Si les données sur la migration des jeunes adultes confirment ce que l'on sait par ailleurs, on reste quelque peu interloqué par la proportion élevée de familles migrantes qui se reflète dans la diminution importante des ménages de la commune à la fin du 19e et au début du 20e siècle.

Il faut s'interroger sur les formes de cette mobilité, car elle témoigne d'une très forte variabilité selon l'appartenance sociale. Selon que les individus appartiennent à une couche de moyens ou gros propriétaires-exploitants, de petits propriétaires dont l'exploitation ne fournit pas de ressources suffisantes à l'entretien d'une famille, ou d'ouvriers et de journaliers agricoles, les formes de la migration varient.

Pour les couches défavorisées, la précarité engendre des formes de migrations spécifiques : migrations de courte distance souvent, voire migration intracommunale, et surtout migrations tournantes. Pourquoi cette migration intrarurale très importante des individus et des familles, alors que les possibilités d'emploi pour ceux qui sont issus du monde rural restent très limitées ? Elle trouve son explication dans un double phénomène : la répartition de la propriété foncière (Tableau 3) et la question des compétences et des qualifications.

La répartition très inégale de la propriété foncière explique la précarité d'une grande partie de la population. En effet aux 20,7% d'exploitations comportant moins de 2 ha en 1888, il faut ajouter près d'un tiers des ménages qui ne possèdent aucun patrimoine foncier et qui sont à la recherche d'un travail quotidien. Ce qui est à l'origine de leurs mouvements migratoires spécifiques. On peut, en effet, s'interroger sur le rôle des migrations intérieures proches. A priori, celles-ci présupposent un milieu de départ et un milieu d'arrivée caractérisés par des différences de pression démographique et d'opportunités économiques. Or, on a

Tableau 3. La répartition des exploitations à Willisau-Land
en fonction de leur taille (en 1888)

Taille des exploitations	Pourcent
< 2 ha	20,7
3-9 ha	44,0
10-19 ha	25,0
20-29 ha	8,7
30-39 ha	0,9
40 et + ha	0,6
Total	100,0

Source: Staatsarchiv Luzern (StALU), CA 513.

affaire ici à des destinations caractérisées le plus souvent par une économie tout aussi rurale, une absence similaire d'opportunités sur le marché du travail où règne un chômage endémique et une structure de propriété qui offre également peu de possibilités d'établissement et où le niveau de salaires n'est guère différent de celui de départ. En fait, les activités exercées dans le lieu d'arrivée sont souvent de même nature que celles que les pères de famille avaient dans leur lieu de résidence antérieur. Et elles expliquent l'instabilité de l'établissement dans une commune. Le cas de la famille B. K. est typique à cet égard. Le père est un journalier agricole né à Willisau-Land et, en quatre ans de vie conjugale, leurs trois enfants naissent dans trois communes différentes, le père décédant dans une quatrième commune après cinq ans de mariage.

Pourquoi la micro-mobilité est-elle si intense dans cette région? C'est que pour migrer au loin, il faut disposer d'un minimum d'information, de qualifications et de moyens financiers. Or, les moyens ne semblent guère être disponibles: le fort taux d'endettement des petites exploitants qui constituent près de 50% des effectifs agricoles au début du 20e siècle ne suggère pas l'existence de disponibilités, à plus forte raison en ce qui concerne les ouvriers agricoles[11]. A

---

11 L'enquête fait au début de la Première Guerre mondiale montre qu'à Willisau-Land les petites exploitations, à savoir 52% des exploitations, sont endettées à 99,1% de leur valeur cadastrale. Cf. *Statistik des Hypothekarverschuldung im Kanton Luzern mit besonderer Berücksichtigung der Landwirtschaft*, Luzern, hg. vom Departement der Staatswirtschaft, 1916.

cela s'ajoute un manque de qualifications, une fraction de la population, si l'on se réfère aux examens des recrues, n'étant pas encore bien alphabétisée dans les années 1880. On observe ici le comportement migratoire opposé des artisans ruraux ou de leurs fils dont les chances de réussite migratoire hors du district de Willisau-Land sont plus grandes et que l'on retrouve dans des agglomérations urbaines qui se développent, à Zurich ou à Berne. Et pour migrer au loin avec quelques chances de réussite, il faut un réseau que les plus démunis ne semblent pas posséder. Mais outre les facteurs économiques et sociaux, il faut ajouter comme facteur explicatif de ce type de migration «du bas», les obstacles psychologiques liés à la précarisation et les obstacles culturels, notamment religieux. L'instabilité des circonstances de la vie semble être le lot de certaines familles appartenant aux couches sociales défavorisées. Car on observe que si la mobilité intrarégionale des familles d'ouvriers ouvriers agricoles est grande, on est frappé aussi par un autre type de mobilité qui les caractérise parfois, la migration intra-communale. Il est rare que les familles précarisées aient le même domicile durant toute leur vie. Elles changent fréquemment de domicile au sein de la commune, résidant dans des hameaux différents distants de plusieurs km les uns des autres, probablement en réponse aux possibilités d'emploi qu'offrent les plus grandes exploitations. Mobilité intrarégionale et intracommunaleelle se combinent donc souvent avec une forte mobilité intracommunale. La famille de J. A., par exemple, est représentative de ce phénomène : elle change pour le moins quatre fois de domicile en huit ans au sein de la commune.

Deux autres causes de mobilité intrarégionale n'ont guère été étudiées, bien qu'elles jouent un rôle non négligeable. Ce sont d'une part les faillites des exploitants agricoles, ce phénomène s'amplifiant dans les dernières décennies du 19e siècle[12]. Or, il est peu fréquent que l'on retrouve sur place la famille d'un exploitant agricole dont le domaine a été mis aux enchères, sauf rares exceptions. La perte de l'exploitation équivaut le plus souvent à un départ hors de la commune, parce que le failli est stigmatisé par la perte de ses droits de citoyen actif.

D'autre part, parmi d'autre causes identifiables à l'origine de migrations, il faut relever la modification des structures familiales et la situation familiale précaire qui résulte de la mort précoce du père de famille. Cette dernière entraîne

---

12 Le Conseil d'Etat du canton de Lucerne souligne l'importance du phénomène dès les années 1880.

incontestablement des risque accrus de mobilité pour les enfants et la veuve. On reste frappé à quel point les tuteurs des enfants mineurs s'empressent souvent de vendre aux enchères l'exploitation familiale dans des conditions fortement défavorables aux héritiers et parfois même les tuteurs acquièrent de la sorte une exploitation pour leur propre compte.

Le second type de migration, lié aux formes de la propriété foncière et à ses modes d'accès, concerne davantage le milieu des propriétaires agricoles, bien que l'on y constate aussi des tendances importantes à la prolétarisation d'une partie des membres de la famille qui sont exlus de la terre.

Le premier constat est celui de structures foncières relativement figées, alors même qu'il y a eu, comme dans de nombreuses autres régions de Suisse, une reconversion imposée par l'extérieur dans l'emploi des sols, dans le dernier tiers du 19e siècle, avec le couchage en herbe et l'augmentation du cheptel. Mais cette transformation s'est produite sans modification fondamentale de la structure foncière. L'on a affaire à une région de faire-valoir direct où les propriétaires-exploitants fournissent la grande majorité des chefs d'exploitation, avec dans l'entre-deux-guerres, 88,1% de la superficie agricole exploitée directement par le propriétaire du domaine et les membres de sa famille. En outre, on observe une grande stabilité dans la structure des domaines agricoles : les cadastres succesifs de la seconde moitié du 19e et du début du 20e siècle ne font guère apparaître de changements importants dans la taille des exploitations. La transmission de l'exploitation est presque toujours intégrale, bien que l'on se trouve dans un régime de succession égalitaire tout au moins en ce qui concerne les fils d'un couple. Les transactions foncières portant sur des parcelles sont peu nombreuses à Willisau-Land. Il ressort clairement des registres de mutations foncières qu'il n'existe guère d'accroissement des superficies des exploitations par l'adjonction d'un fermage ou par l'acquisition de parcelles. L'acquisition par domaines entiers est le mode privilégié et lors des transferts le greffier se contente de mentionner que la taille du domaine nouvellement inscrit au registre est exactement identique à celle mentionnée dans la transaction précédente, qu'elle ait eu lieu dans la seconde moitié du 19e siècle ou au début du 20e siècle. Une enquête menée en 1912 sur le démembrement des exploitations que les milieux paysans dénoncent violemment depuis la fin du 19e siècle, car il contribue selon eux à la hausse du prix des terres et empêche une exploitation rationnelle des domaines, témoigne de l'impact restreint de ce phénomène dans la commune, puisque deux ventes seulement totalisant 17,7 ha ont eu lien à ce titre entre 1891 et 1911.

Mais le mode de transfert des exploitations diffère fondamentalement selon qu'il se fait du vivant du père de famille ou après son décès et il a souvent des implications différentes sur les destins des membres de la fratrie qui n'accèdent pas à la terre.

Lorsque les parents sont en vie, les rapports qu'ils entretiennent dans une famille nombreuse avec chacun de leurs enfants joue un rôle déterminant dans le choix de l'un ou éventuellement des deux fils qu'ils souhaitent conserver à l'exploitation. Nous ne connaissons pas les critères qui ont pu conduire au maintien ou à l'exclusion de tel ou tel fils du domaine. Est-ce la force de travail que représente le fils privilégié ? Est-ce un choix qui s'opère en fonction du rang de naissance dans la fratrie (mais notre analyse actuelle ne semble pas confirmer cette hypothèse), voire en fonction de l'âge du père ? Nous ignorons aussi tout des mécanismes de sélection intrafamiliale qui font que certains fils sont exclus de différentes entreprises familiales communes à certains de leurs frères et père, ainsi l'acquisition d'une exploitation par voie d'enchères ou la décision de migrer en bloc, de vendre l'exploitation située à Willisau-Land pour en acquérir conjointement une autre dans une autre commune. La sélection a pu de se faire volontairement, parce que celui qui partait souhaitait et s'imaginait pouvoir faire sa vie ailleurs, ou elle a pu résulter de pressions familiales. On observe toutefois que quels qu'aient été les motifs du départ de l'exploitation paternelle – et la reconstitution des familles le confirme – celui-ci entraînait fréquemment une dégradation économique et sociale, certains exclus étant par la suite qualifiés d'ouvriers agricoles ou de journaliers agricoles dans les sources. A terme, il est incontestable aussi que l'exclusion est également source de mobilité et de départ de la commune de résidence en raison de la spécificité des structures de la propriété foncière avec une proportion très élevée de domaines qui se transmettent, se vendent ou s'aquièrent intégralement. L'accumulation patiente de parcelles pour en faire une exploitation viable par le biais du marché de la terre n'est guère possible parce que, nous l'avons vu, on procède rarement au démembrement d'une exploitation.

On retiendra toutefois que le mode de transfert du vivant du père n'est pas celui de la donation entre vifs tel qu'il existe dans d'autres régions, mais qui est inconnu à Willisau. La cession du domaine, lorsque l'exploitant sent venir l'âge, donne lieu à un acte de vente, le prix de la transaction comportant pour le moins le montant des hypothèques, et parfois d'autres dettes encore, auquel s'ajoute le plus souvent une pension viagère, assortie parfois d'un pécule au titre, comme le précisent certains actes de ventes, d'argent de poche. La vente répond donc à deux préoccupations du vendeur : s'assurer que le fils repreneur se substituera à lui pour le paiement des intérêts de la dette qui obèrent l'exploitation et en même temps qu'il ne sera pas, avec son épouse, laissé sans ressources lorsqu'il sera trop âgés et incapable de se prendre en charge.

On a pu vérifier toutefois que les sommes en jeu sont souvent source d'un endettement accru au moment de la reprise de l'exploitation. Les conditions parfois draconiennes qui sont faites au fils repreneur font supposer une absence de négociation intrafamiliale. Le fils choisi par les parents ne pouvait sans doute que se soumettre aux conditions que lui imposait son père s'il ne voulait pas être écarté de l'accès à la terre au profit d'autres membres de sa fratrie, alors que cet accès était alors encore un facteur déterminant en termes de chance dans la vie et de sécurité sédentaire.

On soupçonne aussi que les attentes pécuniaires plus élevées des parents dès les années 1890 ont sans doute contribué à fragiliser la viabilité de certaines exploitations. C'est à ce phénomène sans doute qu'il faut probablement attribuer le nombre élevé de mutations enregistrées pour certaines exploitations (Tableau 4). Et il est incontestable que les mutations de propriété qui résultent d'une vente sont directement corrélées avec l'intensité des mobilité spatiales.

Tableau 4. Nombre d'exploitations ventilées selon leur taille
et le nombre de mutations subies entre 1868 et 1888

Taille des exploitations	Nb. de mutations						
	0	1	2	3	4	5	6
< 1 ha	5	4	5	1	1	0	1
1-2 ha	8	17	14	8	0	3	0
3-5 ha	11	31	22	16	7	1	1
6-9 ha	12	22	12	6	0	1	0
10-14 ha	10	21	21	3	3	0	0
15-19 ha	6	11	6	0	0	0	0
20-29 ha	6	13	7	1	0	0	0
30-39 ha	0	2	0	1	0	0	0
40 et + ha	0	0	1	1	–	–	–

Source : StALU, Ca 513.

En revanche, s'il n'y pas de cession d'exploitation du vivant du père, tous les fils héritent de parts d'exploitation, alors que les filles ne peuvent pas hériter des biens fonciers de leurs pères, tant qu'elles sont en concurrence avec des frères[13]. Dans ce type de transmission des biens d'une génération à l'autre, l'indivision n'apparaît jamais comme option définitive. L'opération consiste toujours, pour celui qui assurera la reproduction familiale sur place, à éliminer successivement ses frères, en rachetant leurs droits un à un. Le processus est parfois long, étant donnée la taille des familles et sans doute aussi la résistance de ceux qui ne peuvent d'établir sur place. Car suivant le degré d'endettement de la propriété, la cession de droits a une implication sociale fort différente. Le montant touché par certains frères est l'équivalent exact de la part de dettes dans l'exploitation qu'ils ont héritée, parce que celle-ci était fortement obérée. Ils partent donc les mains quasiment vides et vont grossir le groupe des journaliers agricoles qui cherchent, souvent en vain, à s'établir à nouveau. Et on les retrouve dans les migrations tournantes. On notera, par ailleurs, que certains contrats ne laissent aucun doute quant au processus d'éviction des frères, une durée maximale étant fixée à leur présence dans l'exploitation de leur père décédé.

Par ailleurs, on peut observer un second groupe d'exclus qui cèdent leurs droits dans une propriété paternelle qui n'est pas entièrement grevée d'hypothèques. Mais bien que participant, eux aussi, aux micro-mobilités et aux mobilités à courte distance, ils réussissent, contrairement aux plus défavorisés, à se réintégrer rapidement dans la société sédentarisée, grâce aux capital dégagé par leur cession de droits à leur frère repreneur, même si très souvent cette réinsertion ne peut se faire, faute d'exploitations disponibles, dans leur lieu de naissance.

Quelles conclusions tirer de l'analyse des migrations replacées dans leur contexte familial et patrimonial ? Il apparaît que, quel que soit le groupe social, celui des exploitants et celui des prolétaires, une fraction importante de la fratrie pour le moins, sinon sa totalité dans le cas des couches défavorisées, est soumise à la contrainte de la migration. Mais la durée de cette migration varie fortement selon l'appartenance sociale, la deuxième génération de fils issus du milieu des exploitants agricoles réussissant à s'intégrer en partie au marché foncier. L'intensité remarquable de la migration à Willisau-Land est renforcée par

---

13 Elles ont droit à 4/9es de la valeur des biens de leur père, et la loi prévoit que l'attribution des biens-fonds se fait aux 3/4 de la valeur vénale, mais pas en-dessous du montant des emprunts hypothécaires.

le fonctionnement assez rigide du marché de la terre et par l'impact du facteur démographique, puisque pour les pères qui y sont nés et dont la descendance a pu être établie, ce ne sont pas moins de six enfants en moyenne qui atteignent l'âge adulte.

Migrations féminines – migrations masculines: des comportements différenciés au sein des familles basques au 19e siècle

Marie-Pierre Arrizabalaga

L'émigration dans les Pyrénées au 19e siècle résultait essentiellement des conditions économiques limitées dans cette région, de l'explosion démographique[1] et du système de l'héritage unique. Aussi, pour éviter la parcellisation des exploitations, trop petites pour nourrir plus de deux couples et leurs enfants (la famille souche traditionnelle), les propriétaires étaient prêts à avantager un seul enfant, s'efforçant dans le même temps de dédommager les exclus pour qu'ils ne réclament pas leur part d'héritage et ne provoquent pas l'émiettement des biens[2]. Pour cela, ils choisissaient un héritier qui s'installait dans la maison avec son conjoint, puis, selon leurs moyens, ils dédommageaient les autres. Ainsi, deux cohéritiers étaient parfois dotés lors de leur mariage avec un héritier ou une héritière. D'autres percevaient une petite compensation avant d'émigrer. D'autres enfin faisaient preuve d'abnégation en renonçant à leur part d'héritage. Il est difficile de savoir comment les cohéritiers vivaient cette exclusion. Cependant, l'héritage unique et l'émigration constituaient deux stratégies indispensables à la survie des maisons, des familles et des lignées: deux facettes d'un même problème, celui généré par le manque de ressources économiques qui, dans les Pyrénées au 19e siècle, contraignaient les familles à pratiquer l'héritage unique et l'émigration[3].

---

1   Dans les Pyrénées-Atlantiques, la population a augmenté de 19,4% entre 1806 et 1846 et a ensuite diminué de 7,1% entre 1846 et 1906. Cette diminution est due à l'émigration et à la baisse de la natalité, chaque famille ayant 4 enfants par famille dans la première moitié du siècle et 3,5 dans la seconde moitié du siècle.

2   Dans les Pyrénées, les ressources économiques étaient limitées et les maisons ne pouvaient se multiplier. Par conséquent, les exploitants ne souhaitaient pas partager leurs biens entre leurs enfants pour éviter de mettre en péril l'équilibre économique des exploitations et fragiliser les communautés.

3   Arrizabalaga Marie-Pierre, «Les stratégies de l'indivision et le marché de la terre: le cas basque au XIXe siècle», in Béaur Gérard, Dessureault Christian, Goy Joseph (sous la

Comment les Basques vivaient-ils cette émigration ? Etait-ce le seul moyen de subvenir à leurs besoins vitaux lorsqu'ils n'héritaient pas du patrimoine familial ou n'épousaient pas un héritier ou une héritière ? Le phénomène était probablement plus complexe que ce que nous livre l'historiographie[4]. Effectivement, les comportements migratoires de ces hommes et femmes étaient plus contrastés, conduisant certains à s'installer dans le milieu rural, d'autres dans les villes locales ou régionales, voire les grandes villes, et d'autres enfin à l'étranger. Cet article propose de démontrer qu'en raison de leur situation économique, leur statut social et leurs priorités individuelles, les destins migratoires des fils de propriétaires différaient de ceux de leurs sœurs, ainsi que de ceux des fils et filles de locataires.

La méthode utilisée dans cette recherche est celle des reconstitutions de famille sur trois générations ; à partir de l'état civil[5], nous avons suivi les destins

---

dir. de), *Familles, Terre, Marchés. Logiques économiques et stratégies dans les milieux ruraux (XVIIᵉ-XXᵉ siècles)*, Rennes, PUR, 2004, pp. 171-183 ; ID., « Les Basques dans l'Ouest américain, 1900-1910 », in *Lapurdum*, (2000) n. 5, pp. 335-350 ; ID., « Structures familiales et destins migratoires à Sare au XIXᵉ siècle », in *Lapurdum*, (1997) no. 2, pp. 237-255 ; ID., « Réseaux et choix migratoires au Pays Basque. L'exemple de Sare au XIXᵉ siècle », in *Annales de démographie historique*, (1996), pp. 423-446 ; LACANETTE-POMMEL Christine, *La Famille dans les Pyrénées, de la coutume au Code Napoléon*, Estadens, Pyréraph, 2003 ; PAPY Michel, « L'émigration à partir du Pays Basque intérieur en 1900, d'après une enquête administrative », in *Bulletin de la société des sciences, lettres et arts de Bayonne*, (1973) no. 129, pp. 337-365.

4   Cf. ARTHUYS de CHARNISAY Henry d', *L'émigration basco-béarnaise en Amérique*, Thèse de Doctorat en Histoire, Paris, 1947 ; BARBEREN Pierre, *L'émigration basco-béarnaise*, Pau, Impr. Vignancour, 1886 ; BARRÈRE B., *Emigration basque à Montevideo et à Buenos Ayres*, Pau, Impr. Vignancour, 1842 ; ETCHELECOU André, *Transition démographique et système coutumier dans les Pyrénées-Occidentales*, Paris, PUF, 1991 ; ETCHEVERRY Louis, « L'émigration dans les Basses-Pyrénées pendant soixante ans », in *Revue des Pyrénées*, (1893), pp. 509-520 ; HOURMAT Pierre, « De l'émigration basco-béarnaise du XVIIIᵉ siècle à nos jours », in *Société des sciences, lettres et arts de Bayonne,* 132 (1976), pp. 227-254 ; LHANDE Pierre, *L'émigration basque*, Bayonne, Elkar, 1984 ; O'QUIN P., *Du Décroissement de la population dans le département des Basses-Pyrénées*, Pau, Imp. Vignancour, 1856 ; SAINT-MACARY Jacques, *La désertion de la terre en Béarn et dans le Pays Basque*, Pau, Lescher-Moutoué, 1939. Voir aussi les travaux de Rose DUROUX, *Les Auvergnats de Castille. Renaissance et mort d'une migration au XIXᵉ siècle*, Clermont-Ferrand, Publications de la Faculté des Sciences Humaines, 1992 ; ID., « L'émigration des Basses-Pyrénées en Amérique », in *Réforme sociale*, 1886), pp. 490-514. Enfin, voir FOUCRIER Annick, *Le rêve californien. Migrants français sur la côte pacifique (XVIIIᵉ-XXᵉ siècles)*, Paris, Belin, 1999.

de 120 couples mariés entre 1800 et 1820, originaires de six villages basques (quatre villages de montagne et deux de vallée[6]), de leurs enfants et de leurs petits-enfants, dont la moitié environ était locataire et l'autre moitié propriétaire. Les 3000 parcours ainsi reconstitués en France et à l'étranger différaient selon le sexe et l'origine sociale des individus. Ces informations ont été croisées avec celles de l'enregistrement, du cadastre et des actes notariés[7]. Nous démontrerons que, contrairement au mythe que la mémoire collective basque perpétue depuis le 19e siècle, l'émigration en Amérique n'était pas la seule destination migratoire des exclus de la maison. Leur départ n'était pas non plus vécu comme une fatalité imposée par les parents et par les traditions ou simplement la conséquence de la pauvreté ambiante. Il est vrai qu'en raison de la pression démographique au cours du siècle, tous ne pouvaient s'établir dans le village. Cependant, avec l'industrialisation, l'urbanisation et le développement des transports en France et à l'étranger au 19e siècle, beaucoup pouvaient se rendre dans les villes françaises de Bayonne, Bordeaux et Paris[8] ou à l'étranger[9]

5   Nous avons consulté l'état civil de quasiment toutes les villes et villages basques aux XIXe et XXe siècles (Bayonne et Pau inclus) afin de restituer les expériences de vie des enfants et petits-enfants des 120 couples, dont certains sont nés après 1900 et décédés après 1980 parfois. Pour des détails méthodologiques, cf. ARRIZABALAGA Marie-Pierre, *Famille, succession, émigration au Pays Basque au XIXe siècle. Etude des pratiques successorales et des comportements migratoires au sein des familles basques*, Paris, 1998, Thèse EHESS, introduction et pp. 323-328.

6   Six villages ruraux isolés des villes, représentatifs des trois provinces basques : Labourd, Basse Navarre, Soule.

7   Les sources des Archives Départementales des Pyrénées-Atlantiques sont : *Cadastre. Matrice des propriétés foncières*, série 3P3 ; *Cadastre. Matrice des propriétés bâties*, série 3P2 ; *Enregistrement* de tous les chefs de cantons basques, série Q.

8   Cf. GUILLAUME Pierre, «Aspect des relations de Bordeaux et des Basses-Pyrénées au XIXe siècle», in *De l'Adour au Pays Basque. Actes du XXIe congrès d'études régionales tenu à Bayonne les 4 et 5 mai 1968*, 1968, pp. 111-115 ; POUSSOU Jean-Pierre, « Recherches sur l'immigration bayonnaise et basque à Bordeaux au XVIIIe siècle», in *De l'Adour au Pays Basque, op. cit.*, pp. 67-79.

9   ROUDIÉ Philippe, «Long-distance emigration from the port of Bordeaux, 1865-1929», in *Journal of Historical Geography*, 11 (1985) no. 3, pp. 268-279 ; POUSSOU Jean-Pierre, BOURRACHOT L., «Les départs de passagers basques par les ports de Bordeaux et de Bayonne au XVIIIe siècle», in *Bulletin de la société des sciences, lettres et arts de Bayonne*, (1970) no. 124, pp. 277-290.

(l'Espagne, mais surtout l'Amérique)[10]. Mais pourquoi alors les Basques, fils et filles de locataires et de propriétaires envisageaient-ils parfois des destins différents?

Fils et filles de cultivateurs locataires

Les reconstitutions de famille ont permis de noter que, dans la première moitié du 19e siècle, l'Amérique n'était pas une destination de prédilection pour les *fils de locataires* originaires des six villages (seconde génération) probablement parce qu'ils n'avaient pas les moyens de financer un tel projet. Les villes régionales ne les attiraient pas davantage. Au contraire, ils s'installaient près de leur village d'origine et de leur famille. Ils étaient issus de familles d'agriculteurs locataires et à leur tour, devenaient agriculteurs locataires dans leur village d'origine ou dans les environs, profitant des possibilités locales, de la solidarité familiale et du réseau villageois pour s'établir dans un espace connu. Parfois, ils s'installaient au bourg voisin, à moins de 10 kilomètres, lieu qu'ils fréquentaient régulièrement pour se rendre au marché ou régler leurs problèmes administratifs. Lorsque cette option était envisagée, elle ne changeait en rien leurs modes de vie car la plupart y exerçait la profession de cultivateur locataire comme leurs parents ou parfois celle d'artisan locataire. Enfin, rares étaient ceux qui envisageaient le célibat au village, une migration dans les villes régionales ou de l'autre côté de la frontière espagnole. Même si à force d'économies, quelques-uns épousaient des héritières[11], la plupart choisissaient des femmes de leur milieu, originaires de leur village ou ses environs. Leurs stratégies migratoires et matrimoniales étaient par conséquent très homogames, inscrites dans un environnement connu et dans la continuité de celles de leurs parents agriculteurs locataires et de leur groupe socioprofessionnel en général[12].

---

10 DOUGLASS William A., BILBAO Jon, *Amerikanuak, Basques in the New World*, Reno, University of Nevada Press, 1975.

11 ARRIZABALAGA Marie-Pierre, «Les héritières de la maison au Pays Basque au XIXe siècle», in *Lapurdum*, (2002) no.7, pp.35-55; ID., «Female primogeniture in the French Basque Country», in Ochiai Emiko (ed.), *The Logic of Female Succession: Rethinking Patriarchy and Patrilineality in Global and Historical Perspective*, Kyoto, (Japan), International Research Center of Japanese Studies, 2002, pp.31-52.

Dans la seconde moitié du siècle, la situation a quelque peu évolué, de telle sorte que les comportements migratoires des fils de locataires (troisième génération) se sont certes diversifiés, mais pas de manière démesurée compte tenu de l'évolution économique nationale et internationale[13]. Effectivement, c'est l'option rurale qui prédominait encore, la plupart vivant de l'agriculture ou de l'artisanat, locataires de terres dans leur village d'origine, dans un village voisin, voire le bourg le plus proche, soit un environnement familier auquel ils semblaient attachés. Quasiment aucun n'envisageait les villes de Bayonne ou Pau, encore moins celles de Bordeaux ou Paris. La plupart avaient, par conséquent, des comportements homogames, résidant dans leur canton d'origine, voire l'Espagne toute proche parfois, profitant toujours de la solidarité familiale et villageoise pour s'établir décemment comme employés agricoles ou artisans. Cependant, les comportements des autres ont quelque peu évolué, car ils acceptaient les offres des agents d'émigration pour s'expatrier en Amérique[14]. L'émigration n'était pas une solution envisageable auparavant, car ils n'en avaient pas les moyens financiers et n'osaient s'y aventurer en l'absence de réseaux organisés et de possibilité de retour. Mais, à partir de 1860, ils n'hésitaient plus, car les agents d'émigration finançaient leur traversée, leur garantissant un emploi et des revenus stables. Dès lors, certains acceptaient de s'expatrier, soucieux d'améliorer leurs conditions de vie et leur statut social. Ces émigrants étaient de jeunes célibataires capables de travailler comme cultivateurs, éleveurs et artisans, notamment en Argentine et en Uruguay[15]. En dépit de la distance,

---

12 Sur le débat « migration de rupture » et « migration de maintien », cf. ROSENTAL Paul-André, *Les Sentiers invisibles. Espace, famille et migrations dans la France du 19ᵉ siècle*, Paris, EHESS, 1999.

13 ARRIZABALAGA Marie-Pierre, « Comment le marché de l'emploi national et international a-t-il influencé les destins individuels au sein de familles basques et les modalités de transmission du patrimoine au XIXᵉ siècle ? », in Dessureault Christian, Dickinson John A., Goy Joseph (sous la dir. de), *Famille et marché (XVIᵉ-XXᵉ siècles)*, Sillery (Québec), Septentrion, 2003, pp. 183-198.

14 BRAANA Eric, *Les archives de Charles Iriart, agent de l'émigration basque aux Etats-Unis*, Saint-Jean-de-Luz, Ikuska, 1995.

15 Rolande Bonnain soutient ce même argument. Cf. BONNAIN Rolande, « Migrations et inscription urbaine des Pyrénées en Amérique du Sud au XIXᵉ siècle », in *Annales de Démographie Historique*, (2000) no. 1, pp. 61-76. Autres travaux de l'auteur : « Migration, exclusion et solidarité », in Bouchard Gérard, Dickinson John A., Goy Joseph (dir.), *Les Exclus*

leurs comportements restaient homogames. Comme leurs frères et sœurs restés au village, ils épousaient des femmes issues de leur groupe social, émigraient en famille, exerçaient les mêmes professions et reconstituaient un noyau familial en Amérique. Enfin, comme dans la première moitié du siècle, le célibat était rarement envisagé dans leur environnement habituel. De même, ils n'allaient pas dans les villes régionales, peu attirés par les emplois dans les services, l'industrie et la fonction publique[16].

Les filles de cultivateurs locataires avaient des destins proches de ceux de leurs frères, car leur survie dépendait des hommes de leur entourage. Non éduquées pour assumer des responsabilités sociales importantes, ces femmes ne pouvaient envisager leur existence qu'à travers celle des hommes. Il leur était quasiment impossible de survivre en dehors de la cellule familiale et encore moins comme célibataires. Le mariage était donc une nécessité vitale pour elles et l'émigration impossible à concevoir en dehors du cadre familial. Dès lors, elles étaient dépourvues de toute autorité en dehors de la maison. Inévitablement, les destins de ces femmes étaient aussi homogames que ceux des hommes de leur catégorie sociale[17]. La très grande majorité vivaient près de leur famille et épousaient des hommes de la même catégorie socioprofessionnelle que leurs parents. Ainsi, elles ne quittaient la métairie de leurs parents que pour épouser un homme de leur groupe social, exerçant une profession, liée partiellement ou entièrement à l'agriculture, de cultivateurs ou d'artisans locataires dans le village, ses environs ou le bourg voisin. Elles grandissaient filles au foyer et, après le mariage, se déclaraient femmes au foyer, un statut probablement « naturel » dans leur situation. En revanche, elles n'envisageaient

---

de la terre en France et au Quebec (XVIIe-XXe siècles), Sillery (Québec), Septentrion, 1998, pp. 271-290 ; ainsi que Bonnain Rolande, Bouchard Gérard, Goy Joseph (sous la dir. de), *Transmettre, hériter, succéder. La reproduction familiale en milieu rural : France – Québec, XVIIIe-XXe siècles*, Lyon, PUL, 1992.

16 Les fils de locataires n'avaient pas les moyens financiers, le réseau professionnel et l'éducation nécessaire pour envisager l'option urbaine. Ils ne se laissaient pas non plus tenter par les métiers militaires ou ceux de la police.

17 Pour ces raisons, les comportements migratoires des filles de locataires ont fait l'objet de rares études, car trop proches de ceux des hommes de leur milieu social. Nous verrons cependant que les filles de propriétaires avaient des comportements migratoires contrastés, qui ont fait l'objet d'études.

quasiment jamais le célibat, un statut trop précaire et incertain pour elles. De même, l'Espagne, l'Amérique et les villes régionales étaient probablement des destinations impensables sans la présence d'un parent, d'un frère ou d'un mari. Par conséquent, dans la première moitié du siècle (la seconde génération que nous avons étudiée), elles se mariaient toutes dans leur village d'origine, ou dans les environs les plus proches, avec des comportements aussi endogames que les hommes de leur catégorie sociale présentés ci-dessus. Dans la seconde moitié du siècle, leurs comportements se sont autant diversifiés que ceux de leurs frères, envisageant rarement l'émigration vers les villes régionales et le célibat. Cependant, une fois des parents ou conjoint expatriés en Amérique avec l'aide des agents d'émigration, elles les rejoignaient dans l'espoir que leur situation sociale évolue favorablement. Leur existence au Pays Basque ou en Amérique était donc peu enviable, parfois précaire, dénuée de toute responsabilité, dépendant des hommes, des destins homogames, certes confirmés par l'historiographie[18], mais qui contrastaient singulièrement avec ceux des filles de cultivateurs propriétaires ci-dessous.

Fils et filles de cultivateurs propriétaires

Les enfants de cultivateurs propriétaires originaires des six villages dans la première moitié du 19e siècle avaient des destins migratoires, professionnels et matrimoniaux aussi homogames que ceux de leurs homologues locataires. Cependant, leurs stratégies familiales différaient considérablement. A l'instar des enfants de locataires, ils n'envisageaient que deux destinations principales, leur espace rural d'origine ou l'Amérique, et rarement les villes, exception faite pour les femmes. Les raisons de ces choix et les modalités d'installation différaient cependant de celles de la catégorie précédente. Enfants de cultivateurs propriétaires, ils avaient grandi dans un environnement qui les prédestinait à un

---

18 A titre de comparaison dans ce domaine, voir Fauve-Chamoux Antoinette, « La reproduction familiale en milieu paysan : le destin des exclus », in Bouchard Gérard, Dickinson John A., Goy Joseph (sous la dir. de) *Les exclus de la terre, op. cit.*, pp. 73-91 ; Id., « Mariages-sauvages contre mariages-souches », in Segalen Martine, Ravis-Giordani Georges (dir.), *Les Cadets*, Paris, CNRS, 1994, pp. 181-194.

statut social plus élevé. Cependant, tous ne pouvaient hériter car l'exploitation familiale restait indivisible, les pratiques de l'héritage unique demeurant vital à la survie de la maison. Ce système cependant a évolué au cours du siècle, l'héritier unique pouvant être l'aîné, fille ou garçon dans la première moitié du siècle, puis n'importe quel enfant (fille ou fils, aîné ou cadet) dans la seconde moitié du siècle[19]. Ensuite, selon les moyens de la famille, certains enfants exclus recevaient une dot pour se marier avec un héritier ou une héritière. D'autres recevaient un dédommagement pour aller en Amérique (les hommes surtout) ou en ville (surtout les femmes). Enfin, cas plus rare, ils restaient célibataires dans la maison, jouissant de leur «droit de chaise», qui leur assurait des droits sur l'exploitation[20]. Quoi qu'il en soit, tous les fils et filles étaient élevés dans l'idée que peut-être ils hériteraient de la maison et des terres ou qu'ils épouseraient un héritier ou une héritière, dans un environnement où l'on encourageait les responsabilités et les initiatives. Il n'était donc pas question d'accepter le statut de locataire au village. Tout était donc mis en œuvre pour qu'ils se construisent une vie socioprofessionnelle respectable, notamment les fils.

C'est à ce moment que leurs stratégies familiales apparaissaient plus complexes que celles des familles de locataires. Il était essentiel d'établir chacun des enfants, afin que les exclus ne réclament pas leur part d'héritage. Les parents leur proposaient donc un dédommagement afin qu'ils puissent s'installer confortablement, évitant ainsi les conflits pouvant occasionner la liquidation totale du patrimoine familial. En s'acquittant d'une dot plus ou moins élevée, les *fils de cultivateurs propriétaires* avaient plusieurs cordes à leur arc, surtout les fils aînés qui ne souhaitait pas attendre le départ des exclus pour hériter. Certains

---

19 Sur l'évolution de l'héritage unique, cf. entre autres ARRIZABALAGA Marie-Pierre, «The stem family in the French Basque Country: Sare in the nineteenth century», in *Journal of Family History*, (1997) no. 1, pp. 50-69.

20 Le «droit de chaise», droit inscrit dans les coutumes basques, a survécu au XIXe siècle. Les enfants de propriétaires qui ne quittaient jamais la maison familiale ne percevaient jamais leur part d'héritage, vivaient avec l'héritier et sa famille toute leur vie et restaient propriétaires de leur part d'héritage. Avant de décéder, ils prévoyaient un testament avantageant l'héritier de la maison. Voir les travaux de LAFOURCADE Maïté, *Mariages en Labourd sous l'Ancien Régime. Les contrats de mariage du pays de Labourd sous le règne de Louis XVI*, Bilbao, Universidad del Pais Vasco, 1989; ZINK Anne, *L'Héritier de la maison. Géographie coutumière du Sud-Ouest de la France sous l'Ancien Régime*, Paris, EHESS, 1993.

acceptaient une dot et épousaient une héritière d'un rang parfois plus élevé du village ou de ses environs. D'autres émigraient en Amérique, dès la première moitié du 19e siècle pour les plus aisés. Ils n'avaient pas besoin des agents d'émigration pour financer leur voyage et leur installation dans le nouveau continent avant 1860. Ils étaient certes peu nombreux à émigrer dans cette période, car les opportunités y étaient encore limitées, les réseaux peu organisés et les moyens de transports moins accessibles. Cependant, certains utilisaient leur dot pour s'installer en Amérique où ils faisaient parfois fortune dans l'élevage ou dans le commerce. Ils s'y rendaient alors qu'ils étaient jeunes et célibataires, rentraient parfois au pays pour se marier et s'expatriaient ensuite avec leur famille. Enfin, ils encourageaient d'autres membres de leur famille à les rejoindre. Nombreux étaient néanmoins ceux qui restaient célibataires dans l'espoir de retourner au pays pour y acheter une exploitation et y finir leurs jours. Enfin, rares étaient ceux qui acceptaient le célibat dans la maison, au service de l'héritier ou de l'héritière. De même, ils évitaient les villes locales ou régionales, car les emplois proposés dans les services, l'industrie ou la fonction publique les attiraient peu, sauf s'ils servaient de tremplin à leur mobilité sociale en ville ou pour une installation confortable en Amérique. En réalité, les migrants urbains, dont les destins restaient très isolés et souvent en rupture avec leur environnement familial, étaient peu nombreux par rapport aux émigrants qui reconstituaient un cocon familial traditionnel en Amérique.

Ainsi, toutes situations confondues, les fils de cultivateurs propriétaires n'envisageaient un départ définitif de la maison que s'ils étaient assurés d'une situation confortable comme propriétaires, que ce soit dans le village, dans ses environs ou en Amérique. Au Pays Basque, vivant dans un environnement familier et exerçant la même profession que leurs parents, ils épousaient une femme de la même catégorie sociale et préservaient leur statut social dans la communauté comme cultivateurs propriétaires. Héritiers ou conjoints d'héritiers, ils avaient des comportements aussi homogames que les fils de cultivateurs locataires, mais à un échelon social plus élevé. Les comportements de ceux qui par ailleurs émigraient en Amérique n'étaient pas diamétralement opposés. Certes, ils vivaient éloignés de leur famille, cependant, ils reproduisaient souvent les mêmes comportements que leurs frères restés au village. Ils devenaient éleveurs ou artisans propriétaires, jouissaient d'un statut social élevé, épousaient des femmes originaires de leur village ou parfois d'un autre village basque, préférant, si nécessaire, le célibat plutôt qu'un mariage exogame. La situation a peu évolué au cours du siècle à la différence qu'ils étaient moins nombreux à envisager la vie dans leur village ou ses environs, surtout comme célibataires à la maison, et étaient plus nombreux à s'expatrier en Amérique où des familles entières se recomposaient peu à peu ; un phénomène que nous n'avons jamais constaté dans les villes locales et régionales. Comme les fils de locataires, les fils de cultivateurs propriétaires avaient généralement des comportements homogames socialement et professionnellement et épousaient des femmes de la même catégorie socioprofessionnelle qu'eux, qu'ils résident au village, dans les environs ou en Amérique.

Contrairement aux filles de cultivateurs locataires, les filles de cultivateurs propriétaires ne se contentaient pas de suivre leurs parents, leurs frères ou leur mari. Or, l'historiographie a complètement occulté ce type d'analyse. Elevées comme des héritières potentielles, elles ne se satisfaisaient pas d'une vie de soumission et d'obéissance. Leurs comportements migratoires et socioprofessionnels sont parfois proches de ceux de leurs frères. En outre, par rapport aux filles de locataires, elles avaient des destins et des opportunités différentes. Effectivement, elles bénéficiaient d'un privilège rare en Europe, celui de pouvoir hériter et de la maison et des terres, alors que leurs frères, bien dotés, épousaient des héritières ou émigraient en Amérique. A mesure que le siècle avançait, les aînées ou les cadettes héritaient plus souvent que leurs frères qui eux préféraient épouser des héritières afin d'acquérir de nouveaux droits et pouvoirs leur assurant davantage d'autorité et de responsabilités dans la maison[21]. Qu'elles soient aînées ou cadettes, elles pouvaient succéder à leurs parents ayant bénéficié, à l'instar de leurs frères, d'une éducation de futures héritières ou d'épouses d'héritiers, le choix de l'héritier ou de l'héritière et celui de leur conjoint n'étant pas déterminé à l'avance.

Il en résulte qu'au 19e siècle, toutes ces filles, aînées ou cadettes, avaient conscience de leur potentiel d'héritières et elles en profitaient. Et il n'était pas question d'accepter d'épouser n'importe qui, surtout pas un locataire. Si elles n'héritaient pas, elles épousaient des héritiers ou restaient célibataires dans la

---

21 Au cours du siècle, les fils avaient intérêt à épouser des héritières car, avec leur dot, ils devenaient copropriétaires du patrimoine de leurs épouses et, grâce à leurs implications financières, ils acquéraient des droits et une autorité dont ils ne jouissaient pas toujours comme héritiers. Cf. Arrizabalaga Marie-Pierre, « Female primogeniture », art. cit., pp. 31-52.

maison, jouissant d'un statut de copropriétaires, ce qui leur donnait une certaine autorité et quelques pouvoirs de décision. Quel que fût leur destin, elles semblent avoir refusé de renoncer à leur statut. L'Amérique ne les attirait pas particulièrement car leur rôle s'y serait limité à celui de femmes dépendantes. Ne possédant rien là-bas et ne pouvant travailler dans l'entreprise familiale, elles y auraient perdu leur autorité et leur pouvoir de décision. Elles s'installaient donc dans les villes locales et régionales de France. Beaucoup d'entre elles ne s'y sont jamais mariées, refusant d'accepter le statut de femme au foyer imposé par le mariage en ville. Célibataires, elles y résidaient seules, parfois loin de leur village. Leur comportement était souvent en rupture avec celui de leur famille, car elles vivaient de revenus précaires dans les services, comme employées de commerce ou dans la religion.

Lorsque, à contrario, ces femmes se mariaient dans les villes régionales, notamment dans la seconde moitié du siècle (la troisième génération que nous avons étudiée), leurs stratégies matrimoniales étaient parfois exogames. Certes, ces femmes qui épousaient des hommes originaires de leur village, fils de propriétaires et exerçant en ville des emplois agricoles ou dans l'artisanat, avaient des comportements presque aussi homogames que ceux de leurs frères et sœurs qui ne migraient pas[22]. Il existait toutefois des exceptions du fait de mariages exogames, les époux étant fonctionnaires publics ou militaires. Mais cette décision, bien qu'en rupture totale avec les pratiques familiales, leur garantissait un statut social élevé et un niveau de vie confortable[23]. Ainsi, les comportements de ces femmes au cours du 19e siècle se sont différenciés de ceux de leurs frères et des locataires[24].

22 Après s'être mariées au village, ces femmes suivaient leur mari en ville.
23 Les parents, frères ou sœurs, étaient absents lors du mariage en ville.
24 Cf. ARRIZABALAGA Marie-Pierre, «Basque women and migration in the nineteenth century», in *The History of the Family. An International Quarterly*, à paraître.

Conclusion

Cette analyse a mis en évidence les liens qui unissaient les familles basques et les comportements différentiés de leurs membres. Les stratégies familiales avaient pour but de préserver le système de l'héritage unique et aider les enfants exclus à s'installer, afin de réduire les conflits potentiels. Il serait inexact d'affirmer que tous avaient les mêmes chances de réussite au 19e siècle. Il ne s'agit pas non plus de tomber dans la caricature selon laquelle les hommes, pour éviter la pauvreté et la déchéance, n'avaient pour seule solution que l'expatriation en Amérique. Ce qui est certain, c'est que les enfants de propriétaires, hommes et femmes, n'avaient pas les mêmes chances et les mêmes exigences que les enfants de locataires. C'est pourquoi leurs destins différaient parfois.

Les enfants de locataires avaient des destins peu enviables, souvent caricaturés par l'historiographie et généralisés à tous. Ils étaient certes pauvres, mais ils s'entraidaient pour vivre décemment. La solidarité familiale était, semble-t-il, indispensable à leur survie, aucun ne s'isolant dans un village ou un bourg sans ensuite attirer un parent auprès d'eux. La proximité joue donc un rôle essentiel. Lorsque dans la seconde moitié du siècle, ils pouvaient se rendre en Amérique avec l'aide des agents d'émigration, cela se passait aussi en famille. C'est probablement la raison pour laquelle à la troisième génération, nous n'avons pas pu retrouver de nombreux fils et filles de locataires, même en ville. Tout laisse à penser que beaucoup ont émigré en Amérique grâce aux agents d'émigration et en raison des opportunités très attractives à l'époque, notamment en Argentine ou Uruguay.

Au contraire, les enfants de cultivateurs propriétaires avaient des comportements migratoires plus différencié, car l'Amérique et les villes leur étaient plus accessibles, ceci dès le début du 19e siècle. En outre, leurs priorités étaient différentes car ils étaient nés dans un milieu social plus élevé et jouissaient d'un statut social qu'ils souhaitaient préserver. Lorsqu'ils ne pouvaient hériter ou épouser un héritier ou une héritière, les destins des hommes différaient de ceux des femmes. Les hommes évitaient les villes régionales pour s'expatrier en Amérique où ils faisaient parfois fortune dans l'élevage et reproduisaient les pratiques familiales traditionnelles. Les femmes, elles, suivaient parfois leurs parents, frères ou conjoints en Amérique, mais préféraient souvent s'installer dans les villes locales ou régionales où la plupart d'entre elles restaient célibataires, libre de leur destin tout en gardant des liens étroits avec leur famille. Ces femmes savaient prendre des décisions et assumer des responsabilités. Elles préféraient vivre une vie précaire plutôt que perdre leurs pouvoirs de décision par le mariage. Les comportements les plus exogames étaient ceux des femmes s'installant en ville et épousant des fonctionnaires. Non seulement elles perdaient leur indépendance et acceptaient le statut de femmes au foyer, mais elles rompaient tous les liens avec leur famille au village dans le but de vivre une vie plus confortable et jouir d'un statut social élevé en ville.

Ainsi, les destins des hommes et des femmes de l'échantillon différaient en raison de leurs origines sociales. La particularité du cas basque vient du fait que les fils et filles de propriétaires étaient éduqués pour assumer des responsabilités dans l'exploitation familiale. Leurs priorités étaient de faire aussi bien, voire mieux et de jouir des même droits et privilèges que leurs parents. Pour cela, les hommes étaient prêts à s'expatrier et les femmes à accepter des destins urbains totalement différents de leurs frères, ce qui explique que les stratégies familiales des propriétaires étaient plus complexes et plus contrastées que celles des locataires.

Capital d'exploitation, âge et mobilité au mariage en Normandie au XVIIIe siècle

JOHN A. DICKINSON

Les études sur le choix du conjoint portant sur la France d'Ancien régime se fondent normalement sur les registres d'état civil et ont probablement surestimé la stabilité géographique des familles paysannes[1]. Bien qu'on reconnaisse souvent le problème des familles qui ont des fiches ouvertes n'ayant fait enregistrer qu'un ou deux événements dans une commune donnée, même des familles apparemment plus stables ont pu migrer pendant la durée de l'union. Par ailleurs, les études utilisant des registres d'état civil ont beaucoup de mal à cerner la résidence principale des intervenants dans un acte et sont souvent incapables de détecter des migrations de plus ou moins courte durée. Ainsi elles ne peuvent pas toujours révéler toute l'histoire familiale pendant l'ensemble du cycle de vie conjugal. Par exemple, le fait de faire baptiser un enfant dans une commune ne signifie pas nécessairement que les parents y résident. C'est le cas de Nicolas Cousin qui habitait chez sa mère à Condé-sur-Laizon où il travaillait chez Michel Sorel. Son épouse, Marie Laignel, occupait une maison avec sa mère à Estrées-la-Campagne, dix kilomètres à l'ouest, où Michel se rendait lorsque son emploi le lui permettait. Lorsqu'il fut arrêté pour vol en 1750, il venait de quitter Condé pour travailler comme charpentier à Saint-Georges-en-Auge, à une trentaine de kilomètres d'Estrées[2]. Marié en 1743, tous les enfants de cette union furent baptisés dans la paroisse d'Estrées même si le père n'y résidait pas.

1 La littérature sur le sujet est vaste et englobe les études sur la reproduction sociale. Voir notamment Bonnain Rolande, Bouchard Gérard, Goy Joseph (sous la dir. de), *Transmettre, Hériter, Succéder. La reproduction familiale en milieu rurale France – Québec XVIIIe-XXe siècles*, Lyon, Presses universitaires de Lyon, 1992 et Brunet Guy, Fauve-Chamoux Antoinette, Oris Michel (sous la dir. de), *Le choix du conjoint*, Lyon, Programme Rhône-Alpes de recherches en sciences humaines, [1996].

2 Archives départementales du Calvados (A. D. C.), 3B 979, interrogatoire du 2 novembre 1750; information du 16 mars 1751.

L'expérience de cette famille n'est certes pas typique, mais elle illustre la complexité des choix auxquels étaient confrontés des couples ayant peu de capital et dont le travail obligeait à une grande mobilité. Elle pose aussi la question des rapports sociaux de sexe dans une société a priori patriarcale où l'homme était considéré «chef de ménage» mais où il n'assume pas nécessairement ce rôle. En élargissant la palette des sources pour inclure les archives notariales et judiciaires, on arrive à mieux cerner des réalités sociales négligées par les études purement démographiques.

Cette étude cherche à mieux comprendre les enjeux du choix du conjoint en mettant en lumière les destins différents des couples ayant un capital d'exploitation de ceux qui en sont démunis. Les facteurs économiques sont susceptibles aussi d'avoir un impact sur la mobilité du couple au cours de son cycle de vie, obligeant les plus pauvres à chercher du travail là où il se trouve tandis que les fermiers se déplacent pour occuper une exploitation plus rentable ou parce que le propriétaire met fin au bail. Quatre paroisses – Condé-sur-Laizon, Ifs-sur-Laizon, Ernes et Maisières – situées dans la plaine céréalière au Sud-Est de Caen sont au cœur de cette recherche. Le dépouillement des sources comprend les registres d'état civil de la fin du XVIIe au début du XIXe siècle, les archives notariales entre 1700 et 1820, les archives judiciaires de 1720 à 1790, les archives fiscales du XVIIIe siècle et les recensements du XIXe siècle. Ces paroisses comptaient environ 1 700 habitants vers 1750 et comportaient de nombreux liens économiques et familiaux entre elles. La route entre les centres administratifs de Falaise et Saint-Pierre-sur-Dives passait à travers les quatre tout comme la petite rivière Laizon qui fournissait la force hydraulique à cinq moulins à blé. La production céréalière dominait l'activité économique et, sauf pour l'exploitation de carrières à Ernes[3], l'artisanat rural restait peu développé[4]. Si la propriété foncière était concentré entre les mains de nobles et des jésuites jusqu'en 1764, les paysans possédaient des maisons avec jardins dans les villages et la plupart quelques terres dans le finage. Les laboureurs possédaient des troupeaux ovins

---

3   Les maçons d'Ernes s'engageaient parfois dans des chantiers urbains plus importants. Henri Granger entreprit de construire une maison à Falaise en 1768, avec des compagnons d'Ernes et des villages voisins alors qu'un des ouvriers fut arrêté pour le vol d'une paire de pistolets. A.D.C., 3B 734/B, enquête du 12 février 1768.

4   Les forgerons de Maizières et Ernes et les boulangers d'Ernes et d'Ifs font exception. Ils possédaient des fortunes qui les classent parmi les plus riches de ces communes.

importants mais l'élevage bovin était peu important et les journaliers possèdent rarement des animaux. La production de chanvre dans les jardins n'a pas
donné lieu à une production textile importante avant la fin du siècle alors que
la production de dentelle s'est répandue dans les quatre villages.

L'âge au mariage

L'âge au premier mariage ne semble pas avoir été influencé par le statut social
et la richesse (Tableau 1) ; l'âge moyen est comparable pour les journaliers et les
laboureurs et évolue à la hausse au cours du siècle. L'âge des épouses, légèrement
plus faible que celui des hommes, se rapproche de la moyenne nationale pour
la période et l'écart entre les époux est minime.

Tableau 1. Age moyen au premier mariage

| | Hommes | | | | Femmes | | | |
| | Journaliers | | Laboureurs | | Journaliers | | Laboureurs | |
	Age	Nb. cas	Age	Nb. cas	Age	Nb. cas	Age	Nb. cas
Avant 1750	24,6	94	24,8	27	24,5	103	25,4	38
1750-1774	25,1	112	25,0	27	25,8	130	24,2	38
1775-1799	27,2	143	26,9	47	26,2	202	25,6	75

Quand on tient compte de la distribution des âges, de légères différences apparaissent. Peu d'hommes se marient avant 20 ans, mais lorsque cela arrivait,
les mariages concernaient plus souvent les fils de laboureurs (Tableau 2). Les
garçons espérant hériter de la ferme d'une exploitation importante, avaient
tendance à attendre la trentaine avant de convoler puisqu'il fallait attendre la
retraite ou la mort du père, ou d'accumuler suffisamment de capitaux pour
acheter le capital roulant (charrue, charrette, herse) et le cheptel nécessaire.
Les journaliers ne connaissaient pas les mêmes contraintes, mais les années
de crise après 1770 témoignent d'une hausse de l'âge au mariage, alors que les
plus pauvres attendaient la trentaine avancée et même la quarantaine avant de

prendre épouse. Le journalier le plus âgé au premier mariage avant 1750 avait 33 ans ; un avait plus de quarante ans entre 1750 et 1774 ; quatre avaient plus de quarante ans après 1775 et le plus vieux avait 44 ans. Seul un fils de laboureur a attendu d'avoir 40 ans avant de se marier.

Tableau 2. Distribution des âges au premier mariage – Hommes (%)

	Journaliers			Laboureurs		
Age	> 1750	1750-74	1775-99	> 1750	1750-74	1775-99
< 20 ans	8,5	1,8	3,5	7,4	3,7	0
20-24 ans	41,5	50,9	31,5	55,6	37,0	32,2
25-29 ans	41,5	34,8	35,0	22,2	40,7	32,2
30-34 ans	8,5	8,0	18,2	11,1	14,8	32,2
> 35 ans	0	4,5	11,8	3,7	3,7	3,3

La distribution des âges au mariage des femmes est beaucoup plus dispersée (Tableau 3). Quelques filles de laboureurs avec des apports au mariage importants trouvaient des maris, alors qu'elles n'étaient âgées que de 17 à 19 ans tout comme des filles de journaliers dont les parents pouvaient contribuer les biens essentiels pour démarrer un ménage[5]. La très grande majorité des filles attendait la vingtaine avant de se marier, alors que les parents ou un travail comme domestique leur avaient permis d'amasser la dot nécessaire à leur établissement. Dans plus d'un tiers des cas, le contrat mentionne explicitement que la dot ou une partie de celle-ci provenait « du bon ménage » de la future. Une proportion croissante de femmes devait attendre la trentaine avant de se marier après 1750. Avant le milieu du siècle, le statut social ne semble pas avoir eu une grande influence, mais après, plus du quart des filles de journaliers avait dépassé 30 ans et plusieurs approchaient la ménopause. Dix filles d'origine modeste se sont

---

5   Sur l'importance de la dot dans l'établissement d'une nouvelle unité de production, voir
    DICKINSON John A., « Mariage et civilisation matérielle dans la plaine de Caen au XVIIIᵉ
    siècle », in *Annales de Normandie,* 37 (1987) no. 3, pp. 275-296.

mariées à plus de 33 ans avant 1775 et la plus âgée avait 40 ans. Dans le dernier quart de siècle, neuf filles avaient plus de 33 ans dont trois qui en avaient plus de 40. Même les filles de laboureurs mettaient plus de temps à trouver un conjoint. Bien que le pourcentage de celles qui se mariaient après 30 ans augmenta plus lentement que chez les journaliers, plusieurs approchaient la ménopause après 1775. Seulement trois filles se marièrent après 33 ans et jamais à plus que 37 ans dans les premiers 75 ans, mais cinq avaient plus de 40 ans après 1775. Il n'y a pas de raisons évidentes de retarder le mariage pour les filles de laboureurs. Marie-Catherine Bellivet, fille d'un des principaux laboureurs de Maizières s'est mariée en 1798 à 44 ans, bien après sa sœur cadette qui avait convolé à 24 ans en 1780. Deux de ses frères s'étaient également mariés et le troisième était prêtre. Elle ne prenait pas soin de ses parents puisque son père était décédé en 1790 et sa mère vivait avec l'un de ses frères.

Tableau 3. Distribution des âges au premier mariage – Femmes (%)

Age	Journalières			Laboureuses		
	> 1750	1750-74	1775-99	> 1750	1750-74	1775-99
< 20 ans	6,8	5,4	7,9	7,9	23,7	12,0
20-24 ans	47,6	39,2	33,7	31,6	31,6	42,7
25-29 ans	33,0	35,4	34,2	47,4	26,3	26,7
30-34 ans	9,7	15,4	15,8	7,9	15,8	8,0
> 35 ans	2,9	4,6	8,4	5,2	2,6	10,6

Les contraintes financières liées à la constitution d'une dot ne semble pas avoir retardé indûment le mariage de la plupart des filles. Les filles de laboureurs bénéficiaient de dots importantes évaluées par les parents à 1 863 livres en moyenne. En donnant autant, les parents avaient probablement un rôle dans le choix du conjoint. Les filles de journaliers ont pu subir des pressions de la part des parents, notamment lorsque la dot était assez considérable. Les plus prospères (les 10 % les plus riches) recevaient 803 livres en moyenne, soit un capital beaucoup plus important que ce que pouvait amasser une fille en travaillant. Pour la grande majorité, cependant, la dot moyenne de 290 livres provenait de leur épargne. Les filles de journaliers entraient en service domestique vers quinze ans et gagnaient environ 20 livres par année étant logées et nourries. Une dizaine d'années de travail suffisait pour compléter le montant que les parents avanceraient pour le mariage.

Mobilité au mariage

La grande majorité des nouveaux mariés résidait dans une des paroisses d'origine des conjoints. L'analyse qui suit porte sur tous les contrats de mariage signés entre 1725 et 1775 pour permettre l'identification de toutes les paroisses d'origine et la paroisse d'origine du conjoint. La cérémonie du mariage avait normalement lieu dans la paroisse de naissance de la fille, à moins qu'elle résidât dans une autre paroisse depuis au moins trois ans. Malheureusement, il est impossible d'identifier le lieu de mariage de tous les garçons car les archives notariales consultées (celles de Falaise furent perdues dans les bombardements de 1944) couvrent un rayon de 20 à 25 kilomètres seulement. Ceux qui migrent vers les villes sont les plus susceptibles d'être absents[6]. Plusieurs personnes, qui disparaissent des registres de l'état civil, se retrouvent dans d'autres archives. Quelques fils de laboureurs entrent en religion[7] et des fils de journaliers se retrouvent à l'armée[8]. Malgré certaines pertes, les contrats de la grande majorité des enfants ont été retrouvés.

Les laboureurs devaient élargir leur horizon s'ils voulaient trouver une épouse de même statut social (Tableau 4). Un cinquième des enfants de cette catégorie épousa quelqu'un de la même paroisse. Le choix d'un conjoint d'une

6   Nous savons, par d'autres sources, que plusieurs familles de l'élite rurale avaient des parents à Falaise. Le notaire local, Daniel Gonfroy, y a établi son fils comme procureur au bailliage. Pierre Lechien Lormellée, cousin de Guillaume Folie, le plus important laboureur de Condé-sur-Laizon, était greffier à la même juridiction. Quelques enfants migrèrent plus loin : dans les années 1780, une fille du lieu épousa un aubergiste de Versailles.

7   Trois enfants nés dans les quatre paroisses occupèrent la fonction de curé ou vicaire au cours du siècle, mais pas dans la paroisse où résidait leur père. Un autre entra chez les capucins de Falaise.

8   Les cousins Jean Baudet et Sébastien Ballot étaient soldats dans le régiment de Normandie lorsqu'ils se disputèrent en rentrant en permission chez la mère de Ballot à Maizières. A. D. C., 3B 984, information du 29 novembre 1753.

paroisse avoisinante s'explique sans doute par le fait qu'on pouvait exploiter des terres reçues en héritage ou surveiller plus commodément ceux à qui on les louait. Il était aussi utile d'élargir le réseau familial pour profiter de l'entraide. Guillaume Folie, par exemple, s'installa à Ecayeul, la paroisse d'origine de son épouse Marie-Thérèse Beaunier, à une dizaine de kilomètres de Condé-sur-Laizon, lors de son mariage en 1728. Il y occupa une ferme jusqu'aux environs de 1750 alors qu'il réintégra ses terres de Condé. Toutefois, un cinquième des fils et un quart des filles de laboureurs trouvaient un conjoint à plus de 10 kilomètres. Ces dernières étaient plus susceptibles de s'établir en ville que leurs frères.

Tableau 4. Résidence des époux au moment de la signature du contrat de mariage – laboureurs

	Hommes		Femmes	
Résidence	%	Nb.	%	Nb.
Même paroisse	20,4	9	20,4	9
Paroisse avoisinante	36,4	16	34,1	15
Dans un rayon de 10 km	20,4	9	18,2	8
10-20 km	6,8	3	13,6	6
Plus de 20 km	16,0	7	13,6	6

Source: Contrats de mariage, 1725-1775.

Les journaliers étaient plus sédentaires (Tableau 5). Plus de la moitié choisit une épouse dans la même paroisse et un autre quart dans une paroisse avoisinante. Il était rare qu'un journalier épouse une fille originaire d'une commune à plus de 10 kilomètres, bien que ceux qui ont migré au loin soient certainement sous-représentés. Même si l'héritage espéré était plutôt modeste, une petite maison ou une partie de maison le plus souvent avec un bout de jardin, un réseau familial et une plus grande facilité de trouver du travail chez les fermiers qu'on connaissait gardaient les garçons au village. Toutefois, des migrations saisonniè-res pour faire les récoltes « en France » pouvaient donner lieu à un établissement plus définitif. Michel-Jean-Jacques Lemeunier de Carrouges récoltait les blés de la Beauce chaque été, mais fatigué de voyager aussi loin, il loua une maison à Châteaudun en 1786, et s'y installa avec toute sa famille[9].

Tableau 5. Résidence des époux au moment de la signature du contrat de mariage – journaliers

	Hommes		Femmes	
Résidence	%	Nb.	%	Nb.
Même paroisse	53,2	125	38,9	125
Paroisse avoisinante	24,7	58	21,5	69
Dans un rayon de 10 km	16,2	38	19,3	62
10-20 km	4,3	10	10,6	34
Plus de 20 km	1,6	4	9,7	31

Source : Contrats de mariage, 1725-1775.

Les filles de journaliers étaient moins stables que leurs frères. A peine 60% des filles ont trouvé un conjoint dans leur paroisse d'origine ou dans une communauté voisine et un autre 20% dans un rayon de 10 kilomètres. Près d'un dixième des filles épousaient un garçon habitant à plus de 20 kilomètres, s'isolant ainsi de la famille. Si quelques-unes de ces femmes revenaient au village après le décès de leur époux, pour la majorité le déplacement était définitif. Ce résultat a de quoi surprendre, car on imagine souvent les femmes plus sédentaires que les hommes et attachées à leur famille. C'est le cas, par exemple de Marie Cavé, épouse de Jean Crespin, qui s'ennuyait à Rocquancourt à côté de Versailles ; son frère adressa la lettre suivante à son mari : ma sœur « me fait bien de la peine qu'elle a tant de peine à s'accoutumer dans votre pays. Je crois qu'elle a beaucoup de chagrin ce qui nous donne beaucoup d'inquiétude et aussi à ma mère »[10]. La mobilité féminine est largement due au travail que les filles effectuaient hors de la maison et souvent hors de la commune d'origine[11].

9   A. D. C., 3 B 1075, Interrogatoire du 24 février 1787.
10 A. D. C., 3 B 993, lettre de juin 1756.
11 Les réseaux d'amitié tissés lors de ces déplacements pouvaient être fort étendus. Marie-Françoise Fauvel de Versainville s'était liée d'amitié avec Marie Jeanne de Maizières. Lorsqu'elle

Hélène Lucas de Magny-la-Campagne « gagnait son pain en travaillant chez les particuliers » dans plusieurs paroisses. Lorsqu'elle s'était absentée pour travailler à Percy à quelques 12 kilomètres de sa maison, il y eut un vol et elle déclara avoir perdu 49 livres en argent, une obligation pour 210 livres 10 sols et des draps et serviettes[12]. Cette cause témoigne de l'importance du capital que pouvait accumuler une fille seule. Un autre procès illustre cette mobilité. Marie Corset de Condé-sur-Laizon est entrée au service du sieur de Longbois à Querville en 1743. Un journalier du coin la recherchait vigoureusement et finit par la violer dans l'étable. Un contrat de mariage fut signé lorsque la grossesse devint visible, mais il fallut un procès pour forcer le garçon à l'église[13].

Lorsqu'on tient compte de la richesse, il n'y a pas de différence significative entre les comportements des 20% les plus riches et les journaliers (Tableaux 6 et 7). Chez les laboureurs, les dots sont légèrement plus élevées pour un mari venant d'une paroisse avoisinante, mais sans doute la proximité et la possibilité d'avoir recours à l'entraide familiale compensaient. Les dots élevées des filles qui se marient au loin indiquent des stratégies de mobilité sociale ascendante à l'œuvre.

Tableau 6. Valeur moyenne de la dot selon le lieu de résidence,
20% plus riche

Résidence	Hommes		Femmes	
	Livres	Nb. cas	Livres	Nb. cas
Même paroisse	917	26	917	26
Paroisse avoisinante	1 231	15	1 273	15
Dans un rayon de 10 km	789	5	1 107	15
10-20 km	1 310	4	1 324	6
Plus de 20 km	900	1	2 784	8

Source : Contrats de mariage, 1725-1775.

---

se rendit au Havre pour travailler pendant trois mois comme fileuse de coton, elle déposa les clés de sa maison chez Marie Jeanne. A. D. C., 3B 1087, interrogatoire du 10 septembre 1789.

12   A. D. C., 3 B 951, plainte du 3 octobre 1736.

13   A. D. C., 3 B 172/A, enquête du 12 mars 1745.

Tableau 7. Valeur moyenne de la dot selon le lieu de résidence, journaliers

	Hommes		Femmes	
Résidence	Livres	Nb. cas	Livres	Nb. cas
Même paroisse	284	109	284	109
Paroisse avoisinante	282	54	277	62
Dans un rayon de 10 km	303	29	296	49
10-20 km	347	9	300	30
Plus de 20 km	354	7	338	28

Source : Contrats de mariage, 1725-1775.

Chez les journaliers, les dots consenties à des partenaires venant de loin augmentaient en fonction de la distance. Les journaliers les plus prospères, cherchaient-ils à imiter les laboureurs en épousant des filles venant de l'extérieur qui pouvaient offrir une possibilité d'acquérir le capital nécessaire pour entrer sur le marché des fermes ? C'est tout probable.

Les stratégies matrimoniales

On a beaucoup discuté des stratégies mises en œuvre pour assurer la reproduction sociale de la paysannerie, mais dans ces quatre paroisses de la plaine de Caen, ces comportements sont essentiellement réservés à l'élite locale. La Coutume de Normandie prescrit l'égalité entre héritiers masculins ; les filles n'avaient droit qu'à une légitime équivalent à un quart des biens meubles et étaient exclues de l'héritage foncier à moins qu'il n'y ait pas de fils survivant[14]. Toutefois, les filles n'étaient pas systématiquement exclues de l'héritage du patrimoine foncier et plusieurs actes notariés attestent la division de maisons entre frères et sœurs. Il semble que les parents tentaient d'assurer une division équitable des biens. Une année après son mariage, Jean Lefebvre déclare au notaire : « ayant beaucoup réfléchi sur les promesses par luy accordées à Marie-

---

14 HOUARD, *Dictionnaire analytique, historique, étymologique, critique et interprétatif de la Coutume de Normandie*, Rouen, Le Boucher, 1780-1781.

Elisabeth Lefebvre sa fille en son traité de mariage avec Louis L'Hermite [...] il a reconnu que lesdites promesses sont beaucoup inférieures à la juste part et portion qu'il pouvoit luy appartenir en sa succession [...] Pour luy rendre la justice qui luy est due il accorde 40 livres de rente viagère» à sa mort[15].

Les laboureurs et les journaliers les plus prospères voulant maintenir ou améliorer le statut social de leur famille veillaient attentivement aux mariages de leurs enfants. Les Folie étaient la plus importante famille de laboureurs dans les quatre paroisses. Ils possédaient des terres à Condé-sur-Laizon et Magny-la-Campagne, et occupaient des fermes dans les paroisses d'Ernes, Ouézy et Ecayeul. Leurs épouses provenaient de familles de laboureurs de Condé, Magny, Sassy, Ecayeul et Ouézy et apportaient des dots entre 2 500 et 4 000 livres. Au début du XIXe siècle, les deux frères qui y résidaient possédaient 106 hectares à Condé-sur-Laizon. Des laboureurs plus modestes resserraient leur réseau familial autour des paroisses avoisinantes. Armand-Jules Labbé était fermier du seigneur d'Ernes tout comme son père avant lui. A son mariage avec Marie Delaunay en 1730, il reçut 450 livres en biens meubles de sa femme et un don de l'oncle de son épouse, alors curé de la paroisse, de 450 livres en argent[16]. Ses cinq filles ont épousé des petits laboureurs d'Ernes et de Condé et un boulanger d'Ifs-sur-Laizon. Leurs dots étaient modestes; 800 livres pour toutes sauf celle qui épousa le boulanger et qui reçut 1 000 livres. Un fils devint procureur au bailliage de Falaise et le cadet entra en religion. Le décès du fils aîné quatre ans après que son père finança son établissement sur une ferme interrompit l'ascension de la famille. A la fin du siècle, les Labbé étaient des journaliers à Ernes sauf un qui était jardinier au château de Canon. Son contemporain, Jacques-Frédéric Lesecourable, débuta sa carrière comme journalier. Son mariage avec Anne Lefebvre en 1730, lui apporta une dot de 265 livres, mais qui comportait deux bovins[17]. Il s'appropria le titre de blatier avant d'amasser le capital nécessaire pour prendre une ferme vers 1743. Ses enfants ont réussi de beaux mariages avec des enfants de laboureurs, tandis que ses frères et neveux sont demeurés journaliers. Pour les familles de cette catégorie sociale, le choix du conjoint était de toute première importance pour

---

15 A.D.C., 8 E 10313, greffe Lenormand, 7 juillet 1753.
16 A.D.C., 8 E 1207, greffe Gonfroy, contrat de mariage du 25 juin 1730.
17 A.D.C., 8 E 1208, greffe Gonfroy, contrat de mariage du 17 septembre 1730.

établir des réseaux qui contribueraient à obtenir le crédit nécessaire pour leur établissement, mais les aléas de la démographie pouvaient déjouer même les stratégies les mieux conçues.

Les journaliers subissaient moins la pression des parents dans le choix du conjoint[18]. Le travail à l'extérieur de la maison familiale accordait une plus grande liberté en les soustrayant à la vigilance parentale. Une fille qui amassait par son épargne le trousseau nécessaire pour son établissement avait la possibilité de choisir librement son partenaire. A moins d'être enfant unique, il n'y avait pas d'héritage à attendre et aucune raison de retarder le mariage une fois le trousseau complété. Les hommes devaient fournir un logement, mais les loyers étaient relativement faibles – entre 10 et 15 livres par année – et permettaient un établissement avant le décès du père. En effet, seulement le tiers des garçons étaient orphelins au moment de leur mariage et avaient donc hérité de quelques biens et souvent d'une maison ou une partie de maison. Dans cette catégorie sociale, la co-résidence d'enfants mariés avec leurs parents était très rare[19].

Pour illustrer les choix effectués par les journaliers, prenons l'exemple de la famille Bellais de Maizières. Au mariage de François et de Marie Levasseur en 1725, la prospérité du début du règne de Louis XV permettait de se marier jeune : François avait 21 ans, Marie 22. Elle lui apporta une dot évaluée à 250 livres dont 36 provenaient de l'héritage de son père. Ils vécurent longtemps (François mourut à 76 ans, Marie à 87). Cinq de leurs six enfants se marièrent (le destin du fils cadet est inconnu). L'aîné, Louis, épousa à 30 ans une fille de la paroisse voisine, Bû-sur-Rouvres, qui lui apporta 338 livres en dot. Le second fils, Jacques, épousa à 25 ans une fille de Maizières avec 600 livres de dot. Les deux garçons suivants se marièrent jeunes ; Jean à 21 ans et Simon à 20 ans. Les deux épouses étaient originaires de la paroisse et apportèrent des dots évaluées à 250 et 300 livres. La seule fille, Marie-Anne-Françoise reçut une dot de 363 livres lors de son mariage à un journalier d'Ernes à 21 ans en 1765. Tous les petits-enfants qui se sont mariés avant la fin du siècle ont trouvé des conjoints

---

18 Comme le note Nicolas RESTIF DE LA BRETONNE, les jeunes paysans de son village natal pouvaient suivre leur cœur dans le choix du conjoint. Cf. *Monsieur Nicolas*, t. I, Genève, Slatkine Reprints, 1971, pp. 55-56.

19 En Normandie, la co-résidence donne lieu à un acte d'incommunauté pour clairement établir les biens de chacun. Ces actes concernent surtout des veuves ou des veufs âgés et impotents.

dans la paroisse, à Ernes ou à Rouvres. Outre la longévité des parents, l'expérience de cette famille est assez typique des journaliers qui vivaient entourés de parents dans deux ou trois paroisses voisines formant un réseau dense d'entraide comme en témoigne le choix des parrains et marraines.

Conclusion

Si le statut social a peu d'influence sur l'âge au mariage, la nécessité de disposer de capitaux pour entreprendre une vie à deux affecte les choix du conjoint et son origine. Les fils de laboureurs devaient attendre de recevoir un héritage ou un capital roulant suffisant pour entrer dans une ferme avant de se marier. Leur choix du conjoint était restreint par le nombre de filles de laboureurs et ainsi ils avaient tendance à regarder un peu plus loin que les journaliers. Pour les journaliers avec des aspirations d'améliorer leur statut social, le choix du conjoint revêtait une grande importance, car un apport au mariage supérieur à la moyenne et l'insertion dans un réseau familial dynamique étaient des préalables à toute promotion sociale. En général, cependant, ils se marièrent à une fille de leur paroisse, ce qui permettait de mieux profiter de l'entraide et, parfois, de l'héritage d'un lopin de terre. Pour la grande majorité des journaliers, l'absence de stratégies précises et une grande liberté dans le choix du conjoint prédominaient. Les principales contraintes déterminant aussi bien l'âge que le lieu de résidence était la nécessité pour l'homme de trouver un logement et pour la femme d'amasser le trousseau. L'origine du conjoint dépendait d'où on trouvait du travail et des rencontres lors des fêtes de village. Sans doute que les amours de jeunesse ont pavé la voie à plusieurs unions comme celle décrite dans *Monsieur Nicolas*, mais le travail dans une maison étrangère, hors de la surveillance parentale fournissait également des occasions de rencontrer l'âme sœur.

Compagnies commerciales de migrants français en Espagne (XVIIIe-XIXe siècles)

Rose Duroux

A la demande d'un ministre préoccupé par les effectifs militaires, les préfets de la France de 1808 prennent la mesure de l'émigration ; c'est l'occasion pour le préfet du Cantal – terre de toutes sortes de migrants – de faire le point sur l'émigration en Espagne : il s'agit d'une migration masculine de groupe. Le préfet ébauche le portrait historique du migrant qui affine peu à peu ses méthodes et élargit ses vues : « Les premiers émigrants, simples et laborieux, étrangers à toute espèce de connaissances, n'ont pu d'abord se livrer qu'à une industrie grossière […]. Mais comme tous ne voulaient pas se livrer à des travaux pénibles, ils substituèrent au travail des bras des négoces de tout genre »[1]. Effectivement, dès le milieu du XVIIIe siècle, les émigrants – devenus plus regardants donc moins nombreux – s'emploient en Espagne dans le commerce. Grâce à leurs armes de migrants communautaires, ils savent s'adapter aux lois de la demande espagnole, tirer parti des carences de la distribution, se hisser dans l'échelle professionnelle. De vrais commerciaux ? Vu la performance, on est tenté de dire oui. Mais si l'on considère que l'investissement cyclique des bénéfices se fait dans la terre d'Auvergne, on en vient à émettre des doutes. C'est ce hiatus qui va nous occuper.

La performance commerciale

La percée dans la boulangerie madrilène

Depuis l'accession de Madrid au rang de capitale (1561), tous les observateurs ont dénoncé le manque de *tahonas* (boulangerie à l'espagnole alliant meunerie et panification). Pour approvisionner la métropole, la solution de facilité fut

---

1 Lachadenède, Préfet du Cantal, *Notice sur les Emigrations et Immigrations*, Archives nationales (A. N.) F 20/ 434, 27 avril 1812.

d'abord de faire venir le pain des villages environnants ; mais, des siècles plus tard, la participation des *pueblos* circonvoisins persiste (rapports municipaux de 1820, 1848, 1854, 1866, etc.)[2]. A cette concurrence extra-muros s'ajoutait une concurrence intra-muros : maisons nobles, couvents et hôpitaux avaient leurs propres boulangeries. Si l'on ajoute à cela le manque de politique concertée dans l'approvisionnement en blé, on aura compris que le métier offrait peu d'attrait.

Induite par toutes ces carences, la vocation auvergnate pour la boulangerie à Madrid s'est affirmée progressivement. Les premiers registres de l'hôpital Saint-Louis-des-Français de Madrid sont parlants : plus de deux cents boulangers, « maîtres » ou « garçons », souvent originaires du Mauriacois, sont hospitalisés entre 1690 et 1709 ; parmi eux on relève une dizaine de patrons *tahoneros*. A la fin du XVIIIe siècle, le nombre de patrons auvergnats double ; ils font partie des rares *tahoneros* solvables, c'est-à-dire capables d'emmagasiner une réserve de grain suffisante pour tenir huit à dix jours[3]. Toute personne désireuse d'exercer cette profession peut s'établir : « On exige seulement que le local soit adapté et construit de manière à ne pas présenter de risque d'incendie »[4]. Les Cantaliens savent mettre à profit cette perpétuelle pénurie et le nombre de leurs *tahonas* passe de 30 à 50 entre 1840 et 1857 (soit de 18% à 36% de l'ensemble).

Que cet immigrant ait pu s'immiscer dans la boulangerie ne dénote, chez lui, aucun flair particulier, mais un pragmatisme opiniâtre ; comme le dit F. Raison-Jourde du boutiquier auvergnat de Paris : « Le choix qu'il fait de certains commerces n'est pas dû au hasard ni à son génie des affaires : ce sont en effet les plus faciles à aborder sans capital élevé au départ ». A Paris, où les Cantaliens sont légion, curieusement, aucun n'a tenté sa chance dans la boulangerie : elle n'est pas à leur portée. Mais, contrairement à la boulangerie parisienne qui, « sévèrement contingentée par des ordonnances de police, constitue un fonds de commerce très recherché et onéreux, où se succèdent de véritables dynasties

---

2   Duroux Rose, *Les Auvergnats de Castille. Renaissance et mort d'une migration au XIXe siècle*, Clermont-Ferrand, Publ. de la Fac. des Lettres, 1992 : cf. le chapitre consacré à la boulangerie.

3   Arch. Municip. Madrid, AVS, 1766 sqq, 2-122-2 ; 2-133-17 ; 1-253-62. Arch. Notar. Madrid, AHP, 1786, 20-665.

4   Arch. Municip. Madrid, AVC, 1848, 2-46-23.

familiales »[5], la *tahona* madrilène est ouverte. Les Cantaliens ne rencontrent pas d'obstacle majeur, ne se heurtent à aucun monopole fort. Les rivaux qu'ils ont à affronter sont des ruraux comme eux, généralement plus démunis.

Un autre facteur a poussé tant de jeunes Auvergnats, non qualifiés, vers la *tahona*, c'est la facilité de l'apprentissage. De l'avis de l'organe de la corporation, le très sérieux *Panadero Español*, « l'apprentissage est si facile que n'importe quel rustaud qui arrive tout droit de sa campagne apprend ce métier en vingt jours et gagne quatre à cinq pesetas quotidiennes » (20 octobre 1914).

Le maillage provincial des marchands drapiers

Lorsqu'on se penche sur les registres des immatriculations du Consulat de France à Madrid – qui s'ouvrent en l'an VI –, on constate, d'une part, qu'une deuxième profession canalise les Auvergnats : marchand drapier, d'autre part, qu'aucun marchand drapier auvergnat immatriculé ne réside à Madrid mais dans les petites villes et bourgades environnantes.

Les marchands drapiers sont les descendants des anciens merciers-colporteurs ou *caxeros* (*caxa*, caisse) qui, à l'époque moderne, sillonnaient l'Espagne. Leur éviction de la capitale se fait au cours du XVIIIe siècle[6], quand les cinq grandes corporations de marchands de Madrid – *Cinco Gremios Mayores* – obtiennent le monopole des tissus et de la mercerie ainsi que le refoulement de leurs concurrents étrangers ou forains au-delà d'une zone de cinq lieues (voire huit).

Eloignés par les corporations du colportage urbain, c'est dans les villages de Nouvelle-Castille que, soit par obligation, soit par goût, les migrants auvergnats vont établir de véritables sociétés commerciales ou *Compagnies*. Citons celles

5   RAISON-JOURDE Françoise, *La colonie auvergnate de Paris au XIXe siècle*, Paris, Imp. Municipale, 1977, p. 174. BAHAMONDE Ángel, TORO Julián, *Burguesía, especulación y cuestión social en el Madrid del siglo XIX*, Madrid, Siglo XXI, 1978.

6   CAPELLÁ MARTÍNEZ Miguel, MATILLA TASCÓN Antonio, *Los cinco gremios mayores de Madrid (paños, lienzo, especiería, mercería, droguería)*, Madrid, Saez, 1957, pp. 107-119. Archives du Ministère des Affaires Etrangères (AMAE), Paris, MD 132, « Mémoire présenté par M. le Marquis d'OSSUN, Ambassadeur de France, en faveur des négociants et marchands boutiquiers établis à Madrid », Pièce 1, « Mémoire sur le Corps des Gremios », 1766, fol. 6 sqq.

de Chinchón, Navalcarnero, Estremera, Torrejón de Ardoz, etc.[7] D'après les déclarations des chefs de ces différentes compagnies, dans les demandes d'indemnisation faites à la suite des séquestres et pillages dont ils furent victimes en 1808, l'origine des compagnies est «très ancienne». MM. Rebeyrol et Maisonobe, de Chinchón, n'hésitent pas à parler de «plusieurs siècles»[8]; la société d'Estremera parle de soixante ans d'existence, celle de Torrejón de Ardoz de quinze[9]. En tout cas, l'essor des compagnies est visible dans la deuxième moitié du XVIIIe siècle, où les Cantaliens étendent un réseau de comptoirs dans les provinces de Madrid, Tolède, Guadalajara, Cuenca, avec un quadrillage intensif de la province de Madrid et extensif autour.

Comme les coutumes migratoires sont tenaces, même après l'abolition des corporations (1834-1838) et la libéralisation du commerce de Madrid, les marchands drapiers auvergnats, issus des mêmes familles de l'Aurillacois bien rodées (ou passéistes), resteront sur leurs positions provinciales.

Le souci d'une répartition dans l'espace non préjudiciable au plus proche compatriote concurrent fait partie de la *praxis* des marchands. Le respect d'une sorte de *gentlemen's agreement* est tacite ou clairement stipulé par contrat. Lorsque Jean Vermenouze s'exclut volontairement de la compagnie de Chinchón, il s'engage à ne pas s'installer dans le même secteur: «Ledit Vermenouze s'engage spécialement, et cette condition est importante pour la société qui la stipule d'une manière expresse, à ne jamais former, à quelque époque que ce puisse être, aucun établissement dans les endroits et localités où la société a son rayon d'affaires, se soumettant, s'il viole cette condition formelle, à des dommages-

---

7   AD Puy-de-Dôme, Arrêts de la Cour de Riom, décembre 1811-mars 1817; AD Cantal, 17 F 8 et 114 F.

8   Arch. Hôpital St-Louis-des-Français, Madrid, F1. 1647-1649: Jean Lafon, *caxero*, marié à Jeanne Peitavy de Teissières-de-Cornet, accompagné de ses deux fils Géraud et Pierre. Géraud Caumel, *caxero*, marié à Marguerite Dalbin de Reilhac, fils de Guillaume et Delphine Monraisse. 1684: Pierre Danguillen, fils d'Antoine et Marie Cruèghe, de Crandelles. Guillaume Courbebaisse, *caxero*, marié à Rose Malras d'Aurillac, etc.: ce sont les mêmes patronymes et paroisses que pour les compagnies des XVIIIe et XIXe siècles. Cet Antoine Labro, *caxero*, en 1698, à Navalcarnero, chez Antonio Espinete d'Ayrens préfigure le marchand drapier du siècle suivant, employé chez un compatriote négociant, en attendant d'être associé.

9   A.N., F 12/ 1831-1832.

intérêts, lesquels dommages-intérêts seraient fixés par des arbitres choisis tant par ledit Vermenouze que par le corps de la société dont il faisait partie, et, s'il y a contestation, par un juge de la ville de Chinchón »[10].

Le « marketing » aujourd'hui n'en use pas autrement : nous avons affaire à de vrais « commerciaux ». Pourtant, ces professionnels s'auto-définissent, dans leurs papiers notariés, tantôt comme marchands, tantôt comme laboureurs-marchands, tantôt comme propriétaires… Primat du commerce ou primat de la terre ? Le règlement interne des sociétés commerciales donne des éléments de réponse.

Système patrimonial / système commercial : même combat

Le préfet Lachadenède, dans sa *Notice sur les Emigrations et Immigrations du Cantal*, de 1812 – déjà citée –, appelle lesdites compagnies des « sociétés de famille », ce qui d'entrée situe la famille au cœur du système. Il montre qu'on procède avec le bien commercial en Espagne comme avec le bien patrimonial en France, en articulant les deux, l'intéressement s'adressant en priorité aux fils et aux gendres. Ces commerçants issus d'une zone à héritage intégral ont sécrété, d'après la *Notice*, « un régime patriarcal ».

> Le produit le plus considérable et le plus certain des émigrations dans ce département provenait des grandes sociétés de commerce établies en Espagne depuis plus d'un siècle par des habitants des cantons sud d'Aurillac, de Pleaux, de Mauriac et de Salers, indépendamment des commerces ou métiers que des individus isolés allaient y exercer pour leur compte particulier. On peut évaluer au moins à quatre cents le nombre des personnes qui tenaient ces grandes sociétés [les chefs]. Leur régime tout patriarcal mérite d'être connu. C'étaient des sociétés de famille dans lesquelles on n'admettait que les fils et gendres des associés et auxquelles tous avaient droit.

L'émigration qui nous occupe est une migration tournante, le roulement ayant pour but explicite de ramener les hommes et surtout de drainer leurs profits vers la maison familiale :

---

10 AMAE, Consulat de France à Madrid. Papiers familiaux, entrevues : Fernand Rabot, Humanes de Guadalajara ; Pierre Vermenouze, Leyritz de Crandelles ; Louis Nozières, La Ségalassière.

Les associés se relevaient par quart chaque année, en sorte que la moitié résidait en Espagne et l'autre moitié en France, où tous revenaient après un espace de deux ans et y rapportaient leurs profits.

Toutes les étapes de l'intéressement progressif aux bénéfices de la société sont minutieusement programmées : la mise d'entrée, le temps de l'initiation, le temps des bénéfices, le temps du retrait des fonds.

Les pères faisaient un fonds de trois à quatre mille francs pour chaque enfant qu'ils présentaient ou s'ils mouraient ou se retiraient de la société avant que leurs enfants puissent y entrer, ils laissaient à l'avance des fonds suffisants pour leur mise ; les jeunes gens étaient admis à seize ans et tenus à un apprentissage de sept ans consécutifs, à proportion de leur assiduité et de leur intelligence, on les intéressait plus ou moins graduellement aux bénéfices pendant les quatre dernières années ; alors ils revenaient en France avec une partie de leurs profits, car chaque associé devait en laisser une partie en augmentation de fonds jusqu'au taux réglé dans chaque société. Ce taux étant ordinairement de seize à vingt mille réaux[11].

Pour assurer l'investissement au *pays*, toute évaporation des hommes et des gains est contrecarrée par le règlement interne : pas de femmes espagnoles, pas de dissipation, des sanctions à la clé.

Tout associé qui se mariait en Espagne était exclu de la société. Tout jeu entre eux, ou les habitants du pays, leur était interdit, l'inconduite était réprimée ou par une réduction dans la part aux bénéfices ou par l'exclusion et ces peines étaient arbitrées par les associés.

Le nombre des marchands n'est pas limité : vu l'absence de réseau de distribution dans la Castille rurale, il suffit, en cas d'accroissement du personnel, d'ouvrir un magasin plus loin – à la bonne distance –, chaque unité comportant une douzaine d'hommes plus ou moins (les uns au comptoir, les autres en tournée).

A mesure que les familles s'étendaient, le nombre d'associés s'accroissait, sans nuire au profit des autres, parce que le commerce de la société s'étendait en proportion, car il ne se faisait pas dans une seule direction, mais dans l'étendue d'une ou deux provinces, suivant le nombre des associés : on établissait à des distances de quinze à vingt lieues des magasins principaux, sous la direction de deux ou trois associés. Chaque magasin avait un arrondissement composé d'un grand nombre de villes ou de grosses bourgades, où d'autres associés allaient vendre en détail les marchandises qu'ils prenaient au magasin de l'arrondissement ;

11 1 réal équivaut à 1/4 de franc si l'on adopte la parité franc-peseta en vigueur jusqu'en 1880 environ.

les uns étaient à poste fixe, avec boutique ouverte dans les gros lieux, d'autres colportaient avec des mulets dans les bourgades qui leur étaient assignées, où ils se rendaient chaque semaine à jour fixe. Pour occuper douze ou quinze nouveaux associés, il suffisait d'établir un nouveau magasin à une distance convenable des autres. Plusieurs de ces sociétés étaient composées de cent membres, et plus, qui commerçaient sur une étendue de trente à quarante lieues. Leurs fonds étaient très considérables et leur crédit était établi dans les fabriques de France, de Suisse et d'Espagne et les profits y étaient proportionnés ; on peut sans exagération les évaluer à deux mille francs par ou pour chaque part entière ; mais tous n'avaient pas une part entière, ils n'y parvenaient qu'après environ seize ans d'association, par un accroissement graduel de quatre en quatre ans[12].

Si l'on est capable de se plier à ce règlement «d'Ancien Régime», le jeu peut en valoir la chandelle. Aussi, malgré la décrue du XIXe siècle, ces «sociétés de famille» se maintiendront-elles, taillées d'après le même patron, jusqu'à l'entre-deux-guerres.

Une compagnie témoin : la «Maison de Parla», 1877-1931

De la continuité des formes

Le rêve de tout apprenti marchand est de devenir sociétaire. Voici le déroulement moyen des «promotions» au XIXe siècle : «Les jeunes employés ou apprentis faisaient un stage de six à huit ans et n'étaient guère sociétaires avant la trentaine. Les autres, les chefs, prenaient à tour de rôle la direction de la maison et, après un séjour en Espagne de deux ans, qu'ils appelaient une campagne, passaient dix mois en Auvergne»[13]. Ce *tempo* variait, toutefois, d'une compagnie à l'autre, d'une conjoncture à l'autre.

Les statuts des anciennes compagnies familiales avaient été repris et assouplis : jadis, le «compagnon» accompli laissait, en se retirant, une mise de 4 000 livres pour l'admission de son fils ou neveu ou gendre, à charge pour ce dernier de faire ses preuves ultérieurement. Malgré l'importance de cette somme, il y avait pléthore de candidats. A la fin du XIXe siècle, soit par manque de «vocations», soit par manque de numéraire, la compagnie n'exige plus d'apport initial aussi sélectif. La plupart des apprentis se présentent avec une somme

---

12 A. N., F 20/ 434.
13 VERMENOUZE Arsène, *L'Auvergne en Espagne*, inédit.

symbolique pouvant se réduire à une dizaine de réaux : c'est le cas de François Bruel, engagé à Parla le 13 septembre 1914, avec 12 réaux (il est vrai que la Guerre mondiale est là et que les candidatures se font rares) ; 600 réaux est un bel apport (Hippolyte Caumel, 1er mars 1887)[14].

Le cheminement du postulant, en revanche, suit encore des paliers très progressifs ; mais, alors qu'il fallait au XVIIIe siècle seize ans pour devenir sociétaire à part entière, en gravissant un échelon tous les quatre ans, au XIXe siècle cette période se réduit à huit ans, grâce à un intéressement progressif par quart tous les deux ans ou par huitième tous les ans.

Des sources

Nous allons suivre, sur un demi-siècle (1877-1931), les promotions de la « Maison de Parla » (province de Madrid), une maison parmi d'autres, tout à fait représentative. Ce qui est exceptionnel, c'est de pouvoir disposer d'une comptabilité sur plus de 50 ans sans interruption : on peut considérer comme une chance le fait que les descendants des Roquetanière et des Oustalniol, les deux familles qui se sont succédé à Parla, aient bien voulu me confier les différents *Libros de Caja (Livres de comptes)* de la Compagnie[15]. Ces registres, dûment cotés et rédigés en espagnol – comme l'exige la loi –, tiennent lieu à la fois de livre d'inventaire et de registre social ; y sont inscrits, outre « le règlement intérieur », les bilans de chaque « année commerciale », ainsi que la répartition en fin de période des droits acquis par chacun des sociétaires et employés. Toutes les sommes sont exprimées en réaux [¼ de peseta]. Deux règlements internes successifs fixent les modalités de la promotion et cette dernière se lit clairement dans la comptabilité : dans le premier règlement (1877), on stipule une progression par quart ; dans le second (1903, revu en 1915), la progression par huitième n'est pas stipulée mais elle apparaît sans équivoque dans la ventilation des bénéfices à chaque bilan. La promotion par huitième

---

14 Autres exemples pris dans le *Libro de Caja* de la Cie de Parla (Arch. Paul Roquetanière) : Eloy Noygues, 10 décembre 1882 : 108 réaux. Firmin Picard, 1er juin 1884 : 60 réaux. Armand Roquetanière, 4 août 1892 : 304 réaux.

15 *Libros de Caja* appartenant, le 1er à Paul Roquetanière (Riom-ès-Montagnes), descendant des fondateurs, le 2e à Urbain Oustalniol (Saint-Paul-des-Landes), descendant des liquidateurs.

était d'ailleurs appliquée de façon tacite depuis 1897 : la crise économique que traversait l'Espagne fin-de-siècle a peut-être joué dans cette nouvelle modulation à l'évidence plus attractive.

Quelques profils

Nous avons étudié, un par un, les cursus des trente et un individus qui se sont succédé à Parla, depuis la signature du premier règlement, le 2 octobre 1877, par les membres de la Compagnie Roquetanière Frères, jusqu'à la liquidation définitive, le 3 octobre 1931, par les frères Oustalniol (Figure 1). Les associations restent, comme on le voit, « une affaire de famille »[16], sur fond de co-héritage. Nous ne pouvons donner les résultats complets de cette analyse, mais proposer quelques-uns des aspects les plus représentatifs.

Si le règlement est mathématique, les trajectoires humaines ne le sont pas : durant la période « d'ascension professionnelle », on constate de très nombreux abandons définitifs ou bien des temps morts – soit par interruption d'activité (c'est le cas, pour Hippolyte Caumel, entre 1892 et 1895), soit par blocage (Victor Oustalniol offre un exemple de stagnation à 5/8 de part sociale pendant trois ans).

L'examen de la figure 1 permet de faire quelques remarques concernant la composition de la compagnie. Le nombre de *sociétaires à part entière* (dits *chefs* ou *socios*) est généralement de trois ou quatre, rarement deux : cela se produit toutefois durant les années 1902-1905 et 1917-1920. En effet, à moins de trois, la migration tournante des « chefs » patine. Dans la vie de la « Maison de Parla »

---

16 Il s'agit en effet d'une compagnie éminemment familiale.
   – Composition de la première société. Paul Roquetanière nous indique les liens de parenté des chefs :
   1. Firmin Roquetanière, « mon grand-père, 1841-1924 ».
   2. Isidore Roquetanière, « mon grand-oncle, frère du n° 1 ».
   3. Joseph Montboisset, « beau-frère du précédent ».
   4. Emile Roquetanière, « cousin germain et beau-frère du n° 1 ».
   5. Léon Limbertie, « un cousin ».
   6. Antoine Roquetanière, « frère du n° 4 ».
   – Composition de la dernière société. Trois frères Oustalniol : Victor, Urbain et Amédée dit Gustave (père de notre informateur Urbain Oustalniol).

Figure 1. La carrière des membres de la Compagnie de Parla

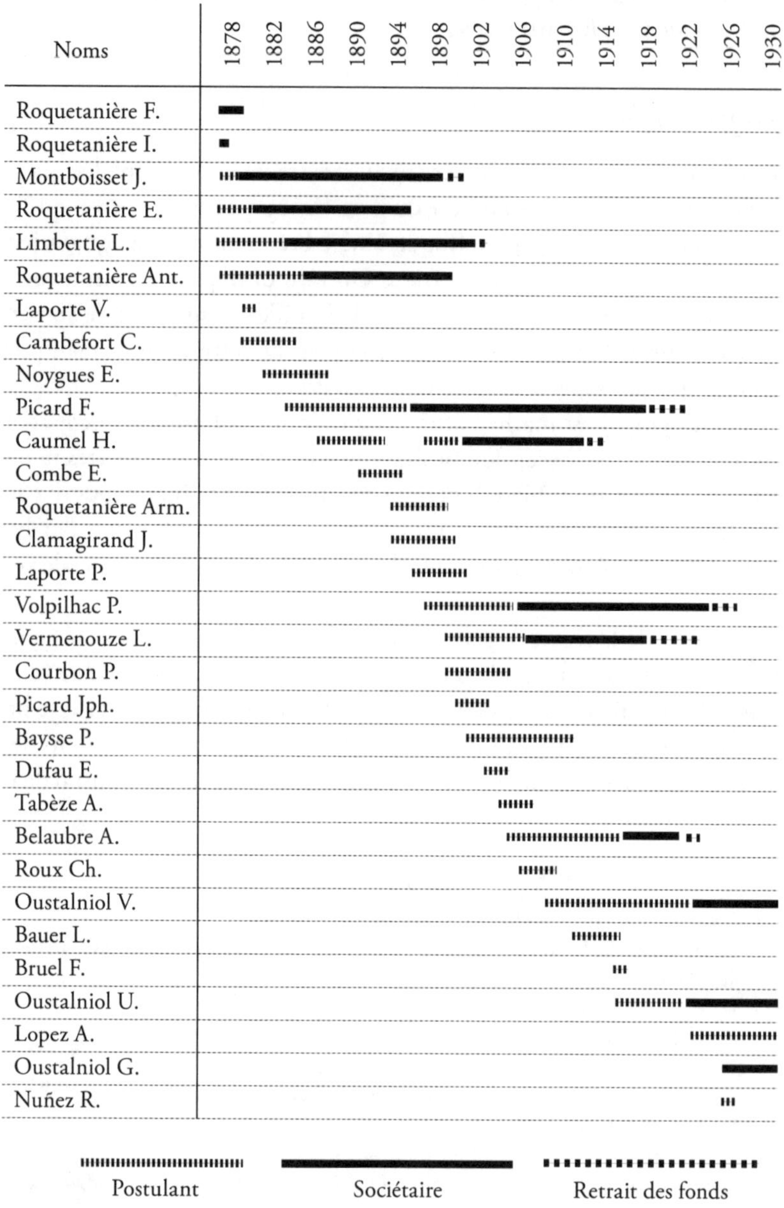

Noms	1878	1882	1886	1890	1894	1898	1902	1906	1910	1914	1918	1922	1926	1930
Roquetanière F.														
Roquetanière I.														
Montboisset J.														
Roquetanière E.														
Limbertie L.														
Roquetanière Ant.														
Laporte V.														
Cambefort C.														
Noygues E.														
Picard F.														
Caumel H.														
Combe E.														
Roquetanière Arm.														
Clamagirand J.														
Laporte P.														
Volpilhac P.														
Vermenouze L.														
Courbon P.														
Picard Jph.														
Baysse P.														
Dufau E.														
Tabèze A.														
Belaubre A.														
Roux Ch.														
Oustalniol V.														
Bauer L.														
Bruel F.														
Oustalniol U.														
Lopez A.														
Oustalniol G.														
Nuñez R.														

Postulant   Sociétaire   Retrait des fonds

semblent se dessiner trois périodes de stabilité, durant lesquelles trois ou quatre chefs assument ensemble la responsabilité:

- 1886-1898. Montboisset Joseph, Roquetanière Emile, Limbertie Léon, Roquetanière Antoine,
- 1907-1912. Picard Firmin, Caumel Hippolyte, Volpilhac Philippe, Vermenouze Louis,
- 1925-1931. Oustalniol Urbain, Victor et Gustave.

Calcul du gain annuel de la Cie

Pour un «exercice» du 2 octobre au 1er octobre de l'année suivante, le *Libro de Caja* donne:

- Le bénéfice: déterminé par différence entre l'actif social à la fin de la période considérée et les avoirs au début de cette même période.
- La composition de la compagnie: les sociétaires à part entière; les autres sociétaires avec leur échelon correspondant (1/4, 1/2, 3/4 ou 1/8, 2/8, etc.); les salariés avec leurs appointements.
- Les fonds réinvestis par les sociétaires, les employés et les ex-sociétaires.

Voici, à titre d'exemple, l'année commerciale 1911-1912:

- Fonds au début de l'exercice: 249 340 réaux
- Composition de la compagnie:
  - 3 sociétaires à part entière (3 à 8/8 = 24/8)
  - 1 sociétaire à 5/8 de part
  - 1 salarié à 5 réaux par jour
  - 1 ex-sociétaire qui a laissé 24 000 réaux de fonds
- Bilan de l'année commerciale: 318 896 réaux
- Bénéfice après paiement de l'employé salarié: 67 756 réaux
- Participation aux bénéfices (le total des parts étant de 29/8)
  - à 1/8 correspondent   2 336 réaux
  - à 5/8   ”   ”   11 682 réaux
  - à 8/8   ”   ”   18 691 réaux

Calculs personnalisés de l'investissement

En comparant le gain annuel réalisé par un postulant à l'argent investi par lui dans la compagnie au terme de l'année, nous avons constaté que ledit postulant ne retire pas de l'affaire le fruit de son travail pendant le temps nécessaire à l'accession au stade de sociétaire à part entière : dès qu'il gagne un salaire ou qu'il commence à participer aux bénéfices, il réinvestit la quasi-totalité de ses gains dans la trésorerie de la compagnie. Il sacrifie huit-neuf ans ou plus (14 ans pour Victor Oustalniol, 10 ans pour Adrien Belaubre…) à sa promotion. Il semble entièrement entretenu par la compagnie et ne pas effectuer de (long) voyage.

Adrien Belaubre :

- Au 1-10-1911, Belaubre investit dans la Cie 25 340 réaux
- Au 2-10-1912   ”   ”   36 464 réaux
- Il augmente donc sa mise de fonds de   11 124 réaux

La quasi-totalité de ses gains est mise au service de la maison de commerce puisque, au cours de cet exercice-là, Adrien Belaubre qui a retiré un bénéfice de 11 682 réaux (cf. sociétaire à 5/8) en investit 11 124 dans la trésorerie de la compagnie. Ce n'est que lorsqu'il aura atteint la participation maximum de 8/8 et qu'il n'aura plus à augmenter annuellement sa part sociale qu'il pourra disposer de ses profits pour d'autres usages.

Essayons d'entrevoir l'homme à travers ces chiffres. Né en 1875 (Saint-Victor, Laroquebrou), Adrien Belaubre est arrivé à Parla à la trentaine, il a commencé comme simple salarié, en 1905. Il travaillait auparavant à Yunquera, chez son frère Antonin. A quarante ans, il devient « pleinement » sociétaire et le restera de 1914 à 1920. A quarante-cinq ans, il prend sa retraite mais ne retire sa part sociale que progressivement (cf. règlement), en trois étapes. Après la période montante, vient la période descendante : à la veille de la retraite, il avait 78 800 réaux dans l'affaire ; quand il se retire, le 1er octobre 1920, il ne laisse que 42 000 réaux ; au 1er octobre 1921, son avoir n'est plus que de 30 000 réaux, le solde lui est remboursé peu après. Signalons que les années où il rapatrie son argent offrent un change extrêmement favorable pour lui. Le change est surveillé avec attention par les Cantaliens. Tard venu à la Compagnie de Parla (mais avec un savoir-faire), Adrien Belaubre a eu une « carrière » assez courte.

Prenons maintenant l'exemple de son contemporain, Philippe Volpilhac dont la trajectoire est plus longue mais plus classique. Il est né en 1876 à Aurillac. Il entre le 15 juillet 1897, à l'âge de 21 ans, dans la Société de Parla, en apportant 700 réaux. Nourri, logé, habillé, blanchi, le jeune Philippe n'a aucun frais à faire. Il est là pour travailler et éviter… les fredaines. La compagnie y veille! Elle a ses conseils de discipline.

Comment se déroule la «carrière» de ce migrant?

- Dans une première période: 1897-1905, les gains réalisés par Philippe Volpilhac, pendant une saison commerciale, correspondent plus ou moins à l'apport annuel aux fonds de la société. A compter du 1er octobre 1905, il devient sociétaire à part entière.
- Au cours d'une deuxième période: 1905-1922, les bénéfices sont substantiels, ils oscillent entre 10 000 et 29 000 réaux. Son activité financière de sociétaire à part entière se réduit à la stabilisation des fonds de la société, véritable capital social, autour de 240 000 réaux. Sa mise peut être en augmentation ou en diminution en fonction de la conjoncture économique, des abandons, des arrivées, etc.
- Une troisième et dernière période, à partir du 1er octobre 1923, marque le départ… ou plutôt le retour. Philippe Volpilhac emporte 34 000 réaux, il laisse 48 000 réaux qu'il retirera en deux ans.

On a là une «carrière moyenne». Ce qui peut varier d'un marchand à l'autre, c'est la durée des périodes et principalement celle de la deuxième: la période d'intéressement à part entière.

Sur la figure 2 apparaît le montant des fonds que le postulant ou le sociétaire Philippe Volpilhac possède dans la société; ainsi se dessine, au fil des ans, l'évolution des liens financiers qui lient le migrant et la compagnie de commerce à laquelle il appartient.

Ce graphique permet de visualiser, avec plus de netteté, les trois périodes d'une vie de marchand.

- Période d'investissement forcé: courbe nettement ascendante.
- Période d'investissement conjoncturel: la courbe tend vers l'horizontalité. Les profits sont conséquents mais ils ne conditionnent plus l'investissement.
- Retrait rapide des capitaux: courbe descendante.

Figure 2. Fonds de Philippe Volpilhac dans la Compagnie de Parla

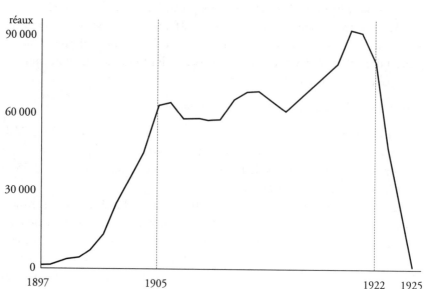

La vie active de l'immigrant est terminée ; la compagnie a rempli sa fonction, le retour en France – c'est-à-dire à la propriété familiale – est assuré.

La rentabilité des « campagnes »

Les renseignements portés sur les *Livres de comptes* ont été rassemblés dans un tableau (Tableau 1) où apparaissent, pour la période 1878-1931, les fonds et les bénéfices de la Compagnie de Parla. De plus, il a semblé intéressant de calculer le taux de rapport de l'argent placé ; exemple : en 1878, 194 935 réaux de fonds ont permis un profit de 33 271 réaux, soit un bénéfice de 17 réaux pour 100 réaux de fonds.

Un graphique permettrait de visualiser les oscillations du taux, avec ses dépressions et ses remontées, tout en offrant une courbe globalement descendante sur le demi-siècle en question. On pourrait y lire :

- les crises économiques de la dernière décennie du XIXe siècle et notamment celle de 1898, l'année du désastre colonial espagnol et de la dévaluation de la peseta ;
- l'impact de la Première Guerre mondiale[17] ;
- un léger regain de prospérité sous la houlette des trois frères Oustalniol, dans les années 20. Mais c'est le chant du cygne : l'émigration des Cantaliens en Espagne prend fin alors de façon irréversible, à Parla comme ailleurs.

Tableau 1. Fonds et bénéfices de la Compagnie de Parla

Années	Début exercice	Fin exercice	Bénéfices	Taux (%)
1878	194935	228206	33271	17,1
1879	138383	219770	81387	58,9
1880	141534	209189	67655	47,8
1881	162176	211941	49765	30,7
1182	162533	227760	65227	40,1
1883	156992	216352	59360	37,8
1884	150864	229691	78827	52,2
1885	158942	254469	95527	60,0
1886	161691	238787	77096	47,7
1887	167522	242478	74956	44,7
1888	166799	247824	81025	48,6
1889	164896	260793	95897	58,1
1890	177693	277983	100290	56,4
1891	187600	292898	105298	56,1
1892	192970	296139	103169	53,5
1893	199895	301009	101114	50,6
1894	211628	308699	97071	45,8
1895	229223	317668	88445	38,6
1896	234881	325009	90128	38,4
1897	235692	318465	82773	35,1

17   Malgré la guerre, un filet d'hommes continue de traverser la frontière (exemptés, réformés, insoumis, déserteurs … ?), cf. DUROUX Rose, « De l'insoumission à l'émigration, ou l'inverse ? », in *Les migrations internes et à moyenne distance en Europe, 1500-1900,* Santiago de Compostela, Xunta de Galicia, 1994, t. I, pp. 561-579.

Tableau 1 (suite)

Années	Début exercice	Fin exercice	Bénéfices	Taux (%)
1898	230 195	312 395	82 200	35,7
1899	229 374	274 827	45 453	19,8
1900	220 000	293 147	74 962	40,6
1901	223 098	299 979	76 881	34,5
1902	231 933	297 948	66 015	28,5
1903	238 350	297 418	59 068	24,7
1904	243 206	322 213	79 007	34,5
1905	240 306	314 768	74 462	31,0
1906	242 103	317 112	75 003	31,0
1907	247 770	320 220	72 450	29,2
1908	243 787	316 325	72 538	29,7
1909	245 847	326 772	80 925	32,9
1910	246 906	317 653	70 747	28,6
1911	248 860	308 720	59 860	24,0
1912	249 340	318 896	69 556	27,9
1913	254 794	319 097	64 303	25,2
1914				
1915	255 912	358 048	102 136	20,0
1916				
1917	255 259	345 446	90 187	17,7
1918	240 843	296 564	55 721	23,1
1919	241 680	284 475	42 795	17,7
1920	240 291	320 593	80 302	33,4
1921	240 841	308 392	67 651	28,0
1922	240 445	339 262	98 817	41,1
1923	249 344	320 344	71 000	28,5
1924	245 000	334 192	89 192	36,4
1925	247 709	356 277	108 568	43,8
1926	258 355	353 963	95 608	37,0
1927	259 006	359 546	100 540	38,8
1928				
1929	269 772	460 689	190 917	35,4
1930	301 054	374 366	73 312	24,3
1931	312 706	387 474	74 768	23,9

En conclusion : que représentent ces profits pour la propriété d'origine ?

Donnons un ordre de grandeur du pouvoir d'achat correspondant, en prenant l'exemple de l'un des chefs de la Cie de Parla, Firmin Roquetanière. Lorsqu'il prend sa retraite sa participation dans l'affaire approche les 60 000 réaux, soit 15 000 francs. Son petit-fils, Paul Roquetanière, nous écrit : « Mon grand-père s'est retiré vers 1879, il avait à peine quarante ans et il avait fait sa pelote puisqu'en rentrant il avait payé à chacun de ses beaux-frères (il avait épousé sa cousine germaine Irma Roquetanière [héritière]), Emile et Antoine, la somme de 34 500 francs, et avait acheté une propriété à Saint-Paul-des-Landes aux alentours de 40 000 francs (40 vaches aujourd'hui). En principe, ils restaient vingt ans en Espagne et ils se retiraient avec un pécule de 100 000 francs – or, bien entendu ».

Une telle somme était considérée, même en 1900, comme une petite fortune. A cette date, avec ses 30 000 francs de capital, Antoine Labrunie, boulanger à Madrid, rachète à ses beaux-frères la propriété de Cavarnac (8 vaches), embellit la maison familiale, construit la remise, achète des obligations, fait élever ses trois filles dans un internat d'Aurillac et vit de ses petites rentes.

On remarquera que les beaux-frères viennent en tête des préoccupations et des dédommagements. « Dédommager ses beaux-frères », dans ce terroir à héritières qu'est l'Ouest cantalien, cela signifie essentiellement payer les légitimes et par là même sauvegarder l'intégrité de la propriété. En somme, on avait quitté la terre pour mieux la conserver. Il semblerait que la terre finisse par l'emporter.

Il s'agit là bien sûr d'un schéma optimal qui ne tient pas compte des nombreux échecs en Espagne. Il suffit pour s'en persuader de réexaminer la figure 1. Une moitié des migrants recrutés à Parla entre 1877 et 1931 abandonne la compagnie avant d'avoir atteint le statut de sociétaire, et on s'aperçoit, en examinant les comptes, que la plupart s'en vont avec un pécule très mince. Or, il est bien connu qu'on ne revient pas au pays les mains vides. Il vaut mieux ré-émigrer, définitivement, à Paris ou ailleurs (où d'autres espoirs sont permis). En revanche, la moitié la mieux lotie de la Cie de Parla doit pouvoir honorer son contrat (social, moral, économique) : à savoir, participer à la consolidation et à la transmission du patrimoine rural.

A l'évidence, ce contrat est à la fois le ferment et le frein du commerce. Certes les succès remportés par l'individu, dans sa période ascensionnelle, sont parfois remarquables ; parti de rien ou presque, il peut « réussir » en une dizaine d'années : il investit totalement dix ans de sa vie et tous ses gains dans l'entreprise, première bénéficiaire de ses sacrifices. Mais l'ambition est à court terme. Pressé par l'idée du retour, dès que le marchand est devenu « chef », il n'investit plus ses profits excédentaires, et au bout de quelques années, dix tout au plus, il se retire – si possible dans sa quarantaine (mais il y a des quinqua-génaires), en dégageant très rapidement son capital, assuré de vivre le restant de ses jours à l'abri du besoin[18], une fois payées les légitimes en souffrance. Un autre le remplace, un proche, qui lui aussi part de « presque rien ». Le cycle recommence. La société commerciale reste étale, à l'abri des grosses surprises financières, des bonnes comme des mauvaises ; en contrepartie, elle ne peut prétendre au pur négoce : « [Ces marchands] ne laissent pas à leurs fils ou à leurs successeurs les éléments nécessaires pour développer grandement leurs maisons de commerce »[19]. L'institutionnalisation de l'émigration familiale à retours est « a-capitaliste ».

---

18 Ces sages calculs étaient encore valables au XIXe siècle, ère de relative stabilité monétaire, mais dès le tournant du siècle les migrants ont découvert à leurs dépens les méfaits de l'in-flation et tel qui espérait jouir d'une honorable aisance sur sa terre a eu du mal à conserver intact « le patrimoine ».

19 LAPRADELLE Jean, « Une variété du type auvergnat », in *La Science Sociale,* janvier 1899, p. 41.

Familles et migrations : le rôle de la famille selon les contextes de départ et de destination des migrants dans le Québec des XIXe et XXe siècles

Marc St-Hilaire

Parmi l'abondante production scientifique relative aux phénomènes migratoires, les travaux les abordant à échelle fine, celle des migrants eux-mêmes, ont fait ressortir le rôle important de la famille comme réseau d'information et de soutien, sinon comme institution encadrant les déplacements[1]. Il est indéniable que les facteurs économiques (marché des moyens d'existence) jouant à grande échelle, conduisent les individus des secteurs à croissance lente ou négative vers ceux à croissance plus rapide, un ensemble de causes qu'on associe habituellement aux facteurs répulsifs ou attractifs. Mais la prise de décision par les migrants quant au lieu de destination et le processus migratoire lui-même sont fortement influencés par la configuration et les ressources de leur réseau familial. Orientant et soutenant le déplacement, le réseau familial est également mis à contribution pour faciliter l'établissement dans le nouvel environnement. Plus encore, le déploiement spatial du réseau familial fait partie des stratégies mises en œuvre par les familles pour assurer leur maintien ou leur reproduction. Ici, c'est la famille qui maîtrise sa mobilité et celle de ses membres, tirant profit des possibilités qu'offre le marché de l'emploi plutôt que de subir passivement le jeu des forces économiques.

---

[1] Il serait illusoire dans le cadre de cette contribution de faire une revue complète de la production scientifique associant famille et migration. Pour une vue générale du sujet, mentionnons seulement pour la France des 19e et 20e siècles l'ouvrage de ROSENTAL Paul-André, *Les sentiers invisibles. Espace, famille et migrations dans la France du 19e siècle*, Paris, EHESS, 1999 ; pour le Canada anglais à la même période, cf. WIDDIS Randy, *With scarcely a Ripple : Anglo-Canadian Migration into the United States and Western Canada, 1880-1920*, Montréal, McGill-Queen's University Press, 1998 ; pour la région du Saguenay, cf. ST-HILAIRE Marc, *Peuplement et dynamique migratoire au Saguenay, 1840-1960*, Sainte-Foy, Presses de l'Université Laval, 1996.

Qu'il soit abordé pour l'étude des choix des destinations et du processus migratoire ou pour celle des stratégies de reproduction, le lien famille-
mobilité est évoqué peu importe le type d'habitat de départ ou d'accueil. Au
Saguenay ou en Acadie aux 19e et 20e siècles ou en Nouvelle-France aux 17e
et 18e, par exemple, le rôle de la famille est présenté comme essentiel dans la
mise en place des peuplements pionniers[2]. Les arrivées dans les espaces neufs
sont très souvent le fait de grappes familiales (couples apparentés aux premier
et deuxième degrés) et le succès de l'établissement est fortement corrélé à la
présence sur place de membres du groupe familial ou à la consolidation dans
la communauté pionnière par le biais d'unions matrimoniales. La volonté de
pourvoir à l'établissement des fils en agriculture constitue la motivation de
base du déplacement, tel que proposé par le modèle de la réallocation paysanne
formulé par G. Bouchard[3]. L'influence de la famille est également présentée
comme prépondérante dans la formation des populations urbaines, que ce soit
par exode rural ou migrations interurbaines, les liens familiaux alimentant
les migrations en chaîne (réseaux d'information) et facilitant l'intégration à
la société urbaine[4]. Bref, dans deux milieux très différents, voire opposés sur

2   Cf. notamment BOUCHARD Gérard, *Quelques arpents d'Amérique. Population, économie,*
    famille au Saguenay (1838-1971), Montréal, Boréal, 1996 ; GAUVREAU Danielle, BOURQUE
    Mario, « Mouvements migratoires et familles : le peuplement du Saguenay avant 1911 », in
    Revue d'histoire de l'Amérique française, 42 (1998) no. 2, pp. 167-192 ; sur le Saguenay, cf.
    ST-HILAIRE Marc, « Origines et destins des familles pionnières d'une paroisse saguenayenne
    au XIXe siècle », in *Cahiers de géographie du Québec*, 32 (1988) no. 85, pp. 5-26 ; sur l'Aca-
    die, cf. LEBLANC Ronnie-Gilles, *Dynamiques familiales dans la communauté acadienne de*
    Cap-Pelé – Chimougoui au XIXe siècle : un regard sur le rôle de la famille à l'époque de la
    survivance acadienne, Québec, Université Laval, 2003 (thèse de doctorat en histoire) ; sur
    la Nouvelle-France, cf. MATHIEU Jacques, BÉLANDE, JEAN Michèle [et collab.], « Peuple-
    ment colonisateur au XVIIIe siècle dans le gouvernement de Québec », in Emerson Roger
    L., Kingsley William, Moser Walter (dir.), *Man and Nature. Proceedings of the Canadian*
    Society for Eighteenth-Century Studies, Montréal, Canadian Society for Eighteenth-Century
    Studies, 1984, pp. 127-138.
3   BOUCHARD Gérard, *Quelques arpents d'Amérique, op. cit.*, chap. 11.
4   En plus des travaux pionniers de Hagerstrandt ou de Tamara Hareven, cf. également,
    pour le Québec et le Canada, LEBLANC Ronnie-Gilles, *Dynamiques familiales, op. cit.* ;
    ST-HILAIRE Marc, « La formation des populations urbaines au Québec : le cas du Saguenay,
    1881-1951 », in *Cahiers québécois de démographie*, 20 (1991) no. 1, pp. 1-36 ; GAGNON France,
    « Parenté et migration : le cas des Canadiens français à Montréal entre 1845 et 1875 », in
    Communications historiques / Historical Papers, (1988), pp. 63-85.

les plans de l'organisation économique, sociale et politique, les liens familiaux sont présentés comme fondamentaux. Qu'en est-il réellement ? Les relations de parenté encadrent-elles indifféremment les déplacements peu importe les milieux de départ et d'accueil ? Agissent-elles autant pour le déplacement de l'unité familiale que pour celui des individus la composant ?

Les travaux sur les migrations portent habituellement sur un habitat en particulier selon des sources et des méthodes parfois similaires, mais jamais uniformes, examinant généralement les déplacements depuis le milieu de départ ou d'arrivée seulement, de sorte que la comparaison entre les habitats quant au rôle joué par la famille dans les mouvements de population demeure difficile, sinon impossible. La présente enquête, à caractère tout autant sinon davantage méthodologique qu'analytique, veut pallier cette lacune en tentant de mesurer le caractère familial ou individuel des déplacements reliant différents milieux. L'hypothèse générale est que le rôle de la famille diminue selon le degré d'organisation du milieu de destination des migrants. Ainsi, à une extrémité du spectre, les nouveaux arrivants sur le front pionnier doivent compter sur les réseaux de solidarité informels, tels la famille et le voisinage, pour assurer leur établissement. A l'autre extrémité, et comme véhiculés par la sociologie classique de la modernité, les nouveaux urbains peuvent recourir à des structures d'accueil formelles, telles les maisons de pension, les associations de secours mutuels ou de bienfaisance et les services spécialisés de recrutement de la main-d'œuvre leur permettant de s'intégrer à la ville sans avoir à compter sur les solidarités familiales. L'exercice utilise deux méthodes uniformes : la première vise à saisir l'influence de la famille dans les mouvements des couples à l'intérieur de la région du Saguenay ; la seconde cherche à appréhender les migrations individuelles dans un échantillon de localités québécoises.

Les migrations familiales au Saguenay, 1840-1961

Dans une étude antérieure[5], nous avons mis en évidence la différenciation des
mouvements migratoires à l'intérieur de la région du Saguenay selon les étapes
de développement des socioéconomies locales. Il s'agissait de mettre en relation
les contextes socio-économiques de départ et d'arrivée et d'examiner dans quelle
mesure les flux migratoires et les caractéristiques des migrants variaient selon le
circuit emprunté. Il en ressortait que les flux variaient sensiblement selon l'étape
de développement local, de même que les attributs des migrants (étape du cycle
familial, charge familiale, profession de l'homme, alphabétisation). Il s'agit
maintenant de vérifier si le rôle de la filière familiale dans la constitution des
réseaux migratoires se présente aussi différemment selon les contextes locaux.

Considérations méthodologiques

L'observation des déplacements familiaux à l'échelle des contextes repose sur
la capacité de classifier les espaces locaux et de saisir les liens de parenté entre
les migrants. Sur le premier point, s'agissant d'une région passant de l'étape
des premiers défrichements à un ensemble fortement urbanisé et industriel, les
67 localités qui la composent ont été regroupées en cinq contextes ou étapes
de développement local : rural pionnier, rural occupé, rural saturé (ou plein),
urbain polyvalent, urbain spécialisé. Les trois premiers se réfèrent à l'évolution
des paroisses rurales de leur naissance à leur saturation, la classification tenant
compte des effectifs de population (population locale de moins de 2 500 personnes) et de la part de l'accroissement naturel dans la croissance démographique
locale (contexte pionnier : accroissement migratoire plus élevé que l'accroissement naturel ; occupé : accroissement migratoire positif, mais moindre que
l'accroissement naturel ; contexte saturé : accroissement migratoire négatif).
La ville est définie par un seuil de 2 500 personnes. Elle est polyvalente si plus
de 20% des chefs de famille occupent une profession non-manuelle, ce qui
la démarque des villes mono-industrielles, ces villes de grandes compagnies
manufacturières qui se sont établies dans la région dès le tournant du 20e siècle.
Une même localité peut successivement appartenir aux trois contextes ruraux

5   St-Hilaire Marc, *Peuplement et dynamique migratoire, op. cit.*

et au contexte urbain polyvalent; la ville spécialisée, créée de toutes pièces par l'entreprise privée, ne connaît que ce contexte pendant la période d'observation. Comme l'illustrent les cartes 1 et 2, il en découle un paysage fortement différencié à l'échelle locale et mouvant dans le temps en accord avec l'avance du front pionnier, la saturation de l'écoumène agricole et l'urbanisation progressive du territoire régional[6].

Le fichier de population BALSAC, mis au point par G. Bouchard et son équipe depuis 1972, a servi à l'étude des migrations et de l'apparentement entre migrants. Le fichier regroupe les informations tirées des 660 000 actes d'état civil enregistrés au Saguenay entre 1840 et 1971, et jumelées entre elles pour reconstituer les biographies des couples de la région[7]. La population à l'étude ici est composée des couples apparaissant dans la région avant 1942 et qui s'y sont déplacés au moins une fois avant 1961 (le déplacement correspond à un changement de localité de résidence entre deux événements démographiques successifs). Au total, ces couples ont effectué un peu plus de 30 000 déplacements (Tableau 1).

Pour saisir la variabilité du lien entre mobilité et famille selon les habitats d'accueil, et partant de la prémisse que la famille agit comme réseau d'information et de soutien au déplacement, nous avons vérifié l'étendue et la configuration du réseau de parenté des migrants dans la région au moment du changement de résidence (parenté observée: 1er et 2e degrés, proximité fixée arbitrairement pour délimiter la parenté socialement significative). On peut ainsi observer si le couple migrant avait de la parenté dans la localité de destination et en mesurer le poids par rapport au réseau familial régional. Dans l'ensemble, nous disposons des informations familiales au premier degré pour les deux tiers des déplacements (parents connus des deux membres du couple) et au deuxième degré pour près du tiers (grands-parents connus des deux membres du couple). Ces proportions varient selon le contexte de destination, étant beaucoup moindre pour les couples se dirigeant vers le front

6   *Ibid.*, pp. 57-62.
7   Le fichier BALSAC est présenté de façon détaillée dans Bouchard Gérard, Roy Raymond, Casgrain Bernard, Bourque Mario, « L'état civil saguenayen et la reconstitution automatique des familles à l'aide du système SOREP », in Bouchard Gérard, de Braekeleer Marc (sous la dir. de), *Histoire d'un génôme. Population et génétique dans l'Est du Québec*, Québec, Presses de l'Université du Québec, 1991, pp. 21-46.

Carte 1. Contextes de développement, Saguenay, 1901

Pionnier
Rural occupé
Rural saturé
Urbain polyvalent
Urbain spécialisé

fleuve Saint-Laurent

riv. Saguenay

lac Saint-Jean

km
0 10 20 30

Carte 2. Contextes de développement, Saguenay, 1931

Pionnier
Rural occupé
Rural saturé
Urbain polyvalent
Urbain spécialisé

fleuve Saint-Laurent

riv. Saguenay

lac Saint-Jean

km
0 10 20 30

Tableau 1. Déplacements effectués au Saguenay entre 1840 et 1961 par les couples apparaissant dans la région entre 1838 et 1941

Catégorie de déplacements	Contexte de destination					
	Pionnier	Rural occupé	Rural saturé	Urbain polyvalent	Urbain spécialisé	Total
Tous déplacements (1)	4 314	3 735	9 394	8 551	4 323	30 317
Déplacements de couples dont les quatre parents sont connus (2)	2 632	2 349	6 091	5 794	2 846	19 712
% de (1)	61,0	62,9	64,8	67,8	65,8	65,0
Déplacements de couples dont les huit grands-parents sont connus (3)	825	853	3 163	3 230	1 472	9 570
% de (2)	31,3	36,3	51,9	55,7	51,7	48,5
% de (1)	19,1	22,8	33,7	37,8	34,1	31,5

Source : fichier BALSAC.

pionnier (déplacements plus précoces dans l'histoire régionale, ce qui diminue la probabilité de connaître les grands-parents) que pour ceux optant pour la ville polyvalente (contexte plus tardif).

Mesures de l'effet familial

Deux façons de mesurer l'effet familial dans la mobilité ont été retenues. La première, toute simple, consiste dans la proportion des couples qui ne compte aucune parenté dans la localité de destination (Tableaux 2 et 3). Dans l'ensemble, un couple sur deux n'a aucun parent de premier degré dans la localité de destination, proportion qui passe à un sur quatre si on élargit la parenté au deuxième degré. Les résultats varient fortement selon les contextes de destination et vont en sens contraire de l'hypothèse de départ (lignes «Total» des deux tableaux). Ainsi, pour l'apparentement au premier degré, les couples qui migrent vers le front pionnier le font isolément dans une proportion beaucoup plus grande que ceux qui se dirigent vers la ville polyvalente. Seuls les couples qui vont dans les villes spécialisées le font de façon plus autonome, ce qui peut s'expliquer en partie par la proximité de ces villes des villes polyvalentes. Au deuxième degré, les tendances sont encore plus marquées, sauf en ce qui a trait aux migrants vers la ville spécialisée qui, cette fois, sont moins isolés que ceux partant pour le front pionnier. L'examen des données quant au contexte de départ viennent nuancer légèrement cette image (colonnes «Total»). Ici, la progression inversée des résultats selon le contexte de départ, surtout pour l'apparentement au premier degré, donne plutôt à penser que les couples urbains sont plus enclins à quitter isolément la ville polyvalente que les couples quittant les autres contextes[8].

Quoique sensible aux différences de contexte, cette première mesure apparaît insatisfaisante pour apprécier le rôle de la famille parce qu'elle dépend pour une bonne part de l'exhaustivité des informations généalogiques: les généalogies des couples migrant vers le front pionnier étant moins complètes que celles des couples migrant vers la ville polyvalente, la possibilité d'observer les apparentés éventuels les y ayant précédés est restreinte d'autant[9]. La deuxième mesure tente de contourner ce problème. Plus complexe, elle s'inspire des outils de la génétique humaine. Il s'agit du coefficient de parenté (Phi). Le Phi est une mesure de la probabilité que deux personnes portent le même gène et permet de donner une valeur numérique à la parenté[10]. Son utilisation ici sert plutôt à quantifier le réseau familial des couples migrant et permet d'estimer le poids relatif de la parenté qu'un couple possède dans une localité en particulier lorsqu'il y migre. Les résultats moyens pour tous les couples dont les grands-parents sont connus sont consignés au tableau 4.

---

8   Les deux tableaux mériteraient des commentaires beaucoup plus élaborés que ce que permet cet article, tenant notamment compte des nombres absolus des déplacements et des profondeurs généalogiques selon les contextes. Une étude plus approfondie de ces résultats suivra dans un ouvrage en préparation sur l'expansion de l'écoumène québécois aux 19e et 20e siècles.

9   Pour la paroisse pionnière de Saint-Fulgence en 1852, par exemple, à peine 3 couples sur 48 seraient considérés comme ayant de la parenté au premier degré sur place au moment de leur arrivée dans la colonie. En réalité, 33 couples étaient apparentés au premier degré, les liens généalogiques n'étant observables que par les mariages célébrés dans Charlevoix avant l'établissement au Saguenay. Cf. St-Hilaire Marc, «Origines et destins», art. cit.

10   Les valeurs du Phi diminuent de moitié à chaque génération séparant deux individus apparentés. Elle est de 0,5 entre un parent et son enfant, de 0,25 entre deux membres d'une fratrie, de 0,125 entre un oncle et son neveu et de 0,0625 entre cousins germains.

Tableau 2. Proportion des couples sans parenté au 1er degré dans la localité de destination selon le contexte de départ, Saguenay, 1840-1961

Contexte d'origine	Contexte de destination						
	Pionnier	Rural occupé	Rural saturé	Urbain polyvalent	Urbain spécialisé	Total	Nombres absolus
Pionnier	58,7	40,8	35,0	34,7	56,1	45,2	1 155
Rural occupé	60,4	51,0	39,1	40,9	72,1	49,7	2 239
Rural saturé	61,2	57,3	48,0	44,8	71,3	52,4	9 398
Urbain polyvalent	64,8	55,0	51,5	53,5	71,7	58,7	5 255
Urbain spécialisé	65,4	50,0	48,2	46,0	77,4	51,7	1 665
Total	61,1	54,3	47,2	46,6	71,8	53,3	19 712
Nombres absolus	2 632	2 349	6 091	5 794	2 846	19 712	

Source: fichier BALSAC.

Tableau 3. Proportion des couples sans parenté au 2e degré dans la localité de destination selon le contexte de départ, Saguenay, 1840-1961

Contexte d'origine	Contexte de destination						
	Pionnier	Rural occupé	Rural saturé	Urbain polyvalent	Urbain spécialisé	Total	Nombres
Pionnier	41,7	28,2	22,0	6,6	25,0	22,2	333
Rural occupé	46,9	34,4	22,9	9,6	34,4	25,6	723
Rural saturé	43,8	38,1	24,9	10,3	39,8	24,6	4 866
Urbain polyvalent	44,4	36,6	30,3	16,1	34,4	28,6	2 878
Urbain spécialisé	63,6	30,3	28,8	11,7	40,5	21,9	743
Total	44,7	36,6	26,5	11,8	36,8	25,6	9 543
Nombres absolus	825	853	3 163	3 230	1 472	9 543	

Source: fichier BALSAC.

Tableau 4. Parenté présente dans la localité de destination au moment du déplacement, Saguenay, 1840-1961 (en % du Phi régional)

Contexte de destination	Parenté de l'homme			Parenté de la femme			Ensemble
	1er degré	2e degré	Total	1er degré	2e degré	Total	
Pionnier	13,8	3,6	7,1	9,8	3,6	5,9	6,4
Rural occupé	16,2	5,3	9,7	11,5	5,5	7,9	8,6
Rural saturé	18,3	8,7	12,8	22,2	9,7	14,1	13,4
Urbain polyvalent	21,7	15,5	19,0	24,1	16,7	20,2	19,2
Urbain spécialisé	7,8	3,2	5,6	5,9	3,8	4,8	5,0
Total	18,2	9,9	13,7	20,3	10,8	14,4	13,9

Source : fichier BALSAC.

Il indique, par exemple, qu'en moyenne 6,4% de la parenté d'un couple migrant sur le front pionnier (ensemble de la parenté aux 1er et 2e degrés de l'homme et de la femme composant le couple) réside déjà dans la localité de destination lorsqu'il s'y établit. Il y aurait long à commenter sur ce tableau ; contentons-nous de faire ressortir trois éléments.

1. A l'image des mesures précédentes et quoique les écarts se tassent légèrement, la progression des proportions va aussi dans le sens contraire de l'hypothèse de départ, les migrants vers des habitats plus organisés y comptant une plus grande partie de leur parenté que ceux optant pour les milieux qui le sont moins, exception faite de ceux s'établissant dans une ville spécialisée ; nous y reviendrons.

2. Comme on pouvait s'y attendre, la parenté proche (1er degré) apparaît peser davantage que la parenté plus éloignée (2e degré) dans le choix résidentiel, surtout dans les milieux moins organisés (rapport de plus de 3 à 1 en milieu pionnier, de plus de 2 en milieu rural occupé contre moins de 2 en milieu urbain polyvalent). Cela peut s'expliquer en partie par la plus forte probabilité de dispersion géographique des apparentés au deuxième degré que ceux au premier.

3. Dans les milieux moins organisés, la parenté de l'homme pèse nettement
   plus lourd que la parenté de la femme. Ceci peut être relié au fait que la
   migration vers les milieux ruraux neufs est surtout motivée par l'établissement agricole destiné aux fils (et y conduisant donc plus souvent des frères),
   les défrichements exigeant par ailleurs une main-d'œuvre davantage masculine. Dans les vieilles paroisses et les villes polyvalentes, la parenté de la
   femme apparaît jouer un plus grand rôle.

Une dernière mesure vient compléter le portrait des relations entre migration
et famille en relativisant les pourcentages obtenus par contexte, sexe et degré
de parenté. Elle se fonde sur la probabilité qu'un couple ait de la parenté dans
le contexte de destination en rapportant les proportions obtenues au tableau 4
sur la proportion des effectifs moyens habitant chacun des contextes de développement (Tableau 5).

Tableau 5. Intensité de l'effet familial selon le contexte de destination,
Saguenay, 1840-1961 (Phi total corrigé par le poids de la population ;
intensité proportionnelle : 100)

Contexte de destination	Parenté de l'homme			Parenté de la femme			Ensemble
	1er degré	2e degré	Total	1er degré	2e degré	Total	
Pionnier	211	54	108	149	54	90	97
Rural occupé	178	58	107	127	61	87	95
Rural saturé	48	23	34	59	26	37	35
Urbain polyvalent	59	42	51	65	45	55	52
Urbain spécialisé	83	34	59	62	40	50	53

Sources : fichier BALSAC et, pour les effectifs par contexte, St-Hilaire Marc, *Peuplement
et dynamique migratoire, op. cit.,* annexe 4a.

Ici, l'hypothèse de départ apparaît nettement confirmée : l'indice d'intensité de
l'effet familial au premier degré dépasse largement la centaine dans les milieux
moins organisés, atteignant son maximum pour les déplacements vers le front

pionnier. La parenté des couples migrants y est peut-être plus rare que dans les vieilles paroisses, mais elle compte davantage. C'est d'ailleurs dans le milieu rural saturé que la présence d'apparentés tant du premier que du deuxième degré semble le moins important. Dans le cas des migrations vers la ville, la parenté joue un rôle plus grand qu'attendu. Le cas est particulièrement apparent pour la parenté de l'homme au premier degré présente dans les villes spécialisées : ici comme sur le front pionnier, les bases économiques (industrie lourde) favorisent le travail masculin et un frère en précède souvent un autre dans les nouvelles villes-usines[11]. Enfin, il faut souligner le caractère modeste que semble jouer la parenté au deuxième degré. S'agissant de déplacements d'unités conjugales complètes, peut-être le rôle de soutien dans le nouvel environnement exige-t-il des ressources qu'on trouve plus facilement chez un frère ou une sœur que chez une cousine ou un oncle.

Au total, tout en éclairant l'influence différenciée selon que la parenté du couple passe par l'homme ou la femme, les données sur les migrations des familles saguenayennes vont dans le sens attendu, à savoir que les réseaux familiaux jouent plus fortement pour les migrations à destination de milieux peu organisés que pour celles en direction d'habitats plus complexes. Compte tenu de la taille réduite des villes du Saguenay, et par conséquent de la rareté relative d'organismes formels d'accueil et de soutien aux migrants, il apparaît que ce sont davantage les possibilités d'insertion au marché de l'emploi que celles de prise en charge par les membres de la famille déjà sur place qui agissent. Par comparaison, le front pionnier offre un accès plus réduit au marché des moyens d'existence : outre les emplois saisonniers en forêt ou dans les scieries (faisant partie de l'attirail associé à la pluriactivité dont fait état G. Bouchard[12]) ; c'est la mise en valeur de la terre qui offre les meilleures garanties de subsistance lorsque le couple bénéficie du soutien nécessaire à son établissement. Fondés sur une méthode uniforme pour les différents contextes de destination, ces résultats sont valables pour les déplacements effectués en famille. Le noyau conjugal pouvant compter sur le travail des deux membres du couple et, le cas échéant, sur celui des enfants, ce qui peut contribuer à l'établissement en

---

11 Une étude antérieure sur l'immigration d'origine extrarégionale dans les villes du Saguenay a mis en évidence le caractère masculin des mouvements vers les villes spécialisées. Cf. St-Hilaire Marc, « La formation des populations urbaines », art. cit.
12 Bouchard Gérard, *Quelques arpents d'Amérique, op. cit.*

milieu peu organisé même sans l'appui d'autres membres du réseau familial,
les tendances observées dans le cas des familles devraient être accentuées dans
le cas des migrations individuelles. C'est ce que nous esquissons rapidement à
l'échelle du Québec, selon une méthode applicable à divers habitats.

Les migrations individuelles au Québec au 19ᵉ siècle : aperçu à partir des résidences déclarées au mariage

Une partie des travaux sur l'urbanisation a fait ressortir l'importance numérique des migrations individuelles vers la ville. En complément à la mesure des
déplacements familiaux, il apparaît donc pertinent d'appréhender celle des
mouvements individuels. L'hypothèse de départ se trouve ici à l'opposé de celle
avancée dans la section précédente : les déplacements effectués par des individus
devraient augmenter avec le degré d'organisation du contexte de destination.
Les villes devraient ainsi accueillir beaucoup plus de personnes migrant seules
que les milieux ruraux, surtout ceux de peuplement récent.

Précisions méthodologiques

Parce qu'elle ne donnent pas d'informations sur un individu entre sa naissance
et son mariage, les familles reconstituées se prêtent mal à l'étude des migrations
individuelles. Nous aurons donc recours aux données résidentielles contenues
dans les seuls actes de mariage, non jumelés, pour avoir prise sur le phénomène. En retenant les mariages unissant deux célibataires et en utilisant les
renseignements relatifs à la résidence des conjoints, à celle de leurs parents et à
la survie des parents, il est possible de définir les conjoints qui ont vraisemblablement quitté le domicile familial avant de se marier. A cet effet, un conjoint
déclarant une résidence différente de celle de ses parents sera réputé avoir migré
seul vers la localité où il demeure, d'où la désignation de la migration comme
« juvénile »[13].

---

13 Cette démarche, reprenant celle utilisée dans l'étude mentionnée à la note précédente,
    comporte certaines limites. D'abord, on ne sait pas à quel âge le conjoint a quitté le domicile
    de ses parents. Nous postulons qu'il l'a fait peu de temps avant le mariage. Par ailleurs,
    il est possible que ce soient les parents qui aient quitté la localité avant le mariage de leur

Le corpus est constitué des actes enregistrés dans un échantillon de dix-sept localités québécoises entre 1800 et 1900[14]. Il compte en tout un peu moins de 33 000 actes, dont 26 500 indiquent la résidence d'au moins un conjoint et de ses parents. Ils sont regroupés selon quatre types d'habitat : la grande ville (Québec, qui compte pour plus de 60% des actes), la petite ville (Drummond-ville, Gatineau, Rimouski et Sainte-Marie-de-Beauce), la campagne pleine (huit paroisses de peuplement ancien étalées le long du Saint-Laurent) et la campagne récente (quatre paroisses du piedmont appalachien ou laurentidien avec registres paroissiaux ouverts après 1850).

Mesure des migrations juvéniles

Le tableau 6 fait la synthèse des résultats selon le sexe. Ils indiquent que le cinquième des conjoints masculins et le huitième des conjointes ont migré individuellement là où ils se sont mariés. La progression de ces pourcentages va nettement dans le sens attendu. Autant chez les hommes que chez les femmes, la proportion de migrants augmente avec le niveau d'organisation de l'habitat. Les écarts sont importants, surtout entre la grande ville et les autres contextes. Une exception toutefois : dans le milieu rural récent, la proportion de migrants juvéniles est plus forte (surtout chez les hommes) que dans les vieilles paroisses et même les petites villes. Il faut sans doute voir là un effet pionnier, les terroirs neufs étant par définition peuplés de l'extérieur[15].

---

enfant, celui-ci demeurant sur place. B. Craig fait aussi état de ces limites. Cf. Craig Béatrice, «L'étude des mouvements migratoires en Amérique du Nord : sources et méthodes», in Landry Yves, Dickinson John A., Pasleau Susy, Desama Claude (sous la dir. de), *Les chemins de la migration en Belgique et au Québec, XVIIe-XXe siècles*, Beauport, Publications MNH, 1995, pp. 21-31.

14 Ces localités font partie d'un échantillon plus vaste servant à l'étude de l'expansion de l'écoumène québécois au 19e siècle. Les données servent à l'analyse des aires de sociabilité des communautés locales, telles que révélées par les aires matrimoniales. Cf. St-Hilaire Marc, «Espace économique et espace social dans le Québec du XIXe siècle : de la vie de relation aux réseaux de sociabilité», in Frenette Yves, Pâquet Martin, Lamarre Jean (sous la dir. de), *Les parcours de l'histoire. Hommage à Yves Roby*, Sainte-Foy, Presses de l'Université Laval, 2002, pp. 175-194. Les actes de mariage ont été gracieusement fournis par le projet BALSAC.

15 Ce résultat questionne ceux obtenus pour les migrations familiales au Saguenay, qui indiquaient une proportion de couples isolés plus grande que dans les autres contextes et

Tableau 6. Migrations individuelles des jeunes adultes selon l'habitat de destination au Québec, 1800-1900 (échantillon de 17 localités)

Catégorie d'habitat	Hommes				Femmes			
	Mariages utiles (1)	% migrants juvéniles (2)	% migrants orphelins (3)	% non-migrants orphelins (4)	Mariages utiles (1)	% migrants juvéniles (2)	% migrants orphelins (3)	% non-migrants orphelins (4)
Québec	13 560	26,0	49,9	47,1	15 896	15,8	55,5	44,5
Petites villes	3 049	13,7	47,5	36,5	4 094	6,4	52,7	30,3
Campagnes pleines	3 681	9,9	48,4	35,1	5 899	5,5	57,2	30,1
Campagnes récentes	366	16,4	51,7	45,9	656	7,5	63,3	29,8
Total	20 656	21,1	49,6	42,9	26 545	11,9	55,6	38,3

Sources: fichier BALSAC, registres paroissiaux des 17 localités de l'échantillon.

(1) Résidence du conjoint dans la localité du mariage et résidence de ses parents connues.
(2) Résidence du conjoint différente de celle de ses parents.
(3) Proportion des migrants juvéniles orphelins dont au moins un des parents est décédé au moment du mariage.
(4) Proportion des autres conjoints résidant avec leur famille dans la localité et dont au moins un des parents est décédé au moment du mariage.

La ville, surtout la grande, apparaît donc davantage capable d'accueillir des migrants individuels que la campagne. Il nous est par ailleurs impossible de vérifier dans quelle mesure ces individus ont pu bénéficier du soutien d'un parent dans la localité de destination. Pour tenter de saisir la capacité d'accueil des individus isolés, nous avons utilisé un révélateur indirect, soit la proportion

---

qu'on expliquait en partie par les lacunes des reconstitutions généalogiques. Pour trancher, cependant, il faudrait disposer d'informations supplémentaires sur l'enracinement tant des couples isolés que des migrants individuels. Rappelons à cet effet que le front pionnier, s'il reçoit nombre d'immigrants, connaît également de forts taux d'émigration. Cf. St-HILAIRE Marc, *Peuplement et dynamique migratoire, op. cit.*, chap. 4.

des migrants individuels qui étaient orphelins au moment du mariage. L'idée est que les orphelins, moins soumis aux stratégies familiales de leurs parents, pouvaient davantage choisir librement de partir pour la ville dans la mesure où celle-ci offre davantage de possibilités économiques et sociales. L'interprétation des données sur ce point nécessiterait un développement particulier. Disons simplement que la proportion d'orphelins parmi les migrants est sensiblement plus élevée que chez les non-migrants, peu importe le milieu d'accueil, surtout pour les femmes. Ensuite, la progression de ce pourcentage selon l'habitat est irrégulière. Bref, il est difficile de distinguer, dans le destin migratoire des orphelins tel que perçu au mariage, ce qui est tributaire des pratiques de transfert d'enfants (ils ont pu être «placés» chez des parents résidant en dehors de la localité d'origine lorsqu'ils étaient enfants) de ce qui est le fait de leurs décisions de jeunes adultes (ils ont pu aussi choisir librement la résidence qu'ils occupaient au moment de leur mariage).

En somme, l'appréhension des migrations individuelles par le biais des résidences déclarées au mariage, si elle permet un regard uniforme sur les déplacements des jeunes adultes et réagit significativement selon les habitats, présente des limites dans son interprétation plus détaillée. A sa décharge, mentionnons toutefois que les seules informations exploitées ici sont celles relatives aux résidences et à la survie des parents. L'utilisation des données relatives à la profession des conjoints et de leur père (celle de la mère n'est jamais donnée sauf exception) et à leur capacité de signer enrichirait notablement les analyses.

Dans l'ensemble, les deux méthodes atteignent leur but, soit de rendre compte des migrations familiales et des déplacements individuels. Si la première requiert un fichier de familles reconstituées et demande davantage de traitements et si la seconde, moins exigeante quant aux sources, apparaît moins riche en possibilités d'analyses, l'une comme l'autre confirment le rôle différencié de la famille selon que les déplacements se font en direction d'un milieu local plus ou moins organisé. L'intensité des mouvements est cependant perceptible plus nettement avec la première. Elle fait mieux ressortir l'influence prépondérante de la famille dans les migrations vers le front pionnier, alors que les mouvements urbains sollicitent moins le réseau familial. Quant à la seconde, apte à révéler l'intensité et l'origine des mouvements d'immigration (principalement urbaine), elle ne permet pas de vérifier si les migrants juvéniles viennent rejoindre ou non un membre de leur parenté et selon quelles modalités, ce que permettrait par exemple le jumelage des données individuelles tirées des actes de mariage aux recensements nominatifs. Par ses limites, elle laisse voir tout l'intérêt des données généalogiques, seules capables, comme l'ouvrage de Rosental en fait une autre fois la démonstration, de permettre l'observation à son juste mérite du déploiement spatial des stratégies familiales.

Famille, structure sociale et migration dans une paroisse rurale de la vallée du Saint-Laurent

Le cas de Saint-Antoine de Lavaltrie 1861-1871

CHRISTIAN DESSUREAULT

Durant les dernières décennies, de nombreux travaux ont mis en évidence l'importance de la famille dans les mouvements migratoires[1]. Cette dimension dépasse d'ailleurs le cadre étroit des familles nucléaires. Les migrants font partie d'un réseau de parenté aux ramifications complexes intervenant aux différentes étapes du processus : dans la décision initiale d'émigrer, dans le choix des destinations et dans les modalités d'intégration des migrants. La plupart des travaux sur le phénomène migratoire en Amérique du Nord ont mis l'accent sur les itinéraires et sur les lieux de destination des migrants. Cette étude se propose d'examiner le rapport entre la famille, la structure sociale et la migration dans le monde rural en vérifiant les conditions de départ dans un milieu d'émigration.

Les campagnes québécoises ont connu, depuis l'époque de la Nouvelle-France, une forte mobilité de la population[2]. Dans les terroirs en expansion, cette mobilité a été associée aux stratégies de reproduction des familles paysannes[3]. A partir du milieu du 19e siècle, la saturation de l'espace dans la vallée du Saint-Laurent aurait perturbé les mécanismes de cette reproduction familiale.

---

1 CRAIG Béatrice, «L'étude des mouvements migratoires en Amérique du Nord : sources et méthodes», in Landry Yves, Dickinson John A., Pasleau Suzy, Desama Claude (sous la dir. de), *Le chemin de la migration en Belgique et au Québec du XVIIe au XXe siècle*, Louvain-la-Neuve, Académia, 1995, pp. 21-31.
2 MATHIEU, Jacques, «Mobilité et sédentarité : stratégies familiales en Nouvelle-France», in *Recherches sociographiques*, (1987) no. 2-3, pp. 211-227.
3 BOUCHARD Gérard, «Family structures and geographic mobility at Laterrière, 1851-1935», in *Journal of Family History*, (1977) no. 4, pp. 350-369 ; ID., «Sur la reproduction familiale en milieu rural : systèmes ouverts et systèmes clos», in *Recherches sociographiques*, (1987) n. 2-3, pp. 229-251.

Dans les décennies suivantes, l'exode des Canadiens français ruraux vers la ville de Montréal et vers la Nouvelle-Angleterre prend de plus en plus d'ampleur et l'émigration aux Etats-Unis devient l'un des phénomènes majeurs de l'histoire du Québec[4]. Pendant longtemps, le durcissement des modalités de transmission lié à une saturation de l'espace est apparu comme le principal facteur de l'exode des ruraux. L'étude pionnière de D. Maisonneuve sur la paroisse de Saint-Damase, au sud-est de la plaine de Montréal, a permis de réviser l'interprétation selon laquelle cet exode rural a été principalement alimenté par des enfants exclus de l'héritage[5]. Selon cet auteur, le comportement migratoire des familles fut davantage influencé par leur statut socio-économique que par leur niveau de fécondité. « Certaines familles, peu importe leur dimension, réussissent à consolider leur implantation dans la société agricole, alors que d'autres, peu importe également leur dimension ou leur situation dans le cycle de vie, sont massivement sujettes à l'exode rural »[6]. L'étude de M. Hamel sur la région de Charlevoix a confirmé l'importance de facteurs socio-économiques associés à une plus grande propension des familles à migrer[7]. Cependant, la migration lui semble davantage résulter de la combinaison de facteurs démographiques et socio-économiques que de la prédominance de l'une de ces deux dimensions. Nous avons voulu poursuivre, dans la continuité de ces travaux, l'analyse des facteurs migratoires dans une paroisse rurale de la vallée du Saint-Laurent au milieu du 19e siècle en intégrant l'impact des réseaux de parenté. Notre enquête porte sur les mouvements migratoires dans la paroisse de Saint-Antoine de Lavaltrie, au nord-est de Montréal, de 1861 à 1871 (voir carte).

---

4   Les Etats-Unis ont constitué la principale destination de ces migrants ruraux. Dans une étude récente, Marvin McInnis évalue le nombre total d'émigrants canadiens vers les Etats-Unis à 1 891 000 entre 1861 et 1901 dont 609 000 Canadiens français. McINNIS Marvin, « La grande émigration canadienne : quelques réflexions exploratoires », in L'Actualité économique. Revue d'analyse économique, 76 (2000) no. 1 pp. 113-135.

5   MAISONNEUVE Daniel, « Structure familiale et exode rural. Le cas de Saint-Damase, 1852-1861 », in Cahiers québécois de démographie, 14 (1985) no. 2, pp. 231-239.

6   Ibid, p. 238.

7   HAMEL Martine, « De Charlevoix au Saguenay : caractéristiques des familles émigrantes au 19e siècle », in Revue d'histoire de l'Amérique française, 47 (1993) no. 1, pp. 5-25.

Carte 1. Région de Montréal – Paroisse de Saint-Antoine-de-Lavaltrie

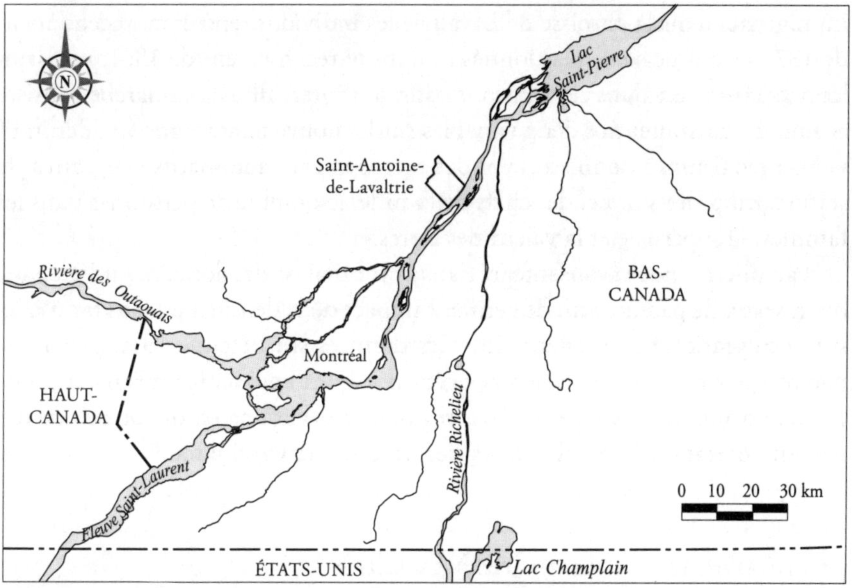

Sources et méthodes

Dans les premières sections de cette étude, nous avons repris, avec des modifications mineures, la démarche méthodologique de D. Maisonneuve. La première étape consiste à utiliser les listes nominatives des recensements de 1861 et de 1871 pour la paroisse de Lavaltrie, ainsi que le relevé, dans les registres paroissiaux, des personnes décédées et nées dans cette paroisse entre ces deux dates. L'emploi des données tirées de ces sources permet de construire deux variables reflétant, de manière assez fiable, le comportement migratoire dans cette paroisse de 1861 à 1871. Parmi l'ensemble de la population recensée en 1861, nous identifions comme sédentaires les individus repérés à nouveau au recensement de 1871 et comme émigrants les individus qui ne sont mentionnés ni dans le recensement de 1871, ni parmi les personnes décédées à Lavaltrie durant cette période. Par ailleurs, malgré la vigueur de l'exode, cette paroisse accueille un certain nombre d'individus provenant de l'extérieur. Cette dimension du phénomène migratoire a été occultée jusqu'à maintenant dans la plupart des travaux portant sur cette période d'exode des ruraux. Nous identifions comme immigrants dans la paroisse de Lavaltrie les individus repérés au recensement de 1871 et qui ne sont mentionnés ni dans le recensement de 1861, ni parmi les personnes nées dans cette paroisse durant l'intervalle. La démarche consiste ensuite à confronter nos deux variables sur le mouvement migratoire des individus avec d'autres données tirées des recensements nominatifs et agraires : le statut socioprofessionnel des chefs de famille, le nombre de personnes dans les familles, la superficie et la valeur des terres.

Par ailleurs, nous avons intégré dans notre analyse des données sur l'étendue des réseaux de parenté afin de vérifier l'impact de la densité des liens familiaux sur la migration ou la sédentarité. Ces données sur l'étendue des réseaux de parenté proviennent de recherches généalogiques antérieures menées à partir des répertoires de mariages locaux, régionaux et nationaux, de même que des registres d'état civil de Lavaltrie et des paroisses environnantes[8].

Les mouvements migratoires à Lavaltrie

Le recensement de 1861 dénombre 1 307 personnes présentes à Lavaltrie dont 1 289 demeurant dans la paroisse même et 18 autres provenant de l'extérieur de cette localité. Des 1 289 individus résidant à Lavaltrie, 762 sont toujours présents en 1871, 115 sont décédés durant la décennie et 412 ont quitté la paroisse. L'émigration a donc touché près du tiers des effectifs de cette paroisse entre 1861 et 1871. Cette migration alimente à la fois l'exode rural vers la ville de Montréal ou la Nouvelle-Angleterre et la mobilité des populations à l'intérieur du monde rural. Dans cette même décennie, la paroisse de Lavaltrie accueille au moins 194 personnes. Ces arrivants comptent pour environ 15 % des 1 312 personnes recensées en 1871. Malgré son important déficit migratoire, la paroisse de Lavaltrie connaît une légère croissance démographique de 1861 à 1871 grâce à la persistance d'un taux élevé de croissance naturelle. Cette localité n'est donc

---

8   DESSUREAULT Christian, « Parenté et stratification sociale dans une paroisse rurale de la vallée du Saint-Laurent au milieu du XIXᵉ siècle », in *Revue d'histoire de l'Amérique française*, 54 (2001) no. 3, pp. 411-447.

pas l'un des terroirs les plus touchés par l'exode rural qui frappe fortement la plaine de Montréal. «Au cours des années 1860, presque tous les comtés de cette région voient leurs effectifs diminuer»[9].

La famille et les mouvements migratoires

Nous voulons d'abord observer le comportement migratoire des familles de Lavaltrie. Le recensement de 1861 permet de repérer assez rapidement 203 ménages ou maisonnées. Nous avons ensuite scindé ces ménages en unités familiales ou cellules nucléaires (les couples mariés avec ou sans enfant et les veufs ou les veuves avec enfant) en effectuant un examen attentif du recensement nominatif.

Les 18 personnes faisant partie des sept ménages sans noyau conjugal de la paroisse, c'est-à-dire les personnes habitant seules dans une maison (une institutrice) ou demeurant avec des individus sans liens de filiation verticale directe (le curé et ses domestiques) sont donc exclues de l'analyse du comportement migratoire des familles. Cette exclusion vaut aussi pour les 94 individus, pensionnaires ou autres, présents dans l'une des différentes familles qu'ils aient été apparentés ou non à l'un des membres du noyau conjugal. Avant d'analyser le comportement migratoire des familles, notons que ces diverses personnes qui ne font pas directement partie d'une cellule familiale nucléaire affichent une mobilité nettement supérieure à celle des membres d'une famille. Plus de la moitié de ces individus, soit 59 sur 112, ont quitté la paroisse entre 1861 et 1871.

La grande majorité de la population de Lavaltrie, soit plus de 91% des personnes présentes en 1861, vit à l'intérieur de 228 noyaux familiaux. Entre 1861 et 1871, environ 44% de ces familles sont directement touchées par l'émigration vers l'extérieur. L'émigration complète et l'émigration partielle concernent une proportion à peu près équivalente d'entre-elles. Cependant, l'exode effectif de personnes résulte davantage de la migration de familles entières que du départ vers l'extérieur de membres excédentaires au sein des

9   OTIS Yves, «Dépopulation rurale et structures socioprofessionnelles dans trois localités de la plaine de Montréal», in Landry Yves, Dickinson John A., Pasleau Suzy, Desama Claude, (sous la dir. de), *Le chemin de la migration, op. cit.*, pp. 123-141.

Christian Dessureault

Tableau 1. Le comportement migratoire des familles de Lavaltrie, 1861-1871

	Familles	Personnes en 1861	Personnes par famille	Migrants	Décès	Sédentaires
Aucun émigrant	128	576	4,5	–	48	528
Emigration partielle	48	339	7,1	107	29	203
Emigration complète	52	262	5,0	245	17	–
Total	228	1 177	5,2	352	94	731

Sources: Recensements nominatifs de 1861 et de 1871 et registre d'état civil de Saint-Antoine de Lavaltrie.

familles. Par ailleurs, ces données indiquent une relation entre le type de comportement migratoire et la taille de la famille. Les familles migrantes comptent un nombre moyen de personnes légèrement supérieur à celui des familles sédentaires tandis que l'émigration partielle frappe davantage les familles plus nombreuses. Néanmoins, nous devons vérifier de manière plus précise, au-delà des données moyennes, si la taille de la famille a réellement un impact sur son comportement migratoire.

Les données sur la migration des familles selon leur taille montrent effectivement une migration différentielle. Plus des deux tiers des familles comptant deux ou trois personnes en 1861 vont demeurer sédentaires durant la décennie suivante. Compte tenu du nombre réduit de personnes au sein de la famille, leur comportement migratoire est nécessairement plus homogène. L'émigration partielle y occupe une place marginale. La sédentarité de ces familles est liée à deux principaux facteurs. Ce groupe comprend une forte proportion de couples récemment formés dont les conjoints ont déjà opté pour la sédentarité plutôt que la mobilité en demeurant dans la paroisse avant leur mariage. Même pour les plus sensibles à l'appel extérieur, la décision de migrer a été reportée d'au moins quelques années. Par ailleurs, à l'autre bout du spectre, ce groupe compte aussi des couples âgés qui sont moins susceptibles de quitter la paroisse avant leur décès. La proportion de familles migrantes et de migrants s'accroît selon le nombre de personnes présentes dans la famille sauf pour les familles comptant 10 personnes et plus en 1861. Leur nombre est toutefois réduit et ces

Tableau 2. Le comportement migratoire des familles entre 1861 et 1871
selon le nombre de personnes présentes dans la famille en 1861

Nb. personnes dans famille 1861	Nb. familles						
	Aucun émigrant	Emigration partielle	Emigration complète	Nb. abs. familles	Migrants Nb.	%	Personnes Nb.	%
2-3 personnes	62	5	23	90	55	25,5	216	100,0
4-6 personnes	32	17	11	60	83	27,8	298	100,0
7-9 personnes	29	16	15	60	159	34,2	465	100,0
≥ 10 personnes	5	10	3	18	55	27,7	198	100,0
Total	128	48	52	228	352	29,9	1 177	100,0

Sources : Recensements nominatifs de 1861 et 1871 et registre d'état civil de Saint-Antoine de Lavaltrie.

Tableau 3. Le comportement migratoire des familles entre 1861 et 1871
selon l'âge du chef de famille en 1861

L'âge du chef de famille en 1861	Nb. familles						
	Aucun émigrant	Emigration partielle	Emigration complète	Nb. tot. familles	Migrants Nb.	%	Personnes Nb.	%
< 30 ans	27	–	8	35	20	17,9	112	100,0
30-39 ans	37	7	24	68	151	41,5	364	100,0
40-49 ans	19	13	8	40	77	26,6	290	100,0
50-59 ans	16	18	2	36	53	22,6	234	100,0
60-69 ans	17	9	5	31	41	31,8	129	100,0
> 70 ans	12	1	5	18	10	20,8	48	100,0
Total	128	48	52	228	352	29,9	1 177	100,0

Sources : Recensements nominatifs de 1861 et 1871 et registre d'état civil de Saint-Antoine de Lavaltrie.

familles qui, en 1861, avaient déjà traversé une bonne partie de leur cycle de vie en demeurant sédentaires sont surtout l'objet d'une migration sélective de leurs membres durant la décennie étudiée. L'émigration n'est toutefois pas essentiellement due au seul accroissement du nombre de personnes dans les familles. Nous pouvons constater l'existence d'une bonne proportion de familles sédentaires et de familles migrantes à chaque phase du cycle familial.

L'âge du chef de famille permet de mieux vérifier l'impact du cycle de vie sur l'émigration au sein des familles. Elle est effectivement plus faible chez les familles aux deux extrêmes du cycle de vie. Par ailleurs, la catégorie de familles dont le chef est âgé de 30 à 39 ans en 1861 enregistre la plus forte proportion de migrants et surtout de familles entièrement migrantes. La proportion de migrants est généralement plus faible dans les catégories subséquentes et les familles dirigées par des chefs de 40 à 69 ans sont davantage affectées par une émigration sélective de leurs membres excédentaires

La famille occupe aussi le devant de la scène dans l'immigration vers Lavaltrie. Les trois quarts des 194 individus que nous avons repéré, comme des arrivants en 1871, soit 148 personnes, vivaient dans 26 familles déjà constituées avant leur établissement dans la paroisse. En 1871, ces nouvelles familles comptent en moyenne 5,7 personnes nées à l'extérieur de la paroisse. Ce groupe a une composition variée; il comprend des couples nouvellement formés et des familles nombreuses au moment de leur migration. Ainsi, en 1871, le couple d'Isaac Racette et de Félicité Gagnon, dont le mariage a été célébré à Saint-Jacques de l'Achigan en 1846, compte neuf enfants nés avant leur installation à Lavaltrie. Par ailleurs, parmi les 52 autres immigrants, ceux ne faisant pas partie de familles constituées avant leur arrivée, 18 sont en fait les conjoints de personnes demeurant à Lavaltrie. La plupart sont originaires des localités voisines.

Migration et réseaux de parenté

Diverses recherches ont souligné l'importance des réseaux de parenté dans le processus migratoire. Cependant, nous connaissons mal l'influence de ces réseaux sur les décisions migratoires des familles dans les milieux de départ. Par contre, la présence antérieure de liens de parenté entre les individus et la création de nouveaux liens dans les milieux d'accueil ont déjà été invoqués comme de puissants facteurs d'enracinement et d'insertion sociale[10]. Nous tenterons donc de vérifier, dans le cas de Lavaltrie, l'impact des réseaux de parenté sur le comportement migratoire des familles. Nous disposions déjà de données sur les liens de parenté entre les ménages de Lavaltrie en 1861, de la parenté proche jusqu'aux cousins directs ou par alliance des chefs de ménage et de leurs conjoints vivants ou décédés. Nous avons complété l'ensemble des fiches généalogiques nécessaires pour déterminer ces mêmes liens entre l'ensemble des chefs de famille de Lavaltrie, incluant les chefs de ménage sans noyaux familiaux comme le curé et les institutrices, de même que les veufs et les veuves demeurant dans la paroisse.

Nous avons ainsi établi, à partir de nos fiches généalogiques, les liens de parenté jusqu'aux cousins directs et cousins par alliances de 225 des 228 chefs de famille de Lavaltrie et de leurs conjoints vivants ou décédés en 1861. Les six familles pour lesquelles nous n'avons retracé aucun lien de parenté dans la paroisse ont migré dans la décennie étudiée. L'absence de parenté a sans doute contribué à leur décision. Cependant, compte tenu du nombre réduit de cas, il convient de demeurer prudent. L'étendue des réseaux de parenté dans la paroisse ne semble d'ailleurs pas influer de manière déterminante sur la propension des autres familles à migrer. La migration de familles entières est légèrement plus forte parmi celles disposant de moins de 15 liens de parenté dans la paroisse tandis que l'émigration partielle est nettement plus élevée chez les familles disposant de plus de 15 liens. Les lignées déjà bien enracinées conservent ainsi une plus forte assise familiale à Lavaltrie tout en participant au mouvement général de migration.

---

10 BEAUREGARD Yves [*et al.*], « Famille, parenté et colonisation en Nouvelle-France », in *Revue d'histoire de l'Amérique française*, 39 (1986) no. 3, pp. 391-405 ; GAGNON France « Parenté et migration : le cas des Canadiens français à Montréal entre 1845 et 1875 », in *Communications historiques / Historical Papers*, (1988) pp. 63-85.

Tableau 4. Le comportement migratoire des familles entre 1861 et 1871 selon
le nombre de liens de parenté de la famille dans la paroisse en 1861*

Nb. liens de parenté de la famille	Aucun émigrant		Emigr. partielle		Emigr. complète		Tot. familles	
	Nb.	%	Nb.	%	Nb.	%	Nb.	%
Aucun lien de parenté	0	–	0	–	6	100,0	6	100,0
Moins de 15 liens	65	59,6	19	17,5	25	22,9	109	100,0
15 liens et plus	61	55,4	29	26,4	20	18,2	110	100,0
Total	126	56,0	48	21,3	51	22,7	225	100,0
Non déterminé	2		–		1		3	

Sources: Recensements nominatifs de 1861 et de 1871 et registre d'état civil de Saint-Antoine de Lavaltrie.

* Ces liens de parenté vont jusqu'aux cousins directs et cousins par alliance des chefs de famille et de leurs conjoints vivants ou décédés. Ces parents sont les grands-parents, les parents, les frères, les sœurs, les oncles, les tantes, les neveux, les nièces, les cousins et les cousines mariés ou veufs de ces chefs de famille et de leurs conjoints qui étaient présents à Lavaltrie en 1861.

Par ailleurs, nous avons détecté peu de cas de migrations en chaîne réunissant les membres de familles nucléaires distinctes mais apparentées. Certes, la période couverte est courte. De plus, nous ne disposons pas d'informations sur les noyaux familiaux qui avaient déjà essaimé à l'extérieur de la paroisse et qui pouvaient servir de lieu de ralliement aux nouveaux émigrants. Nous pouvons mentionner le cas des Benoit pour qui le décès du père a été suivi par la migration de son fils aîné et de sa famille, puis de la plupart des enfants célibataires du défunt. Le départ presque simultané des familles d'Antoine Jetté et de son gendre Théophile Payette fait évidemment partie de ce type de migration d'autant plus que ces deux familles résidaient à proximité l'une de l'autre à Lavaltrie. Enfin, l'exode d'une partie importante du clan des Laporte dit Saint-Georges, soit trois familles entières réunissant 27 migrants, et deux autres membres du même réseau appartenant à des noyaux familiaux distincts, demeure le cas le plus achevé de ce mode de migration. Cependant, ces cas constituent davantage des exceptions que la norme.

L'arrivée de nouveaux résidants ne favorise pas l'effritement des réseaux familiaux. La parenté est présente parmi les familles immigrant à Lavaltrie entre 1861 et 1871. Nous avons effectivement vérifié le nombre de liens de parenté jusqu'aux cousins directs et cousins par alliance des chefs de nouvelles familles et de leurs conjoints avec les familles déjà présentes dans la paroisse en 1861, incluant les chefs de ménage sans noyau conjugal, les veufs et les veuves. Or, ces nouvelles familles comptent en moyenne 10 liens de parenté avec les chefs de famille de 1861. De ces 26 nouvelles familles, seulement trois n'ont aucun lien de parenté dans la paroisse. Les 23 autres se répartissent à peu près également en dessous et au-dessus de 10 liens de parenté.

Le recrutement de nouvelles familles s'effectue d'ailleurs en bonne partie dans un cercle assez étroit de familles déjà en contact avec Lavaltrie. La présence de parents sur place permet sans doute de disposer d'informations privilégiées sur les opportunités de travail ou d'achat de terres. Dans deux cas, les parents des deux conjoints vivaient dans la paroisse en 1861 et ces derniers y avaient célébré leurs propres noces. Dans 12 autres cas, les parents de l'un des deux conjoints résidaient à Lavaltrie. Pour un autre couple originaire de l'extérieur, ce sont les grands-parents qui avaient vécu à Lavaltrie. L'immigration à Lavaltrie est en partie alimentée par le retour de personnes nées dans la paroisse et parties chercher ailleurs les ressources nécessaires à leur établissement. Pendant ce séjour à l'extérieur, certains ont acquis une formation ou une expertise qui n'étaient pas disponibles dans la communauté. C'est entre autres le cas de Pierre-Ulric Giguère qui, né à Lavaltrie en 1833 et marié à Montréal en 1859, revient dans la paroisse comme notaire. C'est aussi le cas de son cousin Léon Giguère qui, né et marié à Lavaltrie, migre à l'extérieur, mais revient quelques années plus tard dans sa paroisse natale pour y pratiquer son métier de fabricant de tabac.

Migration et inégalités sociales

Les inégalités sociales constituent l'une des dimensions incontournables de la société rurale. Or, le statut des familles influe sans doute sur leur comportement migratoire. Dans cette perspective, nous avons d'abord vérifié les variations du comportement migratoire selon le statut socioprofessionnel des chefs de famille en 1861. Entre 1861 et 1871, l'émigration a touché aux divers échelons de la structure sociale. Au sommet de l'échelle sociale, le seul médecin du village a quitté Lavaltrie, tandis que les trois marchands de l'endroit sont décédés ou ont migré durant cette décennie. Les événements familiaux ont pesé fortement sur les comportements migratoires de ces familles. Ainsi, le décès du marchand et cultivateur François Brault a rapidement entraîné le départ de sa conjointe et de ses enfants. De même, la mort du marchand Isaac Benoit a apparemment précipité l'exode de son fils, également marchand, de même que le départ de la plupart des autres enfants nés de ses deux premières unions. Par contre, la veuve d'Isaac, Eulalie Bourgeault, est demeurée à Lavaltrie et y a épousé en secondes noces un cultivateur de l'endroit: Isaac Giguère[11].

Tableau 5. Le comportement migratoire des familles entre 1861 et 1871 selon le statut socioprofessionnel du chef de famille en 1861

Statut chef de famille	Aucun émigrant		Emigr. partielle		Emigr. complète		Total	
	Nb.	%	Nb.	%	Nb.	%	Nb.	%
Médecin	–	–	–	–	1	100,0	1	100,0
Marchand	–	–	1	33,3	2	66,7	3	100,0
Bourgeois	2	100,0	–	–	–	–	2	100,0
Hôtelier	–	–	1	100,0	–	–	1	100,0
Bedeau	1	100,0	–	–	–	–	1	100,0
Artisan	13	61,9	3	14,3	5	23,8	21	100,0
Cultivateur	78	58,2	28	20,9	28	20,9	134	100,0
Journalier	23	49,0	12	25,5	12	25,5	47	100,0
Mendiant	–	–	–	–	1	100,0	1	100,0
Rentier	1	100,0	–	–	–	–	1	100,0
Indéterminé	10	62,6	3	18,7	3	18,7	16	100,0
Total	128	56,1	48	21,1	52	28,8	228	100,0

11 En 1871, Isaac Giguère est identifié comme bourgeois et le couple réside au village de Lavaltrie.

Les comportements migratoires dans les autres groupes ont également été, à quelques reprises, liés à des circonstances familiales. Néanmoins, nous pouvons considérer les données se rapportant aux principaux groupes socioprofessionnels, les artisans, les cultivateurs et les journaliers, comme le reflet d'une tendance collective face à la migration. Au bas de l'échelle sociale, les journaliers émigrent davantage. L'émigration partielle et l'émigration complète de familles sont plus élevées dans ce groupe. Par ailleurs, l'émigration de familles entières est légèrement plus forte chez les artisans que chez les cultivateurs tandis que l'émigration partielle des familles affecte davantage les cultivateurs que les artisans[12]. La saturation du terroir et le durcissement des modes de transmission concourent, en accroissant le nombre des exclus, à cette émigration partielle plus élevée chez les cultivateurs. Cependant, l'exode des enfants demeure une alternative encore plus fréquemment employée parmi les familles de journaliers qui n'ont ni apprentissage à offrir, ni patrimoine à céder ou à diviser.

Nous pouvons pousser davantage pour le principal groupe socioprofessionnel, c'est-à-dire les cultivateurs, l'analyse de l'impact de la différenciation sociale sur les comportements migratoires des familles. Nous avons donc vérifié l'incidence de la superficie et de la valeur des terres sur le comportement migratoire de leur famille. Parmi les 134 chefs de familles identifiés comme cultivateurs au recensement de 1861, 13 ne possédaient pas d'exploitation agricole dans la paroisse. Dans la plupart des cas, leur famille vivait au sein de ménages complexes avec une autre famille possédant une terre dans la paroisse. Une proportion assez importante de ces familles ont participé au mouvement migratoire et principalement par le biais d'une migration entière de la cellule familiale. Nous avons ensuite calculé la superficie et la valeur médianes des terres déclarées en 1861 par les 121 autres cultivateurs de Lavaltrie et vérifié, de part et d'autre de ces médianes, le comportement migratoire des familles. Ces deux indicateurs ont fourni des résultats assez concordants. Les familles des cultivateurs possédant des terres de moindre dimension ou de moindre valeur affichent une mobilité plus grande durant la décennie subséquente. L'émigration de familles entières dans la catégorie des cultivateurs moins aisés est similaire à celle des journaliers. Ce taux d'émigration est près de 10% supérieur à celui des cultivateurs mieux nantis.

---

12 Dans une étude sur les structures socioprofessionnelles et la migration en milieu rural, Yves Otis avait constaté ce même phénomène pour quatre autres paroisses de la région de Montréal. Cf. Otis Yves, «Dépopulation rurale», art. cit., pp. 123-141.

Tableau 6. Le comportement migratoire des familles de cultivateurs
entre 1861 et 1871 selon la superficie et selon la valeur des terres déclarées
par les chefs de familles en 1861 (Nombre et pourcentage de familles)

	Aucun émigrant		Emigr. partielle		Emigr. complète		Total	
	Nb.	%	Nb.	%	Nb.	%	Nb.	%
Superficie des terres en 1861								
Moins de 106 arpents	32	53,4	14	23,3	14	23,3	60	100,0
106 arpents et plus	39	63,9	12	19,7	10	16,4	61	100,0
Valeur des terres en 1861								
Moins de 2 200 $	34	56,7	11	18,3	15	25,0	60	100,0
2 200 et plus	37	60,7	15	24,6	9	14,7	61	100,0
Aucune propriété	7	53,9	2	15,4	4	30,8	13	100,0

La sélectivité sociale de l'émigration se répercute aussi sur le groupe des 112 personnes de Lavaltrie demeurant à l'extérieur de familles nucléaires en 1861. Nous connaissons la profession de 49 de ces individus. Les 23 domestiques sont le sous-groupe le plus nombreux et une majorité d'entre eux, soit 13, quittent la paroisse durant la décennie. Par ailleurs, les deux autres principaux sous-groupes sont des artisans et des cultivateurs. La migration de deux des huit cultivateurs n'a rien d'exceptionnel, tandis que le départ vers l'extérieur de sept des huit artisans recensés parmi les pensionnaires de la paroisse renvoie à des circonstances plus particulières. Cinq de ces sept artisans, des menuisiers, étaient alors pensionnaires chez Victor et Louis Bourgeault. L'insertion des Bourgeault dans le réseau des constructeurs d'édifice religieux de la région de Montréal favorise la présence temporaire à Lavaltrie de menuisiers encore célibataires[13].

Les nouveaux venus, chefs de famille, conjoints ou célibataires provenant des paroisses environnantes, vont combler une partie des pertes enregistrées dans certains groupes socioprofessionnels. Nous connaissons d'ailleurs la pro-

13 Victor et Louis Bourgeault sont les cousins de l'un des principaux constructeurs d'édifices religieux dans la région de Montréal à l'époque : l'architecte et sculpteur Victor Bourgeault. Dans les années 1820, ce dernier a travaillé comme apprenti menuisier et charpentier pour le compte du père de Victor et Louis, Victor Bourgeault, lui-même menuisier entrepreneur.

fession déclarée, au recensement de 1871, de 25 des 26 chefs de ces familles et de 17 des 48 autres nouveaux arrivants. En haut de l'échelle sociale, l'arrivée d'un médecin et de deux marchands contribue au remplacement des notables perdus durant la décennie. De plus, la population de Lavaltrie bénéficie désormais du service sur place d'un notaire. L'immigration a aussi favorisé le développement de nouvelles expertises dans le secteur artisanal et manufacturier avec l'établissement d'un boulanger, d'un voiturier et d'un fabricant de tabac à l'orée de l'implantation de la culture commerciale du tabac à Lavaltrie et dans la région environnante[14]. Par ailleurs, l'établissement de deux sculpteurs découle de l'insertion initiale de Lavaltrie dans le secteur de la construction des édifices religieux. Les cultivateurs forment toutefois le groupe le plus nombreux parmi les nouveaux arrivants déclarant une profession ; ils représentent la moitié des 26 chefs de ces familles migrantes. De plus, on compte trois autres cultivateurs parmi les nouveaux conjoints provenant de l'extérieur de la paroisse. Leur arrivée n'empêche toutefois pas l'érosion du nombre de cultivateurs dans la paroisse, de même que la poursuite d'un mouvement de consolidation foncière des exploitations[15]. La paroisse accueille peu de journaliers : seulement trois parmi les 26 chefs de familles immigrantes et deux parmi les autres migrants déclarant une profession. Dans la seconde moitié du 19e siècle, on assiste à l'érosion de ce groupe social dans les campagnes de la région de Montréal. Enfin, au bas de l'échelle sociale, les nouveaux arrivants comptent aussi six nouveaux domestiques parmi les célibataires déclarant une profession.

Conclusion

L'examen des mouvements migratoires à partir d'un milieu d'émigration apporte un éclairage intéressant sur les rapports entre la famille, la structure sociale et la migration. La décision de migrer constitue dans une minorité de

---

14 Lafrenière Yves, *La culture du tabac dans la région de Joliette*, mémoire de maîtrise en géographie, Université de Montréal, 1975 (dactyl.).

15 Dessureault Christian, Otis Yves, « L'impact du cycle de vie sur l'évolution des structures agraires dans la région de Montréal au milieu du xixe siècle », in Dessureault Christian, Dickinson, John A., Goy Joseph (sous la dir. de), *Famille et marché*, Sillery (Québec), Septentrion, 2003, pp. 77-93.

cas un choix individuel. Ce choix s'inscrit le plus souvent à l'échelle familiale et subit l'influence des événements vécus à l'intérieur des familles. La migration de familles entières l'emporte sur la migration individuelle. Cependant, l'examen des conditions de départ des migrants force à nuancer l'impact de la parenté comme facteur d'enracinement ou de migration dans les vieux terroirs de la vallée du Saint-Laurent au milieu du 19e siècle.

L'arrivée de nouvelles familles dans un terroir plein de la vallée du Saint-Laurent, en pleine période d'exode, montre la persistance d'une mobilité interne au sein du monde rural et l'existence d'un mouvement de retour éventuel vers la paroisse natale d'une partie des émigrants. La dynamique de cette immigration est fortement familiale et le mouvement est alimenté en bonne partie par des familles disposant déjà de liens de parenté à Lavaltrie.

La dynamique migratoire est présente dans l'ensemble des groupes sociaux. Les circonstances individuelles ou familiales peuvent dans plusieurs cas fonder la décision de partir vers l'extérieur. Néanmoins, dans un contexte de terroir plein, les facteurs démographiques et socio-économiques influent fortement sur cette alternative. L'imbrication de ces deux dimensions rend difficile l'évaluation de leur rôle respectif. La dynamique migratoire ne relève pas simplement du cycle familial. Néanmoins, la propension à migrer et le mode de migration des familles, migration partielle ou migration complète, varient en partie selon la taille des familles et leur cycle de vie.

La sélectivité sociale est présente dans l'émigration. Au-delà des évènements démographiques qui ont durement frappé l'élite de Lavaltrie durant la décennie étudiée, les mouvements migratoires opèrent d'abord une sélection au bas de l'échelle sociale. L'émigration familiale touche davantage les journaliers tandis que les domestiques constituent le principal noyau parmi les migrants individuels déclarant une profession. Les cultivateurs moins nantis subissent aussi une importante émigration de familles entières tandis que les cultivateurs mieux nantis sont davantage sujets à une migration partielle. L'immigration renforce finalement cette sélectivité sociale puisqu'elle permet surtout de combler les pertes subies en haut de l'échelle sociale. Elle favorise, à moyen terme, la modification du tissu social des campagnes.

Mobiles ou sédentaires? Les familles rurales normandes face au problème de la migration au XIXe siècle (Bayeux, 1871-74)[1]

Gérard Béaur

Le débat fait rage parmi les historiens français autour du problème de la migration[2]. Oui ou non, les populations préindustrielles étaient-elles confites dans leur sédentarité ou frénétiquement vagabondes? La question n'est pas anodine et elle est même devenue centrale pour les historiens du social, tant elle est dotée d'une forte charge idéologique. Il est bien souvent tacitement admis que la mobilité est un signe de dynamisme et de modernité, donc la sédentarité de routine et d'archaïsme et cela quels que soient les époques, les lieux et les circonstances. Le résultat est une floraison d'études passionnantes qui ont permis de repérer les stratégies, les réseaux, les processus de migrations à la fin de l'ère préindustrielle. Elles ont alimenté une littérature exubérante et permis d'accomplir d'énormes progrès sur un segment de la recherche jusque-là plus ou moins mis sous le boisseau[3]. De ces travaux fouillés, certains géographes,

---

1 Cartes et graphiques de Anne Varet-Vitu, CNRS, LDH-CRH, Paris.
2 Rosental Paul-André, *Les sentiers invisibles. Espace, familles et migrations dans la France du XIXe siècle*, Paris, EHESS, 1999 et aussi Bourdieu Jérôme, Postel-Vinay Gilles, Rosental Paul-André, Suwa-Eisenmann Akiko, « Migrations et transmissions intergénérationnelles dans la France du XIXe et du début du XXe siècles », in *Annales H.S.S.*, 55 (2000) no. 4, pp. 749-789; Croix Alain, « L'ouverture des villages sur l'extérieur fut un fait éclatant dans l'ancienne France », in *Histoire & Sociétés Rurales*, 11 (1999) no. 1, pp. 109-146; Poussou Jean-Pierre, « L'enracinement est le caractère dominant de la société rurale française d'autrefois », in *Histoire, Economie et Société*, 21 (2002), no. 1, pp. 97-108 et « Les migrations internes dans la France d'autrefois (XVIe-XIXe siècles) », in *Movilidad y migraciones internas en la Europa latina*, Santiago de Compostela, Universidad de Santiago de Compostela, 2002, pp. 13-36.
3 Bien sûr il y eut Poitrineau Abel, *Remues d'hommes. Les migrations montagnardes en France, XVIIe-XVIIIe siècles*, Paris, Aubier, 1983; Poussou Jean-Pierre, *Bordeaux et le Sud-Ouest au XVIIIe siècle: croissance démographique et attraction urbaine*, Paris, EHESS-J. Touzot,

économistes et historiens de l'immédiatement contemporain seraient bien ins-pirés de prendre connaissance s'ils veulent réellement comprendre les modes de circulation des hommes qu'ils ont sous leurs yeux[4].

Si les progrès de nos connaissances sont réels, les indicateurs mobilisés à l'échelle macro ou au niveau d'une zone ciblée livrent, malheureusement ou heureusement, des enseignements passablement divergents et devraient con-duire à des conclusions nuancées. En attendant que les choses se décantent et que les concepts s'affinent, il m'a paru utile d'apporter une modeste pierre à un édifice branlant et de reprendre le problème autrement, en faisant varier l'échelle d'analyse et en sortant ainsi d'une alternative classique. Il s'agit de construire des indicateurs qui ne soient issus ni d'un échantillon «macro» ni d'un échantillon «micro», ni d'une base de données nationale ni strictement locale, mais qui soient produits à partir de données rassemblées au niveau micro-régional.

Le cas des campagnes bas-normandes à la fin du 19e siècle nous retiendra particulièrement ici. Pourquoi la Basse-Normandie? Pour des raisons straté-giques, en premier lieu: ce n'est pas une zone de montagne, c'est une région riche, c'est un espace qui a connu des mutations économiques et démographi-ques extrêmement précoces (spécialisation herbagère; contrôle des naissances)[5]. Trop souvent, en effet, on garde l'impression fallacieuse que la migration est exclusivement une affaire de montagnards, de régions pauvres et dotées de comportements traditionnels. En est-il vraiment ainsi ou bien s'agit-il d'une interprétation abusive? Pour des raisons archivistiques, en second lieu: on dis-pose, en effet, d'une plantureuse base de données qui a été constituée par le

---

1983, et avant eux, les géographes et CHÂTELAIN Abel, *Les migrants temporaires en France de 1800 à 1914*, Lille, Publications de l'Université de Lille III, 1976. Pour les migrations vers l'Espagne, DUROUX Rose, *Les Auvergnats de Castille*, Clermont-Ferrand, Publ. de la Faculté des Lettres et Sciences Humaines, 1992.

4   Je me réfère à la curieuse et déconcertante présentation de la thématique «Mobilité, Trans-formation des espaces, échelles spatiales» par Jean-Pierre Orfeuil lors du colloque Prospec-tive du CNRS à Gif-sur-Yvette, 2003.

5   BÉAUR Gérard, «De l'exclusion nécessaire à l'exclusion inutile. Transmission et émigra-tion en système de partage égalitaire (la Basse-Normandie au début du XIXe siècle)», in Bouchard Gérard, Dickinson John A., Goy Joseph (sous la dir. de), *Les exclus de la terre en France et au Québec XVIIe-XXe siècles. La reproduction sociale dans la différence*, Sillery (Québec), Septentrion, 1998, pp. 203-221.

CRHQ et qui a été généreusement communiquée par Gabriel Désert. Elle se présente actuellement sous la forme d'un amas de près d'un mètre cube de dossiers, soit une quinzaine de milliers de déclarations de succession pour les trois coupes du 19ᵉ siècle qui sont disponibles.

Cette documentation d'origine fiscale est bien connue même si les historiens la contemplent généralement avec respect, sans oser vraiment la dépouiller, si l'on excepte l'emploi intensif qui en fut fait dans les années 70 sous la houlette de Adeline Daumard[6]. Gabriel Désert, lui-même, en fit un usage important, essentiellement avec des intentions patrimoniales, dans sa célèbre thèse sur les paysans du Calvados qui constitue l'une des grandes thèses régionales menées à bien par les contemporanéistes[7]. Mais là ne s'arrêta pas sa contribution. Il exploita à nouveau cette base de données, de manière plus discrète, par la suite, notamment dans un article pas assez commenté sur les migrations des bas-normands au 19ᵉ siècle, en mobilisant les données de l'ensemble du corpus de manière globale[8]. Dans ce texte, il parvenait à décrypter certains comportements migratoires en insistant notamment sur les sauts de puce des migrants engagés dans un parcours vers des villes de plus en plus grandes et de plus en plus lointaines.

C'est ce corpus que l'on se propose ici de réexaminer autrement. Une première tentative avait déjà été esquissée en 1997 à Montréal pour le colloque sur l'exclusion et certains liens complexes entre la reproduction sociale et la migration avaient pu être pointés pour la période 1814-1819, en scrutant les déclarations relatives aux défunts de 4 cantons[9]. Le présent article constitue donc une nouvelle intrusion dans un fichier très riche. Il s'agit d'inventorier les comportements des ruraux d'une vingtaine de communes situées autour

---

6 Daumard Adeline, (sous la dir. de), *Les fortunes françaises au XIXᵉ siècle. Enquête sur la répartition et la composition des capitaux privés à Paris, Lyon, Lille, Bordeaux et Toulouse d'après l'enregistrement des droits de succession*, Paris-La Haye, Mouton, 1973.

7 Désert Gabriel, *Une société rurale au XIXᵉ siècle. Les paysans du Calvados, 1815-1895*, Lille, Presses Universitaires de Lille III, 1975, 3 vol.

8 Désert Gabriel, «Les migrations des bas Normands au XIXᵉ siècle», in Goy Joseph et Wallot Jean-Pierre (sous la dir. de), *Evolution et éclatement du monde rural. Structures, fonctionnement et évolution différentielle des sociétés rurales françaises et québécoises XVIIᵉ-XXᵉ siècles,* Paris-Montréal, EHESS-Presses de l'Université de Montréal, 1986, pp. 57-74.

9 Béaur Gérard, «Trop de stratégie? Transmission de l'exploitation, démographie et migrations en Normandie au début du XIXᵉ siècle», à paraître.

de Bayeux, dans le Calvados, entre 1871 et 1874. L'objectif est de débattre de deux questions : 1) quelle est l'importance des mouvements migratoires dans une région de plaine ? 2) quels facteurs favorisent ou rendent nécessaires les départs des enfants ?

L'importance de la migration

Le corpus

Pourquoi partir d'une déclaration de succession pour mesurer les flux migratoires ? Sans doute, le corpus est-il asservi à bien des inconvénients. Il comptabilise uniquement ceux qui laissent un patrimoine, si modeste soit-il, et exclut tous ceux qui n'ont rien. Autrement dit, en toute première analyse, il sélectionne ceux qui ont de bonnes raisons de rester sédentaires, ou du moins davantage de raisons que les autres, puisqu'ils peuvent raisonnablement espérer retenir ou installer un ou plusieurs héritiers, quitte éventuellement à exclure ou sacrifier les autres. C'est un biais dont il faudra se souvenir au terme de l'analyse chiffrée.

Pour apprécier si les enfants du défunt sont sédentaires ou non et déterminer l'ampleur de leur mobilité, il suffit *a priori* de confronter leur domicile déclaré au moment de la déclaration de succession avec celui du défunt. Or, avec ce procédé sauvage, on ne dit évidemment rien des mouvements antérieurs ou postérieurs des enfants. Ils peuvent déjà avoir bougé, ou bien n'être partis que temporairement avant d'aller ailleurs, plus loin, ou de revenir. Inversement, le défunt peut lui-même être parti de chez lui et être lui-même le migrant. Les enfants seraient alors peut-être les vrais sédentaires. Il existe d'autres biais sur lesquels il conviendra d'attirer l'attention chemin faisant et qui tiennent non pas à la nature de la source mais à ses carences.

Il faut donc prendre ce document comme un instantané. Mais comme un instantané significatif. Il permet d'apprécier le degré de sédentarité ou de mobilité des personnes à un moment clé du cycle de vie des familles : le décès du père, qui représente évidemment un tournant dans les perspectives d'établissement des héritiers. Il permet de faire l'économie d'une partie des descendants qui ne sont pas « utiles », selon la terminologie Bideau-Brunet, c'est-à-dire de tous ceux qui ne peuvent être inclus dans le processus de reproduction sociale en raison de leur décès prématuré, et de sélecter une autre partie, ceux qui se sont expatriés avant le décès du père[10]. Le problème, c'est que l'élimination ou le départ de ces « enfants inutiles » se produit à un moment variable au cours du cycle de vie de chaque individu et que le décès survient alors que le processus est plus ou moins engagé. Pour couronner le tout, il n'est pas possible de préciser à quelle étape de son cycle se trouvait le défunt au moment de l'ouverture de sa succession, puisque son âge, aussi bien d'ailleurs que celui des enfants qui viennent hériter, nous sont inconnus. Il n'est donc pas possible de corriger les taux ainsi calculés en tenant compte de la précocité inégale du décès. L'échantillon est irrémédiablement hétérogène. Il n'est d'autre ressource que de postuler qu'il couvre un éventail suffisamment large de cas de figures.

Ont donc été relevées les déclarations opérées par les héritiers des défunts qui résidaient dans une vingtaine de communes rurales autour de Bayeux (carte 1), la ville exclue, depuis Port-en-Bessin jusqu'à Arromanches et au-delà et en s'enfonçant à une vingtaine de kms à l'intérieur des terres, soit 239 déclarations au total. Il s'agit d'une zone située dans le Bessin et incorporée dans une région d'économie d'échange, largement spécialisée dans l'agriculture herbagère, donc très ouverte sur l'extérieur.

Et immédiatement, quelques particularités économiques et démographiques apparaissent.

Avec 1,66 enfant survivant par famille (il y a aussi mention il est vrai de quelques petits-enfants qui attestent que l'un des héritiers s'est perpétué, mais le phénomène est si rare qu'ils n'ont pas été comptabilisées), le Bessin s'affiche comme une zone de dépression démographique où le renouvellement des populations est loin d'être assuré. Nulle surprise ici. On le savait depuis longtemps et cela recoupe assez bien la situation de 1814-19. Près de 30% ne laissent pas d'enfant survivant, environ 30% ont un enfant unique et seulement 6% laissent plus de 4 enfants (maximum 11)[11].

---

10 Bideau Alain, Brunet Guy, « Stay or Leave ? Individual Choice and Family Logic : The Destinations of Children Born in the Valserine Valley (French Jura) in the Eighteenth and Nineteenth Centuries », in *The History of the Family. An International Quarterly*, 1 (1996) no. 2, pp. 159-168, entre autres.

11 Rappelons qu'il s'agit de la descendance attestée à des moments variables du cycle de vie. Les jeunes défunts sont dotés d'une descendance incomplète, les plus vieux ont perdu certains de leurs enfants.

Carte 1. Localisation des communes de l'echantillon

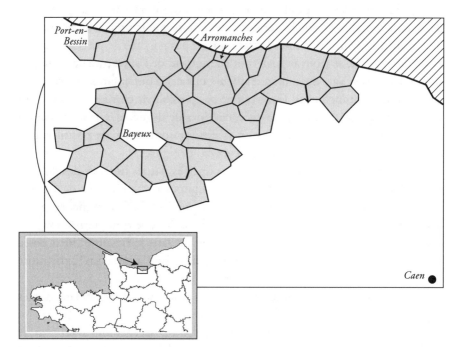

Avec plus de 15% de fortunes qui dépassent les 10 000 Francs, le Bessin figure comme une région qui abrite une couche non négligeable de ruraux aisés. En compensation, les quelque 40% qui n'ont aucune propriété forment le plus gros contingent. Mais ce chiffre est à manier avec précaution et il serait bien téméraire de le prendre pour argent comptant. Pour apprécier les fortunes, n'ont été retenues, en effet, que les propriétés encore exploitées par les défunts (en excluant celles affermées) et la valeur de la maison qu'ils habitaient. Or, certains ont pu faire une donation antérieure, d'autres peuvent posséder des biens hors du bureau, enfin d'autres encore peuvent louer leurs terres, ou tenir des biens en fermage. A l'inverse, d'ailleurs, on doit supposer que certains héritiers qui n'avaient strictement rien ont négligé de paraître devant l'administration de l'Enregistrement.

Mesure de la migration

Quelle est donc l'importance de la migration ? Un rapide calcul montre que 41% des enfants du défunt ont quitté la maison au décès du père. Est-ce peu ? Est-ce beaucoup ? Tout dépend ce que l'on attend, mais il convient de préciser qu'ils n'étaient que 28% au début du siècle[12]. L'accélération est donc extrêmement nette dans un contexte changeant.

Cependant, il faut distinguer entre la mobilité dite «locale» vers une autre paroisse rurale et la migration lointaine qui peut signifier ou non une rupture plus franche avec le milieu d'origine[13].

Figure 1. Migrants et sédentaires. Typologie en fonction
du nombre d'enfants

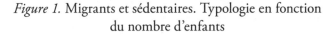
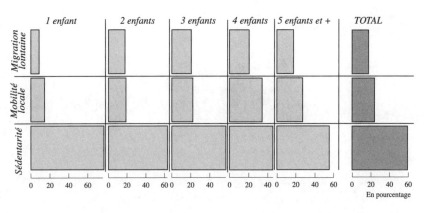

On remarque alors que les déplacements sont dans leur majorité extrêmement courts : pour 24% des enfants, soit près des 2/3 des migrants, la mobilité s'effectue vers une paroisse voisine, ou en tout cas située à moins de 20 kms du

---

12 BÉAUR Gérard, «De l'exclusion nécessaire», art. cit.
13 Nous n'entrerons pas ici dans les débats autour des notions de «micro-mobilité». Cf. notamment ROSENTAL Paul-André, *Les sentiers, op. cit.* Sur la distinction migration locale/migration lointaine, FARCY Jean-Claude et FAURE Alain, *La mobilité d'une génération de Français*, Paris, INED, 2003.

domicile du défunt. Le solde des partants, soit 17% des enfants, partent plus loin. Plus loin ? Pas vraiment, car près du tiers de ces 17% s'en vont à Bayeux, au centre du dispositif, donc en ville mais à une distance comparable, et encore 15% d'entre eux vers Caen guère plus lointaine. Finalement plus de 80% de la mobilité lointaine concerne les villes normandes. Seule, Paris représente un réceptacle qui ne soit pas négligeable pour les migrants lointains, les autres villes exerçant une attraction médiocre et la migration inter-rurale restant insignifiante.

Carte 2. Répartition géographique des migrants

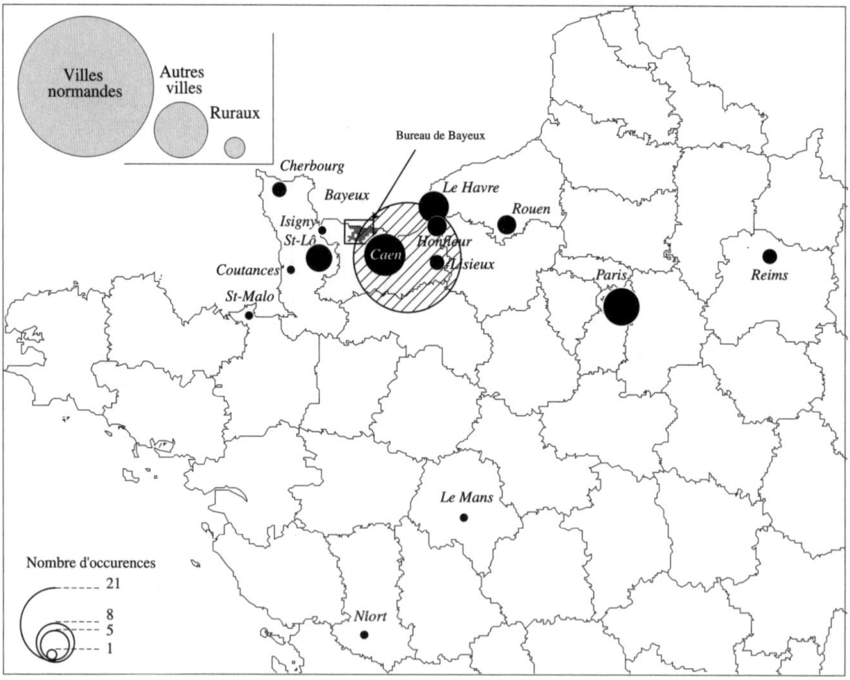

Les facteurs de sédentarité et de migration

On s'est demandé quels facteurs repérables dans la documentation pouvaient orienter les choix des familles et des individus. On en a sélectionné 4 : le nombre d'enfants, l'assise foncière et la profession du défunt, le sexe des descendants survivants.

a) le nombre d'enfants. Il est clair que dans les familles à enfant unique le taux de départ global (22%) et surtout le taux de migration hors de l'aire de voisinage rurale (8%) sont sensiblement plus faibles que dans les familles à enfants multiples (graphique 1). Cette conclusion va à rebours de ce que l'on avait trouvé en 1814-19 : l'écart était insignifiant. Les taux vont effectivement croissant avec le nombre de descendants et ils doublent pour les familles de 4 enfants et plus : on passe de 23% de partants pour les enfants uniques à 45% pour les enfants de familles de 4 enfants et plus et on passe dans le même temps de 9% à 18% de migrants lointains pour les mêmes catégories.

De la même façon, à mesure que la taille des familles croît, la proportion de celles qui gardent tous leurs enfants sur place régresse à toute vitesse, tandis que la part de celles qui les laissent tous partir est relativement stable. Tout aussi logiquement, les familles qui comptent au moins un partant et surtout au moins un migrant lointain, sont de plus en plus nombreuses à mesure qu'elles sont plus prolifiques, même si les familles de 5 enfants et plus se singularisent pour des raisons qui nous échappent.

Bien entendu, il y a des causes mécaniques à ces comportements sélectifs. Plus la descendance est nombreuse, plus la probabilité que l'un de ses membres ait la tentation de partir augmente et plus la probabilité qu'ils restent tous diminue. Mais les effets n'en sont pas moins lourds de conséquences.

b) l'assise foncière. En première analyse, il ne semble pas que le niveau de fortune foncière soit un critère fondamental pour déterminer la mobilité des héritiers, dans la mesure où les familles à enfant unique sont toujours les plus sédentaires, quelle que soit la valeur de leur patrimoine.

Cependant, on remarque que les micro-propriétaires (entre 1 et 1000 francs) conservent mieux leurs enfants près d'eux et qu'ils se conforment en cela au comportement des plus riches, ceux qui détiennent des biens-fonds pour plus de 10000 francs. On soupçonne cependant que derrière ce

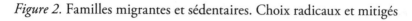

Figure 2. Familles migrantes et sédentaires. Choix radicaux et mitigés

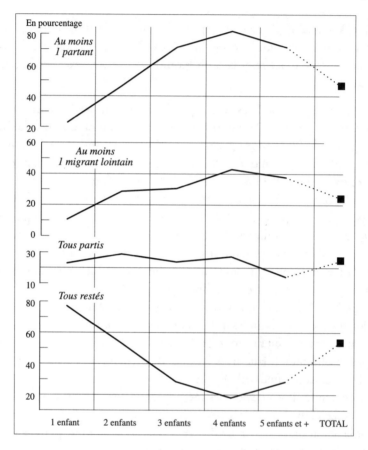

consensus se dissimulent des stratégies divergentes. Les premiers s'accrochent à leurs maigres propriétés et s'évertuent à rester sur place, gardant beaucoup d'enfants quelle que soit la taille de la famille ; les seconds réservent ce maintien à l'enfant unique. A l'inverse, les familles « moyennes », c'est-à-dire dotées d'un patrimoine moyen (1 000-10 000 francs) sont les plus mobiles, avec les familles sans patrimoine foncier. Mais là encore on soupçonne des stratégies contrastées. S'engager dans une politique d'ascension sociale en allant vers la ville, ou partir sans esprit de retour puisque rien ne retient les miséreux.

Figure 3. Sédentarité, exploitation foncière et nombre d'enfants
(% de sédentaires par catégorie)

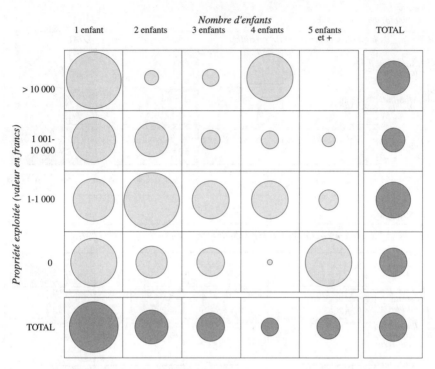

c) la profession. Il n'est pas toujours fait mention de la profession des défunts. Nous ne la connaissons que pour le père d'une petite moitié des enfants. Mais cela révèle malgré tout des attitudes dissemblables.

Il apparaît que les exploitants agricoles et les propriétaires, les membres des deux groupes sociaux les plus nombreux, ne retiennent pas mieux leur progéniture que les autres catégories sociales. Par contre, il est extrêmement rare qu'un exploitant agricole n'ait pas un descendant resté sur place à son décès et sur ce critère il existe bel et bien un différentiel appréciable : 86% de maintien contre 72%. D'une façon générale, les enfants de cette catégorie sociale partent moins que les autres et, lorsqu'ils partent, c'est de préférence dans une commune voisine. L'enfant unique reste presque toujours sur place ce qui ne va pas de soi pour les autres groupes sociaux.

Figure 4. Les enfants d'exploitants agricoles et les autres :
sédentaires et migrants

A. *Typologie des migrations*

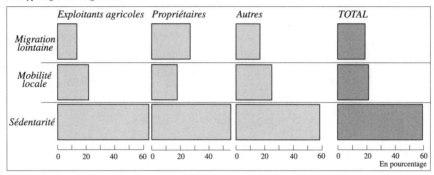

B. *Stratégie*

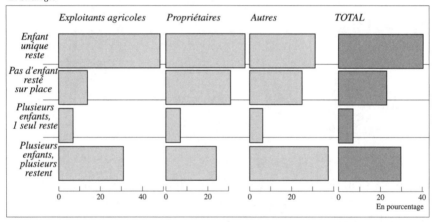

On peut donc présumer que les descendants multiples cherchent à s'établir sur d'autres terres, ou recherchent un autre emploi hors de chez eux à partir du moment où la succession du père est programmée en faveur de l'un de leurs frères et sœurs. On suppose également qu'ils répugnent à s'éloigner de leur pays d'origine, soit qu'ils escomptent y revenir ultérieurement, soit qu'ils entendent bénéficier des réseaux dont ils disposent sur place, soit encore qu'ils ne disposent précisément pas des réseaux nécessaires pour s'expatrier dans de bonnes conditions. Les enfants de propriétaires, en revanche, migrent davantage et davantage vers les villes. C'est donc qu'ils ont des possibilités d'insertion ou d'ascension sociale que les autres n'ont pas et qu'ils n'hésitent pas à s'éloigner de leurs bases, quand bien même ils y garderaient un pied.

Qu'en conclure ? Les propriétaires sont-ils de purs rentiers ou des exploitants retirés ? Dans la première hypothèse, les propriétaires seraient rendus plus mobiles par l'usage rentier de leur propriété foncière. Dans la seconde, l'écart considéré serait essentiellement imputable à l'âge plus avancé des enfants qui auraient donc plus de temps pour partir. Malheureusement, et c'est une lacune très regrettable, la source n'indique pas l'âge des enfants, et on ne peut trancher.

d) le sexe. Nous n'avons aucune indication sur le sexe des enfants des défunts. Cependant, il n'est pas indifférent de noter que les enfants sans profession et ceux qui sont qualifiés professionnellement sont en nombre à peu près équivalent, sauf pour les familles les plus nombreuses. J'avancerai que les femmes ne sont pas répertoriées socialement et que donc l'écrasante majorité des enfants indiqués sans profession sont de sexe féminin. Le cas des familles de 4 enfants et plus qui présentent une structure par genre inexplicablement asymétrique peut être résolu si l'on met entre parenthèses (c'est ce qui a été fait) celles d'entre elles dont tous les enfants sont sans profession. Ici interféreraient la présence de mineurs ou la lassitude de l'employé. La vérification opérée aux archives du Calvados a révélé que cette proposition était globalement vraie, même s'il existe des cas singuliers, des garçons sans profession (trop jeunes ?), des filles qui exercent une activité professionnelle.

On remarque que la mobilité féminine est strictement comparable à la mobilité masculine. Il n'y a pas de différence significative dans ce domaine. Simplement, le taux de mobilité locale est un peu plus important pour les femmes que pour les hommes et, corrélativement, le taux masculin de migration lointaine est un peu plus élevé. En fait, il n'y a pas de divergence fondamentale entre le degré d'éloignement des filles et des garçons pour les familles de 3 enfants et moins. C'est à partir de 4 que le fossé se creuse, mais on sait que la statistique est fragile en raison de quelques indécisions sur le genre des individus dans les familles nombreuses.

Il resterait à croiser le départ des filles avec la composition familiale, je veux dire avec la répartition filles/garçons au sein du ménage. On pourrait poser

Figure 5. Garçons, filles et migrations
(en % pour chaque sexe selon la taille de la descendance)

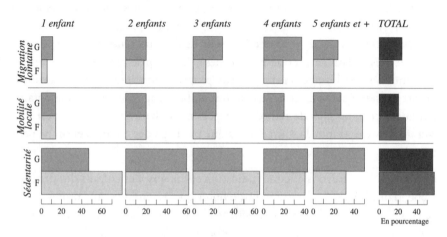

comme hypothèse que les filles restent davantage tant qu'il n'y a pas de garçon capable d'assurer la reproduction familiale. Mais toutes les démarches pour vérifier cette hypothèse dans des conditions assez difficiles sont restées vaines et rien de tel ne surgit avec évidence de l'échantillon.

Ces données permettent, du moins on peut l'espérer, de formuler quelques résultats et d'avancer quelques hypothèses sur les itinéraires, les choix et les motivations des migrants et des sédentaires. Mais au-delà, elles impliquent l'ensemble des phénomènes migratoires et tout ce qui touche à la circulation des hommes dans les terroirs de plaines riches de l'espace français qui avaient moins retenu l'attention jusqu'ici. A cet égard, on ne peut celer que les conclusions soient apparues parfois nettes mais aussi parfois fragiles. L'absence de données démographiques est un lourd handicap. Il faudrait croiser les informations avec les âges des défunts et descendants, vérifier la pertinence de la distinction garçons-filles. Il resterait aussi à peser l'influence respective de chacune des variables que j'ai examinées, ce qui suppose d'autres traitements.

Cependant, il semble important de marquer les différences dans les comportements entre la mobilité locale et la migration proprement dite. On a pu vérifier que les ressorts de ces deux types de mobilité ne sont pas identiques. Il y a d'une part toutes les micro-mobilités liées à l'établissement, ou à la mobilité transitoire; il y a d'autre part les migrations lointaines facteurs de rupture plus ou moins définitive qui ne s'inscrivent certainement pas dans la même logique. Mais l'opposition mobilité locale/migration lointaine ne recoupe pas parfaitement l'opposition maintien/rupture[14]. Le destin ultérieur des partants reste encore énigmatique. On part loin pour ne plus revenir, ou de manière transitoire, en attendant que les choses se décantent, ou pour préparer son retour? On part à proximité, pour rester au plus près et ne pas s'éloigner, ou bien ce lieu d'exil est-il un tremplin pour une migration plus lointaine ou non, définitive ou non? Selon la réponse apportée, ces micro-mobilités qui l'emportent largement dans notre corpus à la fin du 19e siècle décrivent-elles un mouvement brownien sans grande signification ou bien débouchent-elles de proche en proche sur une lente dérive vers d'autres horizons? Gageons que toutes les situations sont possibles et c'est bien ce qui rend l'objet « migrations » si captivant et si irritant.

14 Rosental Paul-André, « Maintien/rupture : un nouveau couple pour l'analyse des migrations », in *Annales E.S.C.*, 45 (1990) no. 6, pp. 1403-1431.

Etre vieux et survivre: la démission de biens en Basse-Bourgogne (XVIIe-XVIIIe siècles)

Jean-Paul Desaive

La question des démissions de biens par les vieillards et de leur contrepartie, une pension viagère en nature ou en argent versée par leurs héritiers a donné lieu à un long malentendu que cette communication voudrait contribuer à dissiper. Commençons par un bref rappel historiographique dont on pourra déplorer à juste titre les approximations. Dans les années soixante-dix, un chercheur auvergnat de passage à l'Ecole des Hautes Etudes en Sciences Sociales de Paris[1] y avait fait une intervention remarquée sur une étape essentielle du cycle familial. Un cultivateur usé par le travail cédait à son héritier désigné la totalité de ses biens, en échange d'une pension viagère en nature définie dans ses moindres détails: tant de pain ou de grain, tant de fromage, tant de vin, tant d'argent de poche, tant de bois pour se chauffer, etc. Mais c'était l'époque aussi où Pierre Lamaison et Elisabeth Claverie publiaient leur livre célèbre sur la famille lozérienne et ses violents usages, parmi lesquels le viol fréquent et non sanctionné des enfants, petits bergers ou petites bergères, par les cadets adultes exclus du patrimoine et du mariage ainsi que l'expédition *ad patres* des vieillards qui s'entêtaient à vivre trop longtemps par la méthode discrète et efficace de la *serrade*, on les étouffait sous un matelas ou entre deux portes[2].

Justement, le chercheur précité notait que les pensions viagères faisaient certes l'objet d'un contrat en bonne et due forme devant notaire, mais que les héritiers ne le respectaient pas nécessairement à la lettre, en clair, laissaient plus ou moins mourir de faim les auteurs de leurs jours. Il n'y avait pas de cocotiers en Auvergne, mais le principe était le même: bouche inutile, vie inutile.

---

1 M. Bertrand, de l'Université de Clermont-Ferrand.
2 Claverie Elisabeth, Lamaison Pierre, *L'Impossible Mariage. Violence et parenté en Gévaudan, XVIIe, XVIIIe et XIXe siècles*, Paris, Hachette, 1982.

Présentée dans un tel contexte, la démission de biens assortie d'une pension viagère avait peu de chances de devenir crédible aux yeux de chercheurs parisiens parfois enclins à considérer les paysans comme des «sauvages». Dès lors qu'on ne pouvait garantir l'attribution effective à un vieillard de sa ration alimentaire, à quoi bon s'y intéresser? On était alors en plein dans l'histoire quantitative, dans les enquêtes sur les salaires réels, sur les rations alimentaires exprimées en calories, dans la préparation de l'*Atlas des plantes cultivables*[3]. De là à considérer le contrat de pension viagère comme un chiffon de papier, il n'y avait qu'un pas, qui fut vite franchi. *Exit* la démission de biens des préoccupations de la recherche française de pointe.

Pourtant, on rencontrait des contrats similaires à ces démissions de biens en Wallonie, où on les désignait sous le nom de *pensions vitales*, et où la vie des vieillards n'en paraissait pas affectée, au contraire. Quinze ans plus tard, installé en Bourgogne, je retrouvais la démission de biens, mais cette fois intégrée tout à fait normalement et régulièrement au cycle de la vie familiale, exactement comme le *bail à nourriture* des enfants mineurs, qui, lui, constituait une véritable originalité des pays compris, en gros, entre la Loire et la Saône[4].

En soi, c'était déjà un constat intéressant: dans trois régions éloignées les unes des autres, aux coutumes successorales distinctes, on retrouvait les mêmes types d'actes grâce auxquels les vieillards organisaient de leur mieux leur survie en procédant toujours, en gros, de la même façon: ils cédaient leurs biens à leurs enfants en échange de la nourriture, du logement, d'un minimum de soins en cas de maladie et d'une sépulture convenable *in fine*. Rien d'étonnant à cela, d'ailleurs, puisque nulle part dans les campagnes n'existaient de structures prêtes à accueillir les gens âgés, comme les asiles de naguère et les maisons de retraite d'aujourd'hui. En ville, c'était différent, on pouvait parfois obtenir une chambre à l'Hôtel-Dieu ou dans un couvent, moyennant abandon de tous ses biens à l'institution.

En préparant une thèse de troisième cycle sur un petit pays de l'Yonne, je pus rassembler un échantillon de plusieurs dizaines de contrats de démissions de biens plus ou moins détaillés du XVIIIe siècle, qui montraient clairement

---

3 BERTIN Jacques, HÉMARDINQUER Jean-Jacques, *Atlas des plantes vivrières*, Paris-La Haye, Mouton, 1971.

4 DESAIVE Jean-Paul, «Le bail à nourriture et le statut de l'enfant sous l'Ancien Régime en Basse-Bourgogne», in *Bulletin de la Société des Sciences de l'Yonne*, 118 (1986), pp. 11-21.

que la pension viagère en nature négociée entre le vieillard et ses héritiers n'était pas fixée arbitrairement, mais correspondait à une norme acceptée par tous : soit une certaine quantité de grains et une certaine quantité de vin, à quoi s'ajoutaient en proportions variables des fruits du verger, des fagots pour se chauffer, de la chandelle pour s'éclairer, et un peu d'argent pour les menus plaisirs[5]. Indépendamment du fait que la pension fût payée ou non, que le vieillard vécût longtemps ou non après sa démission de biens, il existait une sorte de minimum vital, de ration de survie, correspondant à ce qui était perçu *localement* comme indispensable à l'existence. Bien sûr, cette ration alimentaire qui n'était inscrite dans aucun texte, mais bel et bien codifiée dans les usages, variait d'un contrat à l'autre. Elle n'était pas la même pour les hommes ou pour les femmes ; elle était nettement plus généreuse pour les laboureurs aisés que pour les vignerons-manouvriers ; elle était souvent exprimée en nature mais parfois en argent, etc. En outre, elle reflétait fidèlement les productions locales : dans l'Aillantais, du métail pour les pauvres et du blé pour les riches, mais du vin pour tout le monde ; au pays de Liège, de l'épeautre, du fromage et de la bière.

Dans le cadre de cette étude, il a paru utile d'examiner quelques cas particuliers qui offrent, par rapport au modèle standard des pays de l'Yonne, des variations significatives. Prenons d'abord le cas d'un marchand (marchand de bois, marchand de grains ?) demeurant dans la paroisse d'Arcy-sur-Cure en 1732[6]. Maître Nicolas Morinat déclare devant notaire qu'étant veuf et « se voyant fort caduc et avancé en âge et incommodé, hors d'état de faire valoir ses biens », il a « trouvé à propos pour son repos (et) avoir plus de facilité pour faire son salut et pour le bien de ses cinq enfants », de faire un partage général entre eux de tous ses biens et de ceux de sa défunte femme. En contrepartie, ceux-ci s'engagent à lui donner tous les ans pendant le reste de sa vie une pension très confortable en nature et en argent et ensuite des services religieux pour garantir son salut dans l'éternité. Cette pension vaut largement le triple ou le quadruple de la ration annuelle standard telle que je l'avais évaluée[7], car elle comporte

5   DESAIVE Jean-Paul, *La mesure du possible. Essai sur le ménage, la propriété, l'exploitation en Vallée d'Aillant au XVIIIᵉ siècle*, multigr., Paris, EHESS, 1986.

6   Archives départementales de l'Yonne (A.D.Y.), 9 B 55, bailliage d'Arcy, 1ᵉʳ février 1732 et pièces jointes.

7   10 bichets de grain (métail ou froment) et 1 ou 2 feuillettes de vin. Le *bichet* d'Auxerre et Joigny contient environ 60 litres de grains, la feuillette environ 120 litres de vin.

notamment un grosse quantité de vin et une somme de 100 livres en argent[8]. Bref, suivant les critères du temps, c'est le luxe.

Maintenant, voyons la suite. Le marchand avait un fils, probablement marchand comme lui et quatre filles, dont deux avaient épousé d'autres marchands ruraux. Lors du partage, les deux cadettes étaient célibataires. Ce sont elles qui, exactement un an plus tard, sont en procès avec le mari de leur sœur aînée, à propos du versement de la pension à leur défunt père. Celui-ci est mort, en effet, dans les mois qui ont suivi sa démission. Le partage de ses biens a certes été effectué, mais quant au versement de la pension, ce fut une autre histoire. «A l'égard de l'or et de l'argent», les deux cadettes affirment qu'aucun des héritiers n'a rien payé et quant au reste, payable en nature, ce sont «elles seules (qui ont) fourny la nourriture et le soulagement» à leur père. Elles réclament donc à leur beau-frère «le remboursement de la cinquième partie de ladite nourriture qu'elles ont fournie». Il est probable qu'elles sont en droit de réclamer la même chose aux deux autres cohéritiers, leur frère et leur seconde sœur mariée. Les pièces de la procédure sont incomplètes, mais il est vraisemblable que les deux filles célibataires ont continué à cohabiter avec leur père et à lui apporter à la fois nourriture et «soulagement», c'est-à-dire à lui prodiguer les soins que réclamaient son âge et sa mauvaise santé. Les sœurs mariées et leurs maris, qui vivent dans d'autres paroisses à quelque distance d'Arcy[9] et leur frère Nicolas le jeune, n'ont rien fait.

A première vue cette histoire apporte de l'eau au moulin des détracteurs du système pension viagère contre démission de biens. Le marchand est mort peu de temps après avoir fait l'abandon de son patrimoine et seules ses deux filles cadettes ont pris soin de lui, les trois autres héritiers restant dans une coupable expectative. Rien à voir cependant avec le huis-clos lozérien et son silence. Le vieillard est mort chez lui et il n'est pas mort de faim, puisque deux de ses filles s'occupaient de lui. Ensuite tout s'est passé au grand jour, il y a eu procès, aigres reproches mutuels, les cadettes disant à leur sœur aînée qu'elle «sait mieux que son mari la vérité, et qu'elle n'a payé à son père aucune pension», etc. A aucun

---

8   20 bichets de blé-froment, 10 feuillettes de vin, 100 livres en argent, 5 charretées de bois de charbonnage, 15 aunes de toile blanche et 15 livres de beurre, le tout livrable en sa maison, où il se réserve encore une chambre, la cave dessous et un grenier.

9   Bessy-sur-Cure et Précy-le-Sec.

moment la mort naturelle de celui-ci n'est mise en doute. Comme tous les patriarches ruraux, type Rétif de La Bretonne dans *La vie de mon père*, il s'est accroché à son pouvoir jusqu'au dernier moment, rêvant même de le prolonger en imposant à ses héritiers des prestations trop lourdes. Ce n'est pas un hasard si personne ne lui a versé « d'or et d'argent » : 20 livres tournois par ménage et par an c'était l'équivalent de l'imposition royale pesant sur les gros laboureurs. Quant aux prestations en nature, il est probable qu'elles auraient été versées, plus ou moins régulièrement, s'il avait eu le temps d'organiser des mesures de rétorsion.

De ce marchand aisé à l'ingrate progéniture, passons à l'autre extrême, une pauvre femme sans enfants. Cela se passe en 1667, à Ouanne[10]. Devant le notaire royal se présente Jehanne Rougé, laquelle « considérant son ancien aage qui est de soixante et dix ans, la foiblesse et débilité de sa personne et que doresnavant elle ne pouvoit (plus) peiner ny travailler à gaigner sa vie comme elle a fait le temps passé », exprime cependant le souhait de vivre et de « s'occuper à servir Dieu ». Elle n'a pas ou n'a plus d'enfants, mais « se confiant à la personne de Pierre Chartier, sergent demeurant audit Ouanne *son amy*, qui l'a secourue et fait plusieurs services, plaisirs et *curialitez* »[11], elle lui fait donation à la fois *de sa personne* et de tous ses biens meubles[12], moyennant quoi il promet de la « nourrir, habiller, chauffer et généralement (fournir) toutes ses nécessités bien et honnestement selon sa condition ». Il s'engage encore à « la faire panser et médicamenter estant malade jusqu'à l'heure de son trespas et après son trespas la faire enterrer honorablement et luy faire dire un service ». Il est significatif que, à l'exception de l'unique messe mortuaire, aucun des services attendus par la donatrice ne soit chiffré, ni ration de pain, ni ration de vin, ni rien. Elle s'en remet totalement à la bonne volonté de quelqu'un qui n'est pas son parent, mais son ami, et qui reçoit peu de chose en échange : ce ne sont que des meubles de peu de valeur, comme si elle ne possédait rien d'autre. Aurait-elle vendu auparavant ce qu'elle pouvait avoir comme immeubles, maison, terre ou vigne ? Ou n'en possédait-elle aucun ? Seule une enquête aux résultats aléatoires sur

---

10 A.D.Y., 3 E 27 / 3-5 décembre 1667.
11 Curialité : vieux mot qui signifie « gracieuseté, courtoisie ».
12 Le texte est clair : (elle) « a Confessé so(y) estre donné(e) et rendu(e), donne et rend avec tous ses biens meubles sans rien excepter [...] audit Pierre Chartier ».

sa vie et son patrimoine pourrait nous le dire. Elle s'efforcera de compenser la modicité du don qu'elle fait en « rendant pendant sa vie service audit Chartier en ce qu'elle pourra » : c'est ce qu'elle entend par « le don de sa personne ».

Donation atypique, puisqu'elle a lieu hors lien familial et dans un contexte d'évidente pauvreté. Donation intéressante en même temps puisqu'elle témoigne de solidarités effectives, parfois plus effectives qu'entre parents et enfants, bien que fondées seulement sur « l'amitié », mot qui veut tout dire au XVIIe siècle. Dans un milieu social beaucoup plus relevé, on a l'exemple d'un conseiller honoraire au bailliage d'Auxerre, lequel constatant « le facheux estat des affaires » d'une dame, veuve d'un autre conseiller, « et qu'elle ne peult subsister, n'ayant aucuns biens, voullant luy marquer l'amitié qu'il luy porte et la considération qu'il a de son alliance », lui donne par donation entre vifs 350 livres par an de pension viagère. L'alliance s'ajoute ici à l'amitié pour sauver la veuve en détresse, qui faisait partie probablement de ces *pauvres honteux* auxquels leur condition sociale interdisait de demander des secours, et qui mouraient de faim dans leurs hôtels délabrés[13].

Une autre forme de solidarité, dans la vieille tradition féodale, peut même se rencontrer entre un seigneur et les habitants de sa paroisse. Un couple de vignerons de Serrigny fait donation au marquis de Tenance, leur seigneur, « de bâtiments, terres et vignes au finage de Serrigny […] dont lesdits fonds sont estimés six cent livres, à la charge de les nourrir pendant leur vie »[14]. Certes le marquis ajoute à son domaine l'ensemble d'une tenure paysanne, mais il s'engage à nourrir, on ne sait si c'est chez eux ou dans une dépendance de son château – la maison du couple n'est pas mentionnée – le vieux ménage de donateurs, qui probablement n'a pas d'enfants et a eu recours à lui, certainement faute de mieux.

La majorité des donations, il faut y insister, se faisait entre les donateurs et leurs héritiers naturels. A cet égard, la démission de Bonnet Borgnat semble particulièrement représentative. Vieux vigneron perclus de « caducité et vieillesse » il ne peut plus faire valoir ses biens, ni même « s'administrer ses nécessités corporelles ». Son patrimoine est en outre lourdement grevé de rentes et d'autres dettes mobilières. Voyant que « s'il ne met ordre à ses affaires, tout son bien est

---

13 A.D.Y., 1 B 28, fol. 52, 23 septembre 1688.
14 A.D.Y., C. 1187, fol. 9, 1er février 1768.

pour demeurer en friche et désert » il en fait donation à son neveu Jean Borgnat et à sa femme, dont il reconnaît que « sans le soing, affection et bonne amityé et vollonté » qu'ils ont manifesté à son égard, « il auroit passé de cette vie en l'autre », ce qui signifie qu'il est déjà hébergé et soigné par eux. Moyennant l'abandon de ses biens, ils devront le « norrir et entretenir, coeffer, vestir, coucher et lever, tant qu'il plaira à Dieu le dellaisser sur terre, luy administrer ses nécessités tant spirituelles que corporelles, tant en santé que mallade » et enfin le faire inhumer dans l'église du village[15]. L'acte date de 1672 et cinq ans plus tard, dans un rôle de taille de 1677, on retrouve « Bonnet Borniat et son neveu » cotés pour 8 livres, soit deux fois le montant moyen de la taille acquittée par chaque ménage à Migé. Donc : notre invalide a été bien soigné, il est toujours valide. D'autre part « le peu de bien qui luy est resté depuis le décès de sa deffuncte femme » ne devait pas être si négligeable, puisque le neveu est à la tête d'une exploitation rénovée et deux fois plus grande que la moyenne.

Ce document est un de ceux qui montrent le mieux comment, par le mécanisme de la démission/donation, on peut éviter ou du moins modérer les conséquences de cette double exclusion que constituent la vieillesse et les infirmités. Le tout en faisant jouer à la fois les ressources du patrimoine (ou de ce qu'il en reste) et une solidarité familiale effective qui souvent précède la donation. Cependant, on l'a vu, la démission de biens, comme la donation en général, s'affranchit quand il le faut des règles normales de la transmission. Faute d'héritiers naturels, ou faute de leur faire confiance, on se choisit quelqu'un d'autre à qui l'on abandonne tous ses biens, mais ce donataire prend de son côté des engagements précis et en principe contraignants de prestation de services.

Parce qu'elle définit, d'un milieu social à un autre, d'une région à une autre, en quoi consistent et combien valent les prestations indispensables à la survie d'un individu ; parce qu'elle permet à des gens âgés de survivre en même temps qu'elle transfère leur patrimoine et en particulier leur exploitation à des héritiers plus jeunes et valides ; parce qu'elle autorise en cas de nécessité des donations à des personnes complètement étrangères à la parenté, la démission de biens ne paraît pas mériter le discrédit dont elle a longtemps souffert. Directement liée au cycle de la vie familiale, elle est en même temps un moment-clé du cycle de l'exploitation. Elle marque le terme d'une vie active en même temps

15 A.D.Y., 1 B 23, 2 sept. 1672.

que la fin d'un assemblage composite de bâtiments, terres, prés et vignes qui ont appartenu, l'espace d'une vie de couple, à un ménage rural, contribuant à le faire vivre à condition souvent d'y associer d'autres biens tenus en location. La démission est le prélude à la dislocation des biens propres d'un ménage ou d'un individu, mais le partage qui en est fait entre les héritiers suppose une contrepartie. Quand les démissionnaires sont à leur aise, cette contrepartie semble proportionnée à la valeur du patrimoine qu'ils cèdent. Quand ils sont pauvres ou dans le dénuement, la contrepartie est fixée non plus en fonction du patrimoine du donateur, mais selon des normes coutumières non écrites et variables d'un canton à l'autre, qui définissent ce qui apparaît localement comme le minimum vital. La démission de biens apparaît enfin, dans l'univers des coutumes du Nord, comme une institution symétrique de l'institution d'héritier dans les pays de droit écrit: la première suppose le partage du patri-moine entre tous les héritiers, tandis que la seconde attribue l'ensemble du bien à l'héritier désigné. Logiquement, la prise en charge du vieillard valétudinaire incombe, dans le Nord, à tous ses enfants ou gendres et dans le Midi, au seul héritier désigné. On mesure à quel point la démission de biens s'intègre à l'his-toire des systèmes familiaux et des processus de la transmission et mérite, de ce fait, l'intérêt des chercheurs.

Famille, terre et marchés en Languedoc rural

La mutation du système successoral
du XVIe au XVIIe siècle

Elie Pélaquier

Il y a deux ans à Montréal, j'avais traité de la question des rapports qui pouvaient exister entre le marché de la terre et le système successoral en vigueur au XVIIIe siècle dans le Bas-Languedoc[1]. J'avais avancé à cette occasion l'hypothèse que le système de l'héritier universel unique, qui domine à cette époque de façon écrasante les dévolutions de biens, n'était peut-être qu'une étape dans une évolution pluri-séculaire où l'état du marché foncier jouait un rôle majeur. De fait, dans la période antérieure, plusieurs indices attestent l'existence d'un système de cohéritage. Un sondage a été effectué sur un certain nombre de registres de notaires, portant uniquement sur les successions où figurent plus d'un enfant afin que le choix entre un et plusieurs héritiers reste possible[2]. On a compté le nombre de cas où il y a un, deux, trois héritiers universels, ou plus, et calculé le pourcentage de chacun des cas par rapport au total des fratries ayant plus d'un enfant. Les résultats sont rassemblés dans le tableau 1.

---

1 Pélaquier Elie, «Famille et marché de la terre en Languedoc rural (fin du XVe-XXe s.), étude de deux cas», in Dessureault Christian, Dickinson John, Goy Joseph (sous la dir. de), *Famille et marché, XVIe-XXe siècles,* Sillery (Québec), Septentrion, 2003, pp. 131-145.

2 En l'absence de notariat stable à Saint-Victor-de-la-Coste au XVIe siècle, le comptage a été effectué sur les registres des notaires de Bagnols-sur-Cèze, la bourgade voisine, d'après Chassin Du Guerny Yvon, *Analyse sommaire des notaires de Bagnols-sur-Cèze (Gard),* dactyl., 3 vol., Nîmes, Archives départementales du Gard, 1988. Des sondages effectués sur les registres eux-mêmes, déposés aux Archives départementales du Gard, ont montré que ces analyses étaient globalement représentatives, même si tous les actes figurant dans les registres n'ont pas été retenus par l'auteur. Les pourcentages donnés ici doivent donc être pris comme de simples ordres de grandeur.

Tableau 1. Fratries composées de plus d'un enfant dans les actes notariés
de Bagnols-sur-Cèze

Période	Héritier unique	Deux héritiers	Trois héritiers	Plus de 3 héritiers
1440-1499	16%	33%	27%	23%
1500-1549	46%	43%	4%	5%
1550-1599	59%	31%	9%	2%
1600-1619	57%	23%	9%	9%

Pour les quatre dernières décennies du XVe siècle, où on ne dispose que de trente testaments utilisables, le cohéritage domine largement. Quand il y a héritier unique, c'est toujours un garçon n'ayant que des sœurs, sauf dans un cas, où il existe un frère exclu de l'héritage (il s'agit d'une famille noble, ce qui n'est pas étonnant). L'examen de l'ensemble des cas montre que, quel que soit le nombre des héritiers, l'héritage est pratiquement toujours partagé à égalité entre tous les garçons, les filles devant se contenter d'une dot. C'est seulement quand il n'y a pas de garçon que les filles héritent et, si elles sont plusieurs, on fait d'elles des cohéritières.

Dès la première moitié du XVIe siècle, on rencontre un nombre bien plus élevé d'héritiers uniques (46%) et, après 1550, ce type d'héritage devient largement majoritaire selon une proportion (59%) qui a tendance à diminuer légèrement au début du XVIIe siècle (57%). De son côté, le cohéritage reste très présent durant toute la période qui va de 1500 à 1620 (et même plus tard, nous l'avons vu), même s'il devient légèrement minoritaire. La présence de frérèches est un signe de sa pratique. Bien des héritiers préfèrent en effet continuer de vivre en commun sur le bien paternel pour l'augmenter plutôt que d'avoir à le partager. Cette indivision peut même durer l'espace d'une génération. Il s'agit le plus souvent de « frérèches de fait » qu'on ne peut détecter qu'en examinant les partages qui leur donnent fin, mais il en existe aussi qui font l'objet d'un contrat. Ces derniers disparaissent complètement à partir de la fin du XVIe siècle[3].

---

3   Cette disparition a été depuis longtemps observée pour l'ensemble du Bas-Languedoc par Le Roy Ladurie Emmanuel, *Les paysans de Languedoc,* Paris, SEVPEN, 1966, pp. 163-166.

Cette étude se donne pour objectif l'examen du cohéritage au moment où il est sur le point de disparaître, afin de tenter d'expliquer cette mutation. Elle s'appuie sur un corpus documentaire original portant sur la période antérieure à celle du précédent travail[4] :

– Les deux *compoix* de Saint-Victor-de-la-Coste de 1589 et de 1638 permettent la construction d'un tableau donnant l'évolution globale des biens pour chacun des lignages du village entre ces deux dates.
– Un *livre terrier* de 1611 rapporte l'état des défrichements effectués dans les bois communaux.
– La *Recherche de 1550*, réalisée à l'occasion de l'établissement du compoix diocésain du diocèse d'Uzès, donne la liste des chefs de feu pour chaque quartier du village.
– Les registres du notaire local de 1612 à 1628 contiennent des contrats de mariage et des testaments, à l'aide desquels il est possible d'établir dans le détail les comportements successoraux d'une cinquantaine de lignages, et des actes de vente fournissant des éléments pour une étude du marché de la terre.

Le principal résultat de cette investigation est le tableau 2.

Si l'on raisonne sur la totalité des successions, le cohéritage représente 28,5% des cas, l'institution d'un héritier unique descendant mâle 39%, celle d'un héritier unique descendant femelle 12,5%, celle d'un héritier unique étranger à la descendance 4%. Il faut encore ajouter 2% de successions *ab intestat* et 9% d'indivisions qui peuvent provenir aussi bien d'un cohéritage proprement dit que d'une succession *ab intestat*. En apparence, le cohéritage ne représente que 28,5% contre 51,5% d'héritiers universels uniques. Cependant, si l'on veut mesurer le poids réel du cohéritage, il faut exclure du calcul les situations où le cohéritage est impossible parce qu'il n'y a qu'un garçon, celui où il n'y a qu'une fille et les indivisions dont on ne connaît pas l'origine. Dès lors le cohéritage représente 46% des cas contre 37% d'héritiers universels mâles uniques ayant

---

4   Compoix et livre terrier : Archives départementales du Gard (A.D.G.), Archives communales de Saint-Victor-de-la-Coste, E-dépôt, CC 1, 2 & 3. Recherche de 1550 : A.D.G., C 1327. Notaires : A.D.G., 2 E 32, 135 & 136 ; 2 E 25, 79 & 81.

Tableau 2. Les successions dans les actes notariés
de Saint-Victor-de-la-Coste (1612-1628)

	Cohéritage effectif	Cohéritage abandonné	HU avec frères	HU sans frère	HU fille	Indivis & *ab intestat*	Héritier autre qu'enfant	Cas indécis	Nb. cas
Nb. cas	9a	7	13	9	7b	6	2	3	56
%	16	12,5	23	16	12,5	11	4	5	100
Allivrement moyen en sols:									
en 1589	50	26	29	25	10				
en 1638	77	52	30	43	19				
	(2 × 38,5)								
Evolution de l'allivrement tot.	+ 54%	+ 100%	+ 3%	+ 72%	+ 90%				
	par branche: −24%								
Nb. moyen parcelles défrichées	11	15	11	10	3				

HU héritier universel unique
a   dont un attribué à deux filles
b   une seule n'a pas de frère ni de sœur.

au moins un frère et 17% d'héritières uniques ayant au moins une sœur. Il reste donc dominant à Saint-Victor-de-la-Coste dans la période 1612-1628 pour les personnes ayant la possibilité de faire ce choix. Pourtant, en 1660, il aura pratiquement disparu. Quant aux frérèches, il n'y en a aucune dans notre corpus.

Comment expliquer le changement qui est en train de s'opérer? Le retour aux compoix devient ici nécessaire. Ils sont fortement marqués dans leur forme même par le système successoral. Ainsi, le nombre de cotes désignées par le termes de «hoirs de…» (héritiers de…) ou restées en indivision entre deux frères passe de 15,6% du total des propriétaires en 1550 à 9,3% en 1589 et à 2,6% en 1638. Mieux, dans la *Recherche de 1550* comme dans le compoix de 1589, des personnes portant le même patronyme habitent des maisons voisines:

en 1589, il existe dix-huit groupements de ce type, que je qualifierai *d'homo-patronymes mitoyens*, comptant chacun de deux à cinq familles (les plus nombreux sont formés par cinq familles Teste, quatre familles Berthouse, quatre de Collons, quatre Pellacuer, quatre Thomas). A l'évidence, chacun de ces groupes résulte d'une ou de plusieurs divisions d'une unique maison ayant appartenu à un ancêtre commun, dans le cadre d'un système de cohéritage mis en application pendant plusieurs générations. Suivre le devenir de ces familles est possible grâce à la bonne qualité des mentions marginales de mutation dans le compoix de 1589. Dès lors, on peut tenter de retrouver leurs descendants dans celui de 1638. Durant ce laps de temps, neuf groupes *homopatronymes mitoyens* ont fait l'objet d'un remembrement, au moins partiel (j'entends par « partiel » la réunion de deux ou de trois maisons si le groupe en comprenait trois ou quatre). C'est le signe d'un début d'inversion de la dispersion des héritages.

Pourtant, nous l'avons vu plus haut, d'autres familles continuent au même moment de pratiquer le cohéritage. Intéressons-nous à celles que la documentation notariale permet de bien connaître. Elles sont au nombre de seize, mais seulement neuf d'entre elles apparaissent séparées en deux de façon certaine dans le compoix de 1638. Pour sept autres, la séparation ne s'est pas faite. Il y a donc une déperdition importante des cohéritages : une part de ceux qui étaient prévus par testament n'ont pas été réalisés. On peut tenter de trouver à cela bien des raisons : décès sans enfant d'un des cohéritiers avant que le partage ne soit fait (l'absence de registres paroissiaux pour cette période ne nous permet pas vérifier la fréquence de ces cas), renoncement du testateur à sa première décision (il nous manque, pour le savoir, les actes notariés de la période 1628-1638), cohéritier resté célibataire (c'est le cas du notaire de Collons), initiative « correctrice » d'un héritier fiduciaire (la mère de Jean et Pierre Sollier, cohéritiers de leur père, favorise l'un des deux dans son propre testament). Mais ce qui est le plus remarquable, c'est le résultat obtenu par ces familles : sur les sept pour lesquelles un cohéritage prévu par testament n'a pas été réalisé, trois au moins connaissent un essor considérable, rassemblant même les biens de branches colatérales qui s'étaient séparées avant 1589. Or ces familles sont conduites par des personnages socialement bien typés, que l'on pourrait qualifier d'entrepreneurs. Barthélémy de Collons, frère du notaire célibataire dont il récupère la part, rachète les biens d'un cousin devenu tailleur à Avignon. Claude Teste, tailleur d'habits très actif, réunit les biens de deux autres branches de sa famille et en acquiert d'autres. Louis Ballazuc, fermier de son cousin Simon qui se trouve, pour une raison inconnue, dans l'incapacité de cultiver ses biens, finit par acheter ces derniers. Au total, ces trois branches voient leur allivrement au compoix quadrupler entre 1589 et 1638, et forment le groupe qui défriche le plus de parcelles dans les bois selon le terrier de 1611 (21 parcelles pour deux de ces famille)[5]. Dans l'ensemble, les familles qui ont rompu le cohéritage voient leur allivrement doubler et défrichent en moyenne 15 parcelles.

En comparaison, les familles qui ont pratiqué jusqu'au bout le cohéritage ont bien moins progressé. Elles sont moins défricheuses que les précédentes (11 parcelles en moyenne) et au total, leur allivrement n'a augmenté que de 54% ce qui, compte tenu de leur dédoublement, correspond en fin de compte pour chacune des branches cohéritières à une perte de 24%. Il est vrai que cette perte n'est pas uniforme. Sur neuf cas de cohéritage effectif, un ou deux seulement aboutissent à deux branches cohéritières de statut à peu près égal. Pour les cinq autres, l'une des branches cohéritière s'en sort mieux que l'autre et conserve ou améliore le statut de la famille d'origine. On peut s'interroger sur le sort inégal de branches familiales qui devraient, si l'on en croit les testaments qui leur ont donné naissance, bénéficier d'un sort identique. Sans doute doit-on tenir compte des disparités que peuvent produire après le partage une alliance plus ou moins fortunée, une gestion plus ou moins adroite des biens, le sort, bon ou mauvais. Mais on peut aussi penser que le jeu est faussé dès le départ et que l'égalité affichée cache des préférences qui peuvent se traduire, par exemple, par des biais dans la manière d'attribuer les biens en partage. Ainsi, Barthélé-mie Brunet, femme de Jean Quet, attribue son héritage et celui de son mari à ses deux fils Antoine et Barthélémy, qui sont dits cohéritiers, mais prévoit un préciput en faveur d'Antoine, sous forme d'une maison et de mobilier. Le relatif échec des familles pratiquant encore le cohéritage est d'autant plus frappant qu'elles étaient à l'origine plus riches que celles qui l'ont abandonné en cours de route. L'allivrement moyen des premières, en 1589, était égal à deux fois celui des secondes (50 livres/26 livres). En 1638, il lui est inférieur (38,5/52). Cet affaissement des fortunes les plus en vue devant des lignages plus modestes

---

5   L'allivrement est ce qui mesure la valeur totale d'une propriété dans un compoix. Les règles de calcul de l'allivrement étant identiques en 1589 et 1638 à Saint-Victor-de-la-Coste, la comparaison des chiffres des deux compoix donne une mesure directe de l'évolution des patrimoines familiaux.

explique peut-être pourquoi elles vont, dans un deuxième temps, suivre ces dernières dans l'abandon du cohéritage.

Mais dès cette époque, comme d'ailleurs bien plus tôt, depuis le XVe siècle, des familles avaient choisi de donner la préférence à l'un de leurs enfants. Qui sont-elles? Dans le corpus notarié des années 1612-1628, vingt-neuf familles ont un héritier universel unique. Neuf d'entre elles n'ont pas le choix: elles ne disposent que d'un descendant mâle (accompagné ou non de femelles). Treize autres ont choisi de privilégier un de leurs fils parmi d'autres garçons et les sept dernières, n'ayant pas de fils, ont fait hériter une fille.

Parmi les treize qui ont privilégié un garçon, on compte le seigneur, chez qui l'héritage unique est une règle stricte, conformément au comportement de la quasi-totalité de la noblesse depuis le Moyen Age[6]. On compte aussi deux artisans, des maréchaux ferrants qui peuvent difficilement partager leur atelier. Si l'on excepte le seigneur, la moyenne des allivrements de ce groupe est modeste et progresse peu (29 livres en 1589, 30 livres en 1638). Elles sont peu défricheuses (11 parcelles en moyenne). En dehors du seigneur et des maréchaux, il s'agit de laboureurs. Dans un cas, l'héritier unique est désigné par un père qui avait lui-même bénéficié d'un cohéritage: pour cette famille au moins, il s'agit donc d'un changement volontaire de mode successoral.

La dévolution à une fille se réalise quant il n'y a pas d'enfant mâle. Si, dans le courant du XVIe siècle, on observait de nombreux cohéritages concernant des filles, on n'en observe plus qu'un ici, les autres cas de notre corpus sont tous des dévolutions à héritière unique, même si, dans la plupart d'entre eux, il y a d'autres sœurs. Leur allivrement moyen passe de 10 à 19 livres et elles ne défrichent que 3 parcelles. C'est donc le groupe le moins fortuné du corpus.

Pour terminer, il est intéressant d'examiner les familles qui n'ont qu'un fils. Les données de trois d'entre elles sont inutilisables, car elles ont connu deux générations successives durant la période étudiée, avec parfois un cohéritage qui perturbe le bilan global que nous cherchons à établir. Tenons-nous en aux six «cas purs». Pour eux, la question du choix successoral ne se pose pas, dans une société qui privilégie fortement les garçons: le fils unique est l'unique héritier. Du coup, il se trouve dans la meilleure position possible pour sauvegarder le

---

6 Nassiet Michel, *Parenté, noblesse et Etats dynastiques, XVe-XVIe s.*, Paris, E.H.E.S.S., 2000, pp. 45 ss.

patrimoine : n'ayant pas de concurrent avec qui partager, ou qu'il faille « sortir de l'héritage » en lui payant sa légitime, il ne lui reste à payer que les dots des filles. Comme on pouvait s'y attendre, ces familles profitent de cette situation pour améliorer leur sort, mais pas autant que celles qui ont abandonné le cohéritage. Leur allivrement est augmenté de 72% entre 1589 et 1638, passant de 25 à 43 livres et elles défrichent en moyenne 10 parcelles. On peut expliquer ce résultat plus modeste en se souvenant que, contrairement aux autres groupes qui étaient fortement marqués socialement par leur choix successoral, les familles à fils unique se recrutent dans toutes les couches de la société. Elles occupent donc une position médiane dans notre corpus.

Pour résumer ce qui précède, on peut dire que les familles les plus fortunées du monde rural continuent, en ce début du XVIIᵉ siècle, de penser leur succession en termes de cohéritage. Mais celles d'entre elles qui parviennent effectivement à le réaliser peinent à fournir à chacune des branches cohéritières un patrimoine qui leur permettra de conserver leur rang, alors que celles qui, pour une raison ou une autre, abandonnent en cours de route le cohéritage, progressent fortement et prennent le dessus. La dévolution des biens à un héritier unique avec exclusion des frères (et des sœurs), ou à une héritière unique avec exclusion des sœurs, est plutôt pratiquée par des familles plus modestes et ce mode successoral, pourtant plus favorable, ne parvient qu'à les faire progresser assez peu. Enfin, les successions dévolues à un fils n'ayant pas de frère occupent une position moyenne du point de vue de la progression.

Tentons maintenant de nous placer sur le plus long terme et d'examiner le devenir des familles dans la deuxième moitié du XVIIᵉ siècle. Globalement, le phénomène de concentration se poursuit. Non seulement le cohéritage se raréfie, mais de nombreuses branches familiales disparaissent et leurs biens sont absorbés par d'autres familles. Ainsi, Claude Carretier rassemble des biens qui appartenaient en 1589 à sept différentes familles, Antoine de Collons et Jean Carrière ceux de cinq familles, d'autres rassemblant les biens de trois ou quatre familles. Cette concentration ne va pas sans quelques catastrophes : Jean de Collons, qui avait rassemblé les biens de cinq familles, les voit dispersés pour dettes en 1698. Mais, au même moment, de nouveaux patrimoines apparaissent. Ils sont le fait de ménages fondateurs créés par les cadets de famille exclus de l'héritage : ces derniers qui sont souvent artisans, achètent avec leur légitime une maison et quelques parcelles. Ainsi, le nouveau régime successoral assure le renouvellement des couches modestes en même temps qu'il contribue à leur disparition. Mais, alors que les ménages qui disparaissent étaient devenus étrangers aux lignages dominants, ceux qui se mettent en place sont étroitement liés à eux. Le renouvellement des couches modestes n'est donc pas socialement « égal » : il contribue à ce que se mette en place un réseau de parenté « vertical », traversant toutes les strates de la société.

Quel lien peut-on tracer entre l'évolution de ces comportements successoraux et celle du marché ? L'étude des actes de vente conservés dans les registres de notaires de 1612 à 1628 (avec une lacune en 1619) montre que 10,2 parcelles en moyenne sont vendues chaque année (1,7 bâties pour 8,5 cultivées). Le tableau 3 permet de comparer ces chiffres avec ceux qui ont été obtenus ailleurs pour un certain nombre de périodes trentenaires du XVIIᵉ et du XVIIIᵉ siècle.

Tableau 3. Moyennes annuelles des ventes et actes familiaux passés devant les notaires de Saint-Victor-de-la-Coste

Période	1612-1628	1660-1689	1690-1719	1720-1749	1750-1779	1780-1797
Moyenne des ventes	10,2	6,0	10,4	4,9	12,9	13,8
dont bâti :	1,7	1,5	2,7	0,8	1,5	2,4
et cultivé :	8,5	4,5	7,7	4,1	11,4	11,4
Mariages	4,8	3,5	5,3	5,4	4,7	6,8
Testaments	6,9	6,3	7,4	5,4	5,4	7,5
Mariages + Testaments	11,7	9,8	12,7	10,8	10,1	14,1
Ventes/(M + T)	0,87	0,67	0,88	0,45	1,27	0,98

On peut se demander s'il est de bonne méthode de comparer entre eux des chiffres portant sur les productions successives des six notaires qui se sont succédés à Saint-Victor-de-la-Coste. Certaines études auraient pu faire l'objet d'une fréquentation moindre qui affecterait les résultats obtenus. Il est facile de vérifier que, pour l'essentiel, il n'en est rien en comparant, comme cela a été fait dans le tableau, le nombre de contrats de mariage et de testaments passés dans chacune des périodes : une certaine variation du nombre moyen des actes familiaux est bien décelable, mais elle est sans commune mesure avec celle des ventes. Le calcul du rapport entre le nombre de ventes et le nombre d'actes familiaux rend compte d'une réelle évolution (dernière ligne du tableau).

En fin de compte, les chiffres des ventes des années 1612-1628 sont comparables à ceux des années 1690-1719 et 1750-1779, nettement supérieurs à ceux des années 1660-1689 et double de ceux des années 1720-1749. Or, les années 1690-1719 et 1750-1779 sont celles qui ont subi de plein fouet l'impact de crises graves, provoquant un fort endettement des ménages qui s'est bientôt traduit par des ventes massives de biens, alors que dans les périodes 1660-1689 et 1720-1749, plus calmes, le marché de la terre est nettement moins actif. La période 1612-1628 apparaît donc semblable aux moments les plus difficile des deux siècles qui la suivent, si l'on veut bien excepter l'extrême fin du XVIIIe siècle, encore plus tourmenté. Dans ces périodes, les transactions immobilières sont plus le produit des difficultés ressenties par les familles que d'un réel dynamisme économique. Au début du XVIIe siècle, plusieurs critères montrent que la terre commence à manquer. Le corpus notarial contient 110 actes de vente de terres labourables, 15 de vignes, 4 de prés ou de jardins et seulement 3 de terres hermes, c'est-à-dire en friche. C'est la preuve que le terroir est saturé de cultures. La rédaction du terrier de 1611 a été motivée par l'ampleur des défrichements qui venaient juste d'être réalisés : 898 parcelle nouvelles avaient ainsi été créées dans d'arides vallons des bois et jusque sur les pentes de la garrigue, rendant bien compte de la pénurie de terres dans la plaine. Pour en savoir plus, il faudrait connaître la situation du marché de la terre dans les périodes précédentes, mais l'absence de corpus notarié local rend toute comparaison difficile.

L'étude d'un document de type très particulier peut pourtant nous fournir des indications : il s'agit des ventes de plus values. Ce sont des actes par lesquels une vente antérieure est confirmée moyennant le paiement d'un supplément à son prix initial. Par ce moyen, le nouveau propriétaire s'assure que l'ancien ne fera pas casser la vente au prétexte que le prix payé était insuffisant. On dispose de neuf actes de ce type dans les années 1612-1614 et d'aucun par la suite. La moitié d'entre eux s'appliquent à des ventes passées dans les années 1586-1590, soit près d'un quart de siècle avant. Leur montant s'élève à des pourcentages du prix initial qui sont le plus souvent modérés (14 à 40% dans les trois quarts des cas), mais parfois très élevés (de 100 à 216%). Ils sont le signe d'une nette augmentation du prix de la terre dans les années 1586-1612, donc d'une saturation rapide du marché. Après 1614, les prix doivent cesser de monter puisqu'on n'a plus aucune vente de plus-value. Pour l'ensemble de la période 1612-1628, la terre labourable se vend 14 livres l'eyminée (de 7,9 ares), la vigne 12 livres, l'herme (ou friche) 7 livres. Le prix moyen d'une maison est de 120 livres. Ces chiffres sont similaires à ceux de la période 1660-1699, sauf pour la terre qui vaut en ce début de siècle les trois quarts de ce qu'elle vaudra cinquante ans plus tard. Le prix de la terre continue donc de croître après 1624, même si c'est moins vite qu'auparavant.

Si la terre est devenue plus chère, on peut s'attendre à ce que ceux qui l'achètent aient de la difficulté à la payer comptant. En fait, si une faible partie des ventes est à crédit (17,5%), d'autres sont destinées à payer une dette, soit directement (10,7%), soit sous la forme d'un engagement (1%), d'un bail en paiement (7,2%) ou à pension perpétuelle (2%). Le crédit intervient donc dans 38,4% des cas. Dans les 61,6% des cas restants, le bien vendu est payé comptant, mais si l'on retranche de ce chiffre la part des *nouveaux achaipts* faits au seigneur (2,4%) et des restitutions de terres (2,4%), la part du comptant s'établit à 56,8%, soit guère plus que dans la période 1660-1789 où 52% des biens seront payés de cette manière.

En somme, l'argent ne manque pas sur le marché, mais la terre est recher-chée et les prix restent élevés après avoir subi une forte augmentation. Sans doute ce phénomène est-il en partie imputable à l'essor économique lié à la fin des guerres de religion, mais on peut supposer aussi que cette augmentation a fait suite à la saturation du marché foncier consécutive à l'accaparement des terres par les familles de cohéritiers, désireuses de conserver leur statut social malgré la partition de leur bien à chaque génération. En retour, la montée des prix a rendu de plus en plus difficile à ces familles leur démultiplication. Le temps de l'homme rare laissait place à celui de la terre chère. Dans ces con-ditions, on comprend que les familles les plus riches, constatant la difficulté croissante qu'il y avait à constituer deux patrimoines – ou plus de deux – à chaque génération, et voyant quelle était la réussite des branches qui avaient abandonné le cohéritage, se soient rapidement convaincues de la nécessité d'accomplir à leur tour cette mutation du système successoral qu'avaient déjà adopté, depuis un temps plus ou moins long, les nobles, les artisans et cer-tains laboureurs plus modestes. Certaines familles continueront cependant à pratiquer le cohéritage jusqu'à la deuxième moitié du XVIIe siècle, tant elles tiennent à établir plusieurs de leurs enfants à égalité[7]. Ce qui est patent ici,

---

7   On en trouvera des exemples dans PÉLAQUIER Elie, *De la maison du père à la maison com-mune, Saint-Victor-de-la-Coste, en Languedoc rhodanien (1661-1799)*, Montpellier, Publ. de l'Univ. Montpellier III, 1996, t. I, pp. 181-182 et t. II, p. 315 et 320 (généalogies).

c'est le retard pris par les représentations sur les nécessités d'une période où la conjoncture ne permettait plus à une famille de continuer à pratiquer le cohéritage. La hiérarchisation des héritages est la réponse apportée à la difficulté qu'il y a désormais de s'agrandir en conquérant de nouvelles terres.

Pour parvenir à une compréhension plus profonde des raisons qui ont fait abandonner le cohéritage, il faudrait envisager le problème dans un cadre plus large, tenant compte en particulier des effets de pouvoir qui s'exercent à l'intérieur de la communauté rurale. L'enjeu de tout pouvoir est fonction de l'étendue de son champ d'application. Or, dans le Midi, celle-ci est des plus vastes, à tous les sens du terme (étendue des bois, garrigues, pâtures… et force des droits afférents). Du coup, le partage du pouvoir renvoie forcément à un partage du terroir commun. Et les droits qui sont exercés par chaque chef de feu sur celui-ci sont traditionnellement proportionnels à la quantité de terre possédée (par exemple un propriétaire ne peut faire paître de bêtes sur les communaux qu'en proportion de son allivrement au compoix). Il est entendu par tous que les «principaux habitants» ou les «plus intéressés», ou encore les «plus apparents» sont les mieux placés pour gérer la chose publique. Dès lors, la terre représente «plus que la terre»[8]. D'où, à la fois, l'avidité observée à en acquérir, y compris à perte (par exemple, en prêtant de l'argent sans intérêt, sachant qu'il sera remboursé sous forme de terre, quelle que soit sa valeur) et l'importance de la dévolution des biens (instauration de cohéritiers ou d'un héritier universel).

C'est sur ce tout dernier point qu'il est nécessaire d'approfondir la réflexion. Un obstacle incontournable paraît se dresser: à Saint-Victor-de-la-Coste, au début du XVIIᵉ siècle, ce ne sont pas les familles les plus en vue qui ont les premières abandonné le cohéritage au profit de l'héritier unique, mais des familles plus modestes, d'artisans-paysans ou de laboureurs, puis un certain nombre d'«entrepreneurs» (si on veut bien appeler ainsi des laboureurs ou des artisans qui semblent se débrouiller mieux que les autres). Les habitants les plus cossus n'ont suivi le mouvement qu'à partir du moment où ils ont vu leur pouvoir menacé par des concurrents progressant plus vite qu'eux (et alors qu'eux-mêmes commençaient à régresser …). Comment expliquer cela? Le retard pris à accomplir cette mutation montre que, dans les conditions antérieures, le cohéritage

---

8   Expression empruntée à Bernard Derouet.

présentait pour eux de réels avantages qu'ils n'étaient par prêts d'abandonner. Lesquels?

On peut supposer à titre d'hypothèse que, dans la société rurale de la fin du Moyen Age et du début de l'âge moderne – celle de l'«homme rare» pour aller vite –, l'extension de la propriété rurale n'était pas limitée par l'espace disponible (beaucoup de terres étaient encore libres) ou par le prix de la terre (bas), mais seulement par la main-d'œuvre disponible (rare). Dans ces conditions, les stratégies familiales se sont naturellement efforcées de multiplier ce qui manquait le plus (l'homme), sachant que la terre suivrait toujours. D'où le cohéritage qui permet à chaque génération d'élargir la surface politico-sociale de la famille, la surface géographique en découlant quasi automatiquement. On raisonne alors en terme de lignage (ensemble des branches descendant d'un ancêtre) et non de lignée. Etablir deux ou trois enfants à égalité, c'est multiplier la présence de la famille sur le champ de la communauté, du marché, etc... tout en donnant à chacun des cohéritiers les moyens de reconstituer dans le temps d'une génération une propriété identique à celle du couple dont ils sont issus. Jusqu'au milieu du XVIIe siècle encore, il n'est pas rare de voir plusieurs frères occuper successivement le poste de premier consul, ce qui deviendra complètement inimaginable ensuite. Le cohéritage a encore pour avantage de permettre que soient contractées à chaque génération plusieurs alliances homogamiques des garçons (parfois même hypergamiques), sans compter celles des filles, et donc que soit encore élargi le réseau de parenté. Dans le système de l'héritier unique, au contraire, il n'y aura plus d'homogamique que le mariage de l'héritier et éventuellement celui d'une fille, les autres enfants étant nettement déclassés.

Bien entendu, il faudrait pouvoir préciser la chronologie. A la «fin du Moyen Age et au début de l'âge moderne», le phénomène du cohéritage est sans doute déjà menacé, il s'essouffle avec la croissance démographique et la montée des prix du second quinzième et du premier XVIe siècle. S'il a perduré, c'est sans doute que la crise du second seizième siècle lui a laissé un répit, mais il semble bien que la reprise consécutive à la fin des guerres de religion lui ait donné le coup de grâce. Dès lors, il devient impossible d'établir plusieurs héritiers et la famille semble se refermer, passer du lignage à la lignée. Je dis «semble» car en réalité, il y a redéploiement des liens familiaux. Le fait que des enfants soient socialement déclassés ne signifie pas qu'ils soient exclus des stratégies familiales: ils jouent seulement un rôle différent de celui qui était le leur au temps du cohéritage. Grâce à eux, la lignée principale établit des liens avec les couches inférieures de la société, liens qui redoublent ceux qu'elle a créés par le crédit, le marché du travail, la gestion de la communauté (où l'on voit souvent des « gros » s'allier avec des « petits »). L'ensemble de la famille profite aussi des liens établis avec la ville par l'émigration.

En somme, si ces hypothèses s'avéraient exactes, on pourrait dire que d'une certaine façon, le modèle familial dominant, à chaque époque, se coule dans le moule des possibles, dont le paramètre essentiel est le rapport homme/terre (pris dans le sens strict de rapport numérique ou dans un sens plus large, symbolique). Si l'homme est rare et la terre disponible, le monde paraît ouvert et autorise un modèle familial expansionniste, à réseau horizontal, essentiellement homogamique et lignager. Un monde plus fermé, avec des terroirs saturés, impose un modèle plus conservateur, à réseau vertical, hétérogamique et centré sur la lignée. On peut trouver des exemples équivalents à d'autres époques et en d'autres lieux : héritage égalitaire dans les régions à fermage, où chaque génération peut reconstituer le nombre d'attelages nécessaires à l'établissement de tous les héritiers, passage du lignage à la lignée chez les nobles languedociens au XIIᵉ siècle, décrit par Claudie Duhamel-Amado ou chez les paysans-forestiers morvandiaux du XVIIᵉ siècle étudiés par Francine Rolley[9].

Bien entendu, ce schéma peut paraître largement simplificateur. Il faudrait pouvoir intégrer dans cette réflexion le rapport ville/campagne, surtout présent dans les effets de marché des denrées (développement de la vigne dès la fin du XVIᵉ siècle), et les stratégies d'appropriation de la bourgeoisie urbaine qui pèsent sur le marché de la terre. Si l'on voulait mieux comprendre le système du cohéritage, il faudrait aussi l'examiner tout au long de la période où il était le système successoral dominant. L'absence de notaires à Saint-Victor-de-la-Coste au XVIᵉ siècle rendrait alors obligatoire le déplacement sur un autre terrain. Mais plus que les actes familiaux que sont le contrat de mariage et le testament,

---

9 DEROUET Bernard, « Pratiques successorales et rapport à la terre : les sociétés paysannes d'Ancien Régime », in *Annales E.S.C.* (1989) no. 1 pp. 173-206 ; DUHAMEL-AMADO Claudie, *Genèse des lignages méridionaux*, t. I, Toulouse, C.N.R.S. – Université de Toulouse-Le-Mirail, 2001, pp. 321-348 ; ROLLEY Francine, « Systèmes familiaux et transformations économiques : les familles morvandelles face aux vicissitudes de l'exploitation forestière, XVIIᵉ-XIXᵉ siècles », Communication présentée au XIIᵉ congrès international d'histoire économique de Madrid, août 1998.

ce qu'il faudrait étudier en priorité, c'est le fonctionnement du marché de la terre, qui nous apprendrait plus et plus vite sur les possibilités d'agrandissement dont disposaient les propriétaires pratiquant le cohéritage. En effet, si le présent travail montre quelque chose, c'est bien l'importance de ce marché pour la détermination des usages successoraux. A l'intérieur d'un système en apparence rigide, celui de l'héritier universel, le plein ou le vide des terroirs dessinent des possibles, comme l'héritage à destinataire unique, le cohéritage à deux bénéficiaires ou à bénéficiaires multiples. Tracer un parallèle entre le prix de la terre et la part occupée par le cohéritage pourrait être un moyen simple de vérifier sur la longue durée le lien existant entre ces deux phénomènes.

Quelques propos sur la variance du prix de la terre dans la région de l'Assomption (1792-1835)

Jean Lafleur, Gilles Paquet et Jean-Pierre Wallot

Divers traits que nos deux contributions antérieures ont dégagés[1] caractérisent le marché foncier de l'Assomption (deux seigneuries : Saint-Sulpice et l'Assomption) entre 1792 et 1835 : sa forte activité (5 033 transactions au total, dont près de 75% en ventes de divers types mais surtout de gré à gré, pour les quatre sous-périodes retenues) ; paiements en espèces ; différences des prix à l'arpent entre les anciennes paroisses «pleines» et les nouvelles zones de colonisation ainsi qu'entre les différents types de terres (terres en bois debout, terres cultivées sans bâtiment et terres complètes avec bâtiments) ; rôle modeste des marchands dans le marché foncier rural ; nombre relativement important de ventes de terres grevées de rentes viagères ; diminution des superficies vendues avec le temps et hausse relative du nombre de lopins et de lots affectés ; valeur moyenne à l'arpent plus élevée dans le cas des ventes liées aux droits successoraux ; écarts importants des prix à l'intérieur d'une même paroisse et entre paroisses (principaux facteurs expliquant ces écarts : qualité du sol, proximité des voies de communication, surtout du fleuve Saint-Laurent, âge et degré d'exploitation des fermes, densité de la population, etc.) ; importance aussi d'influences plus subtiles, tels la multiplication et le grossissement de villages, le développement de meilleures infrastructures de transport et de marchés locaux même à distance plus éloignée du fleuve. Nous avons regroupé ces deux types de facteurs sous les vocables de *géo-localisation* et de *socio-localisation*.

---

1 Cf. Lafleur Jean, Paquet Gilles, Wallot Jean-Pierre, «Le coût du sol dans la région de l'Assomption, 1792-1825 : enrichissement, enchérissement et liens au marché», in Dessureault Christian, Dickinson John A., Goy Joseph (sous la dir. de), *Famille et marché, XVIᵉ-XXᵉ siècles*, Sillery (Québec), Septentrion, 2003, pp. 95-114 ; Id., «Préliminaires à une étude de la géographie des prix du sol : région de l'Assomption, 1792-1835», in Béaur Gérard, Dessureault Christian, Goy Joseph (sous la dir. de), *Familles, Terre, Marchés. Logiques économiques et stratégies dans les milieux ruraux (XVIIᵉ-XXᵉ siècles)*, Rennes, PUR, 2004, pp. 199-209.

Le prix du sol dans la région double en gros entre 1792-1796 et 1830-1835. Cette tendance épouse la tendance à la hausse en valeur des biens meubles des *habitants* (agriculteurs ou paysans propriétaires) canadiens durant la même période, mais la dépasse proportionnellement. L'ensemble des résultats conforte l'hypothèse d'un enrichissement net des ménages paysans durant ces années, malgré une chute importante des prix agricoles après 1815 et un recours plus prononcé au crédit. Toutefois, les données révèlent aussi un tassement dans l'accroissement des prix du sol entre la tranche des années 1820-1825 et celle des années 1830-1835 par rapport aux bonds antérieurs. Or, la hausse de la demande devrait maintenir une pression aussi forte qu'auparavant, compte tenu de l'accroissement rapide de la population et d'une offre de terres disponibles qui se réduit singulièrement. Se pourrait-il donc qu'un autre facteur interfère (outre la *géo-localisation* et la *socio-localisation*) dans les années 1820 et surtout 1830, soit les anticipations à la baisse des habitants par rapport aux revenus pouvant être générés par les exploitations agricoles, même celles qui sont bien développées ? La chute des prix agricoles rendrait-elle la paysannerie plus prudente face au niveau de capital à investir par rapport aux revenus qu'elle peut espérer tirer de la terre en contexte de chute persistante des prix ? Se pourrait-il qu'elle prenne conscience de la conjoncture et démente ainsi l'insensibilité au marché à laquelle l'historiographie traditionnelle l'a confinée trop allègrement ?

La présente étude exploite les données relatives aux ventes de terres grevées d'une rente viagère qui enregistrent un double impact des anticipations à cause du fait qu'il ne s'agit pas seulement de l'achat d'un actif simple, mais d'un actif composite (actif terre, passif rente) qui force l'acheteur à une analyse plus réfléchie : en effet, une première tranche des rendements est déjà engagée et la marge de manœuvre s'en trouve donc réduite. Cette réflexion s'impose doublement parce que ce type de transaction a été précédé par une donation accompagnée d'une rente viagère – mécanisme au cœur de la transmission des patrimoines au Canada depuis le milieu du XVIIIᵉ siècle et surtout le tournant du XIXᵉ siècle[2] –, un arrangement qui est apparu trop onéreux à cause justement de

---

2   Cf. Greer Allan, *Habitants, marchands et seigneurs. La société rurale du bas Richelieu, 1740-1840*, Québec, Septentrion, 2000 ; Bouchard Gérard, « La reproduction familiale en terroirs neufs. Comparaison sur les données québécoises et françaises », in *Annales E.S.C.*, (1993) no. 2, pp. 421-451 ; Paquet Gilles, Wallot Jean-Pierre, « La Coutume de Paris et les inégalités socio-économiques au Québec (1760-1840) : un survol », in *Mélanges de l'Ecole française de Rome*, Italie et Méditerranée, 110 (1998) no. 1, pp. 413-421 ; Dépatie

rentes excessives à payer dans un monde où l'actif perd de sa valeur parce que les servitudes et les liens qui s'y rattachent pèsent trop lourdement.

La première partie de cet essai évoque quelques problèmes méthodologiques auxquels se trouve confrontée l'analyse des données relatives aux ventes de terres avec rente. Puis, la seconde partie teste certaines hypothèses quant aux forces qui ont dominé l'évolution dans la structure du prix du sol.

Problèmes méthodologiques

Les actes de vente de terres avec rente viagère occupent une place non négligeable au sein du marché foncier de la région de l'Assomption : sauf en première sous-période (où elles ne comptent que pour 5,6% de l'ensemble), elles constituent environ 15% du total des ventes de terre (Tableau 1). Cependant, le nombre de ces actes apparaît très faible dans certaines paroisses et sous-périodes (Tableau 2) et encore davantage dans les côtes, de sorte que nous considérons qu'ils ne sont représentatifs que dans cinq paroisses (Saint-Pierre, Repentigny, Saint-Jacques, Saint-Roch et Saint-Ours) sur huit. Mais même un petit nombre d'actes peut être révélateur : ainsi, le fait que les nombres soient si faibles à Saint-Sulpice renforce notre conclusion antérieure que dans cette paroisse et même à Repentigny – deux zones de vieille colonisation – les terres y sont si développées et si chères qu'on y compte peu d'actes de vente de terres (sauf pour des lots dans les villages) et encore moins de transactions spécifiant l'existence d'une rente viagère[3]. Sans doute les prix trop élevés découragent-ils les acheteurs, sauf pour quelques-uns qui disposeraient d'une aisance certaine ou succomberaient à un trop grand optimisme. Il faut aussi préciser que la transmission du patrimoine, du moins à Saint-Sulpice, passe davantage par le canal des donations que par celui des ventes : d'où le nombre peu élevé de transactions foncières dans cette paroisse[4].

Sylvie, « La transmission du patrimoine au Canada (XVIIᵉ-XVIIIᵉ siècle) : qui sont les défavorisés ? », in *Revue d'histoire de l'Amérique française*, 54 (2001), pp. 558 et ss.

3 Cette remarque s'applique davantage pour la paroisse de Saint-Sulpice que pour celle de Repentigny où les ventes de terres avec rente sont relativement plus nombreuses (Tableau 1).

4 Sur cette question, voir LAFLEUR Jean, PAQUET Gilles, WALLOT Jean-Pierre, « Le marché de la terre dans la région de Montréal. Saint-Sulpice, 1792-1835 », in Béaur Gérard, Dessureault Christian, Goy Joseph, (sous la dir. de), *Familles, Terre, Marchés, op. cit.*

Tableau 1. Ventes de terres avec rente : nombre et % par rapport à l'ensemble

	1792-1796	1807-1812	1820-1825	1830-1835
Région de l'Assomption				
Ventes avec rente	17/304	80/533	76/546	107/685
% rapport à l'ensemble	5,6	15,0	13,9	15,6
Saint-Sulpice				
Ventes avec rente	1/18	3/12	–	2/12
% rapport à l'ensemble	5,6	25,0	–	16,7
Saint-Pierre				
Ventes avec rente	1/74	23/91	10/83	19/122
% rapport à l'ensemble	1,4	25,3	12,0	15,6
Repentigny				
Ventes avec rente	5/30	6/31	4/22	5/16
% rapport à l'ensemble	16,7	19,4	18,2	31,3
Saint-Jacques				
Ventes avec rente	1/58	16/172	17/210	50/332
% rapport à l'ensemble	1,7	9,3	8,1	15,1
Saint-Roch				
Ventes avec rente	6/86	19/89	24/103	15/95
% rapport à l'ensemble	7,0	21,3	23,3	15,8
Saint-Charles				
Ventes avec rente	1/14	1/8	–	–
% rapport à l'ensemble	7,1	12,5	–	–
Saint-Henri				
Ventes avec rente	2/24	6/31	1/22	3/18
% rapport à l'ensemble	8,3	19,4	4,5	16,7
Saint-Ours				
Ventes avec rente	–	6/94	17/83	13/87
% rapport à l'ensemble	–	6,4	20,5	14,9

Tableau 2. Progression de la valeur moyenne à l'arpent par sous-période
et par paroisse (livres ancien cours)

a) pour l'ensemble des terres vendues

	1792-1796	1807-1812	1820-1825	1830-1835
Valeur moyenne	15,7 (304)	24,4 (533)	30,9 (546)	38,0 (685)
% (+ ou −)	–	+ 55%	+ 27%	+ 23%
St-Sulpice				
Valeur moyenne	27,9 (18)	55,9 (12)	82,7 (13)	86,7 (12)
% (+ ou −)	–	+ 100%	+ 48%	+ 5%
St-Pierre du portage				
Valeur moyenne	20,2 (74)	37,5 (91)	37,7 (83)	49,3 (122)
% (+ ou −)	–	+ 85%	+ 0,5%	+ 30%
Repentigny				
Valeur moyenne	27,3 (30)	38,5 (31)	42,5 (22)	70,9 (16)
% (+ ou −)	–	+ 41%	+ 10%	+ 66%
St-Jacques				
Valeur moyenne	7,6 (58)	13,0 (172)	21,1 (210)	27,8 (332)
% (+ ou −)	–	+ 71%	+ 62%	+ 31%
St-Roch				
Valeur moyenne	11,0 (86)	22,8 (89)	31,4 (103)	32,1 (95)
% (+ ou −)	–	+ 107%	+ 37%	+ 2%
St-Charles				
Valeur moyenne	31,7 (14)	83,0 (8)	71,8 (4)	13,9 (2)
% (+ ou −)	–	+ 161%	− 13%	− 80%
St-Henri				
Valeur moyenne	18,2 (24)	38,8 (31)	49,5 (22)	40,6 (18)
% (+ ou −)	–	+ 113%	+ 27%	− 18%
St-Ours				
Valeur moyenne	–	15,6 (94)	35,9 (83)	47,8 (87)
% (+ ou −)	–	–	+ 130%	+ 33%

Note : entre parenthèse, nombre de ventes.

b) pour les terres sans rente viagère

	1792-1796	1807-1812	1820-1825	1830-1835
Valeur moyenne	15,4 (287)	24,6 (453)	30,9 (470)	39,5 (575)
% (+ ou −)	−	+ 60%	+ 26%	+ 28%
St-Sulpice				
Valeur moyenne	26,4 (17)	59,9 (9)	82,7 (13)	107,1 (10)
% (+ ou −)	−	+ 127%	+ 38%	+ 30%
St-Pierre du portage				
Valeur moyenne	20,1 (73)	42,7 (68)	42,4 (73)	56,4 (103)
% (+ ou −)	−	+ 112%	-0,7%	+ 33%
Repentigny				
Valeur moyenne	30,8 (25)	41,5 (25)	48,1 (18)	72,3 (11)
% (+ ou −)	−	+ 35%	+ 16%	+ 50%
St-Jacques				
Valeur moyenne	7,2 (57)	13,1 (156)	19,1 (193)	29,1 (282)
% (+ ou −)	−	+ 82%	+ 46%	+ 52%
St-Roch				
Valeur moyenne	10,6 (80)	24,3 (70)	27,9 (79)	36,1 (77)
% (+ ou −)	−	+ 129%	+ 15%	+ 29%
St-Charles				
Valeur moyenne	36,8 (13)	76,8 (7)	71,8 (4)	13,9 (2)
% (+ ou −)	−	+ 109%	− 7%	− 81%
St-Henri				
Valeur moyenne	17,8 (22)	44,3 (25)	53,7 (21)	42,4 (15)
% (+ ou −)	−	+ 149%	+ 21%	− 21%
St-Ours				
Valeur moyenne	−	16,0 (88)	41,1 (66)	43,3 (74)
% (+ ou −)	−	−	+ 157%	+ 5%

Note : entre parenthèse, nombre de ventes.

c) pour les terres avec rente viagère

	1792-1796	1807-1812	1820-1825	1830-1835
Valeur moyenne	19,8 (17)	23,5 (80)	31,0 (76)	33,7 (107)
% (+ ou −)	–	+ 19%	+ 32%	+ 9%
St-Sulpice				
Valeur moyenne	40,0 (1)	48,8 (3)	–	48,9 (2)
% (+ ou −)	–	+ 22%	–	+ 0,2%
St-Pierre du portage				
Valeur moyenne	33,3 (1)	24,6 (23)	21,0 (10)	33,2 (19)
% (+ ou −)	–	− 26%	− 15%	+ 58%
Repentigny				
Valeur moyenne	16,4 (5)	31,3 (6)	25,9 (4)	69,1 (5)
% (+ ou −)	–	+ 91%	− 17%	+ 167%
St-Jacques				
Valeur moyenne	22,2 (1)	12,7 (16)	40,0 (17)	23,1 (50)
% (+ ou −)	–	− 43%	+ 215%	− 42%
St-Roch				
Valeur moyenne	17,9 (6)	18,7 (19)	39,6 (24)	23,5 (15)
% (+ ou −)	–	+ 4%	+ 112%	− 41%
St-Charles				
Valeur moyenne	10,0 (1)	100,2 (1)	–	–
% (+ ou −)	–	+ 902%	–	–
St-Henri				
Valeur moyenne	23,6 (2)	21,0 (6)	4,1 (1)	32,7 (3)
% (+ ou −)	–	− 11%	− 80%	+ 698%
St-Ours				
Valeur moyenne	–	10,7 (6)	20,9 (17)	65,2 (13)
% (+ ou −)	–	–	+ 95%	+ 212%

Note: entre parenthèse, nombre de ventes.

Une ventilation plus fine (par sous-régions, par côtes, etc.) aurait été utile en principe, mais n'a pas été retenue car elle risquerait de produire des résultats peu fiables, fondés sur une ou deux observations seulement. D'où le choix de nous en tenir à des chiffres plus globaux. Pour les mêmes raisons, il faut traiter avec prudence la période 1792-1796[5] et, dans ce cas, ne tenir compte que des résultats pour l'ensemble de la région et non de ceux pour les paroisses individuelles. Par contre, les sous-périodes subséquentes comportent un nombre suffisant de ventes pour recourir à des analyses plus fines, à l'exception de certaines paroisses telles Saint-Sulpice, Saint-Jacques, et Saint-Ours[6]. Le tableau 2, qui agrège les données par paroisse, illustre bien la complexité des situations et la nécessité de nuances.

Analyse des données

Considérations générales

Le prix d'un actif comme la terre mesure la valeur présente des flux de produits, services et revenus qu'on anticipe tirer de ce dernier à travers le temps. Cette valeur dépend évidemment d'un certain nombre d'éléments : la quantité et la valeur anticipées des produits et services tirés de l'actif (lesquelles dépendent de nombreux autres facteurs comme la qualité du sol, la proximité des marchés, etc.), les servitudes et les liens attachés à l'usage de cet actif dans l'avenir, la demande réelle (pour l'exploiter) et spéculative (en vue seulement de réaliser un profit en le revendant plus tard) pour ledit actif, la nature et l'amplitude des sources diverses d'offre ou de substituts pour cet actif, l'optimisme ou le pessimisme des acteurs au moment de juger ces valeurs anticipées, etc.

---

5   On ne dénombre qu'une vente de terre avec rente à Saint-Sulpice (5,6% des actes de vente), une à Saint-Pierre du portage (1,4%), cinq à Repentigny (16,7%), une à Saint-Jacques (1,7%), six à Saint-Roch de l'Achigan (7%), une à Saint-Charles de Lachenaie (7,1%) et deux à Saint-Henri de Mascouche (8,3%).

6   Les paroisses de Saint-Ours et de Saint-Jacques vont toutefois rattraper l'ensemble de la région de l'Assomption à cet égard : en 1820-1825 pour Saint-Ours (20,5% des terres vendues) et en 1830-1835 pour Saint-Jacques (15,1% des terres vendues). Pour plus de détails, voir le tableau 1.

Dans le cas du prix de la terre dans la région de l'Assomption entre 1792 et 1835, la conjonction de toutes ces conditions résulte en général en une hausse continue de la valeur moyenne du prix à l'arpent, bien que ces augmentations de prix varient beaucoup de lieux en lieux et de temps en temps, et que, dans certaines paroisses et pour certaines périodes, il y ait eu des chutes de prix (Tableaux 2 et 3).

Tableau 3. Progression de la valeur moyenne à l'arpent (livres anciens cours)

a) pour l'ensemble des terres vendues

	1792-1796	1807-1812	1820-1825	1830-1835
Valeur moyenne	15,7	24,4	30,9	38,0
Nb. de ventes	304	533	546	685
% (+ ou −)	−	(+ 55%)	(+ 27%)	(+ 23%)

b) pour les terres sans rente viagère

	1792-1796	1807-1812	1820-1825	1830-1835
Valeur moyenne	15,4	24,6	30,9	39,5
Nb. de ventes	287	453	470	575
% (+ ou −)	−	(+ 60%)	(+ 26%)	(+ 28%)

c) pour les terres avec rente viagère

	1792-1796	1807-1812	1820-1825	1830-1835
Valeur moyenne	19,8	23,5	31,0	33,7
Nb. de ventes	17	80	76	107
% (+ ou −)	−	(+ 19%)	(+ 32%)	(+ 9%)

Quelques hypothèses

En général, tous les facteurs mentionnés ont contribué à la hausse des prix du sol dans la région de l'Assomption, mais il semble que la pression démographique ait joué un rôle dominant après 1815 et engendré une croissance suffisante de la demande de terre pour compenser l'effet négatif de la chute des prix des produits agricoles[7].

Avant 1815, la pression démographique et l'augmentation des prix agricoles poussent dans la même direction et expliquent la flambée des prix du sol[8]. La population croît rapidement et les agriculteurs les mieux nantis sont prêts à payer beaucoup pour établir leurs enfants. Un investissement dans de bonnes terres déjà défrichées à proximité du patrimoine familial principal, des marchés régionaux en expansion et du marché de Montréal semble prometteur.

Après 1815, la chute des prix agricoles qui prend un moment pour se confirmer mais qui, dans les années 1830, continue à laisser entrevoir des revenus en baisse, entraîne un ralentissement dans la hausse du prix du sol par rapport à la période antérieure. Cette augmentation, moins forte qu'auparavant certes, est liée à la pression démographique et à l'augmentation des cens et rentes dans les franges nord des deux seigneuries. Ce ralentissement se révèle encore plus sensible dans le cas des ventes de terres avec rente viagère, ce qui est facile à comprendre : les rentes définies dans une période de grande prospérité et d'expectatives optimistes, dans l'avant 1815, deviennent de plus en plus onéreuses dans l'après 1815 quand s'affaissent les anticipations relatives aux prix agricoles.

La constatation que l'avenir ne sera pas rose prendra un certain temps à s'imposer. C'est pourquoi ce n'est que dans la dernière période que l'on constate un ralentissement radical de la croissance des prix de la terre, surtout pour les terres avec rente viagère, à cause du double handicap de rentes probablement trop riches et de conjectures de revenus futurs de plus en plus pessimistes. Cette prospection collective de l'avenir et l'apprentissage collectif des habitants se

---

7 Voir Paquet Gilles, Wallot Jean-Pierre, « Some Price Indexes for Quebec and Montreal (1760-1913) », in *Histoire sociale/Social History*, 31 (1998), pp. 281-320.

8 Pour l'évolution du nombre de ventes de terres et d'emplacements, et pour le détail des prix ventilés par paroisse et par catégorie de terres (en bois debout, terres cultivées sans bâtiment et terres exploitées avec bâtiments), voir les tableaux 1 et 2 de Lafleur Jean, Paquet Gilles, Wallot Jean-Pierre, « Préliminaires à une étude », art. cit.

produisent avec un certain délai. En effet, la tendance des prix agricoles à la baisse peut sembler au départ un phénomène temporaire ou cyclique. Ce n'est qu'avec le temps qu'il devient clair qu'elle constitue une tendance lourde et à long terme. Les habitants sont alors forcés de réviser à la baisse leurs anticipations de revenus.

Les prix des terres avec rente viagère montent tout de même parce que la pression s'accroît aussi de manière particulièrement forte dans la dernière période, et que les terres avec rente s'avèrent le plus souvent des terres plus vieilles, complètes et bien exploitées, d'une superficie plus grande que celle des autres terres et lopins qui sont à vendre (Tableau 4), et sont donc plus intéressantes pour l'acheteur.

Tableau 4. Superficie moyenne des terres vendues (en arpents)

	1792-96		1807-12		1820-25		1830-35	
	Arp.	Nb.	Arp.	Nb.	Arp.	Nb.	Arp.	Nb.
Ensemble des terres	57,6	304	55,6	533	40,7	546	34,2	685*
Terres sans rente viagère	57,2	287	53,8	453	38,2	470	30,7	575
Terres avec rente viagère	64,2	17	66,5	80	55,8	76	53,1	107

* Incluant trois ventes avec rentes constituées représentant 0,4% de l'ensemble.

Avec le temps, l'endettement accru et les charges trop lourdes (surtout dans le cas de rentes trop généreuses) font que ceux qui veulent ou doivent vendre leurs terres deviennent moins bien armés pour réclamer des prix plus élevés. Ils prennent conscience de la tendance longue d'une baisse des prix agricoles et veulent se débarrasser de rentes onéreuses pour aller chercher fortune ailleurs, mais tout en étant conscients qu'ils ne peuvent exiger un prix trop élevé pour leurs terres à cause justement de ces rentes qui y sont attachées. En fait, leur ténacité dans la négociation sera réduite d'autant qu'ils commencent à lorgner du côté d'autres paroisses dans les environs ou d'autres seigneuries ou encore préfèrent migrer soit vers d'autres côtes, seigneuries ou cantons où des terres peuvent être accessibles à moindre coût, soit vers les agglomérations urbaines ou encore vers les Etats-Unis. En effet, la fin des années 1830 et surtout les années 1840 marquent le point de départ de l'émigration massive des Canadiens français – la plupart en provenance des campagnes, bien qu'ils peuvent avoir séjourné quelque temps dans une ville ou un village – vers les Etats-Unis[9]. Bref, l'offre de terres grevées d'une rente viagère s'avère limitée, en comparaison des terres sans rente, alors que la demande n'est guère élevée en raison du coût exorbitant de certaines de ces terres[10].

Si l'on s'en tient aux seuls jeux de la pression démographique, de la chute tendancielle des prix agricoles et de l'apprentissage collectif des habitants comme facteurs dominants, on peut expliquer à la fois le profil temporel des prix et les modulations qu'on a observées à diverses périodes. Mais certains paradoxes demeurent et réclament des analyses plus poussées.

Ainsi, lorsqu'une rente viagère s'ajoute au prix d'une terre, celle-ci devrait valoir moins puisque cette servitude se traduit par un coût supplémentaire. Or, la réalité paraît assez souvent différente, surtout dans les deux ou trois premières sous-périodes. Ainsi, en 1792-1796, la moyenne à l'arpent est plus élevée pour les terres avec rente (19,8 livres) que pour celles sans rente (15,4 livres); en 1820-1825, même situation sauf que l'écart est minime (31,0 livres contre 30,9 livres). Au contraire, en 1807-1812 et en 1830-1835, la moyenne des terres sans rente l'emporte sur celle des terres avec rente (24,6 livres contre 23,5 livres, et

---

9   Paquet Gilles, Smith Wayne, « L'émigration des Canadiens français vers les Etats-Unis, 1790-1840, problématiques et coups de sonde », in *L'actualité économique*, 59, sept. (1983), pp. 423-455.

10   En voici deux exemples tirés de la banque de données *File maker* en 1820-1825. Vente de Thomas Bédard à Joseph Senet : terre de 30,9 arpents, avec maison et étable, sise à la base Saint-Jacques, paroisse du même nom, au coût de 2 600 livres en plus d'une rente et pension viagère, soit un prix moyen à l'arpent de 84,1 livres, alors que la valeur moyenne à l'arpent pour l'ensemble des terres à Saint-Jacques n'atteint que 21,1 livres en 1820-1825 et 30,9 livres pour la grande région de l'Assomption (Archives Nationales du Québec, M, greffe du notaire Louis Raymond, 10 décembre 1820). Vente de Firmin Guildry dit Labine à Joseph Guildry dit Labine (son frère) : terre de 36 arpents, avec maison, grange et autres bâtiments, sise au ruisseau Vaché, paroisse Saint-Jacques, au coût de 1 800 livres plus rente et pension viagère, soit un prix moyen à l'arpent de 50 livres, alors que la valeur moyenne pour les terres avec rente dans la seule paroisse Saint-Jacques atteint 40 livres l'arpent en 1820-1825 (ANQ-M, greffe du notaire Jean-Olivier Leblanc, 3 octobre 1825). A l'inverse, les terres sans rente affichent une moyenne en deçà de la moyenne générale pour cette paroisse, soit 19,1 livres l'arpent.

39,5 livres contre 33,7 livres – voir Tableau 3). Toutefois, plusieurs paroisses (Tableau 2) présentent des profils différents à certains moments, l'évolution dans la région récusant la linéarité : les paroisses de Saint-Sulpice, de Saint-Pierre, de Saint-Jacques, de Saint-Roch et de Saint-Henri affichent des moyennes à l'arpent plus élevées pour les terres avec rente que pour celles sans rente en 1792-1796, la seule exception à cet égard étant Repentigny. Plusieurs facteurs peuvent expliquer ces paradoxes apparents : le petit nombre d'observations dans certains cas, l'écart entre la durée et le degré de développement des paroisses et des côtes. C'est qu'au tournant du XIXe siècle, la région de l'Assomption n'est encore qu'un territoire partiellement concédé et mis en valeur : plusieurs zones d'un grand nombre de paroisses sont encore largement « vides » (celles de Saint-Jacques, de Saint-Roch et de Saint-Ours notamment, la création officielle de cette dernière paroisse ne datant que de la première décennie du XIXe siècle). Voilà pourquoi on trouve si peu de ventes de terres avec rente en 1792-1796 puisque la présence de ce type de ventes nécessite un certain niveau de développement que l'ensemble de la région est loin d'avoir atteint à ce moment, à l'exception des plus vieilles paroisses comme Repentigny et Saint-Sulpice. Pour la famille qui achète, une terre cédée ou vendue avec rente viagère implique qu'on puisse en tirer un revenu suffisant pour satisfaire les besoins des donateurs (rentiers) et ceux des donataires (acheteurs). Ce niveau de développement de l'espace agricole dans la région de l'Assomption n'est atteint qu'aux environs de 1830. Mais aussi tardivement qu'en 1830-1835, on peut débusquer des écarts surprenants dans un endroit particulier : par exemple, à Saint-Ours, où le prix d'un arpent de terre avec rente atteint en moyenne 65,2 livres contre 43,3 livres pour un arpent de terre sans rente. De même, on bute sur le profil singulier des paroisses Saint-Pierre, Repentigny, Saint-Henri et Saint-Ours où la hausse des prix à l'arpent pour les terres avec rente viagère entre les deux dernières sous-périodes dépasse de beaucoup la hausse moyenne pour ce type de terres, alors que les paroisses de Saint-Jacques et de Saint-Roch accusent des chutes de prix. Aussi faut-il s'attacher aux grandes tendances, tout en reconnaissant que chaque paroisse et chaque côte suit un sentier différencié : par exemple, le cas de la paroisse Saint-Jacques où la progression de la valeur moyenne à l'arpent est toujours plus forte que dans le reste de la région sans qu'elle n'arrive jamais à combler entièrement l'écart qui les sépare (Tableau 2). Les paroisses de Repentigny, Saint-Henri et Saint-Ours du Grand Saint-Esprit révèlent aussi des profils qui s'inscrivent en porte-à-faux avec la tendance générale.

Conclusion

Le coût du sol en un endroit donné résulte de la convergence d'une foule de facteurs, à la fois géographiques, climatiques et chronologiques (qualité du sol, localisation, communications, précipitations, durée de la période sans gel, âge des établissements et degré d'exploitation, densité de la population – la pression de la demande par rapport à l'offre –, importance du bassin de terres disponibles sous forme de concessions et de ventes, etc.), mais aussi socio-économiques (dynamisme régional, multiplication des villages et de marchés locaux, infrastructures de transport, etc.). Enfin, l'étude de l'évolution de l'accroissement des prix, notamment en utilisant les ventes de terres grevées d'une rente viagère, nous renvoie aussi au niveau de facteurs plus socio-psychologiques ou «culturels» : dans quelle mesure les anticipations des habitants acheteurs de terres tiennent-elles compte de la réalité économique et des possibilités de produire des revenus suffisants pour payer l'exploitation et la rendre ou la maintenir profitable pour la famille du nouveau propriétaire? Il semble bien qu'après un délai compréhensible (entre 1815 et le début des années 1820)[11], les acheteurs potentiels aient refusé de suivre les seules pressions de la demande pour prendre

---

11 G. Béaur a observé un phénomène similaire en France à la fin du XVIIIᵉ siècle, soit un ajustement du marché foncier impliquant ses principaux protagonistes – en l'occurrence acheteurs et vendeurs – face aux aléas de la conjoncture qui se manifestent à cette époque. Cf. BÉAUR Gérard, *Le marché foncier à la veille de la Révolution : les mouvements de propriété beaucerons dans les régions de Maintenon et de Janville de 1761 à 1790*, Paris, EHESS, 1984, pp. 246-261 et 318-330.

en compte l'ensemble des facettes socio-économiques impliquées dans l'achat d'une terre. Et ce comportement semble affecter davantage les terres avec rente que celles sans rente dans la mesure où les premières nommées atteignent parfois des prix à l'arpent que la plupart des acquéreurs ne peuvent soutenir[12].

12 Quelques exemples tirés de la banque de données *File maker* en 1830-1835. Vente d'Abraham Dugast à Charles Martin : terre de 37,5 arpents, sise à Saint-Jacques, avec une maison, au coût de 4 600 livres plus rente et pension viagère, soit un prix moyen à l'arpent de 122,6 livres, alors que la valeur moyenne à l'arpent n'atteint que 27,8 livres à Saint-Jacques en 1830-1835 et qu'elle n'est que de 38,0 livres pour l'ensemble de la région (ANQ-M, greffe du notaire Godefroi Chagnon, 31 octobre 1831). Vente de Germain Dupuis à Pierre Vaillant : terre de 45 arpents, sise au ruisseau Vaché, paroisse Saint-Jacques, avec maison, grange et autres bâtiments, au coût de 2 750 livres plus rente et pension viagère, soit un prix moyen à l'arpent de 61,1 livres (ANQ-M, greffe du notaire Joseph Dufresne, 17 novembre 1835). Vente par adjudication d'Angélique Poliquin, veuve de feu Joseph Juneau, à Jean Desparois dit Champagne : terre de 110 arpents, sise à la rivière l'Assomption, paroisse de Repentigny, avec maison de pierre, grange, étable, écurie, hangard, remise et autres bâtisses, au coût de 10 463 livres plus rente et pension viagère, soit un prix moyen à l'arpent de 95,1 livres, alors que la valeur moyenne à l'arpent pour l'ensemble des terres de cette paroisse en 1830-1835 s'élève à 70,9 livres et celle pour les seules terres grevées d'une rente viagère, à 69,1 livres (ANQ-M, greffe du notaire Godefroi Chagnon, 15 novembre 1830).

Postface

Joseph Goy

Le présent volume, qui rassemble les contributions à notre denier colloque, s'inscrit dans la tradition de trente années de coopération franco-québécoise, puis franco-québécoise et suisse. C'est en 1975, en effet, que dans le cadre d'une invitation du département d'histoire de l'Université de Montréal j'ai eu l'occasion de proposer aux historiens québécois de se lancer, avec nous, dans un projet d'histoire comparée de nos sociétés rurales. Nous venions, en effet, avec des collègues et des étudiants français, d'entreprendre des recherches sur les distorsions perceptibles entre les textes coutumiers, en matière successorale et les pratiques réelles dans un certain nombre de régions françaises. Très rapidement il nous était apparu que trois grands systèmes d'héritage coexistaient, à l'échelle du territoire : inégalitaire ou à dominante inégalitaire, égalitaire ou à dominante égalitaire ; mixte, empruntant des éléments aux deux autres types ; les trois systèmes étaient susceptibles d'évoluer dans l'espace et dans le temps. Nos collègues québécois, rassemblés autour de Jean-Pierre Wallot, d'abord, puis de Gérard Bouchard, se constituèrent en une équipe d'une quinzaine de chercheurs comme du côté français.

C'est ainsi que tous les trois ou quatre ans furent organisés des colloques franco-québécois puis franco-suisse-québécois, qui, tous, donnèrent lieu à publications. Partis d'une tentative de comparaison des sociétés rurales dans la France de l'Ouest et au Québec[1], nous avons évolué vers une analyse de nos sociétés villageoises et des rapports villes-campagnes, y compris sous l'aspect famille, économie et société rurale en contexte d'urbanisation[2], avant de nous

---

1   Goy Joseph, Wallot Jean-Pierre (sous la dir. de), *Société rurale dans la France de l'Ouest et au Québec (XVIIe-XXe siècles)*, Montréal, Université de Montréal-EHESS, 1981.
2   Goy Joseph, Wallot Jean-Pierre (sous la dir. de), *Evolution et éclatement du monde rural. France-Québec XVIIe-XXe siècles*, Paris, EHESS-Presses de l'Université de Montréal, 1986 ; Lebrun François, Seguin Normand (sous la dir. de), *Sociétés villageoises et rapports villes-campagnes au Québec et dans la France de l'Ouest, XVIIe-XXe siècles*, Trois-Rivières – Rennes,

consacrer, plus systématiquement, à l'étude de la transmission par la succession et l'héritage essentiellement sous l'angle de l'exclusion[3]. Profitant de l'opportunité du XIe Congrès de l'Association internationale d'histoire économique (Milan, 1994), Anne-Lise Head-König, Gérard Bouchard et moi-même rassemblèrent une quarantaine de contributions québécoises et européennes sur les problèmes de la transmission des exploitations agricoles entre les XVIIIe et XXe siècles[4]. L'éventail thématique s'était élargi : si les systèmes familiaux de transmission ou de succession restaient, et le destin des exclus et des parents[5], au centre de nos problématiques, place était faite aux inégalités économiques et sociales dans la transmission, au statut des avoirs fonciers et de leurs mutations, aux paramètres démographiques, au rôle des alliances matrimoniales, aux modifications introduites par l'environnement urbain, l'action de la bourgeoisie et de l'Etat, et, enfin, au contexte culturel et aux pratiques locales et régionales, comme facteurs de maintien, d'évolution et de différenciation des systèmes[6].

Ces dernières années, un Programme International de Coopération scientifique (PICS), mis en place par le CNRS, nous a permis de travailler avec davantage de précision sur les comportements familiaux vis-à-vis du marché surtout foncier et sur la dépendance des familles paysannes envers le monde extérieur. Il a également permis de fournir des éléments de réflexion autour de trois thèmes principaux : les rapports des familles avec les marchés, les formes de propriété et les modèles de transmission ; la fabrication par les familles des préalables nécessaires au progrès économique et à l'instauration d'un système

---

Presses Univ. de Rennes, 1987 ; Bouchard Gérard, Goy Joseph (sous la dir. de), *Famille, économie et société rurale en contexte d'urbanisation (17ᵉ-20ᵉ siècle)*, Chicoutimi-Paris, SOREP-EHESS, 1990.

3   Bonnain Rolande, Bouchard Gérard, Goy Joseph (sous la dir. de), *Transmettre, hériter, succéder. La reproduction familiale en milieu rural. France et Québec 18ᵉ-20ᵉ siècles*, Lyon, P.U.L., 1992.

4   Bouchard Gérard, Goy Joseph, Head-König Anne-Lise (sous la dir. de), *Nécessités économiques et pratiques juridiques : problèmes de la transmission des exploitations agricoles, XVIIIᵉ-XXᵉ siècles*, Actes de la section C33 du Congrès de l'AIHE (Milan, 1994), Rome, Ecole Française de Rome, MEFRIM, t. 110, 1998.

5   Bouchard Gérard, Dickinson John A., Goy Joseph (sous la dir. de), *Les exclus de la terre en France et au Québec, XVIIᵉ-XXᵉ siècles. La reproduction familiale dans la différence*, Sillery (Québec), Septentrion, 1998.

6   S'ajoutent à ces volumes plus d'une centaine d'articles, des mémoires de maîtrise, plusieurs PhD et des thèses.

capitaliste ; le rôle de l'évolution économique et du marché sur le destin des familles et leurs stratégies[7]. Enfin, et c'est l'objet du présent volume, il nous a donné la possibilité de tenter de mesurer l'impact de la mobilité des hommes sur le fonctionnement des marchés et sur le progrès économique au travers de quelques grandes questions : migrations et insertion / exclusion des marchés ; migrations, familles et opportunités des marchés ; stratégies individuelles et familiales de migrations, interactions et dynamiques des migrations en matière de reproduction familiale ; reproduction familiale, marchés, solidarités.

Souhaitons que notre collaboration continue à porter ses fruits dans les années qui viennent.

---

7   Dessureault Christian, Dickinson John A., Goy Joseph (sous la dir. de), *Famille et marché XVIe-XXe siècles*, Sillery (Québec), Septentrion 2003 ; Béaur Gérard, Dessureault Christian, Goy Joseph (sous la dir. de), *Familles, Terre, Marchés. Logiques économiques et stratégies dans les milieux ruraux (XVIIe-XXe siècles)*, Rennes, PUR, 2004.